Oskar Negt, geboren 1934, studierte Philosophie und Soziologie in Göttingen und Frankfurt/Main. Seit 1970 ist er Professor für Sozialwissenschaften in Hannover. 1972 Gründung der Glocksee-Schule. In den achtziger Jahren verstärkt Untersuchungsarbeit zur Gewerkschaftsreform. Mehrere Publikationen, unter anderem »Öffentlichkeit und Erfahrung« (1972), »Geschichte und Eigensinn« (1981) – beide Bände gemeinsam mit Alexander Kluge – sowie »Modernisierung im Zeichen des Drachen« (1989).

Oskar Negt (Hg.)

Die zweite Gesellschaftsreform

27 Plädoyers

Steidl

Bitte bestellen Sie unser kostenloses Gesamtverzeichnis.

1. Auflage September 1994

Umschlaggestaltung: Klaus Detjen
Satz, Lithographie, Druck: Steidl Göttingen
Gedruckt auf Pegasus Book Paper der
Steinbeis Temming Papier GmbH, Glückstadt
Printed in Germany
ISBN 3-88243-335-3

Inhalt

Vorrede

Nicht nur Bücher haben, wie eine altrömische Weisheitsüberlieferung sprichwörtlich für gut zweitausend Jahre festgehalten hat, ihre Schicksale, sondern auch deren Herstellung. Erfahrungen in diesem Zusammenhang sind um so merkwürdiger, als es sich, wie bei einer Herausgebertätigkeit, um einen Prozeß kollektiver Arbeit handelt, bei der Kooperationsbereitschaft der Beteiligten wesentliche Voraussetzung ist.

Es mag deshalb von Interesse sein, zur Entstehung dieses Buches einige Erläuterungen zu geben. Bedrückt und verwirrt durch die wachsende Ästhetisierung und die politische Zerfaserung der Intellektuellen-Öffentlichkeit, die mit unerwarteten Ereignissen wie der deutschen Wiedervereinigung und dem Golfkrieg nur schwer zurecht kam, um nicht zu sagen: in ihrem kritischen Selbstverständnis zutiefst getroffen wurde, hatte ich in den letzten zwei Jahren immer wieder nach Anlässen und Ansätzen gesucht, wenigstens einen kleinen Kreis mir bekannter Autorinnen und Autoren für ein *politisches* Buchprojekt zu gewinnen, das Orientierungszeichen für eine *zweite,* eine *gesamtdeutsche Reformperiode* setzt.

Nicht um das Einsammeln integrer Gesinnungen und richtungweisender Bekenntnisse sollte es dabei gehen, sondern um die Entwicklung eines *politischen Produktionsprozesses,* von dem ich annehmen konnte, daß er in jedem einzelnen bereits auf Perspektiven der Gesellschaftsreform angelegt ist. Die öffentliche Darstellung *politisch zugespitzter* Schlußfolgerungen dessen herauszufordern, was jeder ohnehin tut, worüber die einzelnen nachdenken und wofür sie fachliche Kompetenz besitzen, ist das Ursprungsmotiv für dieses Buchprojekt; das Wahljahr 1994 bot sich als günstiger Ausgangspunkt für ein solches gesamtdeutsches Unternehmen. Das Einladungsschreiben vom Januar 1994, das ich im folgenden wiedergebe, verrät in der Anrede des vertraulichen Du noch die ursprüngliche Begrenztheit dieses Buchansatzes, der mir sehr einfach zu realisieren schien (auch wenig arbeitsaufwendig):

> »Ich möchte Dich, um gleich mit der Tür ins Haus zu fallen, um Mitarbeit an einem Buchprojekt zum Wahljahr 94 bit-

ten. Der Arbeitstitel, den ich mit dem Verlag noch nicht im einzelnen abgesprochen habe, soll lauten: ›Wir brauchen eine zweite, eine gesamtdeutsche Gesellschaftsreform. Ist deshalb ein Regierungswechsel nötig? 25 politische Intellektuelle antworten.‹

So ungefähr denke ich mir den programmatischen Titel. Er knüpft, wie Du leicht erraten wirst, an ein Buch aus dem Jahre 1961 an, als Martin Walser zur Wahl im September 1961 im Rowohlt-Verlag die kleine Schrift herausbrachte: ›Die Alternative oder brauchen wir eine neue Regierung?‹ In der Ankündigung dieses äußerst erfolgreichen, ja prophetischen Buches hieß es: ›Gemeinsam ist den hier zu Worte kommenden 20 Schriftstellern das Unbehagen an einer satt gewordenen Demokratie, die dem Trägheitsgesetz mehr folgt als dem einer steten Selbstprüfung, Selbstreinigung gar.‹ Man verstand den kleinen Band als ›Versuch zur Gewissensbildung‹.

Viele der in diesem Band vertretenen Ideen aus der Wiederaufbauperiode sind überholt, manche Utopien überragen ihre Zeit, einiges geht in den Geist der ersten Reformperiode ein. Von einer *gesättigten* Demokratie können wir nicht mehr sprechen; auch sind die Schriftsteller, wie sie sich gegenwärtig präsentieren, schwerlich als Hauptträger einer demokratischen Gewissensbildung zu identifizieren. Und *Die Alternative,* in dieser Substanzaussage, gibt es weder politisch noch in der gedanklichen Konstruktion eines geschlossenen Gegenentwurfs.

Aber es gibt *Alternativen,* es gibt *Gegenentwürfe,* politische Auswege, Organisationsphantasie, wie der Misere abzuhelfen sei, viel gedanklicher und praktischer Rohstoff des Politischen, der unbearbeitet bleibt und eines Tages vielleicht einfach verschrottet wird oder in Zusammenhängen auftaucht, die wir unter keinen Umständen gewollt haben. Die politischen Alternativen verbleiben im privaten Verpuppungszustand, aber sie finden keinen öffentlichen Ausdruck. Das trägt zur allgemeinen Desorientierung von politischen Entscheidungen bei.

Ich habe deshalb, als mir der Göttinger Verleger Gerhard Steidl das Angebot machte, ein Wahlbuch herauszugeben, lange gezögert. Für wen kann man guten Gewissens und bedenkenlos eine Wahlentscheidung empfehlen?

Für die SPD, damit sie mit hohen Prozenten in eine Große Koalition eintreten kann? Für die Grünen, damit sie nach verschiedenen Seiten größeren Koalitionsspielraum erhalten? Gar zur FDP, damit die Zeit der ersten Reform neu belebt wird?

Erst als klar war, daß kein reines Wahlprojekt beabsichtigt ist, habe ich mit dem Risiko zugesagt, daß die von mir vorgesehenen Autoren ein solches Projekt für sinnvoll halten und zur Mitarbeit bei einer so kurzfristigen Einladung bereit sind. Ich bitte Dich also, an einer Sache mitzuarbeiten, die ich im folgenden näher erläutern möchte:

Das jetzt begonnene Jahr 94, achtzig Jahre nach Beginn des Ersten Weltkrieges, wird in vielerlei Hinsicht ein Jahr der Krisenverstärkung und der politischen Entscheidungen sein, die für die *Entwicklungsrichtung* unserer Republik von besonderem Gewicht sind. Da wir es mit einer ungewöhnlich hohen Zahl von Wahlen zu tun haben, ist zu befürchten, daß das bißchen öffentliche Vernunft, das sich bisher Geltung verschafft hat, im Konkurrenzkampf um Legitimitätsprofite der Parteien aufgebraucht wird.

Es scheint mir daher von äußerster Dringlichkeit, daß jene kritischen Intellektuellen, die in vielen Einzelanalysen die den demokratischen und sozialen Rechtsstaat bedrohenden Tendenzen untersucht haben, sich auch *politisch* deutlicher und profilierter zu Wort melden. Ganz gewiß kann das nicht einstimmig sein, aber auch Vielstimmigkeit kann unzweideutige Alternativen nahelegen.

Ich meine, daß wir Gründe genug haben zu der Annahme, daß die *erkämpften Grundlagen* einer demokratischen Gesellschaftsordnung, durch Gewerkschaften, Außerparlamentarische Opposition, Bürger- und Protestbewegungen, viele unbotmäßige Zeitgenossen in den Parteien und Institutionen, heute in einer Weise bedroht sind wie nie zuvor in der deutschen Nachkriegsgeschichte.

Ich weiß, daß es solche Katastropheneinschätzungen schon öfter gegeben hat, z. B. in der Zeit der Spiegel-Affäre, während der Notstandsopposition, in der sogenannten bleiernen Zeit, auf dem Höhepunkt des RAF-Terrors; immer waren auch die *Grundlagen* bedroht. Die Unterschiede zu damaligen Situationen sind jedoch mit Händen greifbar; die sozialen, politischen und kulturellen Erosionen haben nicht nur die Institutionen, sondern die Menschen in ihren Lebenszusammenhängen erfaßt. Der in der Vergangenheit so häufig beschworene ›Konsensus der Demokraten‹ wird heute eher zu Zwecken verwendet, wo es um den Abbau demokratischer Rechte, um die Aufweichung der Verfassung geht, als um deren Verteidigungen.

So sehe ich die Hauptaufgabe der Intellektuellen, die den Eigensinn ihres Denkens durchaus mit *Eingriff* und *Entscheidung* zu verknüpfen bereit sind, im wesentlichen darin, die wachsenden Bereiche unterschlagener Wirklichkeit aufzudecken – aber sich nicht damit zu bescheiden. Ihre Verantwortung für das Wohl und Wehe des Gemeinwesens besteht im *öffentlichen Gebrauch ihrer Vernunft,* die fade und ohnmächtig bleibt, solange sie sich von der Organisationsphantasie *politischer* Auswege freihält. Ohne Entwurf von Alternativen verliert selbst das kritische Denken Kraft und Einfluß.

Ein bloßer Regierungswechsel, zumal einer, der auf eine Große Koalition hinausliefe und den Bankrotteuren der gegenwärtigen Regierungskoalition Legitimationshilfen für einen weiteren Machterhalt verschaffte, würde nichts verändern, vermutlich sogar das Gegenteil bewirken: die politische Apathie bestärken und unkalkulierbare gesellschaftliche Entwicklungsrisiken in Gang setzen. Wer aus dieser Befürchtung heraus Wahlenthaltung empfiehlt, weil er die ›Parteien der Mitte‹ sämtlich für verrottet hält, begeht jedoch einen verhängnisvollen Fehler. Ich bin nie ein leidenschaftlicher Verfechter dieser Mitte-Parteien gewesen, die sich selber gerne große Volksparteien nannten. Das ›Volk‹ scheint sie in Scharen zu verlassen; aber so rechte Befriedigung kann man darüber nicht empfinden, wenn man sieht, wie sich im weiten Spektrum der Rechten und ihrer leistungsbewußten Mitläufer im gesellschaftlichen Zentrum faschistisch-autoritäre Potentiale zu formieren beginnen, die man in *dieser* Gewaltentschlossenheit bereits auf dem Kehrichthaufen der Geschichte vermutete.

Gegenwärtig erscheint mir die in ehemals linken Kreisen demonstrierte Meinung, daß keine der Parteien für anständige Leute wählbar sei, äußerst fragwürdig, ja verantwortungslos zu sein. Ein Zusammenbruch der Parteien-Mitte im gegenwärtigen Krisenzustand Deutschlands hat, meines Erachtens, verheerende Auswirkungen – jedenfalls *ganz* andere als in Italien. Der Todesstoß gegen die ›System-Parteien‹ der Weimarer Republik ist keine Bagatelle gewesen, auch kein bloß ästhetisches Ereignis. Selbst wenn die Erwartungen an Krisenlösungen *nach* den Wahlen auf realistische Proportionen gebracht sind, ist auch im bestehenden Parteienspektrum diese Wahl nicht ohne Alternativen. Die Kräfte für eine *rot-grüne Alternative* auch in Wahlen zu stärken, kann, wie ich meine, die Chancen einer *Zweiten Gesellschaftsreform* erheblich vergrößern. Dafür Argumente politisch zu bündeln, ist der Sinn dieses Wahl-Buches.

Bei einer Reihe der erwähnten Autoren habe ich telephonisch die Bereitschaft zur Mitarbeit aufgenommen, freilich mit der Einschränkung, daß es dabei vor allem auf den Zusammenhang ankomme. Das hat mich veranlaßt, sehr lange an diesem Zusammenhang zu arbeiten. Ich bin jetzt sicher, daß die Zusammensetzung der Autoren geeignet ist, einen wichtigen politischen Orientierungskontext zu schaffen, der Kernstück einer neuen Gesellschaftsreform sein könnte.

Warum wir politische Auswege dringend benötigen, brauche ich in einem solchen Autorenkreise nicht besonders zu erläutern: Es betrifft die unhaltbare Struktur einer Arbeitsgesellschaft, die wachsenden Millionen arbeitsbereiter Menschen einen Arbeitsplatz verweigert; es betrifft die Millionen lernwilliger Menschen, die keine Lernorte empfinden und denen das einst verkündete Bürgerrecht auf Bildung verweigert wird. Es sind Millionen von Menschen, die um ihre soziale Sicherheit, ganz gewiß entscheidener Faktor der alten Bundesrepublik und des demokratischen Rechtsstaates, bangen müssen.

Es ist nicht nötig, die einzelnen Krisenherde weiter auszumalen; sie sind mit den Händen greifbar.

Meine Erwartungen an dieses Buch sind bescheiden; keiner der Angesprochenen wird der Auffassung sein, daß neuer Reformgeist von einem einzelnen Buch, zumal aus aktuellem Anlaß, ausgehen könnte. Aber *Signale* in Richtung auf unaufschiebbare Gesellschaftsreformen zu setzen, die ein Umdenken anregen und durch öffentlich bekannte und anerkannte Personen als notwendig bekundet werden, das kann im Grunde nicht falsch sein.

Ich habe deshalb zur Mitarbeit an diesem ›Wahl-Buch‹ Autoren eingeladen, die in ihrer ganzen intellektuellen Lebensgeschichte solche eigensinnigen und konfliktreichen Orientierungen formuliert haben oder durch ihre Praxis dafür einstehen.«

Was jetzt vorliegt, 27 Beiträge von Autorinnen und Autoren aus sehr verschiedenen Arbeitsfeldern, hat den Charakter vielfältiger Ansätze und Entwürfe, die, bei näherem Hinsehen, ihre Brisanz und Zuspitzung aus der durchgehaltenen Spannung von *kritischer Analyse* und *Organisationsphantasie der Krisenlösungen* gewinnen.

Kein Beitrag beschränkt sich auf bloße Wahlbekenntnisse; sie werden, wie die letzten Wahlen zeigen, immer verblassender und einfallsloser. Insoweit ist die von mir beabsichtigte *skeptische Distanz* gegenüber Wahlerwartungen durch die in den einzelnen Beiträgen vertieften Sachprobleme, die über die Bundestagswahl im Oktober 1994 weit hinausreichen, erheblich bekräftigt und verstärkt worden.

Da es nicht die *eine* große Krise gibt und auch nicht eine einzigartige *Krisenerklärung,* wäre es eine gefährliche Illusion, den Hebel der Krisenlösung an *einem* Punkt anzusetzen. Das Buch dokumentiert gerade die Vielfältigkeit der Krisenherde, zu deren Bewältigung ein generalisierter, abstrakter Politikbegriff völlig unbrauchbar geworden ist; nur konkrete Politik, die sich auf die Mikrostrukturen dieser einzelnen Krisenzusammenhänge einläßt, ob es sich nun um neue Ökologie und Arbeitsgesellschaft, um Gewerkschaften und Frauenpolitik oder um Kultur und Bildung handelt, ist tendenziell auf Herstellung eines gesamtgesellschaftlichen Reformprojekts gerichtet.

Der Zielinhalt dieses Buches, Perspektiven und Ideen für eine »Zweite Gesellschaftsreform« zu entwickeln, klingt in der Tat vermessen; den von mir bevorzugten offeneren Titel: »Nichts ist teurer, als überholte Verhältnisse am Leben zu halten« vermochten die kompetenten Buchproduzenten, was mich schließlich überzeugte, in ein buchhändlerisch sinnvolles Umsetzungskonzept nicht einzubringen. So zieht sich, mit der ausdrücklichen Aufforderung, über die gewaltige Verschleuderung des gesellschaftlichen Reichtums durch *Verhinderung* von Reformen nachzudenken, im buchstäblichen Sinne ein rotgrün gefärbter Faden durch die einzelnen Beiträge; sie knüpfen nicht durchgängig an den Reformaufbruch Ende der sechziger Jahre (was ich als »Erste Gesellschaftsreform« verstehe) an, aber die radikale Reform der Gesellschaft ist doch ihr Zentralthema.

Nicht verschweigen möchte ich freilich, daß manche der Reaktionen auf mein Einladungsschreiben zur Mitarbeit mich aufs Äußerste überrascht, ja verwirrt haben. Da ich von vornherein darauf bedacht gewesen bin, keinen aktiven Politiker einzubeziehen, sondern ausschließlich Intellektuelle, Wissenschaftler, Künstler, Medienarbeiter, Juristen, Psychologen und so weiter anzusprechen, mußte ich mit Verblüffung zur Kenntnis nehmen, daß auch alte Mitkämpfer von mir inzwischen Wahlen, Politik, Parteien ganz anders bewerten, als ich angenommen hatte.

Die einen lehnten eine Mitarbeit mit der Begründung ab, ihnen sei die Konzeption des Buches zu *parteinah* oder zu *direkt* auf Wahlen gerichtet, während ihre ursprüngliche Parteienkritik sie mittlerweile ins Lager der Nichtwähler gedrängt habe; die anderen, hauptsächlich aus den neuen Bundesländern kommend, fühlten sich fälschlicherweise als *politische* Intellektuelle angesprochen und in einen Kontext gerückt, der ihnen, die sich gerade mühsam aus solchen öffentlichen Bekundungen gelöst hatten, wohl zu eindeutig erschienen ist. Die Wichtigkeit meines Vorhabens regelmäßig unterstreichend, machten die Absagenden, häufig auch mit dem bitteren Einwand, daß es sich ja wesentlich um ein Westbuch handele, Ersatzvorschläge, denen ich sofort nachging.

Um den gesamtdeutschen Grundgedanken der »Zweiten Gesellschaftsreform« nicht zu verlieren, korrespondierte und verständigte ich mich mit weit über 30 möglichen Autorinnen und Autoren aus den neuen Bundesländern, die ich zu gewinnen suchte. Das Ergebnis war, zurückhaltend ausgedrückt, nicht ermutigend. Um so kräftigeren Dank möchte ich deshalb den wenigen aussprechen, die übriggeblieben sind: Irene Dölling, Christina Krause, Rainer Land, Hermann Klenner, Friedrich Dieckmann.

Daraus zu lernen ist für mich, daß auch die intellektuelle Einheit, die verständigungsorientierte Vernunft der Intellektuellen beider Teile Deutschlands, mühevoller und umsichtiger Arbeit bedarf, um in der politischen Praxis wirksam werden zu können.

Die 27 Plädoyers bemühen sich um politische Auswege.

Hannover, August 1994 O. N.

Teil 1

Arbeit und Beruf: Ökologie und Industriepolitik; Markt und Gemeinwesen

Elmar Altvater

Politik des Weltmarkts oder die Natur des Standorts

»Politik des Weltmarkts« lautet der vorgegebene Titel, doch eine solche gibt es nicht. Vielmehr kontrastieren auf dem Weltmarkt Ökonomie und Politik: Ökonomie, das ist das Prinzip der Grenzenlosigkeit im Raum und der Beschleunigung in der Zeit zum Zwecke der profitträchtigen Akkumulation von Kapital. Die Weltwirtschaft ist Realität, die sich als »Sachzwang« geltend macht. Politik hingegen, das ist das Prinzip der territorialen Begrenzung und der Setzung mehr oder weniger legitimierter und konsensual zustande gekommener Schranken. Es gibt natürlich Weltpolitik, internationale Politik, transnationale Politik, von der nationalen Politik des Nationalstaats ganz zu schweigen, und es gibt Weltwirtschaftspolitik. Doch alle diese Politiken verfolgen ein anderes Prinzip als dasjenige, das auf dem Weltmarkt »propagandistisch« tätig wird und inzwischen ein globales ökonomisches System hervorgebracht hat, dem sich politische Akteure anzudienen beginnen und dabei leichthin Politik in Sachzwängen auflösen.

Die Reichweiten von Ökonomie und Politik sind also höchst unterschiedlich. Während das ökonomische System seine Raum- und Zeitbindung möglichst auf Null zu reduzieren trachtet und Kapital in liquider Form als Geldkapital in Sekundenbruchteilen von einem Kontinent zum anderen milliardenfach transferiert werden kann, während »global sourcing« schon längst zu einer vorherrschenden Managementstrategie multinational operierender Konzerne geworden ist, während Autos aus Japan, der Bundesrepublik und den USA auf dem lateinamerikanischen Kontinent gegeneinander konkurrieren und das Markenzeichen »Made in Germany« oder »Made in France« illusionär verhüllt, daß die Einzelteile, aus denen moderne Industriegüter zusammengesetzt sind, zumeist aus verschiedenen Ländern und Kontinenten stammen – während es also in der Ökonomie inzwischen weltmarktet, ist Politik standortgebunden. Die nicht existente Politik des Weltmarkts wird daher zur »Standortpolitik« zusammengezurrt. Und so betrachtet macht das Thema einen Sinn.

I.

Am Standort können der Nationalstaat, die Parteien und anderen politischen Akteure Kompetenz und Souveränität deklamieren und akquirieren. Mit markigen Worten wird da operiert. Wo Standortpolitiker am Werk sind, verwandelt sich der kühl distanzierte, nüchtern-ökonomische Diskurs in eine Suada bellizistischer Starkwörter. Da ist vom »Wirtschaftskrieg«, vom »coming economic battle between Japan, North America and Europe« (Lester Thurow) die Rede. Es wird danach gefragt, »Who bashed whom?« (Laura Tyson), da werden Flaggen geschmäht und Markenzeichen mißbraucht. Zumindest ist von einer »Herausforderung« die Rede, in der Regel aber von »Krieg« und »Konflikt«. Nach Carl Schmidt besteht Politik im wesentlichen darin, den Feind zu definieren. Die Grenze zwischen dem bösen, dem unfairen, dem hinterhältigen Feind und »uns«, die doch nur legitime Interessen wahrnehmen, wird zu einer Grenze zwischen dem Bedrohlichen draußen auf dem Weltmarkt und dem zu Schützenden am Standort drinnen.

Standortsicherung durch Verbesserung ihrer Wettbewerbsfähigkeit auf grenzenlosen offenen Weltmärkten ist etwas Neues, das ins Auge sticht, wenn man die »Politik des Weltmarkts« vor 60 Jahren, in der letzten großen Krise dieses Jahrhunderts, ins Visier nimmt. Damals hieß die Parole »Autarkie« (beispielsweise vom »Tat-Kreis« um Ferd Fried propagiert) oder »nationale Selbstgenügsamkeit« (John Maynard Keynes). Die Kolonialmächte Frankreich und England besannen sich auf die ökonomische und politische Bedeutung ihres jeweiligen Empire, und die USA betrieben statt einer »Politik des Weltmarkts« Politik des Hinterhofs in Lateinamerika und in der Karibik. Die faschistischen Mächte folgten dem Prinzip territorialer Expansion mit militärischen Mitteln. Das war nationalstaatliche Politik, auf den Weltmarkt bezogen. Dies alles ist heute anders. Politik des Standorts findet im Fluidum eines globalisierten ökonomischen Systems statt, dessen Regeln zu respektieren sind.

Drei Charakteristika sind dabei besonders wichtig: Erstens hat die Globalisierung und Deregulierung der Finanzbeziehungen in der Welt Optionen eröffnet, die es zuvor nicht gegeben hat. Die Kapitalbeziehungen sind in den vergangenen Jahrzehnten weitgehend reorganisiert und restrukturiert worden. Die Auswirkungen auf die internationale Arbeitsteilung sind gravierend, ja desaströs. Ein Beispiel kann dies unterstreichen: Während 1984 die deutschen Direktinvestitionen auf dem afrikanischen Kontinent etwa 1,65 Mrd. DM ausmachten, sind sie 1990 auf 660 Millionen DM abgesunken. Im gleichen Zeitraum jedoch sind die Direktinvestitionen auf den karibischen Kaiman-Inseln von 407 Millionen DM auf 930 Millionen DM angestiegen. Eine Mini-Inselgruppe mit weniger als 20.000 Einwohnern vereinigt also um ein Drittel mehr Direktinvestitionen aus der Bundesrepublik auf sich als der gesamte afrikanische Kontinent mit 642 Millionen Afrikanern. Die beklagte »Abkoppelung« ganzer Kontinente vom Weltmarkt ist ermöglicht worden, weil das etablierte Weltfinanzsystem die Umlenkung der Kapitalströme so reibungslos gestattet. Konvertibilität der Währungen und die entsprechende institutionelle Infrastruktur haben die Mobilitätsschranken für Kapital weitgehend beseitigt, Standorte werden also in kurzen Fristen dann, wenn die Rentabilität in Frage steht, aufgegeben oder aber – wie von den Mücken das Licht – im Dunkeln von den international operierenden »Geldvermögensbesitzern« mit liquidem und volatilem Kapital aufgesucht, wenn höhere Renditen als an anderen Standorten winken. Die dabei auftretenden Risiken werden mit Finanzderivaten abzusichern versucht, und wenn die Risiko-Papiere, die Derivate, selbst zum Gegenstand des Handels werden, dann verdoppeln und verdreifachen sich zwar die Risiken, aber die möglichen Profite auch. Diese Art von »postmodernen« Bankgeschäften haben also eine territoriale Dimension: Afrika und andere Regionen werden abgekoppelt. Interessant in diesem Geschehen sind nur die durch »Datenautobahnen« verknüpften »global cities«.

Das zweite Charakteristikum ist die Bedeutungslosigkeit von Transportkosten in der Welt von heute. Die modernen (und postmodernen) Kommunikations- und Transporttechnologien und der außerordentlich geringe Energiepreis, der als Kostenfaktor fast zu vernachlässigen ist, machen es möglich, daß die »propagandistische Tendenz des Kapitals, den Weltmarkt herzustellen«, die Marx in den »Grundrissen« zu einer Zeit hervorhob, als die Weltkarte noch von vielen weißen Flekken unbekannter Regionen gesprenkelt war, Realität geworden ist. Das mit fossilen Energieträgern betriebene Transportsystem erlaubt nun selbst Verrücktheiten und ökologische Delikte. Angesichts der Kosten sind sie ökonomisch rational und haben wie selbstverständlich Einzug ins Alltagsleben der Menschen, zumindest in den reichen Ländern, gehalten: Weintrauben aus Chile im europäischen Winter, Barsche aus dem afrikanischen Victoriasee ungeachtet des schrecklichen Völkermordes an seinen Gestaden frisch auf den Tisch des Euro-Bürgers, Bärentatzen-Suppe aus Sibirien für eine Berliner Juppy-Fete. Während einem die Tomaten im Winter von den Kanarischen Inseln oder der Spargel aus Südafrika noch Freude bereiten mögen, weil diese Waren aus fernen Ländern wahrhaftig nicht mit Waren vom »Standort Deutschland« konkurrieren, ist das Empfinden bei Automobilen aus Japan oder Südkorea zumindest ambivalent. Unsere Eltern hätten sich wahrscheinlich nur schwer vorstellen können, daß japanische Autos hierzulande, 10 000 km vom Produktionsstandort entfernt, mit hier produzierten Autos in harter Konkurrenz liegen. Die globalen Transportsysteme machen es aber heute möglich, daß an irgendeinem Standort produzierte Produkte weltweit verglichen werden und daher konkurrieren. Für die Konsumenten mag dies angenehm sein und ihre Käufersouveränität steigern, für die Produzenten erscheint die transporttechnisch und durch die Preisbildungsmechanismen für energetische Rohstoffe hergestellte Nähe als eine Bedrohung.

Damit sind wir beim dritten Charakteristikum: Es handelt sich um die Vergleichbarkeit der für den Weltmarkt produzierten Produkte. Die Internationalisierung des fordistischen Akkumulationsmodells hat die Produktionsstandards ebenso wie die Konsumstandards in aller Welt verbindlich gemacht. Technik, Qualität, Design unterscheiden sich nur noch bei den ›aperçus‹ einer Ware, die sie zum Markenzeichen macht. Sonst hat sie ihre je nationale oder regionale Partikularität verloren und kann infolgedessen auch von den no-name-Imitatoren ziemlich leicht nachgemacht werden, handele es sich dabei um ein französisch-taiwanesisch-brasilianisches Parfum, um ein »Markenhemd« aus Italien, Serbien, Hong-Kong, einen Personal Computer aus Südkorea und Japan oder die »Rolex«, die von Camelots in São Paulo ebenso wie von Strandhändlern in Bali an Touristen verramscht wird. Die Angleichung folgt dem »Bild« der Wohlstandsgesellschaft auf jedem TV-Schirm von Feuerland bis Hammerfest. Aber es ist zugleich mehr: Die Konkurrenz auf dem Weltmarkt zwingt alle Produzenten an allen Standorten, Standards einzuhalten und möglichst zu unterbieten und damit selbst für die anderen verbindlich zu setzen. Alternativen zu diesem »Sachzwang« gibt es kaum. Und so bemüht sich beispielsweise die Kommission der EU im »Weißbuch« vom Dezember 1993 um Wege der Setzung von Standards in Hochtechnologie-Sektoren, denen sich die Konkurrenten nicht zu entziehen vermögen.

II.

Bei so viel Vergleichbarkeit und Gleichartigkeit der Produkte als Gebrauchswerte auf dem globalen Marktplatz sind nur noch Unterschiede in den Produktionskosten und daher beim Preis der Waren relevant. An dieser banalen Erkenntnis setzen Standortpolitiker an. Ihre Politik ist in jeder Hinsicht reaktiv, sie antwortet auf die nicht in Frage gestellten Sachzwänge des Weltmarkts. Wettbewerbsfähigkeit, Sicherung des Standorts, so schallt es aus den Marktbuden an allen Ecken des Marktplatzes im globalen Dorf. Zu den besten Marktschreiern gehören die deutschen, die liberalen Wirtschaftsminister der Ära Kohl, unübertroffene Haudegen der Standortpolitik. Ganze Heerscharen von Wissenschaftlern sind von Santiago de Chile, wo die CEPAL (Comisión Económica Para América Latina) ihren Sitz hat, bis Paris, wo die OECD haust, oder Cambridge/Massachusetts, wo das MIT (Massachusetts Institute for Technology) residiert, und Berlin, wo das Wissenschaftszentrum liegt, damit beschäftigt, die harten und weichen, die ökonomischen und gesellschaftlichen, die marktmäßigen und nicht marktförmigen Faktoren zu identifizieren, von denen »diversified quality production« oder »flexible specialisation«, »neue Produktionskonzepte« oder die »postfordistische Regulationsweise«, also schlicht die »Wettbewerbsfähigkeit der Nationen« abhängen.

In der Weltmarktkrise zumal ist die Suche nach der verlorengegangenen Konkurrenzfähigkeit besonders intensiv. Die

Weltnachfrage stagniert. Erweiterungsinvestitionen zur Bedienung von absolut größer werdenden Marktanteilen, auch wenn sie relativ nicht wachsen, machen keinen Sinn und werden daher von Unternehmern auch nicht unternommen. Statt dessen stehen Rationalisierungen an, um mit Kostensenkungen im harten Preiswettbewerb Marktanteile zu verteidigen oder, wenn möglich, den Konkurrenten auf dem stagnierenden Weltmarkt abzujagen, ganz nach dem genialen Motto des ehemaligen BMW-Chefs von Kuenheim: Es gibt zu viele Autos auf der Welt, aber zu wenig BMWs. Die Überproduktion, die traditionell im nationalen Rahmen analysiert worden ist, findet in den 90er Jahren auf dem Weltmarkt statt. Im Unterschied zur Überproduktion auf nationalen Märkten springt der nationale »Wettbewerbsstaat« (Joachim Hirsch) den bedrohten Unternehmen standortpolitisch zur Seite. Schon ist die »Triadenkonkurrenz« ausgelöst, und die gleichen Leute, die gerade Kultur und schöne Künste als »weiche« Standortfaktoren identifiziert hatten, schreiben harte Bücher über »the coming economic battle«. Da können die blassesten Politiker in geistige Knobelbecher steigen und markige Standortsicherungspapiere ablassen, mit denen sie ihre Kompetenz unter Beweis stellen.

Wenn schon angesichts der Internationalisierung der Ökonomie, unter dem Ozonloch und bedrängt vom Treibhauseffekt kaum von politischer Souveränität der Nationalstaaten im Konzert der Mächte die Rede sein kann, wird wenigstens die Kostensouveränität am Standort verteidigt. Die Produktivität wird zu steigern versucht, durch die in den Wettbewerbstheorien inzwischen identifizierten Maßnahmen auf mikro-, makro-, meso-, meta- und megaökonomischer Ebene. Das sind die Betriebe, die Branchen, die Volkswirtschaft insgesamt, die »kulturelle Einbettung« der Ökonomie und möglicherweise der europäische oder Weltmarkt. Je mehr Ebenen, desto weiter der Horizont, auch wenn die Kirchturmspitze am Standort jeweils nur ein Zentimeterchen höher wird.

Auch die Kapitalkosten geraten ins Visier. Da aber die Zinsen auf internationalisierten Kapitalmärkten gebildet werden und nationalstaatlich selbst durch eine noch so mächtige Zentralbank nach unten wenig zu beeinflussen sind, müssen die Kapitalbestände gesenkt, etwa das in der Lagerhaltung gebundene Kapital reduziert werden, indem die »just in time«-Logistik durch den entsprechenden Ausbau der Verkehrssysteme unterstützt wird. Die ökologischen Kosten werden zunächst externalisiert, darum haben sich andere als die für Wettbewerbsfähigkeit zuständigen Ressorts in der staatlichen Verwaltung zu kümmern.

Wenn schon die Kapitalkosten kaum zu beeinflussen sind, dann muß an den Lohnkosten und an den Lohnnebenkosten gedreht werden. Daß Arbeiter produzieren, Studenten studieren, Dienstleister servieren, Computerfachleute programmieren, ist in der durch die Standortdebatte erzeugten Panikstimmung fast unerheblich geworden. Zunächst einmal sind Arbeiter, Studenten, Programmierer und Dienstleister ein Kostenfaktor. Die Lohnkosten belasten die Wettbewerbsfähigkeit in jedem Fall. Nur der kostenlose Arbeiter ist ein wirklich guter Arbeiter. Auch wenn man diesen produzierenden Hanswurst ebenso wenig heranziehen kann wie die Eier legende Wollmilchsau, so sollte er doch wenigstens angestrebt werden. Immerhin kommt mehr Leistung für weniger Geld heraus. So lautet daher die schlüssige Forderung, die vor noch gar nicht langer Zeit als unverfroren bezeichnet worden wäre. Der Vorstandsvorsitzende der Mercedes-AG, Helmut Werner, bringt es auf den Punkt: »Wir müssen uns nur alle mit dem Gedanken abfinden, daß wir aus der Gemeinschaft des sozialen Komforts wieder zu einer Kampfgemeinschaft werden. Die Besitzstände müssen neu erworben werden. Nichts ist garantiert, und nichts darf institutionell so abgesichert sein, daß wir es nur abrufen müssen ...« Die Kampfgemeinschaft, die Werner ausmalt, besteht aus Führern und Geführten, aus Siegern und Besiegten, aus Unternehmern und Arbeitnehmern und Gewerkschaften, die im Interesse der Standortsicherung mit dem Kapital in ein Boot gestiegen sind. Kampfgemeinschaft, Schicksalsgemeinschaft, Volksgemeinschaft, die Begriffe haben nicht die beste Tradition. Wer sich auf diese Gemeinschaft einläßt, kommt unweigerlich unter die Räder. Ob es das von Marx erwähnte »Juggernautrad« der Konkurrenz ist oder aber die vier Räder der Mercedes-S-Klasse, ist für diejenigen, die darunter geraten sind, unerheblich.

Wenn die Fetischisten der Standortkonkurrenz nur in den Unternehmen sitzen würden, könnte man sich nach den Regeln der Austragung von Interessenkonflikten damit auseinandersetzen. Doch auch die politischen Instanzen machen sich die Forderung nach mehr Leistung mit weniger Menschen zu eigen und versuchen, es mit den Methoden der Beeinflussung der Öffentlichkeit durchzusetzen und rechtsförmlich zu verankern. Sachverständigenräte und Deregulierungskommissionen, Rexrodt-Papier und EG-Weißbuch, Sonntagsreden und Regierungserklärungen – alle posaunen eine Botschaft der sozialen Kälte: Mehr Leistung, mehr Flexibilität und Mobilität, mehr Unterordnung unter die ökonomischen Sachzwänge im Dienste eines auf dem Weltmarkt zu sichernden Standortes. Die Deregulierungs- und Flexibilisierungspolitik ist noch nicht einmal im Sinne der Standortsicherung wirklich konsequent. Denn es werden gerade die nicht marktförmigen Kontexte zerstört, in denen ökonomische Wettbewerbsfähigkeit entsteht, erhalten und sozial abgefedert werden kann. Auch werden soziale Bindungen durch Flexibilisierung, Mobilisierung, Deregulierung im Dienst einer Leistungssteigerung, deren Sinn nicht einfach erschlossen werden kann, gekappt. Denn schließlich wirkt sie sich für die Arbeitnehmer oft genug als Freisetzung und Arbeitslosigkeit aus. Die Asozialität atomisierter Individuen wird gesteigert. Dies mag ja beabsichtigt sein, hat aber den brandgefährlichen Effekt, daß im Zuge der Standortpolitik entbundene Sozialisationspotentiale zunächst wohlstandschauvinistisch gegen andere Standorte mobilisiert und dann nationalistisch oder regionalistisch und ethnozentrisch von rechts eingebunden werden können. Die Rechte dürfte dann das bellizistische Gerede der Standortpolitiker vom »coming economic battle« in die Tat umsetzen. Da werden Geister gerufen, die man nur schwer wieder loswerden kann.

III.

Auch die ökologischen Gefahren einer bornierten Standortpolitik sind nicht unerheblich. Standortpolitik als Ensemble von Anpassungsmaßnahmen an den »Sachzwang Weltmarkt« nimmt ja den Standort nicht so, wie er ist: mit seiner natürlichen Ausstattung, den Menschen, die dort leben, der Kultur, die ihm eigen ist. Der Standort der Standortpolitiker ist ein prinzipiell austauschbarer und nicht in Raum und Zeit konkreter Ort, ausgeliefert einem an konkreten Eigenschaften und Eigenheiten nicht interessierten Entscheidungskalkül von

Geldvermögensbesitzern bzw. Kapitaleignern. Wenn im wesentlichen die Kosten und damit bei gegebenen Preisen der erzielbare Profit zählen, dann reduziert sich die Natur des Standorts auf eine schiere Kostengröße. Was liegt näher, als die Externalisierung von Kosten zu Lasten der natürlichen Ressourcen und der Menschen, insbesondere der kommenden Generationen, die ja den Nachteil haben, keine Wahlbürger zu sein, um die sich Standortpolitiker zu kümmern hätten? Am Standort Bundesrepublik Deutschland ist das natürlich anders. Umweltschutz wird groß geschrieben. Doch zählt Umweltschutz im wesentlichen als eine Chance, Umweltschutzgüter zu produzieren, die konkurrenzfähig auf dem Weltmarkt abgesetzt werden können. So wie man den Landschaft zerstörenden Transrapid braucht, um ihn in andere Länder exportieren zu können, so braucht man Umweltschutztechnologien als Demonstrationsobjekte, um sie auf den Weltmärkten an den Mann bringen zu können. Das umweltzerstörende Akkumulationsmodell wird dabei nicht in Frage gestellt, es soll im Gegenteil durch Innovation gekräftigt werden. Paradoxerweise trägt auf diese Weise Umweltschutz zur Verlängerung der Umweltzerstörung bei. Die so eingängige Idee von der »ökologischen Effizienzrevolution« ist ein Selbstbetrug, da der Weg in die Sackgasse nicht verlassen, sondern guten Mutes weiterbefahren wird, mit dem Drei-Liter-Auto an Stelle des 10-Liter-Wagens.

Wie in der Fußballiga wird der Wettbewerb in verschiedenen Klassen ausgetragen. Im Oberhaus, in der »Globalliga« sozusagen, findet die Triadenkonkurrenz zwischen Japan im pazifischen Raum, Nordamerika unter Führung der USA und Westeuropa statt. Da ringen Giganten um Spitzentechnologien, die mit Gedanken raubender Atemlosigkeit gefunden und wieder abgelöst werden, von anderen Spitzentechnologien. Das ist inzwischen wie im Theater: Wenn einer aufsteht, um besser sehen zu können, hat er noch etwas davon. Aber die anderen müssen dann ja auch aufstehen. Am Schluß stehen alle, sehen bestenfalls ebenso gut wie zuvor, stehen aber unbequem statt bequem das Stück im Sessel zu genießen.

Die Konkurrenz am Katzentisch ist nicht weniger brutal und zerstörerisch als der Kampf der Elefanten mit dem entscheidenden Unterschied, daß die Elefanten von den Kämpfen in der Regionalliga nicht besonders berührt werden. Standortpolitik und -sicherung und Verbesserung der Wettbewerbsfähigkeit ist eine Strategie des »survival of the fattest«. Die Konkurrenz beherrscht vollends die Politik. Wer politische Kompetenz zur Wahl zwischen Alternativen zurückgewinnen will, muß sich aus den Zwängen der Konkurrenz lösen und vor allem die Standortdebatte schleunigst beenden. Sie hat sich inzwischen zu einer gemeingefährlichen Blockierung alternativer Überlegungen zur politischen Gestaltung ausgewachsen.

Horst Meyer
Industriepolitik in den neuen Bundesländern

Sich auf das Thema »Industriepolitik in den neuen Bundesländern« einzulassen, birgt die Gefahr, bei den neuen Bundesbürgern als typisch arrogantes Wessi-Denken oder auf westdeutscher Seite als Anbiederung verstanden zu werden. Zudem stellt sich die Frage, ob in einem einheitlichen Wirtschaftsgebiet gesellschaftliche Veränderungsprozesse, die mit Industriepolitik verbunden sind, nur für ein Teilgebiet gedacht werden können. Ich möchte darum versuchen, Erfahrungen mit den gewaltigen Umstrukturierungen von Industrieunternehmen in den neuen Bundesländern zur Grundlage von Einschätzungen und Vorschlägen für gesellschaftliche Reformen im gesamten Deutschland zu machen. Dabei will ich den Interessengegensatz, in dem ich zunehmend stand, nicht verheimlichen, unternehmerisch denken zu müssen und gleichzeitig arbeitnehmerorientiert handeln zu wollen.

Das wurde am weitreichendsten deutlich an meiner Begegnung mit dem Zusammenbruch ganzer industrieller Kerne in Sachsen, dem Land mit den bedeutendsten Industrieproduktionspotentialen der ehemaligen DDR. Als einziger Westdeutscher in der Unternehmensleitung der Sachsenring Automobilwerke Zwickau durchlebte ich von Februar 1991 bis Mai 1993 all die Widersprüche, die mit den dramatischen, von der Treuhandanstalt Berlin ferngesteuerten Veränderungsprozessen eines strukturbestimmenden Industrieunternehmens verbunden waren. Einem Unternehmen, das als Rechtsnachfolgerin aus den Traditionsunternehmen Audi und Horch 1958 hervorgegangen war und das nicht nur 3 Millionen Exemplare des zur Legende gewordenen Kleinwagens »Trabant« unter schwierigsten wirtschaftlichen Verhältnissen produziert hatte, sondern auch das Entwicklungszentrum für den »Wartburg« aus Eisenach, die LKWs aus Ludwigsfelde und die Traktoren aus Nordhausen war. Noch im Jahr 1989 hatten 11 440 Beschäftigte bei Sachsenring in drei Werken auf 625 000 qm Industriefläche 145 600 Fahrzeuge hergestellt und einen Umsatz von 2,9 Mrd.

Mark erzielt. Die Fertigungstiefe als Maß des Rationalisierungsgrades in der Produktion lag bei 82 %, d. h. sie fertigten bis auf 18 % der Teile eines Fahrzeuges alles selbst. Im Vergleich dazu lag die Fertigungstiefe bei westdeutschen Automobilherstellern nur noch bei 40 bis 45 %.

Durch fehlende Erfahrung mit marktwirtschaftlichen Regelungsmechanismen waren die Führungskräfte und die ArbeitnehmerInnen zunächst noch davon überzeugt, daß es entgegen der Entscheidung der Treuhandanstalt, die Trabi-Produktion zum 30.4.1991 einzustellen, einen Markt für die bereits vorliegende Neuentwicklung eines modernisierten Trabis gäbe. Sie nahmen nicht wahr, daß die ehemaligen DDR-BürgerInnen und selbst eine große Zahl der eigenen MitarbeiterInnen sich bereits Westfabrikaten zugewendet hatten und der osteuropäische und ostdeutsche Markt nach der Wirtschafts-, Währungs- und Sozialunion vom 1.7.1990 zusammengebrochen war. Über Nacht wurde sozusagen das Zuteilungssystem für Fahrzeuge mit Wartezeiten von 12 Jahren und länger abgelöst durch eine Produktion »auf Halde«, die nur durch stark subventionierte Preisnachlässe abgebaut werden konnte. Das Ergebnis der ersten 6 Monate Geschäftstätigkeit nach Umstellung der Währung war niederschmetternd: 9 800 durchschnittlich Beschäftigte erwirtschafteten bei einem Umsatz von ca. 300 Millionen DM einen Verlust von ca. 230 Mio DM. Das waren die Ausgangsgrößen, mit denen das Unternehmen begann, durch Hinzuziehung westdeutscher Managementberater eine neue Konzeption zur Umstrukturierung zu entwickeln und umzusetzen.

Obwohl unvorstellbar vom Standpunkt westlicher Erfahrungen mit Unternehmenssanierungen, kann man heute sagen, daß der Umbau des Unternehmens bis Ende 1992 weitgehend gelungen war. Einen besonderen Anteil daran hatten die ostdeutschen Werksangehörigen, ohne deren ungeheuren Einsatz und Widerständigkeit gegen Treuhandpolitik die Erneuerung nicht möglich gewesen wäre. Hinzu kam eine vernetzende Industriepolitik in Sachsen, die strukturpolitische Maßnahmen durch Zusammenwirken von Politik, Gewerkschaften und Arbeitgeberorganisationen ermöglichte.

Der dramatische, aber notwendige Personalabbau von 11 920 auf 1 430 Beschäftigte bei gleichzeitigem Aufbau neuer Strukturen, Produktbereiche und Kundenbeziehungen wurde innerhalb von zweieinhalb Jahren erreicht. Hierbei wurden alle unternehmerischen wie auch arbeitsmarktpolitische Instrumente genutzt, um durch Betriebsausgründungen, Teilprivatisierungen, Unternehmensteilverkäufe, Vorruhestandsregelungen, Altersübergangs-, Arbeitsförder-, Qualifizierungs- und Beschäftigungsmaßnahmen ein Höchstmaß an Arbeitsplätzen im 1. und 2. Arbeitsmarkt zu erhalten und eine fließende Übergangssituation zwischen beiden herzustellen. Als Indiz für das Bemühen um sozialverträgliche Lösungen steht die Tatsache, daß nur 600 Kündigungen ausgesprochen werden mußten – ein wohl beispielloses Ergebnis in der Praxis von Umstrukturierungen in Westdeutschland. Eines der wichtigsten Instrumente zur Lösung der Beschäftigungsprobleme war die Gründung der Sächsischen Aufbau- und Qualifizierungsgesellschaft in Zwikkau mit über 2 000 Beschäftigten, in der fachkundiges West-Management Beschäftigungs-, Arbeitsförder- und F+U-Maßnahmen, Qualifizierungen, überbetriebliche Erstausbildung, Umweltprojekte und Existenzgründungen organisierte und alle Möglichkeiten der Ressourcennutzung des abgebenden Unternehmens Sachsenring in Verbindung mit Landes-, Bundes- und EG-Finanzierungen ausschöpfte.

Nach traditionellem ordnungspolitischen Denken widersprachen die Umstrukturierungsmaßnahmen bei Sachsenring als Voraussetzung für eine Privatisierung allen Grundlagen der Treuhandanstalt, die die schnelle Privatisierung als beste Möglichkeit der Sanierung ansah. Die Folge war ein permanenter, die Umstrukturierung behindernder Konflikt mit der Treuhandanstalt, der sich in ähnlicher Form auch in anderen Treuhandunternehmen wiederfand. Eine der Ursachen war, daß für viele Führungskräfte der von der Treuhandanstalt in Berlin verwalteten Unternehmen kaum ein Unterschied zur Zentralverwaltung der ehemaligen DDR-Ministerien bestand und wenig handlungsorientierte Hilfen angeboten wurden, auf der anderen Seite sich die Rahmenbedingungen vor Ort fast täglich verschlechterten. So war es nicht ungewöhnlich, daß Treuhandunternehmen noch im Jahr 1993 Verluste in Höhe von 30 bis 50% ihres Umsatzes machten und durch die Treuhandanstalt ausgleichen lassen mußten. Sachsenring hingegen schloß bereits das Geschäftsjahr 1992 nur noch mit einem Verlust von 2 Mio DM ab, bei einem Umsatz von ca. 300 Mio DM. In den neuen Geschäftsfeldern Fahrzeugtechnik, Produktionstechnik und

Anlagenbau, Industrieplanung und -service, Ersatzteil- und Autozubehör-Vertrieb und Pkw-Recycling wurden sogar Überschüsse erwirtschaftet. Gezielte Investitionen in der Fahrzeugtechnik und moderne Arbeitsorganisationen hatten den Pro-Kopf-Umsatz auf 290 000 DM hochschnellen und die Produktivität auf westdeutsches Niveau steigen lassen.

Wie war es möglich, ein ostdeutsches Unternehmen mit vollkommen anderen Betriebshierarchien, Ablauforganisationen, Produkt- und Dienstleistungsstrukturen, wirtschaftlichen und unternehmenspolitischen Entscheidungsstrukturen so schnell an konkurrenzfähige Verhältnisse Westdeutschlands heranzuführen, wo doch Vorurteile, Zweifel und Negativ-Erfahrungen der Treuhandanstalt von anderen Einschätzungen ausgingen? Einschätzungen, die typisch schienen für viele Entscheidungsträger der Treuhandanstalt aus Westdeutschland, die die vorhandenen Fachkompetenzen, den Erfindungsreichtum, die Improvisationsfähigkeiten und das solidarische Verhalten der MitarbeiterInnen in den ehemaligen VEB-Kombinatsbetrieben nicht kannten.

Der Schlüssel zu erfolgreichen Veränderungen in den neuen Bundesländern lag und liegt noch heute in einer der Not gehorchenden Bewältigung einer Krisensituation nicht gekannten Ausmaßes, der sich kaum ein Bürger der ehemaligen DDR seit der Wende entziehen konnte. Dieses scheint mir der wesentlichste Unterschied zur westdeutschen Gesellschaft zu sein, die sich bis auf die finanziellen Belastungen durch die Vereinigung von der dramatischen Entwicklung in Ostdeutschland nicht ernsthaft betroffen und zum persönlichen Handeln aufgerufen zu fühlen brauchte. Auch von den eigentlich Begünstigten der Vereinigung, nämlich denjenigen Unternehmen, die sich einen Teil des neuen Absatzmarktes Ostdeutschland sichern konnten, gingen nicht die von der Bundesregierung erwarteten großen Initiativen aus, die hinzugewonnenen Zahlungsmittelüberschüsse in den neuen Bundesländern zu reinvestieren.

Die Konkurrenz auf dem Arbeitsmarkt hat eine neue Ost-West-Dimension erhalten, die an den Grenzen der osteuropäischen Nachbarstaaten zu uns nicht halt macht. Dieses kommt erschwerend hinzu, wenn man die folgenden Bedingungen, mit denen die Erwerbstätigen in den neuen Ländern konfrontiert sind, beurteilen will:

- Sie mußten sich ohne Übergangszeit an vollkommen neue und total ungewohnte wirtschaftliche Rahmenbedingungen anpassen,
- neue Möglichkeiten modernster Kommunikation und des Verkehrs erhöhten schlagartig ihre Mobilität,
- das veränderte soziale und gesellschaftliche Umfeld verursachte ungewohnte Freiräume für selbstbestimmtes Leben,
- Produktions- und Arbeitsprozesse waren ohne angemessene Anpassung marktwirtschaftlichen Bedingungen unterworfen,
- es gab plötzlich eine seit 40 Jahren nicht gekannte Arbeitslosigkeit, und die Sicherung oder Beschaffung eines der knapp gewordenen Arbeitsplätze verlangte höchste Anpassungsfähigkeit und Flexibilität,
- sie mußten mit ungewohnten zweistelligen Preissteigerungsraten gerade im lebensnotwendigen Bereich zurechtkommen,
- knappe finanzielle Ressourcen zwangen sie zu Erfindungsreichtum und zum verstärkten Einsatz vorhandener Beschaffungskompetenzen.

Die der Not gehorchende Aneignung neuer Kompetenzen und die Bewältigung krisenhafter Situationen bieten den Ewerbstätigen in den neuen Bundesländern mittelfristig Chancen, aus einem Verteilungskampf um Arbeitsplätze gestärkt hervorzugehen. Wer weniger besitzt, neigt zudem zu weniger Besitzstandsdenken! Diese und andere grundlegende Unterschiede zur westdeutschen Gesellschaft sind festzustellen. Das schnelle, teilweise unkritische Aufgreifen technologischer Erneuerungen und innnovatorischer Prozesse steht einer tiefverwurzelten Technologieskepsis, vielfach vorhandener Technikfeindlichkeit in Westdeutschland gegenüber. Bei Sachsenring waren noch im Jahre 1989 die wenigen vorhandenen Computer nur einigen strategisch wichtigen Abteilungen vorbehalten, während zur Bewältigung der massenhaften tagtäglichen Organisationsarbeit Schreibmaschinen eingesetzt wurden. Mit der Einführung einer neuen Ablauforganisation im Jahre 1991 wurden innerhalb von sechs Monaten ein EDV-gestütztes Rechnungswesen und ein Managementinformationssystem eingerichtet, die über ein Glasfasernetz die papierlose Kommunikation zwischen 120 Arbeitsplätzen ermöglichen und die von mehr als 200 Mitarbeiter/-innen bis hin zur ersten Führungsebene genutzt wurden. Nach Jahren des Mangels an hochwertigen Gebrauchs- und Verbrauchsgütern und der daraus entwickelten Improvisationsfähigkeit entstand eine nahezu grenzenlose Begeisterung für das technisch Machbare. Der Manager eines großen deutschen PKW-Herstellers brachte es im Jahre 1992 auf die Formel: Unser Problem ist nicht die Einführung der schlanken Produktion im Werk Eisenach, sondern die Modernisierung der Arbeitsorganisation der Produktionsstätte in Rüsselsheim.

Die Modernisierung und Rationalisierung der Arbeitsorganisationen in den Unternehmen findet in einem Maße im Schulterschluß mit den Betriebsräten statt, daß selbst erfahrene Gewerkschaftsvertreter aus dem Westen ihre in vielen Jahren erfolgreich angewandten tarifparteilichen Instrumente total ändern mußten. In Sachsen entstanden landesweit und auf regionalen Ebenen Solidarpakte zwischen Regierung, Unternehmensverbänden und Gewerkschaften, um beim Einsatz von Fördermitteln klüger und innovativer vorzugehen und ohne ideologische Aufgeregtheit ungewohnte Vernetzungen zu schaffen (vgl. Biedenkopf, Im Osten nichts Neues?, ZS Organisationsentwicklung 1/94).

All das zeigt, welche Neuerungskraft und Innovationsfähigkeit aus der deutschen Vereinigung tatsächlich zu schöpfen wäre und welche Chancen für die Einleitung eines neuen gesellschaftlichen Reformprozesses in Deutschland bestünden, wenn man ein gleichberechtigtes Zusammenwachsen beschleunigte. Eine moderne, innovative Kräfte vernetzende Industriepolitik könnte dabei zur Bewältigung der strukturellen Krise zukunftsweisende wirtschafts-, forschungs-, arbeits- und bildungspolitische Rahmenbedingungen setzen und aus der Erkenntnis der tatsächlichen Veränderungsprozesse neue Kriterien für ökologisches und soziales Wirtschaften in ganz Deutschland schaffen.

Erstens: Die geöffneten Grenzen nach Osteuropa zeigen uns plötzlich ein wirtschaftliches Ungleichgewicht mit einem erheblichen Wohlstandsgefälle auf, für dessen Angleichung wir weder Lösungen noch Zeitvorstellungen gefunden haben. Es entsteht in der Tat eine neue Konkurrenz bei den Arbeitskosten und arbeitsintensiven Produkten in bisher nicht gekannten Ausmaßen und Geschwindigkeiten. Während pro Beschäftigten bundesdeutsche Unternehmen durchschnittlich 6500

DM (in den neuen Bundesländern ca. 4 000 DM) im Monat bezahlen, sind es in Tschechien ca. 450 DM und in den GUS-Staaten noch wesentlich weniger. Sind darum die Befürchtungen berechtigt, daß die sozioökonomischen Unterschiede zu Lasten unserer Arbeitsplätze zu einem »Sozialdumping« führen? Die Planungen westdeutscher Industrieunternehmen, bereits in den kommenden drei Jahren arbeitsintensive Teile der Produktion ins östliche Ausland zu verlagern, nähren die Angst, daß dabei weitere 250 000 Arbeitsplätze in Deutschland verlorengehen. Bereits heute lassen Elektronikunternehmen Farbfernseher-Tuner in Polen und Videogeräte in Ungarn, Autozulieferer Kabelbäume in Böhmen, Turbinenhersteller Turbinen in Polen fertigen und die Computerindustrie Softwareprogramme in Indien entwickeln (vgl. Piper, DIE ZEIT Nr. 15 v. 8.4.94). Ganz zu schweigen von der Textilindustrie, die bereits seit vielen Jahren massenhaft Näharbeiten für den heimischen Markt nach Ost- und Vorderasien verlagert hat.

Gerade in einer solchen ungewöhnlichen Situation müssen wir uns auf das besinnen, was in Deutschland schon einmal die Grundlage des hohen Wohlstands nach einer totalen Zerstörung der Wirtschaft durch den 2. Weltkrieg war: *Der Wille zum Neuanfang und die Teilnahme am Freihandel, ergänzt um neu zu definierende Öko- und Sozialstandards.* Wenn die von der OECD in dem Zeitraum von 1978 bis 1986 durchgeführte Modellrechnung für Deutschland stimmt, gingen zwar durch den Import von billigen Industriegütern 0,41 % der Arbeitsplätze bei uns verloren, gleichzeitig gewannen wir jedoch 0,83 % neue Arbeitsplätze aufgrund höherwertiger Exporte hinzu. Bei High-Tech-Produkten war der Arbeitsplatzgewinn noch deutlicher (vgl. Piper, DIE ZEIT Nr. 15 v. 8.4.94). Das bedeutet aber nichts anderes, als die Stärkung der Innovationskraft auf allen Ebenen zum Hauptanliegen zu machen und höherwertige Arbeitsplätze zu schaffen. Zur Innovation gehört aber auch, durch marktwirtschaftlichen Wissenstransfer und kreative Handelskonzepte den Billiglohnländern auf dem Wege zu gleichberechtigten Handelspartnern behilflich zu sein. Was Osteuropa betrifft, können besonders die gewachsenen Wirtschaftsbeziehungen und guten Kontakte der Führungskräfte ehemaliger DDR-Betriebe zu osteuropäischen Unternehmen eine gute Ausgangsbasis darstellen. Wenn wir den Osteuropäern keine entsprechende Hilfe zur Selbsthilfe anbieten, um marktwirtschaftliche Regelungsstrukturen zu entwickeln, werden sie aus ihrer Existenznot zu Arbeitsplatz-Konkurrenten bei uns.

Auch wenn es schon fast zu spät ist, sollten die noch nicht privatisierten strukturbestimmenden Treuhandunternehmen in den neuen Bundesländern zur dezentralen Sanierung und Umstrukturierung schnellstens auf geeignete Industrieholdings oder Management-Gesellschaften der Landesregierungen übertragen werden und mit geeigneten Finanzmitteln und Management ausgestattet werden. Der Übergang in die Marktwirtschaft verlangt produktive und marktorientierte Strukturen, verbunden mit Modernisierungsinvestitionen und neuen Managementstrategien in einem angemessenen Zeitraum. Die Grundlage hierzu ist im Treuhandgesetz vom 17.6.1990 nachzulesen, das die Reihenfolge einer der Privatisierung vorausgehenden Sanierung festlegte und damit dem traditionellen Muster weltweit erfolgreicher Privatisierungen entsprach. Bereits 1990 empfahl der Thatcher-Berater Walters eindringlich, der Privatisierung von Unternehmen die Sanierung vorausgehen zu lassen, weil andernfalls keine hinreichende private Kaufbereitschaft mobilisiert werden kann (vgl. Sinn, Kaltstart, S. 85). Für die Treuhandanstalt war die Privatisierung die beste Sanierung mit den jetzt vorliegenden Ergebnissen. Weitere Verkäufe von bisher noch nicht privatisierten Unternehmen ohne nachhaltige Ertragskraft und entsprechendem Substanzwert an private Kapitalgeber werden gar nicht oder nur mit viel Verlust gelingen.

Zweitens: Die Erwerbsarbeit in Deutschland hat bereits in den letzten 20 Jahren durch den Übergang von der industriellen in die post- oder nachindustrielle Gesellschaft tiefe Spuren zunehmender Arbeitslosigkeit hinterlassen. Die Entwicklung der Arbeitslosenziffern nach der Vereinigung zeigt eine Verschärfung dieses Prozesses durch die Deindustrialisierung Ostdeutschlands. Ende 1993 war die Zahl der registrierten Arbeitslosen im alten Bundesgebiet auf 2,28 Mio. zuzüglich 746 Tsd. Erwerbspersonen in verdeckter Arbeitslosigkeit durch Kurzarbeit, Altersübergang, Vorruhestand, ABM-, AfG-, F+U- und Qualifizierungsmaßnahmen und in den neuen Bundesländern auf 1,16 Mio. zuzüglich 1,57 Mio. verdeckt Arbeitsloser angestiegen (vgl. Sachverständigenrat, Jahresgutachten 1993/94, S. 113). Aufgrund fehlender Konjunkturimpulse hat sich die Situation am Arbeitsmarkt dramatisch zugespitzt. Ende März 1994 betrugen die Zahlen der registrierten Arbeitslosen bereits 2,57 Mio. (West) und 1,26 Mio. (Ost) (vgl. Deutsche Bundesbank, Monatsbericht April 1994).

Es gibt noch ein anderes Phänomen in der Entwicklung des Arbeitsmarktes, das Aufmerksamkeit erweckt. Obwohl die Zahl der beschäftigten Arbeitnehmer und Arbeitnehmerinnen seit 1972 von 22,74 Mio. auf 26,43 Mio. (1992) anstieg, ist die Zahl der Jahresarbeitsstunden aller Beschäftigten nahezu gleich geblieben. Wenn man sich die Entstehung und die Verluste von Arbeitsplätzen zwischen 1972 und 1992 nach Wirtschaftsbereichen betrachtet, stellt man fest, daß im verarbeitenden Gewerbe von insgesamt 9,36 Mio. Arbeitsplätzen 800 Tsd. und im Baugewerbe von 2,15 Mio. Arbeitsplätzen 365 Tsd. verlorengingen, hingegen in Handel und Verkehr zu den 4,07 Mio. Arbeitsplätzen 830 Tsd. hinzukamen, die Dienstleistungsbranche von 2,38 Mio. auf 4,78 Mio. Arbeitsplätze wuchs, bei den privaten Haushalten zusätzlich 660 Tsd. und beim Staat neben den vorhandenen 3,26 Mio. 1,08 Mio. Arbeitsplätze entstanden (vgl. Sachverständigenrat, Jahresgutachten 1993/94, S. 325). Fazit: Neue Arbeitsplätze wurden in den letzten 20 Jahren vorwiegend in den nichtindustriellen Bereichen durch Verkürzung der Arbeitszeit bei vollem Lohnausgleich und gleichzeitigem Produktivitätsanstieg in Verbindung mit neuen beruflichen Qualifikationen geschaffen.

Die Krise der Erwerbsarbeit in Deutschland bekommt durch das Heranrücken der Niedriglohnländer an die deutschen Grenzen zu Osteuropa und die Verteilung immer größerer Soziallasten auf die inzwischen stagnierende und in Zukunft sinkende Zahl von Erwerbstätigen allerdings eine neue Dimension. Die bezahlte Arbeit gilt im internationalen Vergleich in Deutschland als zu teuer und wird durch vermehrten Kapitaleinsatz substituiert. Gleichzeitig wird die zunehmende gesellschaftliche und soziale Arbeit durch die Haushaltsdefizite der öffentlichen Hand immer mehr zur Angelegenheit derjenigen, die keiner oder nur teilzeitbeschäftigt einer Erwerbsarbeit nachgehen können, nämlich der Frauen.

Zur Erhaltung des Sozialstaates und der Zahlungskraft der Sozialversicherungen gibt es zum weiteren Ausbau der Erwerbsarbeit keine Alternative. Im Zusammenhang mit einer solidarischen Lastenverteilung stellt sich allerdings die Frage, warum Beamte und Selbständige an der Finanzierung des Sozialsystems (z. B. Pflegeversicherung) nicht beteiligt werden. Um dem weiteren Absinken der Erwerbseinkommensquote von 76,7 % (1983) auf 73,0 % (1992) Einhalt zu gebieten, muß die Erwerbsarbeit zu Lasten der gestiegenen Vermögenseinkommen (1983: 7,5 %, 1992: 9,0 %) und der Gewinneinkommen (1983: 15,8 %, 1992: 18,0 %) (vgl. Sachverständigenrat, Jahresgutachten 1993/94, S. 338/339) durch staatliche Instrumente gezielt gefördert werden. Da insbesondere die erwerbsfähigen Frauen das Recht auf Erwerbsarbeit geltend machen und verstärkt auf den Arbeitsmarkt drängen, müssen Programme für soziale und umweltrelevante Dienstleistungsberufe entwickelt und die Schaffung entsprechender Arbeitsplätze gezielt gefördert werden. Dies gilt insbesondere für die hohe Arbeitslosenquote der erwerbsfähigen Frauen in den neuen Bundesländern, wo deren Erwerbsquote vor 1989 50 % (Westdeutschland: 37 %) betragen hatte (vgl. Sinn, Kaltstart, S. 195).

Statt Arbeitslosigkeit zu finanzieren, gilt es, soziale und umweltrelevante Dienste durch neue berufliche Qualifizierungen attraktiv zu machen und durch Erweiterung der AfG- und F+U-Finanzierung sowie der aktiven Gestaltung des 2. Arbeitsmarktes neue Arbeitsplätze zu erschließen.

Ohne Flexibilisierung und individuelle Gestaltung der Lebensarbeitszeit, der Entkoppelung von Betriebs-, Arbeits- und Weiterbildungszeit und stärkerer Differenzierung der Entlohnungssysteme nach tariflich abgesichertem Grundlohn und besonderen Leistungs-, Qualitäts- und Verantwortungskomponenten werden wir keine echten Alternativen und neuen Perspektiven für das Recht auf Arbeit entfalten. Die Enttabuisierung von Niedriglohnarbeitsplätzen bei gleichzeitiger Subventionierung von Mindesteinkommen ist sozial verträglicher und volkswirtschaftlich billiger als die Finanzierung von Arbeitslosigkeit.

Für die Erhaltung der internationalen Konkurrenzfähigkeit müssen wir zu neuen, durch unser duales Ausbildungssystem begünstigten Formen der Arbeitsorganisation kommen und Abschied nehmen von den Prinzipien der Abgrenzung, der Inflexibilität, der Überorganisation und der Ideologie, Industriepolitik und Marktregulierungen durch Veränderungen von Rahmenbedingungen seien gegen die reine Lehre der Marktwirtschaft gerichtet. Seit Jahren wissen wir, daß die vereinigungsbedingten Probleme, die sich durch die Öffnung der Grenzen nach Osteuropa noch verstärkt haben, nach besonderen Lösungen verlangen. Ihnen stehen wenig bewegliche Organisationsstrukturen, komplizierte Verwaltungsvorschriften und ein Verharrungsvermögen in alten Denk- und Handlungsstrukturen besonders in den Führungshierarchien gegenüber. Wer kennt sie nicht, die allzu menschlichen Gewohnheiten des »es war aber immer so« und »warum sollte gerade ich etwas ändern wollen?«. Eine im Jahre 1993 von der Kienbaum Akademie in Düsseldorf durchgeführte Untersuchung über die Kreativität und Innovationsfähigkeit von Führungskräften in der deutschen Wirtschaft belegt das: 84% gehören zu den Bedenkenträgern und potentiellen Gegnern von Veränderungsprozessen, gegen die die 16% Kreativen und Erneuerungswilligen nur wenig auszurichten haben (vgl. Kuhn, Ökologische Marktwirtschaft, Blätter f. deutsche und internationale Politik 2/94, S. 174). Gleichzeitig ist festzustellen, daß die Ansprüche (an einen hohen Lebensstandard) vieler ihre Leistungen (international gesehen) übersteigen (vgl. Miegel, ZEIT-Symposium, DIE ZEIT Nr. 2 vom 7.1.94). Um in dieser Situation einen Umdenkungsprozeß einzuleiten, helfen nur neue Formen der Arbeitsorganisation, der Arbeitszeitgestaltung, der Vergütungssysteme, der Weiterbildung als lebenslanger Prozeß, von Verantwortungswahrnehmung und Motivationsanreizen.

Drittens: Unsere Innovationskraft hinkt im internationalen Vergleich zu anderen Industrienationen und im Verhältnis zu unserer Exportquote hinterher. Großtechnologische Projekte der Vergangenheit haben ungelöste Probleme hinterlassen, die die Bevölkerung skeptisch gegenüber technischen Problemlösungen gemacht haben. Wenn die Untersuchungen der amerikanischen Nobelpreisträger für Wirtschaftswissenschaften Fogel und North (vgl. Conrad, Nobelpreis für Wirtschaftswissenschaften im Spektrum der Wissenschaft 12/93, S. 23) stimmen, waren nicht die großen technischen Innovationen für eine rasante industrielle Entwicklung in Europa und den USA verantwortlich, sondern Bestimmungsfaktoren wie Qualität der Arbeit, Bestand an Facharbeitern, die Effizienz industrieller Organisation, Kostenvorteile der Massenproduktion und ein komplettes Netz effizienter Institutionen. Nach der volkswirtschaftlichen Wachstumstheorie bestimmen Kapitalintensität, Arbeitsproduktivität und technischer Fortschritt das Wachstum des Volkseinkommens (vgl. Rose, Grundlagen der Wachstumstheorie, 1971). Während zwischen Kapital und Arbeit über Substitutions- und Elastizitätseffekte erhebliche Abhängigkeiten bestehen, ist es besonders der technische Fortschritt in Verbindung mit der Arbeitsproduktivität, der die Innovationskraft einer Gesellschaft ausmacht: ein hohes Qualifikationsniveau zu halten und die Anwendung technischen Wissens ständig zu erweitern.

Wirtschaftlich, technologisch, arbeitsorganisatorisch und in der Wissenschaft müssen wir uns auf unsere Stärken konzentrieren und sie strategisch vernetzen. Hierbei spielen die verschiedenen Regionen Deutschlands und Europas eine besondere Rolle. Es wird darum in Zukunft verstärkt auf den gezielten Ausbau regionaler Kompetenzen ankommen, die in ihrer Summe die Wirtschaftskraft einer Nation ausmachen. In diesem Zusammenhang sollte man zur Kenntnis nehmen, daß 38 % unseres Bruttoinlandsproduktes (aller im Inland hergestellten Waren und Dienstleistungen) exportiert werden und wir darum anfälliger als andere Volkswirtschaften gegen internationale Marktveränderungen sind. Die USA beispielsweise erwirtschafteten nur 10,6 % ihres Bruttoinlandsproduktes im Export und selbst Japan nur 14,2 % (vgl. Jahresgutachten 1993/94 des Sachverständigenrates v. 15.11.93, S. 297/305). Chemische und pharmazeutische Produkte, Kunststoff- und Kautschukprodukte, Textil- und Lederverarbeitungsmaschinen, Druck- und Bindemaschinen, Werkzeug- und Metallbearbeitungsmaschinen, elektro- und brennkraftgetriebene Motoren, Sondermaschinen, Regelungs- und Prüfgeräte, optische und medizinische Instrumente und Geräte, Spezialwalzerzeugnisse, Heiz- und Kühlaggregate, Straßen- und Luftfahrzeuge, Spezialschiffe sowie entsorgungstechnologische Verfahren und Anlagen sind einige Beispiele von deutschen Erzeugnissen, die in der Welt angesehen sind und jedes für sich einen Exportumsatz von mehr als 5 Mrd. DM haben. Für ihre Herstellung, ihren Gebrauch und ihre Wiederverwertung wie aber auch für die gesamte Güterproduktion gilt es im Hinblick auf eine Einsparung von Ressourcen und Minimierung ökologischer Belastungen Weiterentwicklungen zu betreiben sowie neue und synergetische Anwendungsgebiete zu suchen. Gepaart mit einem sich ständig regenerierenden Wissensstand, der Bündelung von Forschung und Entwicklung, der Vernetzung regionaler mit internationalen Kompetenzen in Beschaffung und Produktion, neuen Formen der Arbeitsorganisation und kreativen Elementen der Finanzierung ließen sich strukturelle und konjunkturelle Krise bewältigen.

Wie schon oft gefordert, verlangt aber gerade die derzeitige Situation nach einer neuen Bildungsoffensive und die Investition in zukunftsorientierte Qualifikationen. Als hochentwickeltes und exportabhängiges Industrieland stellen wir plötzlich fest, daß andere Länder, insbesondere die Schwellenländer Ostasiens, qualifizierte Fachkräfte herangebildet haben, die zu niedrigeren Arbeitskosten unsere ehemals hochtechnischen Produkte massenhaft herstellen und zu günstigen Preisen auf unserem heimischen Markt anbieten können. Wenn wir nicht zu protektionistischen Mitteln greifen wollen, müssen wir uns auf die Stärke unseres dualen Ausbildungssystems besinnen und in die berufliche Weiterbildung, Entwicklung und Forschung investieren. Verbunden mit einem wirkungsvollen Ausbau der Förderung zukunftsorientierter Ausbildungsgänge und Qualifikationen, die über Produkt-, Dienstleistungs- und Prozeßinnovationen zu Rohstoffeinsparungen führen, sehe ich gute Chancen, erneut internationale Wettbewerbsvorteile zu erreichen.

Viertens: Für die Rückführung des selbstverschuldeten Ungleichgewichtes in der Ökologie gibt es bis heute keine überzeugenden Strategien. Eine Alternative zur Vergeudung von Rohstoffen und Umwelt durch die Einleitung eines Rationalisierungsprozesses zur Nutzung von Ressourcen scheitert zur Zeit an dem fehlenden Wertbewußtsein für die lebensnotwendigen Grundlagen Wasser und Luft, zu niedrigen Rohstoffpreisen und am wirtschaftlichen Egoismus insbesondere der Industrienationen. Auch wenn die Gefahr groß ist, muß ein Zustand vermieden werden, der Arbeitsplätze und damit Ökonomie gegen Ökologie ausspielt. Im Gegenteil müssen durch intelligenten Einsatz von Ressourcen neue Technologien und Produkte entwickelt und in den Markt gebracht werden, die sich verstärkt mit der Entsorgung von umweltbelastenden Schadstoffen und Abfällen befassen, vielmehr aber mit deren Vermeidung. Nicht die sogenannten »end-of-the-pipe«-Technologien (Entsorgungs- und Recyclingtechnologien), sondern die »begin-of-the-pipe«-Technologien und -Produkte (Vermeidungs- und alternative Ressourcennutzungs-Technologien) werden die Zukunft bestimmen. Nur sie leiten langfristig eine Umkehr in der Umweltbelastung und schaffen gleichzeitig zukunftsorientierte Arbeitsplätze. Als exportorientiertes Hochlohnland ohne nennenswerte Bodenschätze haben wir viel mehr als andere die vorhandenen Wissenspotentiale auszuschöpfen. Wir besitzen mit staatlichen Förderprogrammen, steuerlichen Anreizen und durch das Setzen neuer industriepolitischer Rahmenbedingungen ausreichende wirtschaftspolitische Instrumente, um die Entwicklung umweltschonender Technologien und Produkte und deren Markteinführung zu beschleunigen. Als Exportnation steht es uns gut zu Gesicht, uns weltweit an die Spitze notwendiger Rationalisierungsstrategien zur Nutzung von Ressourcen zu setzen und eine Umkehr in der globalen Umweltbelastung wirkungsvoll einzuleiten.

Die bei uns vordergründig geführte Diskussion um die Benzinpreiserhöhung beweist jedoch das Gegenteil und verkennt die Tatsachen. Die Zahlen des Sachverständigenrates zur Begutachtung der gesamtwirtschaftlichen Entwicklung 1993/94 beweisen es: Seit 30 Jahren häufen wir zu Lasten der Umwelt privates Vermögen an. So stiegen die verfügbaren Erwerbs- und Vermögenseinkommen in 1992 gegenüber 1962 um 586%, durchschnittlich um 6,6% jährlich, während sich die Preise für Kraftstoffe nur um 145% und die der anderen Energiearten nur um 222% erhöhten. Wie in einer Marktwirtschaft nicht anders zu erwarten, war der Verbrauchsanstieg von Kraftstoffen um 276% und Verkehr/Kommunikation um 330% gegenüber 1962 entsprechend am höchsten. Am niedrigsten war der Anstieg bei dem Verbrauch von Nahrungsmitteln und Getränken um nur 80% im gleichen Zeitraum (vgl. Jahresgutachten 1993/94 des Sachverständigenrates v. 15.11.93, S. 408 ff.). Wenn Deutschland die auf der Umweltkonferenz in Rio de Janeiro gegebene Zusage zur Reduzierung der CO_2-Emission einhalten will, muß neben technologischen Schritten zur Verbesserung des Nutzungsgrades von Energie bzw. der Nutzung regenerativer Energien regulierend in die Energiepreisgestaltung eingegriffen werden. Um das Ziel zu erreichen, müßte der Verbrauch von Energie bis zum Jahr 2005 um mindestens 3% jährlich abgesenkt werden. Aufgrund der Elastizität von Angebot und Nachfrage von Energie muß das mit einem geeigneten Preisaufschlag von mindestens 10% jährlich über die allgemeine Preissteigerungsrate hinaus verbunden sein. Die dadurch entstehenden Mehreinnahmen des Staates können zum Teil als Ausgleich für die mit der Energieverteuerung verbundenen sozialen Härten eingesetzt werden, zum größeren Teil aber in ein Zukunftsinvestitionsprogramm fließen, mit dem technologische Erneuerungen zur besseren Nutzung der Energie bzw. alternativer Energieerzeugung gefördert werden.

Ein Wechsel der Paradigmen ist gefordert, der uns wegführt von egoistischem, durch Abgrenzung geprägtem Verhalten gegenüber wirtschaftlich Benachteiligten hin zur Bereitschaft der permanenten Veränderung, grenzüberschreitenden Kommunikation, Rationalisierung von Ressourcen, Ökologiebewußtseinsbildung auf allen Ebenen, Innovationsfreude und Entwicklungsfähigkeit.

Bei aller Dramatik der Umbruchsituation in der Wirtschaft, Verwaltung und Wissenschaft Ostdeutschlands könnte der eigentliche Effekt der deutschen Vereinigung sein, daß hochmotivierte, marktwirtschaftliches, demokratisches Neuland betretende SpezialistInnen in den neuen Bundesländern, die von einem erheblichen wirtschaftlichen Nachholbedarf geprägt sind, sich mit an die Spitze der gesellschaftlichen Veränderung Gesamtdeutschlands setzen. Sie würden damit zu einer besonderen Herausforderung für den Teil westdeutscher Gesellschaftsstrukturen, die zur Unbeweglichkeit erstarrt und reformunfähig geworden sind. Dieses sollte einhergehen mit einer industriepolitischen Offensive, die alle wirtschaftlichen Prozesse auf einen umweltrelevanten und zukunftsorientierten Prüfstand stellt.

Hierzu gibt es keine bessere Voraussetzung als die Verknüpfung marktwirtschaftlicher Regelungssysteme mit zukunftsorientierten, industriepolitisch gesetzten Rahmenbedingungen, die die sozialen, ökologischen, wirtschaftlichen und gesellschaftlichen Veränderungsmöglichkeiten zur Grundlage für eine prozeßhafte Gesellschaftsreform machen. Der Prozeß selbst wird zur Reform!

Literaturverzeichnis

Biedenkopf, Kurt: Im Osten nichts Neues? Eine andere Politik für Gesamtdeutschland, erschienen in ZS Organisationsentwicklung 1/94

Conrad, Klaus: Nobelpreis für Wirtschaftswissenschaften – ökonomische Geschichte von Mythen befreit, in: Spektrum der Wissenschaft 12/1993, Heidelberg

Deutsche Bundesbank, Monatsbericht April 1994, Frankfurt/Main

Kuhn, Fritz: Ökologische Marktwirtschaft und Rekonstruktion des Sozialen, in: Blätter f. deutsche und internationale Politik 2/94, Blätter Verlagsgesellschaft mbH, Bonn

Miegel, Meinhard: ZEIT-Symposium, DIE ZEIT Nr. 2 vom 7.1.94

Piper, Nikolaus: Die ganze Welt in einem Boot, DIE ZEIT Nr. 15 v. 8.4.94, S. 33

Rose, Klaus: Grundlagen der Wachstumstheorie, UTB Vandenhoeck 1971

Sachverständigenrat zur Begutachtung der gesamtwirtschaftlichen Entwicklung, Jahresgutachten 1993/94: Zeit zum Handeln – Antriebskräfte stärken, Drucksache 12/6170 des Deutschen Bundestages v. 15.11.93, Bundesanzeiger Verlagsgesellschaft, Bonn

Sinn, Gerlinde; Sinn, Hans-Werner: Kaltstart – Volkswirtschaftliche Aspekte der deutschen Vereinigung, J.C.B. Mohr (Paul Siebeck), Tübingen

Rainer Land

Ansätze für einen neuen Wachstumstyp, der eine partizipatorische Bildung von »Ökokapital« ermöglichte

1. Eine eingängige Argumentation des öffentlichen Diskurses interpretiert das Jahr 1989 als Beweis für die Fehlerhaftigkeit des Sozialismus und die Funktionsfähigkeit von Markt- und Kapitalwirtschaft, von Privateigentum und Wettbewerbswirtschaft. Ich interpretiere den Zusammenbruch der staatssozialistischen Gesellschaft und den Niedergang der Staatsplanwirtschaft in den 70er und 80er Jahren nicht als puren Sieg des Westens, sondern als Teil einer umfassenden globalen Umbruchsituation, als Krise einer Wirtschafts- und Lebensweise, die auch die westliche Moderne betrifft. Der produktivere und flexiblere Westen konnte mit Anpassungsprozessen Zusammenbrüche vermeiden, zu denen das reformunfähig gewordene staatssozialistische System außerstande war. In der Fähigkeit, auf Krisen mit Strukturwandel und Umbau wirtschaftlicher und sozialer Regulationssysteme zu reagieren, schien für uns, die wir in der DDR der späten 70er und 80er Jahre über Reformwege nachdachten, die eigentliche Überlegenheit »moderner Gesellschaften« westlichen Typs zu liegen.

Bereits Ende der siebziger Jahre setzte sich bei reformsozialistischen Intellektuellen der früheren DDR die Erkenntnis durch, daß die praktisch tagtäglich beobachtbare Unfähigkeit des Staatssozialismus zu wirtschaftlichen und sozialen Innovationen und zu Strukturwandel kein temporäres Defizit, sondern ein grundsätzlicher Konstruktionsfehler dieses Sozialismus ist. Die damals begonnene wissenschaftliche Auseinandersetzung mit den Konzepten und der Praxis »moderner Gesellschaft« westlichen Typs hatte insbesondere auch den Sinn, herauszufinden, wieweit deren Wandlungsfähigkeit durch soziale Bewegungen für emanzipatorische Fortschritte genutzt werden kann. Wir kamen mit unserem damals entwickelten Projekt eines »modernen Sozialismus« schließlich zu der Überzeugung, daß eine Reform des Staatssozialismus an Moderne-Theorien zu orientieren ist. Praktisch sollten Wege zur Re-Institutionalisierung der »Moderne«, zur Entstaatlichung der Betriebe und zur Demokratisierung der Wirtschaft, zu partizipatorisch eingebetteten Formen der Marktregulation, zu einem rechtsstaatlich gebundenen Verfassungsstaat gefunden werden. Praktisch sind diese Überlegungen gescheitert. In SED-Führung und -Apparat gab es auch in den achtziger Jahren keine Bereitschaft zum Umdenken und vermutlich auch keine Fähigkeit zur Selbsterneuerung. Als wir 1988 und 1989 versuchten, Öffentlichkeit für solche Reformprogramme zu finden, war es bereits zu spät. Aber die Arbeit an solchen Konzepten hat uns wissenschaftlich sehr geholfen, an der Depression und Resignation der späten Honeckerzeit nicht verrückt zu werden.

Wenn ich hier versuche, einige Überlegungen zur Analyse gegenwärtiger Umbruchprozesse und zu denkbaren Reformen für eine neue – möglicherweise »reflexive« Modernisierung – vorzutragen, so handelt es sich nicht um Gedanken, die in den letzten drei Jahren angelernt wurden. Ich versuche vielmehr, unsere noch in der DDR entstandenen Ideen für eine Verbindung von Modernisierung und Emanzipation unter nunmehr veränderten Umständen weiterzuentwickeln.

2. Ich betrachte die Mitte der siebziger Jahre begonnenen und bis heute andauernden Krisenprozesse als Ausdruck einer tiefgehenden Umbruchsituation, deren erstes großes Ergebnis der Zusammenbruch der staatssozialistischen Wirtschafts- und Gesellschaftssysteme war. Aber die erreichten Entwicklungsgrenzen treffen auch die Wirtschafts- und Lebensweise der westlichen Gesellschaft. Von ihrer Dynamik und Reformfähigkeit wird abhängen, ob es ohne Zusammenbrüche zu einer Transformation der Wirtschafts- und Lebensweisen und zu einem entsprechenden Umbau der Institutionen kommt.

Politik steht heute vor einer sehr grundlegenden Frage. Reformpolitiker müssen sich entscheiden, ob sie glauben sollen, die Rettung sei durch die Stabilisierung der Entwicklungspfade möglich, die mit Fordismus, Konsumismus und Sozialstaat nach dem 2. Weltkrieg eingeschlagen wurden und die lange sehr erfolgreich funktioniert haben. Glauben wir dies, dann legitimieren wir eine Politik, die auf die Stabilisierung und Ergänzung der vorhandenen Grundstrukturen der westlichen Moderne und die Externalisierung der aufkommenden

Probleme zielt. Die Umbrüche des Jahres 1989 und der folgenden Jahre und die anschließenden Rückschläge wären dann nur als partielle und überwindliche Hindernisse auf dem schon mal richtig eingeschlagenen Weg in eine zivile Gesellschaft mit postindustriellen Kulturen zu interpretieren, und eine Politik der Beruhigung und des Ausgleichs schiene geboten.

Glauben wir hingegen, vor einer historisch offenen Konstellation zu stehen – vergleichbar den 60er und 70er Jahren des vergangenen Jahrhunderts oder den 30er und 40er Jahren dieses Jahrhunderts –, die nach einer Neubestimmung künftiger Entwicklungspfade verlangt, dann müssen wir die Debatte über eine Neubestimmung von Lebenssinn führen, eine Debatte über den Umbau der Lebens- und Wirtschaftsweise und der sie regelnden Institutionen. Beibehalten bestehender Trends oder Umbau, Erhalten des alten Lebens oder Suche nach einem neuen, Reformen zur Stabilisierung des Alten oder Reformen zur Suche, zur Öffnung für Neues: das ist die Alternative, die heute praktisch zu entscheiden wäre.

Die Schwierigkeit dabei ist, daß niemand genau vorhersagen kann, wie dieses erneuerte, auf Zeit wieder funktionsfähige Leben auszusehen hätte und wie man dahin gelangen kann. Es ist offen und kann nur in einem gesellschaftlichen Prozeß der Sinnbestimmung erdacht werden.

Pfade auf derartigen Umbruchsituationen sind nicht durch historische Gesetze oder Zwangsläufigkeiten vorherbestimmt, sie müssen »erfunden« und in politischen Auseinandersetzungen erstritten werden.

Bislang sind die Anpassungsleistungen des Westens eher konservativ, zielen auf die Stabilisierung der gegebenen Wachstums- und Regulationssysteme, nicht auf die qualitative Umbildung der Wirtschafts- und Lebensweisen, nicht auf eine dementsprechende Reorganisation der diese regulierenden Institutionen. Die Zusammenbrüche im Osten und die deutsche Wiedervereinigung scheinen die Aversion gegen wirkliche Reformen, gegen notwendig gewordenen Umbau sozialer und wirtschaftlicher Institutionen eher verstärkt zu haben. Daher besteht auch hier die Gefahr eines Verlustes der Fähigkeit, erforderlich werdende Wandlungen durch Reformen einzuleiten.

3. Die Krisenprozesse der Gegenwart sind Ausdruck existentieller Entwicklungsgrenzen eines bestimmten Typs oder einer bestimmten Phase wirtschaftlicher Entwicklung bzw. wirtschaftlichen Wachstums. Der »Fordismus« genannte Regulationstyp, entstanden mit dem New Deal als Ausweg aus der Weltwirtschaftsdepression der dreißiger Jahre, hat nach einer Phase langanhaltenden Wirtschafts- und Konsumwachstums in den siebziger und achtziger Jahren interne und externe Grenzen erreicht. Diese müssen durch eine Modernisierung der Wirtschafts- und Lebensweisen überwunden werden, wenn die Fortschrittspotentiale moderner Zivilisation vor dem Untergang in ökologischen und sozialen Katastrophen bewahrt werden sollen.

Der Fordismus, die in den 40er Jahren begonnene Phase moderner kapitalistischer Wirtschaftsentwicklung, unterscheidet sich von vorangegangenen Regulations- und Akkumulationstypen vor allem dadurch, daß er Wirtschaftswachstum durch eine primäre Rückkopplung an Konsumwachstum erreicht hat. Durch die institutionelle Verkopplung von Produktivitätszuwachs, Einkommenszuwachs und Staatsausgaben für sozialstaatliche und andere Programme konnten langanhaltende Bedingungen für Wirtschaftswachstum geschaffen werden. Dieses Regulationssystem ist in entscheidendem Maße dem ökonomischen und politischen Druck der Arbeiterklasse des vergangenen Jahrhunderts und den veränderten Kräftekonstellationen nach dem Zweiten Weltkrieg zu verdanken, insbesondere den Gewerkschaften und der Sozialdemokratie. Es entsprach in wesentlichen Zügen auch den Interessen und Vorstellungen der Arbeiterschaft.

Aber wie alle Regulationssysteme erreichte auch der Fordismus Entwicklungsgrenzen. Eine interne Grenze ist, daß die fordistische Regulation auf der Zentralität der Arbeit beruht und Arbeit zugleich durch Rationalisierung zu reduzieren sucht. Immer weniger Einkommen hängen an primären wirtschaftlichen Kreisläufen, immer mehr an sekundären, zumeist über staatliche Ausgaben vermittelten. Dies untergräbt das Regulationssystem.

Externe Grenzen des Fordismus sind ökologischer Natur. Die Belastung der ökologischen Ressourcen durch den fordistischen Wachstumstyp ist nicht länger durchzuhalten, hat vielleicht schon irreversible Schäden angerichtet. Eine weitere Grenze ist, daß nach dem Scheitern der nachholenden Industrialisierung in der Dritten Welt keine schnell expandierenden globalen Märkte mehr vorhanden sind und die Verdrängungskonkurrenz der entwickelten Industrieländer enorm wächst.

Aus dieser Perspektive gibt es m.E. gar keinen Weg, der nach einer Phase von Reformen wieder in den Wachstumstyp des Fordismus einmündet. Es wird in Zukunft nicht mehr möglich sein, Einkommenswachstum in der Größenordnung des Produktivitätswachstums zu gewährleisten, weil Innovativität und Produktivität primär auf die Bewältigung der ökologischen und anderer globaler Probleme, auf die Hervorbringung eines ökologischen Typs des Wirtschaftens gerichtet sein müssen. Ein langfristiger Ausstieg aus der Dynamik stetig wachsender Einkommen - und dazu gehören eben auch wachsende Sozialleistungen - ist das eigentliche Problem des Übergangs zu einem neuen Regulationsmodus. Da Lebenssinn sich heute in den westlichen Gesellschaften um »Konsum« und »Einkommen« zentriert und diese Erwartung auch in den postsozialistischen Gesellschaften dominiert, hat die Politik Schwierigkeiten, die Dimension gesellschaftlicher Umbruchprozesse praktisch zur Geltung zu bringen. Reorganisation eines neuen Regulationstyps bedeutet also auch, Antworten auf die Frage zu finden, welche positiven Gestaltungsoptionen jenseits der fordistischen Konsumgesellschaft damit für die Lebenswelten der Menschen in den entwickelten Ländern verbunden werden können.

Nach dem Fordismus

4. Ansätze für einen neuen Wachstumstyp, ein neues Regulationssystem sind im öffentlichen Diskurs vorhanden. In der gegebenen politischen Konstellation geht es noch nicht um die Details ihrer Umsetzung, sondern darum, aufzuzeigen, daß das Wirtschaften und ein Leben »nach dem Fordismus« möglich und denkbar ist. Es kann nicht um den Aufruf gehen, den »Gürtel enger zu schnallen«. Ein anderer Wachstumstyp kann auch neue Chancen und Möglichkeiten eines lebenswerten Daseins enthalten, die mit der Beibehaltung eingeübter Entwicklungspfade eben nicht mehr oder nur auf Zeit für eine immer kleiner werdende Klientel erreichbar sind.

Mir scheint, daß es um zwei in wechselseitiger Beziehung stehende Prozesse geht: a) um eine Reorganisation des wirtschaftsregulierenden Systems, die neue, andere Entwicklungs-

und Wachstumsfelder öffnet, und b) um Wandlungen der Lebensweise, zu denen eine ökonomisch relevante Neubestimmung des Lebenssinns gehören.

4.1 Innovationen in wirtschaftsregulierenden Systemen oder: Was ist ökologisches Wachstum als Wirtschaftswachstum? Über welche Formen ist die Bewirtschaftung ökologischer Ressourcen zu organisieren? Wie kann ein ökonomischer Verwertungskreislauf ökologischer Ressourcen reguliert werden? Wie könnte eine partizipatorische Bildung von »Ökokapital« aussehen?

Mir scheint es aus wissenschaftlicher Sicht wichtig, darüber nachzudenken, wie eine primäre Integration ökologischer Ressourcen in die wirtschaftlichen Kreisläufe aussehen könnte. Primäre Integration meint, daß ökologische Ressourcen selbst als Wirtschaftsgüter erzeugt und verbraucht werden, also in Unternehmen produziert und verbraucht sowie über Märkte gehandelt werden. Die andere und derzeit fast ausschließliche Lösungsstrategie, Reproduktion ökologischer Ressourcen über staatliche Umverteilung, hat große Nachteile. Erstens wird Ressourcenallokation nicht durch Marktbewertungen erreicht, sondern setzt politisch-administrative Bewertungskriterien voraus. Zweitens steigt damit der Anteil staatlich umverteilter Einkommen noch weiter an. Steuern über 50 % der Einkommen erzeugen nicht nur subjektiv ein verdrehtes Bild, auch objektiv wird die interne Regulation über Märkte erheblich eingeschränkt. Führt man aber Ökosteuern ein und senkt parallel andere Steuern, muß man aus Ökosteuern auch nichtökologische Ausgaben finanzieren, zerteilt also den Kreis von Produktion, Verbrauch und Preis, macht Kunstpreise. Der dritte Punkt ist für mich der entscheidende: Bei einer Regulation ökologischer Ressourcenallokation über Steuern und staatliche Ausgaben muß die erweiterte Reproduktion ökologischer Ressourcen – beispielsweise die Sanierung von Flüssen, die Reorganisation ländlicher oder städtischer Kulturräume usw. – immer als nichtproduktive Arbeit, als zusätzliche Kosten erscheinen. Die Reproduktion ökologischer Ressourcen kann so nie ein eigendynamisches Wachstumsfeld eines neuen langen Aufschwungs werden. Gelänge eine direkte, nicht über staatlich-administrative Umverteilung vermittelte Integration ökologischer Produktion in die Kapitalkreisläufe und Marktallokationen, dann könnte Ökologie selbst als Feld primären wirtschaftlichen Wachstums erscheinen, könnte ein Selbstläufer werden. Nur dann aber kann dieses Wachstumsfeld auch neue Arbeitsplätze in relevanten Größenordnungen schaffen. Das erfordert aber mehr als quasimarktorientierte Preisbildung, etwa durch Umweltaktien oder Zertifikate. Dazu gehört, die Reproduktion ökologischer Ressourcen als Verwertungskreislauf zu organisieren, also Unternehmen zu bilden, die ökologische Ressourcen als Kapital reproduzieren.

Ökologische Verwertungsrechte sind Allmende-Güter. Sie müssen ökonomisch so genutzt werden, daß einerseits die Reproduktion der Ressourcen selbst gewährleistet wird und zweitens der gemeinschaftliche Charakter derartiger Güter nicht untergeht. Welche Folgen es hat, wenn nicht vermehrbare und an sich der Gemeinschaft gehörende Güter privatisiert werden, können wir anschaulich an »Grund und Boden« und am Wohnungsmarkt verfolgen. Institutionell könnte die Verwertung und Reproduktion ökologischer Ressourcen in Kapitalgesellschaften mit öffentlichem Status organisiert werden, deren Aufsichtsräte durch Unternehmer, Arbeitnehmer und Öffentlichkeitsbänke besetzt sein sollten. Die Erfindung von Strukturen für einen nicht staatlichen und nicht privaten, sondern »öffentlichen« Unternehmenstyp wäre eine innovative Lösung für die Bewirtschaftung derartiger Gemeinschaftsgüter.

Hinzu käme eine partizipatorische Ökokapitalbildung in den Händen der bisherigen Nichteigner von produktivem oder Geldkapital, insbesondere auch der lebensweltlich orientierten Projekte, aber auch der Unternehmen. Ich könnte mir vorstellen, daß in Lohnrunden der Zukunft vereinbart wird, anstelle vierprozentiger Lohnsteigerung diese Summe in die Bildung von Ökokapital zu investieren und dafür vollwertige Anteile an öffentlichen Ökogesellschaften und deren Gewinnen zu erwerben. Im Rahmen dieser Gewinne könnten Individuen und Gruppen ökologischen und sozialen Umbau ihrer eigenen Lebenswelten finanzieren, selbstbestimmt und ohne daß der Staat als Finanzier oder Akteur auftritt. Ich plädiere also für institutionelle Formen, die statt enorm wachsender staatlicher Umverteilung Räume für eine Selbstorganisation sozialer und ökologischer Initiativen der Bürger schafft, die sich u. a. aus ihren eigenen Eigentumsrechten an öffentlichen Umweltunternehmen finanzieren können.

Heute hängen derartige Projekte bekanntlich fast ausschließlich am Tropf und am Gängelband staatlicher Institutionen. Partizipationsrechte an der Nutzung der innovativen und finanziellen Ressourcen öffentlicher Ökounternehmen wären vielleicht eines der Tauschobjekte für den Verzicht auf Einkommenszuwachs für individuelle Konsumtion. Im übrigen sollten wir auch über die bekannten Instrumente der Vermögensbildung für Arbeitnehmer wieder nachdenken.

4.2. Wie ist ein Ausstieg aus der fordistischen Konsum- und Einkommensdynamik möglich, ohne daß die wirtschaftlichen und politischen Besitzstände der Arbeitenden wieder verlorengehen?

Welche neuen Entwicklungsfelder für individuelle Lebensweisen können mit ökologischem Wachstum entstehen?

Welche anderen Sinnbestimmungen individuellen Lebens können die Bedeutung von Konsum und Einkommenswachstum für die großen Bevölkerungsgruppen ersetzen?

Wie ist ein neuer Wachstumstyp mit einer Erweiterung individueller Selbstbestimmung und Partizipation zu denken?

Sinn der jüngeren Arbeiten von André Gorz war unter anderem, dem Bereich der primär fremdbestimmten Erwerbsarbeit einen umgekehrt primär selbstbestimmten Bereich der Selbstbetätigung und Eigenarbeit entgegenzusetzen, gegen die »Kolonialisierung der Lebenswelten« einen Bereich individueller Freiheit und Selbstbetätigung zu schaffen. Ich denke, seine Vorstellungen sind sehr aktuell, nicht um das Ende der Arbeitsgesellschaft zu beschwören, sondern um ein Gegengewicht zur auf Konsumtion gerichteten Sinnbestimmung moderner Lebensweisen entwickeln zu können. Anders wäre ein Ausstieg aus dem Fordismus undenkbar.

Welche Ansätze gibt es in der öffentlichen Debatte?

a) Neue Arbeitszeitmodelle. Eine Neuverteilung der Arbeit ist möglicherweise der Einstieg in eine Reform der Wirtschafts- und Lebensweisen überhaupt. Auf der Seite der Wirtschaft muß es darum gehen, eine größere Effektivität zu erreichen, aber eben nicht so sehr hinsichtlich der Ressource Arbeit, sondern vor allem bei der Nutzung ökologischer Ressourcen und damit verbundener Kapitalinvestitionen, die z.B. auch von Maschinenlaufzeiten abhängen. Ich kann nichts Schlechtes an einer Flexibilisierung der Arbeitszeiten erkennen, die derartige Wirtschaftlichkeitsinteressen verfolgt. Die Frage ist vielmehr, ob und wie sie mit Interessen an der Gewinnung von Zeitsouveränität für die Individuen und für eine selbstbestimmte Gestaltung lebensweltlicher Bereiche verbunden werden kann. Erwerbsarbeit und Eigenarbeit können nur dann in ein neues Verhältnis gesetzt werden, wenn von den alten fordistischen Arbeits- und Zeitnormierungen abgegangen wird. Dazu brauchen wir andere und vielfältigere Modelle der Verteilung von Arbeitszeit in der Woche, im Jahr oder im Leben und auch die Möglichkeit kollektiver Regelungen. Konservativ scheinen mir hingegen Arbeitszeitmodelle, die nichts weiter wollen als eine Verteilung von weniger Arbeit auf mehr Köpfe, weil sie an dem Verhältnis von Arbeit und Lebenswelten nichts ändern. Allerdings können auch diese ein Anfang sein.

b) Grundeinkommen. Sinn des Grundeinkommens kann m.E. nicht sein, das Prinzip der Verbindung von Arbeit und Einkommen als Prinzip für den Normalfall aufzuheben. Sinn kann aber auch nicht sein, in der Minimallösung einer »Grundsicherung« nur ein Instrument der Bekämpfung von sozialen Krisensymptomen in die Hand zu bekommen - obwohl das auch schon etwas wäre. Vielmehr liegt der tiefere Sinn der Grundeinkommensidee darin, autonome Felder für die Gestaltung der Lebenswelten zu schaffen, ohne die eine Neubestimmung von Lebenssinn jenseits der Konsumgesellschaft undenkbar bleiben muß. Grundeinkommen soll also als flexiblere Form des Zusammenhangs von Erwerbsarbeit und Lebenswelt so funktionieren, daß die einzelnen in ihren Gemeinschaften souveräner darüber entscheiden können, wann und auf welche Weise der Wechsel von selbstbestimmter Eigenarbeit mit fremdbestimmter Erwerbsarbeit für den Lebensunterhalt vollzogen wird. Zeitsouveränität kann nur zusammen mit Souveränität bei der Nutzung der Anrechte auf Grundeinkommen praktiziert werden. Das setzt voraus, daß das Grundeinkommen nach individueller Entscheidung genutzt oder angespart werden kann. Souveränität bei der Gestaltung der Lebenswelten ist undenkbar ohne Partizipation an den Eigentumsrechten für die sachlichen Lebensbedingungen, die Städte, Verkehrssysteme, Wohnungen usw.

c) Partizipation und Demokratisierung wirtschaftlicher Innovations- und Entwicklungsentscheidungen.

Eigentlich weiß jeder, daß die eingeschlagenen Richtungen des technischen Fortschritts und die Innovationsstrategien der Wirtschaft das Leben der Menschen in nachhaltigster Weise mitbestimmen. Technischer Fortschritt, Innovation und Investition sind an sich eminent öffentliche Angelegenheiten. Industrieforschung, Innovationstätigkeit und industrielle Entwicklung müssen diskursiv entschieden und partizipatorischer Kontrolle zugänglich gemacht werden. Heute noch ist der technische Fortschritt, sind Innovationen und Industrieforschung das Feld, das am meisten von der Eigenlogik der Kapitalreproduktion bestimmt wird und am wenigsten emanzipiert ist. Das Thema ist aber auf der Tagesordnung. Die Forderung nach gesellschaftlicher Partizipation an den Entscheidungen über Forschung, Entwicklung und Innovationstätigkeit wird in der Ökologiebewegung erkennbar, wenn auch zumeist in der negativen Form der Blockierung wissenschaftlich-technischer Neuerungen. Nach der partizipatorischen Regulierung von Einkommen und Wachstum steht die partizipatorische Regulation der *Inhalte* wirtschaftlicher Entwicklung auf der Tagesordnung. Darin sehe ich den Kern des emanzipatorisch durchzusetzenden Umbaus der Institutionen moderner Wirtschaftssysteme.

In diesem Sinne steht die Demokratisierung der Wirtschaftsentscheidungen heute ebenso auf der Tagesordnung wie die Demokratisierung der Politik vor 100 oder 200 Jahren. Und dabei ist die erste Voraussetzung, daß der Raum wirtschaftlicher Entscheidungen ein öffentlicher Raum wird. So wie die politischen Entscheidungen aus den geheimen Kronräten in die öffentlichen Parlamente gezogen wurden, so muß Öffentlichkeit die Art und Weise und die Inhalte wirtschaftlicher Entscheidungen überall da mitvollziehen, wo allgemeine Interessen berührt sind. Ich denke daher, daß die Einführung eines Öffentlichkeitsprinzips für die Leitungsgremien der Wirtschaft und von Öffentlichkeitsräumen mit Partizipationsrechten an die Stelle des Prinzips der Geheimhaltung wirtschaftlicher Entscheidungen treten muß.

5. Gibt es eine spezifische Problemlage im Osten und folgen daraus andere Reformstrategien?

Obwohl die Problemlagen im Osten und in Ostdeutschland neben gemeinsamen auch differente Ursachen haben und die Transformationssituation viel nachdrücklicher auf die Lebenssituation der Menschen durchschlägt, denke ich, daß die grundsätzlichen Ansatzpunkte in gleicher Weise für den Osten wie für den Westen gelten: Reformpolitik muß eine Politik sein, die den öffentlichen Diskurs für die Suche nach einer neuen Wirtschafts- und Lebensweise öffnet und institutionelle Lösungen dafür sucht. Insofern denke ich an Reformen, die an die jeweils spezifischen und unterschiedlichen Ausgangsbedingungen anknüpfen, aber in gleicher Richtung wirken, auf ein gemeinsames Projekt einer »zweiten« oder »reflexiven« Modernisierung hin. Die wirtschaftliche Lösung der Reproduktion ökologischer Ressourcen, der Ausstieg aus einer fordistischen Konsumgesellschaft und ihrer Einkommensdynamik, die Öffnung neuer Felder für demokratische Partizipation in der Wirtschaft und bei der Sinnbestimmung in individuellen Lebenswelten sind denkbare Pfade für den Osten wie für den Westen. Sicher kommen spezielle Problemlagen im Osten hinzu: Wie lassen sich Deindustrialisierung stoppen, wie Infrastrukturdefizite beseitigen? Vor allem wurde und wird der Fehler gemacht, auch Lösungen, die im Westen längst reformbedürftig sind, ohne Innovationen im Osten zu übernehmen.

Für unrealistisch und verfehlt halte ich dagegen das Bild einer »Aufholjagd«. Zumeist wird »Angleichung der Lebensverhältnisse« als Nachvollzug der in Westdeutschland vorhandenen Bedingungen interpretiert, oft noch verkürzt auf die Angleichung der Einkommen. Aber auch im Westen sind die Voraussetzungen für ein »Weiter so« prekär. Die gewaltigen Transfers für diese Art der Angleichung der Lebensverhältnisse würden die westdeutsche Wirtschaft überfordern und vor allem davon ablenken, innovative Prozesse für eine Reorganisation der Ökologie, der Wirtschafts- und Lebensweisen in Gang zu bringen. Ich bin nachdrücklich für eine Neubestimmung, die fragt, was eine für beide Teile Deutschlands gemeinsame Perspektive wirtschaftlicher und lebensweltlicher Entwicklung sein könnte und welche Wege aus unterschiedlichen Voraussetzungen dahin führen. Diese Wege werden nicht immer dieselben sein, und manche Schwächen des Ostens könnten auf diesem Weg auch zu einer Stärke werden.

Der Kernpunkt scheint mir aber zu sein, daß die Öffnung des Diskurses für eine neue Reformpolitik auch die Chance schafft, originelle, den spezifischen Problemlagen des Ostens besser entsprechende eigene Lösungen zu finden. Der Haupteffekt dabei dürfte sein, daß Chancen zu eigenverantwortlicher Gestaltung der Lebenswelten und zur demokratischen Partizipation an der Wirtschaftsentwicklung auch dem im Osten erdrückenden Gefühl der Ohnmacht, der Fremdbestimmung und des Ausgeliefertseins entgegenwirken könnten.

Meine Erwartung an Reformpolitik sind nicht stracks per Gesetz eingeführte neue Lösungen. Dafür haben wir bislang weder hinreichende Gewißheiten, noch kann die Akzeptanz von Mehrheiten unterstellt werden.

Eine neue Reformpolitik sollte aber nachdrücklicher gegen falsche Gewißheiten, auftreten, und sie sollte Chancen für die Suche nach Neuem öffnen und fördern.

Die SPD will Wahlen gewinnen. Praktische Politik muß sich an dem orientieren, was machbar ist, wofür sich also Mehrheiten finden lassen. Was aber, wenn das in diesem Sinne politisch Machbare zu wenig für die Bewältigung der Umbruchkrisen der 80er und 90er Jahre ist? Umberto Eco hat zwei Arten von Büchern unterschieden: solche, die einfach für einen gegebenen Leser geschrieben sind, für dessen schon vorhandene Bedürfnisse und Fähigkeiten. Und andererseits solche, die ihren »Leser schaffen«. Ist eine Politik denkbar, die nicht einfach fragt, was will der Wähler oder was muß die Politik wollen, damit der Wähler sie wählt?

Ist Politik denkbar, die ihren Wähler erst schafft? Kann Politik neue Akteure schaffen, indem sie gerade die Problemfelder aufgreift, für die sie keine hinreichenden Lösungen anbieten kann und von denen vielleicht viele nichts hören wollen? Kann sie ihren Wähler schaffen, indem sie die Gesellschaft zu öffnen versucht für die Suche nach den nötigen Reformprojekten?

Ingrid Kurz-Scherf

Es gibt nur zwei Freiheiten – Plädoyer für eine konsequente Politik der Arbeitszeitverkürzung

Es gibt nur
zwei Freiheiten
die Freiheit
nicht arbeiten
zu brauchen
wenn einer
keine Lust hat
zu arbeiten
und die Freiheit
arbeiten zu dürfen
wenn einer
arbeiten will

(Alfred Andersch)

I.

Von den zwei Freiheiten, von denen Alfred Andersch in seinem Gedicht spricht, erscheint die eine – nämlich die Freiheit, arbeiten zu dürfen, wenn einer arbeiten will – wesentlich wichtiger als die andere, nämlich nicht arbeiten zu brauchen, wenn einer keine Lust hat, zu arbeiten. »Arbeit! Arbeit! Arbeit!« plakatiert die SPD im Europawahlkampf 1994. Und wenn heute jemand das »Recht auf Faulheit« proklamiert, dann erntet er im positivsten Fall verständnisloses Kopfschütteln. Arbeit – ein knappes Gut, um das sich alle reißen. Hauptsache Arbeit! Wenn so viele daran nicht mehr teilhaben, dann gerät die kritische Nachfrage nach dem Inhalt der Arbeit, nach der Qualität ihrer Produkte, nach dem Sinn des ganzen Unterfangens zur luxurierenden Gedankenspielerei weltfremder Intellektueller. Wenn einer keinen Bock hat auf Arbeit im allgemeinen oder auf seinen konkreten Job im besonderen – na bitte: in Westdeutschland kommen auf jede offene Stelle 10 und in Ostdeutschland 30 Arbeitslose.

Die Leute verzichten auf Lohn, und sie schieben Überstunden bis zum Umfallen, wenn es um die Rettung von Arbeitsplätzen geht. Befristete Arbeitsverträge, geringfügige Beschäftigung? Egal, Hauptsache Arbeit! Umweltschutz? Aber nur, wenn dadurch Arbeitsplätze nicht gefährdet werden. Alles und jedes ist von vorneherein legitimiert, wenn es sich nur einigermaßen glaubwürdig mit dem Argument der Arbeitsplätze schmücken kann: Arbeitsbeschaffung durch Standortsicherung, Arbeitsbeschaffung durch Rüstungsproduktion, Arbeitsbeschaffung durch Beschäftigungsgesellschaften, in denen die Anzahl derjenigen zählt, die beschäftigt sind – womit auch immer. Alle hoffen auf das Ersatzauto, auf die Erfindung irgendeiner Ware, deren Produktion wieder allen Arbeit verschafft: Wir arbeiten nicht mehr zur Befriedigung unserer Bedürfnisse, sondern Bedürfnisse werden produziert, damit wir arbeiten können.

II.

Es ist nicht weiter verwunderlich, daß der Arbeitsmythos gerade mit der Zuspitzung der Krise der Arbeit neuen Auftrieb erhält. Die kritische Reflexion der neuen Verklärung der Arbeit zum Wert an sich kann sich allerdings nicht in der »Dekonstruktion« des durch die ideologischen Grundlagen unseres Wirtschafts- und Gesellschaftssystems abgestützten Arbeitsmythos erschöpfen – ebenso wenig wie sich die aktuelle Krise der Arbeit nach dem Strickmuster der These vom »Ende der Arbeitsgesellschaft« beheben läßt. Tatsächlich hat der Arbeitsmythos vielmehr gerade darin seinen höchst rationalen Kern, daß er die Gesellschaft, in der wir leben, als Arbeitsgesellschaft reflektiert. Also als eine Gesellschaft, die sich selbst über das Medium der Arbeit und der Arbeitsteilung konstituiert, die vor allem durch das Medium der Arbeitsteilung ausdifferenziert und die in der wechselseitigen Abhängigkeit der Einzelarbeiten zugleich die materielle Basis ihres Zusammenhalts hat. Teilhabe an der Arbeit bedeutet damit für den einzelnen zugleich Teilhabe an der Gesellschaft – und zwar im doppelten Sinn der Beteiligung an der gesellschaftlichen Reproduktion und Entwicklung und der Anteilnahme am gesellschaftlichen Reichtum. Insofern bekräftigt die Parole »Arbeit für alle!« nur den Anspruch von jedermann und jeder Frau auf Teilhabe am gesellschaftlichen Leben. Insofern beinhaltet Arbeitslosigkeit den Ausschluß aus der Gesellschaft, und sie entzieht den Betroffenen ihr persönliches Grundrecht auf Achtung und Anteilnahme.

Die Mystifizierung der Arbeit nach dem Motto »Hauptsache Arbeit!« liegt nicht in der Proklamation des Rechts auf Arbeit, sondern a) in der Verabsolutierung der Arbeit zum Wert an sich und b) in der Erhebung der Arbeit zum höchsten, wenn nicht gar einzigen Inhalt und Zweck menschlichen Lebens. Daß die Gesellschaft sich selbst über das Medium Arbeit konstituiert, daß sowohl die persönliche Identität der einzelnen als auch ihr sozialer Zusammenhalt über Arbeit vermittelt wird, besagt durchaus nicht, daß die Arbeit ihren Sinn in sich selbst hat, und erst recht nicht, daß Arbeit alles wäre. Im Gegenteil: Die Reflexion der Gesellschaft als Arbeitsgesellschaft wirft überhaupt erst die Frage auf, was Arbeit ist, was als Arbeit gilt, woher die Arbeit ihren materialen Sinn bekommt und in welchem Verhältnis Arbeit zu anderen Formen und Medien individuellen Lebens und gesellschaftlicher Entwicklung steht. Vor allem dann, wenn die Arbeitsgesellschaft in eine Krise gerät, stellen sich diese Fragen mit erhöhter Dringlichkeit und Radikalität, und zwar sowohl hinsichtlich der Ursachenforschung als auch hinsichtlich möglicher Therapien.

Die aktuelle Krise der Arbeitsgesellschaft hat - ganz im Gegensatz zur These vom Bedeutungsverlust der Arbeit - eine ihrer Ursachen im *Bedeutungsgewinn* der Arbeit im Kontext individueller Lebensgestaltung und vor allem als Medium gesellschaftlicher Integration und sozialer Kohäsion. Dieser wiederum resultiert nicht zuletzt aus den gesellschaftlichen Individualisierungsprozessen, die die Arbeitsgesellschaft teilweise selbst produziert. Denn die Herauslösung der Individuen aus traditionalen Bindungen beinhaltet v.a. auch die Auflösung traditionaler Versorgungssysteme, wie insbesondere die Ehe und die Familie. Erstens verweist dies die Individuen auf die Notwendigkeit der eigenständigen Sicherung ihres Lebensunterhalts durch Erwerbstätigkeit. Die in Westdeutschland zunehmende und in Ostdeutschland gleichbleibend hohe »Erwerbsneigung« der Frauen ist der deutlichste Ausdruck dieser irreversiblen Entwicklung. Darin spiegelt sich aber zweitens zugleich auch der Bedeutungszuwachs der Erwerbstätigkeit für die Identitätsbildung der Individuen aufgrund des Bedeutungsverlustes traditionaler Identitätsbildung als Ehefrau und Mutter wider. Drittens gewinnt die Erwerbstätigkeit eine zunehmende Bedeutung als »sozialer Raum«, der für Frauen und Männer immer weniger durch traditionale Milieus und/ oder die Familie strukturiert und stabilisiert wird. Viertens schließlich beinhaltet der Zerfall traditionaler Versorgungssysteme auch die Erosion der Privatsphäre als Organisationsprinzip eines erheblichen Teils der gesellschaftlich notwendigen Arbeit insbesondere zur Gewährleistung der generativen Reproduktion.

Die Arbeitsgesellschaft in ihrer aktuellen Verfassung erweist sich nun aber als unfähig, die aus den gesellschaftlichen Individualisierungsprozessen und aus dem Wandel des Geschlechterverhältnisses resultierenden Herausforderungen zu integrieren. Sie produziert massenhafte Arbeitslosigkeit und massenhaft unerledigte Arbeit, ohne daß ihre Allokationsmechanismen dieses doppelte Ungleichgewicht auflösen könnten. Sie erstickt an ihrer Produktivität und wird immer unfähiger, diese zum Wohle aller produktiv zu nutzen.

III.

Es gibt nur zwei Freiheiten: das Recht zu arbeiten und das Recht nicht – oder vielmehr auch gelegentlich nur einmal weniger – zu arbeiten. Man muß diesem sicher sehr eigenwillig und dichterisch zugespitzten Freiheitsbegriff nicht folgen, um dennoch zu erkennen, daß die beiden Freiheiten sich wechselseitig bedingen: Wo es die Freiheit, »arbeiten zu dürfen/wenn einer/ arbeiten will«, nicht gibt, verliert die Freiheit, »nicht arbeiten / zu brauchen/ wenn einer/ keine Lust hat/ zu arbeiten«, ihren Sinn. Und umgekehrt: Wo die Freiheit, nicht arbeiten zu müssen, wenn man keine Lust dazu hat, nicht existiert, verwandelt sich das Recht auf Arbeit in einen Zwang. Die wechselseitige Abhängigkeit der beiden Freiheiten gilt nicht nur individuell, sondern auch gesellschaftlich: Wo die einen nicht arbeiten dürfen, verschwindet für die anderen die Freiheit, nicht arbeiten zu brauchen; wo die einen arbeiten müssen, auch wenn sie keine

Lust haben zu arbeiten, gründet sich die Freiheit der anderen, die das nicht müssen, auf Herrschaft und Ausbeutung.

Die zwei Freiheiten von Alfred Andersch beinhalten somit die Utopie einer freiheitlichen Arbeitsgesellschaft, aus der Herrschaft und Ausbeutung verschwunden sind, in der die »Befreiung von der Arbeit« und die »Befreiung in der Arbeit« wechselseitig aufeinander bezogen sind und in der sich die individuellen Freiheitsrechte der einzelnen gegenseitig bedingen. In dieser utopischen Perspektive liegt zugleich die einzige realistische Möglichkeit zur Bewältigung der Krise der Arbeitsgesellschaft.

Der Gesellschaft geht keineswegs »die Arbeit aus«, wie Hannah Ahrend und im Anschluß an sie die Verfechter der These vom »Ende der Arbeitsgesellschaft« gemeint haben, sondern die Organisationsformen und Steuerungsprinzipien des gesellschaftlichen Arbeitsprozesses kleben an einem Paradigma der Arbeit, das längst überholt ist. Dieses Paradigma ist dem Inhalt nach auf Industriearbeit, der Form nach auf das Normalarbeitsverhältnis, dem Subjekt nach auf den Mann, dem Wert der Arbeit nach auf den profitgesteuerten Markt- und Geldmechanismus und dem Sinn der Arbeit nach auf industrielles Wachstum fixiert. In all diesen Dimensionen ist ein Paradigmenwechsel der Arbeit und der Arbeitsgesellschaft fällig. Indem sich aber die Arbeitsgesellschaft in ihrer Krise gegen die Kritik ihrer aktuellen Verfassung immunisiert, indem sie das Paradigma, das sie in die Krise geführt hat, zum Mythos erhebt, begibt sie sich der Chance zur Bewältigung dieser Krise.

IV.

Zur Bewältigung der Krise der Arbeitsgesellschaft reicht die bloße Umverteilung von Arbeit sicher nicht. Aber ohne Umverteilung von Arbeit durch eine konsequente Politik der Arbeitszeitverkürzung läßt sich der fällige Paradigmenwechsel sicher auch nicht bewerkstelligen. Im Gegenteil: In der Reaktivierung der Arbeitszeitpolitik liegt wahrscheinlich die einzige, allerdings zur Zeit auch nur eher vage Chance für die Entfaltung eines neuen Paradigmas der Arbeit.

Die Arbeitszeit ist der arbeitspolitische Handlungsparameter, in dem sich die zwei Freiheiten von Alfred Andersch unmittelbar verbinden: Ohne drastische Arbeitszeitverkürzung gibt es keine realistische Aussicht, daß wieder alle arbeiten dürfen, die arbeiten wollen. Gleichzeitig bietet eine generelle Arbeitszeitverkürzung auch am ehesten die Gewähr, daß man nicht oder zumindest weniger und seltener arbeiten muß, wenn man dazu keine Lust hat.

Das erste Argument ist inzwischen weitgehend unstrittig, weil es zur Reintegration der inzwischen rund 6 Millionen Menschen, die als Arbeitslose registriert oder in sogenannten arbeitsmarktpolitischen Maßnahmen »geparkt« sind, prinzipiell nur zwei Alternativen gibt: Arbeitszeitverkürzung oder Wachstum. Aber welche Wachstumsraten auch immer für ökonomisch und ökologisch vertretbar gehalten werden – niemand glaubt mehr an die Möglichkeit der Vollbeschäftigung auf der Basis einer reinen Wachstumspolitik. Im Gegenteil ist damit zu rechnen, daß die Wachstumsraten in der längerfristigen Perspektive weiterhin (wie auch in der Vergangenheit) von der Zunahme der Arbeitsproduktivität übertroffen werden, so daß sich das insgesamt für die Erstellung des Bruttoinlandsproduktes notwendige Arbeitsvolumen ebenfalls weiterhin verringern wird[1]. Damit ist Arbeitszeitverkürzung die einzige Alternative zu anhaltender und tendenziell ansteigender Massenarbeitslosigkeit.

Das zweite Argument, den Zwangscharakter der Arbeit durch Arbeitszeitverkürzung zu reduzieren, ist zweifellos weniger einsichtig, weil es erstens durch die Wiederbelebung des Arbeitsmythos, der die Frage nach der »Lust auf Arbeit« mit dem Stigma der Faulheit und des parasitären Müßiggangs belegt, blockiert ist, und weil es zweitens, wenn überhaupt, dann eher zur Legitimierung von Arbeitszeitflexibilisierung als zur Begründung von Arbeitszeitverkürzung herangezogen wird. Die Frage nach der »Lust auf Arbeit« muß aber für die arbeitszeitpolitische Strategiebildung eingebettet werden in eine grundsätzliche Kritik der Zentralität von Arbeit für das ganze Leben und herrschenden »Chronokratie«, die das ganze Leben in das Zeitregime der Erwerbsarbeit preßt, und alle Menschen, die sich diesem Regime nicht unterwerfen wollen oder können, mit massiven Benachteiligungen und Diskriminierungen belegt. In dieser Perspektive kommt dann auch die Bedeutung der Arbeitszeitpolitik für die Vereinheitlichung der Arbeits- und Lebenschancen von Männern und Frauen, für die

Vereinbarkeit elementarer Lebensinteressen (wie nur z.B. Familie und Beruf), für die Ausweitung und Verbesserung der Partizipationschancen der Menschen an der Politik, der Kultur und sonstigen Sphären des gesellschaftlichen Lebens in den Blick.

Arbeitszeitpolitik, die auf die Ablösung der Hyperdominanz der Arbeit für das ganze Leben zielt und sich an der gleichberechtigten Vielfalt unterschiedlicher Bedürfnisse und Interessen orientiert, die das Diktat des Zeitregimes der Erwerbsarbeit zugunsten einer neuen Synchronisierung der verschiedenen Rhythmen des Lebens aufbrechen will, kann sich nicht auf die Flexibilisierung der Arbeitszeiten beschränken, sondern sie muß diese verbinden mit einer allgemeinen Verkürzung der durch die Erwerbsarbeit gebundenen Zeit. Die Öffnung und Absicherung vielfältiger Optionen zur individuellen Arbeitszeitgestaltung (Recht auf Teilzeitarbeit, Anspruch auf Sabbaticals, Zeitkonten, die nach persönlichen Bedürfnissen in Anspruch genommen und »aufgefüllt« werden können, Möglichkeiten des gleitenden Übergangs von der Ausbildung in die Berufstätigkeit und von der Berufstätigkeit in die Rente, Öffnungen der Leistungen der Bundesanstalt für Arbeit für Phasen der freiwilligen Unterbrechung oder Verringerung der Erwerbstätigkeit aus »gesellschaftlich wichtigem Grund«, also beispielsweise zum Zwecke der Kindererziehung etc.) ist eine Methode und keineswegs ein Ersatz für die generelle Arbeitszeitverkürzung.

Indem alle weniger arbeiten und dem Leben jenseits der Erwerbstätigkeit mehr Raum geben, entstehen Arbeitsplätze. Aber auch umgekehrt: Indem mehr Menschen an der Erwerbstätigkeit beteiligt werden, gewinnen alle mehr Freiraum für die Entfaltung bisher vernachlässigter und unterdrückter Chancen allseitiger Entfaltung der eigenen Persönlichkeit. Nur indem die zwei Freiheiten von Alfred Andersch miteinander verknüpft werden, kann die Arbeitsgesellschaft sie in sich aufnehmen, und nur so läßt sich die Krise der Arbeitsgesellschaft beheben. Noch einmal: Eine konsequente Politik der Arbeitszeitverkürzung ist sicher nicht die einzige Konsequenz, die aus dieser Einsicht gezogen werden muß. Aber wenn noch nicht einmal die gezogen wird, dann verschwinden die zwei Freiheiten von Alfred Andersch endgültig aus dem Horizont der Entwicklungsperspektiven der Arbeitsgesellschaft. Ob die dann überhaupt noch irgendeine Form von Freiheit, die nicht nur auf Herrschaft und Ausbeutung beruht, retten kann, ist mehr als fraglich.

V.

Nachbemerkung zur aktuellen Lage:

Die aktuelle arbeitszeitpolitische Diskussion in der Bundesrepublik Deutschland kreist um das VW-Modell der betrieblichen Arbeitszeitverkürzung und um die Teilzeitoffensive der amtierenden Bundesregierung. So begrüßenswert die Vermeidung von Entlassungen durch betriebliche Arbeitszeitverkürzung und so überfällig die Erweiterung und Verbesserung der Möglichkeiten zur individuellen Arbeitszeitverkürzung sind, eine Reaktivierung der Arbeitszeitpolitik ist von diesen beiden Initiativen nicht zu erwarten, da sie zum einen den Geist einer »reaktiven Notstandsmaßnahme« bzw. einer »individuellen Opferleistung« atmen, und zum anderen auf einzelbetriebliche bzw. individuelle Handlungsmöglichkeiten fixiert und beschränkt sind. Sie sind der Rhetorik des Verzichts verhaftet, die vor allem deswegen wenig glaubwürdig und erfolgversprechend ist, weil der Verzicht vor allem denjenigen zugemutet wird, die vergleichsweise wenig haben, auf das sie verzichten könnten. Die einzelbetrieblichen und individuellen Handlungsmöglichkeiten sind darüber hinaus genau durch die krisenhaften Entwicklungstendenzen im Wirtschafts-, Beschäftigungs- und Sozialsystem erheblich begrenzt, gegen die sie mobilisiert werden sollen. Deshalb findet VW kaum Nachahmer, und die Teilzeitoffensive der amtierenden Bundesregierung geht ins Leere.

Arbeitszeitpolitik muß als Element eines Projekts zur sozialen Modernisierung konzipiert und angegangen werden, als Strategie zum Umbau der Arbeitsgesellschaft, die den Abbau der Massenarbeitslosigkeit einbettet in ein Konzept der »Ökologisierung« der Ökonomie, der »Entpatriarchalisierung« und »Enthierarchisierung« des gesellschaftlichen Arbeitsprozesses, der Erweiterung und Demokratisierung der Partizipationschancen der Menschen auf allen Ebenen und in allen Sphären des gesellschaftlichen Lebens. Nur in dieser Perspektive wird die

Notwendigkeit des Verzichts auf überkommene und teilweise höchst fragwürdige »Besitzstände« vermittelbar als Voraussetzung für die Entfaltung einer für alle besseren Alternative.

Auf dem Wege einzelbetrieblicher Notstandsmaßnahmen und individueller Opferleistungen ist das aus beschäftigungspolitischer Sicht notwendige und aus der Perspektive sozioökologischer Modernisierung wünschenswerte Volumen an Arbeitszeitverkürzung nicht zu erreichen. Es bedarf vielmehr eines koordinierten Zusammenwirkens aller arbeitspolitischen Akteure (also in erster Linie der Tarifvertragsparteien, des Gesetzgebers und der Arbeitsverwaltung) mit dem Ziel der Reorganisation der gesellschaftlichen Zeitverhältnisse auf der Basis generell kürzerer und flexiblerer Arbeitszeiten, die auch einen kompletten Umbau der Arbeits- und Sozialordnung umfassen muß. Die Frage ist allerdings, ob dieses koordinierte Zusammenwirken auf dem Weg der Einberufung einer »konzertierten Aktion« nach klassischem Vorbild zu bewerkstelligen ist. Realistischer als die Erwartung einer sozialreformerischen Wende in Bonn erscheint mir immer noch die allerdings zur Zeit ebenfalls eher vage Hoffnung, daß die Gewerkschaften in einer neuen Konzentration ihrer Kräfte auf die Arbeitszeitpolitik die Impulse setzen, denen sich die übrigen Akteure dann nicht mehr entziehen können. Vor über 10 Jahren haben die Gewerkschaften in Westdeutschland die Auseinandersetzung um die 35-Stunden-Woche annonciert als »Jahrhundertkampf um die Zeit«. Wenn sie ihn nicht wieder aufnehmen, und zwar mit einer Perspektive weit jenseits des Horizonts der 35-Stunden-Woche und vor allem auch jenseits der Selbstblockaden durch den vollen Lohnausgleich und die Fixierung auf das Normalarbeitsverhältnis, dann werden sie in diesem »Jahrhundertkampf« eine Niederlage erleiden, die langfristig ihren Bestand gefährden dürfte. Und die Niederlage bahnt sich bereits an: Arbeitszeitpolitik findet z.Z. weitgehend ohne Gewerkschaften statt. Nur wenn die Gewerkschaften in der Arbeitszeitpolitik ihre Handlungskompetenz zurückgewinnen, besteht Aussicht, daß sich die Arbeitszeitpolitik nicht weiterhin in kurzsichtigen Rationalisierungsstrategien verliert. Aber zur Zeit sieht es eher so aus, als ob sich die Gewerkschaften in ihrer Hilf- und Konzeptionslosigkeit gegenüber diesen Strategien verlieren würden. Und dann?

Anmerkungen

1 Im Zeitraum von 1960 bis 1990 wuchs das westdeutsche Bruttoinlandsprodukt um 250%; gleichzeitig verdreifachte sich aber die Arbeitsproduktivität, so daß sich das insgesamt in Westdeutschland erbrachte Arbeitsvolumen um fast 10 Billionen (!) Arbeitsstunden pro Jahr bzw. 18% verringerte. Die Tatsache, daß 1990 dennoch 9% mehr Menschen erwerbstätig waren als 1960, ist auf die Verkürzung der durchschnittlich pro Erwerbstätigen geleisteten Arbeitszeit um insgesamt 25% in diesem Zeitraum zurückzuführen.

Helmut Schauer

Europäische Dimensionen der Tarifpolitik in der Sozialstaatskrise

Nein, eine Regierung der Reform kann aus den Wahlen im Herbst nicht hervorgehen. Bei allen Parteien der Mitte, ob sie nun gerade in der Regierung oder in der Opposition sind, ist nichts von Diskussionen, geschweige denn von Konzepten zu sehen, die den Ursachen der Krise auf den Grund gehen und ernsthaft nach Auswegen suchen würden. Alle Parteien der Mitte bleiben auf den monetären Wirtschaftsmechanismus fixiert, den sie mit den öffentlichen Kassen mitverwalten. Sie können schon deshalb die ökonomischen Restriktionen nur noch exekutieren, die uns die Krise auferlegt. Und sie sind deshalb erst recht von der wirtschaftspolitischen Ohnmacht geschlagen, zu der die Nationalstaaten durch die Globalisierung der Ökonomie verdammt werden. Auch die SPD bleibt bei einem angebots- und wettbewerbspolitischen Pragmatismus, dessen wirtschaftspolitisches Credo wieder nur die Senkung der Arbeitskosten und der Staatsausgaben bedeutet - garniert mit den wohlfeilen Sprüchen von künftigen Investitionen und Wachstumsraten, mit denen sich kaum noch wohlfahrtsfördernde Intentionen verbinden.

Wahrscheinlich ist nicht, daß eine Reformperiode vor uns liegt. Wahrscheinlich ist vielmehr, daß sich die Tendenzen zur Gegenreform weiterhin durchsetzen, die schon die Reaktionen auf das Krisentief in den letzten zwei Jahren bestimmt haben. Denn es geht ja längst nicht mehr nur um den einfachen Sozialabbau, um punktierte Einschnitte in sozial- und wohlfahrtsstaatliche Besitzstände. Jetzt soll der ganze »Betrieb« der bundesdeutschen Gesellschaft zur Steigerung seiner Konkurrenzfähigkeit auf höhere Effizienz und Rentabilität getrimmt werden - Lean society. Es sind ja nicht nur die Unternehmen, die sich vom immer härter werdenden Verdrängungswettbewerb zu massiven Umstellungen und Stillegungen und zur gnadenlosen Ausforstung ihres Personals und seiner Reserven gezwungen sehen. Der öffentliche Sektor wird seinen Beitrag zur strikteren Funktionalisierung der Lebensverhältnisse, aber auch zur Steigerung der Arbeitslosigkeit erst noch bringen.

Dazu wird auch die Privatisierung von Bahn und Post – ehemals Herzstücke des öffentlich-gemeinwirtschaftlichen Kernsektors des deutschen Sozialstaates – beitragen, die von allen Parteien der Mitte getragen wird. Der Finanzdruck auf die Kommunen, die Verwaltungen, den Bildungssektor usw. wird ein Übriges tun.

Alle diese »Reformen« zielen auf Produktivitätssteigerungen und Kostensenkungen, ungeachtet der sozialen Konsequenzen, die vor allem in Form von Arbeitslosigkeit auf »die Gesellschaft« abgewälzt werden. Das bedeutet nicht nur zusätzliche Belastungen für die sozialen Sicherungssysteme und die öffentlichen Finanzen. So gerät die sozial- und wohlfahrtsstaatlich verfaßte Gesellschaft selbst unter destruktiven Druck. Aus Reformen werden Gegenreformen, weil sie die schleichende Auszehrung, um nicht zu sagen: den Ausverkauf der materiellen Gleichheits- und Gerechtigkeitsgarantien, bedeuten, die einmal von der wohlfahrtsstaatlichen Reformpolitik erreicht wurden.

Dieser Prozeß ergreift zunehmend und umfassend die gesamten sozialen Strukturen. Mit der Armut nimmt auch die Zahl der sozialen Absteiger zu. So zeichnet sich ab, daß die soziale Kernschicht des Wohlfahrtsstaates, die Arbeitnehmermitte der Facharbeiter, der mittleren Angestellten und Beamten erheblich ausgedünnt und geschwächt wird. Wir haben mit neuen tiefgreifenden sozialen Polarisierungen zu rechnen, die allerdings nicht zurück in die alte Form der Klassengesellschaft, sondern eher zu einem diffusen Konglomerat führen dürften, für das der Begriff der Gesellschaft als in sich kohärentem Ganzen kaum noch zutreffend ist.

Die Schwächung der Tarifpolitik als eine Triebkraft wohlfahrtsstaatlicher Reform hat sich in der Bundesrepublik vergleichsweise langsam und spät vollzogen. Wir können die achtziger Jahre bis zum Umbruch 1989 als tarifpolitische Patt- und Übergangssituation sehen. Sicherlich hat die Erosion des »historischen Kompromisses« der Tarifautonomie als dem fundamentalen Sozialpakt im »Modell Deutschland« schon damals mit der politischen Wende, der Hegemonie des Neoliberalismus, den Deregulierungsforderungen und -ansätzen, der Verstärkung des Machtungleichgewichts (AFG § 116) und der Schwächung der Gewerkschaften durch den sozialen Strukturwandel begonnen. Aber noch konnte die bundesdeutsche

Wirtschaft ihre Krisenprobleme durch die erneute Steigerung ihrer Exportüberschüsse abwälzen. Die Gewerkschaften blieben auch bei wachsender Arbeitslosigkeit handlungsfähig. Sie konnten zwar den Grundkonsens verteilungsneutraler Tarifpolitik nicht mehr voll realisieren, auf den sich diese - mit der Formel: Inflationsausgleich plus Produktivitätssteigerung - seit den fünfziger Jahren bezogen hatte. Die Lohnquote sank. Mit ihrer Initiative zur Arbeitszeitverkürzung, für die 35-Stunden-Woche konnte sich die gewerkschaftliche Tarifpolitik jedoch als autonomer, zukunftsgerichteter Faktor auch unter den krisenhaften Bedingungen behaupten. Das dürfte auch dazu beigetragen haben, daß die Bindung der Tarifpolitik an gesamtwirtschaftliche Verteilungsgrößen, trotz der sinkenden Lohnquote, politisch erhalten blieb - und dann in den »Nachholrunden« anfangs der neunziger Jahre auch eingefordert wurde.

Wie brüchig der politische Konsens der Tarifautonomie inzwischen allerdings schon geworden war, zeigte dann spätestens der Konflikt um die Angleichung der Osttarife. Dabei waren es schon bei dieser Auseinandersetzung, die letztlich von den westlichen Zentralen und im Kern um den Primat von Ökonomie oder Politik geführt wurde, weniger die desolaten Verhältnisse im Osten, die den Angriff auf den Tarifvertrag verursachten. Für die Erschütterungen der Tarifautonomie bleibt die Krisenlogik entscheidend, der das alte »Modell Deutschland« ausgesetzt ist. Das hat sich jetzt wiederum in der Rezession gezeigt, mit der die Bundesrepublik nach dem Einigungsboom abrupt von der Normalität der Weltwirtschaftskrise eingeholt wurde. So wurde die Tarifpolitik in Deutschland Anfang 1994 erstmals voll mit den Bedingungen konfrontiert, die sich durch die erneute Verschärfung des Verdrängungswettbewerbs in der japanisch-amerikanisch-europäischen Triade, dem stagnativen Zentrum der kapitalistischen Weltökonomie, ergeben.

Mit dem Tarifkonflikt des Frühjahrs 1994 und seinen Ergebnissen ist die Tarifpolitik an eine Schwelle gelangt: Der tarifpolitische Kompromiß konnte zwar trotz schwerster Erschütterungen fortgeschrieben werden, zugleich zeichnet sich aber auch die Gefahr politisch strangulierender Einschnürungen ab, von denen die Tarifpolitik auf den Weg der Gegenreform gedrängt werden könnte.

Durch die auch für die Gewerkschaften überraschend kräftigen Warnstreikproteste konnten zwar die von den Arbeitgebern unter Führung von Gesamtmetall angestrebten nominalen Lohnsenkungen (Streichung des Urlaubsgeldes) abgewehrt werden. Dennoch kam es für die wichtigsten Erwerbszweige de facto zu einer Nullrunde ohne Inflationsausgleich, die von den Betroffenen unter dem Druck der explosiven Entlassungswelle und der Ertragsschwäche vieler unterbeschäftigter Betriebe mit geringem Murren hingenommen wurde. Dabei erschien dieses Ergebnis am Horizont der in der Öffentlichkeit unentwegt genährten »Aufschwung«-Hoffnungen vielfach noch als vorübergehender Notfall. Tatsächlich könnte es im Falle einer wirklichen Erholung der Beschäftigungs- und Ertragslage zu einem kräftigen, nachholenden Lohndruck kommen. Ganz im Gegensatz dazu geht es den Arbeitgebern und ihrer politischen Führung jedoch um »dauerhafte Kostenentlastungen«, sprich Lohnsenkungen. Die Nullrunde 1994 ist für sie nur der erste Realisierungsschritt der angestrebten »tarifpolitischen Wende«, mit der sie auf die krisenbedingte Verschärfung des Konkurrenzdrucks im Zentrum der Weltwirtschaft reagieren. Um dort bestehen zu können, bleibt mit jeder weiteren Drehung der Krisenspirale nur die fortgesetzte Radikalisierung der Angebotspolitik, die Zuspitzung der Standortkonkurrenz - eine Logik, mit der die Krise sich selbst verschärft.

Für die Wirtschaftspolitik der Bundesrepublik war die internationale Wettbewerbsüberlegenheit stets der kategorische Imperativ, aus dem seit den fünfziger Jahren alle »Sachzwänge« definiert wurden, an denen sich Kapital, Arbeit und Politik zu orientieren hatten. Und so war die politische und ökonomische Integration der Arbeiterschaft in das deutsche Exportmodell immer schon der Eckpfeiler bundesdeutscher Tarifpolitik, aus dem sich bei wachsenden Exportanteilen und Löhnen auch die Dominanz und Pilotfunktion der Metallbranche begründete. Heute kann der Versuch, die Erfolgsgeschichte des deutschen Exportmodells, ungeachtet aller Änderungen der weltwirtschaftlichen Bedingungen, fortzuschreiben, nur noch um den Preis der krisenverschärfenden Drosselung des Binnenkonsums und der Senkung des Lebensstandards, also auf Kosten des sozialen »Modells Deutschland« unternommen werden. Zugleich schafft die allgegenwärtige Verschärfung der Standortkonkurrenz bei steigender Arbeitslosigkeit die Zwänge, die der uneingeschränkten Herrschaft des Neoliberalismus - ebenso wie der Entmachtung und Zerstörung der Tarifpolitik - den Weg bereiten.

In der Tarifrunde 1994 haben verteilungs- und nachfragepolitische Argumente nur noch eine beiläufige Rolle in der gewerkschaftlichen Rhetorik gespielt. Im Kompromiß selbst spielen die gesamtwirtschaftlichen Größen Keynesianischer Tarifpolitik - Preis- und Produktivitätssteigerung - fast nur noch die Rolle äußerer Vorbedingungen. Er trägt vielfach die Züge des *concessionary bargaining*, des Verhandelns über Zugeständnisse, des Gebens und Nehmens im Rahmen der erreichten tariflichen Konditionen und Besitzstände. Für die Konzession von Realeinkommens-Verzichten wurden Regelungen zu beschäftigungssichernden Arbeitszeitverkürzungen eingehandelt, so wie schon im VW-Modell durch Lohnverzichte Arbeitszeit »zurückgekauft« wird, um Arbeitsplätze zu erhalten. Solche Maßnahmen der Re-Regulierung - wie sie zunehmend auch von den multinationalen Konzernen bei ihren Produktionsentscheidungen von den »Standorten« erzwungen werden - entsprechen eben dem Machtgefälle zwischen dem global operierenden örtlich, regional und national ungebundenen Kapital und den »ortsbedürftigen« Arbeitnehmerinteressen - eine Konstellation, die auch die ortsgebundenen Klein- und Mittelunternehmen umfaßt und vielfach erst recht zu angebotspolitischen »Hardlinern« werden läßt. So zerfallen auch bei den Unternehmern und im Management die gemeinschaftstiftenden Motivbestände, so droht der gewerkschaftlichen Tarifpolitik der Verlust der branchen- und landesweit organisierten Gegenspieler.

Concessionary bargaining ist, so wie wir es bisher aus der Niedergangsphase der US-amerikanischen Gewerkschaften kennen, das Zerfallsprodukt einer Tarifpolitik, die auf die Imperative konkurrenzhafter Standortverteidigung eingeschnürt wird und sich diesen affirmativ beugt. Die ökonomischen Krisenursachen liegen - weil international - immer schon jenseits des jeweiligen partikularen, sei's betrieblichen oder nationalen Interessen- und Handlungsrahmens und werden um so übermächtiger, je mehr sie hinter diesen verschwinden. Damit ist die Ausgangsbasis für die neoliberalen Deregulierungs-Thesen erreicht: An der Arbeitslosigkeit sind die Arbeitsmärkte und ihre Regulierungen, sind die Löhne und ihre Regulierungen schuld. Und damit ist dann auch die Falle zum *concessionary bargaining* zugeschnappt. Dabei können die krisenabwehrenden Effekte des *concessionary bargaining* oder der Re-Regulierung in ihrer Reichweite stets nur begrenzt bleiben, da die ökonomischen Krisenursachen nicht nur hingenommen, sondern auch noch verstärkt werden. Das gilt selbst für die Arbeitszeitverkürzungen mit Lohnverzicht, mit denen Entlassungen vermieden, also nicht Arbeit, sondern Arbeitslosigkeit mit den entsprechenden Einkommens- und Kaufkraftverlusten umverteilt wird. So wird zwar mit dieser Form »tariflicher Kurzarbeit« der direkte Anstieg der Arbeitslosigkeit abgebremst, aber gleichwohl die Lohnsumme beschäftigungsdämpfend gesenkt. Fangen Arbeitszeitverkürzungen mit Lohnverzicht lediglich die weitere Absenkung der Lohnquote auf, dann verteilen sie eben die entstehenden Einkommensverluste auf mehr Arbeitnehmer; im ganzen wird der Kaufkraftverlust gleichwohl zu Nachfrage- und Beschäftigungsminderungen führen.

Selbstverständlich ist jede Arbeitszeitpolitik immer auch Verteilungs- und Lohnpolitik. In einer durchgreifend von Geldbeziehungen geprägten Kultur wie der unsrigen ist eben Zeitwohlstand nicht gleich Wohlstand. So bestimmt die Einkommenslage auch die Chancen der Teilzeitarbeit, die nun als freiwillige tarifvertraglich erleichtert werden soll, die die neoliberale Politik sogar zur »Offensive gegen die Arbeitslosigkeit« ausbauen will. Es kann kaum zweifelhaft sein, daß die Möglichkeit zur sozialverträglichen Ausweitung des kurzzeitigen Arbeitsplatzangebots durch Reallohn- und Kaufkraftsenkungen eher vermindert werden. Sicherlich wächst mit der Arbeitslosigkeit auch die Nachfrage nach Teilzeit-Arbeitsplätzen – sie werden für immer mehr Lohnabhängige besser als nichts. Doch die gleichzeitige Absenkung des Lohnniveaus und die Zerfaserung der Normalarbeitszeiten führt zur weiteren Chaotisierung und zu zusätzlicher Segregation der Arbeitsmärkte. Die individuelle Konkurrenz der Arbeitnehmer um Arbeitszeit und Geld wird erst recht freigesetzt. Lange und normale Arbeitszeiten werden mit den an sie gebundenen Einkommensstandards und Sicherheiten zum Privileg. Auf der anderen Seite verstärkt sich der Zwang zu Zweit-Arbeitsverhältnissen und zu Schwarzarbeit.

An dieser Logik finden auch manche grünlich-rosaroten Illusionen ihre Grenze, die vom »Teilen von Arbeit und Geld« allzu große Effekte für die Bekämpfung der Arbeitslosigkeit und für den ökologischen Umbau der Alltagskultur erwarten. Die neoliberale, standort- und konkurrenzpolitisch orientierte Strategie beruft sich nicht zufällig auf das US-amerikanische Vorbild. Sie zielt auf die Nivellierung der nationalen Lohnstandards, will Billiglohn-Arbeiten nicht nur im Dienstleistungssektor fördern und damit auch die Arbeitsteilung zwischen Hochlohn- und Billiglohn-Regionen durchbrechen. Dafür nimmt sie auch die Entstehung einer *»working poor«* in Kauf. Das Nord-Süd-Gefälle zwischen Metropolen und Peripherie wird – das zeigt sich bereits in den großen Ballungszentren – eingeebnet und aus einem räumlichen zu einem gesellschaftsstrukturellen Tatbestand. Und diese zerrissene Gesellschaft wird nicht mehr, sondern weniger ökologisch sein. Das zeigt schon der flüchtigste Blick über den Tellerrand der Wohlstandszonen.

Diesen übermächtigen Tendenzen, die von der neoliberalen Politik nur noch verstärkt werden und jegliche nationale Politik schwächen, die mehr als Standortverteidigung sein wollte, kann sich natürlich auch die Tarifpolitik nicht entziehen. Die Tarifsysteme, vorab die Flächentarife, geraten mit jeder weiteren Radikalisierung der Konkurrenz und der Angebotspolitik mehr unter Druck. Der Tarifpolitik droht mit der Destruktion der Arbeitsmärkte die Einschnürung auf den schmaler werdenden Kern der Gewinner.

Gegen diese Tendenzen ist bisher kein Kraut gewachsen. Der sozialstaatliche Legitimismus (Habermas) der traditionalistischen Reformer erlischt in Verteidigungs- und Rückzugsgefechten. Er wird von einem pragmatischen Modernismus beerbt, der die Intention einer autonomen gesamtwirtschaftlich und -gesellschaftlich begründeten Gewerkschaftspolitik schon hinter sich gelassen hat und die Imperative der Angebots- und Standortkonkurrenz nur noch positivistisch wahrnimmt und im Interessenausgleich regulatorisch vermittelt – also seinen eigenen Niedergang nur noch moderiert. So droht der Tarifpolitik, daß sie vom Verfall des Politischen eingeholt und zum administrativen Steuerungsmedium der selbst als sakrosankt geltenden Marktgesetze entschärft wird.

Aus sich selbst heraus und als reine tagespolitische Interessenvertretung bleibt Tarifpolitik dem destruktiven Druck der konkurrenzverschärfenden Krise ausgeliefert. Ihre Überschätzung als eigenständiges ökonomisches Steuerungsinstrument ist selbst nur ein Symptom ihrer angebotspolitischen Einschnürung. Die Entwicklung der Tarifpolitik, zumal ihr Ausbau zu einem komplexen »System« mit gesamtwirtschaftlicher Relevanz, war stets nur als Teilelement der weitergehenden gewerkschaftlichen Ziele zur Universalisierung der Arbeitnehmerinteressen denkbar, die dann mit der wohlfahrtsstaatlichen Politik kompromißhaft gelang. Nur so konnte die gewerkschaftliche Tarifpolitik zu einem »Instrument der gesamtwirtschaftlichen Mitbestimmung der Arbeitnehmer« (Otto Brenner) werden. Inhaltlich entsprachen diesem Selbstverständnis die gewerkschaftlichen Konzepte für eine auf Gerechtigkeit und Stabilität gerichtete Wirtschaftsordnung und -politik, die dann auch den Fundus für die Begründung einer gesamtwirtschaftlich orientierten Tarifpolitik bildeten.

Die alten Konzepte reichen nicht mehr aus. Schnelle Antworten genügen nicht, und neue umfassende Konzepte gibt es nicht und dürfte es auch morgen kaum geben. Daher mag es vielleicht zunächst produktiver sein, auf die Bedingungen und Erfordernisse zurückzugehen, die sich für die strategische Neuorientierung oder Re-Politisierung der gewerkschaftlichen Tarifpolitik stellen, die nötig ist, wenn sie der Einschnürung auf das konkurrenzfixierte *concessionary bargaining* entgehen will. Ich kann auch das hier nur thesenhaft und entsprechend allgemein versuchen und will das in drei Punkten, also keinesfalls erschöpfend, tun.

Erstens: Notwendig ist die Erneuerung der Orientierungsfunktion der Gewerkschaften und ihrer Tarifpolitik. Reduziert auf das unmittelbar Machbare, das pragmatisch-realistisch Scheinende, verliert Tarifpolitik wie jede Gewerkschaftspolitik nicht nur ihre integrative Kraft, sondern auch die Definitionsmacht zur Interpretation der sozio-ökonomischen Situation, ihrer Notwendigkeiten und Möglichkeiten. Das gilt besonders in einer historischen Umbruchsphase wie der gegenwärtigen und erst recht dann, wenn der tagespolitische Interessenkampf auf Abwehrreaktionen eingeschnürt wird, die Verschlechterungen für die Arbeitnehmer vermindern, aber nicht verhindern können. Der Abwehrwille der Arbeitnehmer enthält, wo er geweckt und praktisch wirksam wird, immer auch Motive, die über das akut Machbare hinausweisen. Die ja durchaus beachtlichen Abwehrreaktionen, die es in den letzten zwei Jahren in vielen westeuropäischen Ländern gegeben hat, enthielten stets auch Elemente des Protests gegen die Unfähigkeit und Perspektivlosigkeit der herrschenden Politik. Sie werden aber dann zu bloßen Rückzugsgefechten, die den Verfall nur noch beschleunigen, wenn sie in dem ausgezehrten sozialstaatlichen Maßnahme-Denken verfangen bleiben, das in vielen Gewerkschaften immer noch vorherrscht. Dieses ist gerade nicht in der Lage, die durchaus vorhandenen weiterreichenden kritischen Ansätze und Einsichten aufzugreifen und so den langen Atem zu gewinnen, der zum Aufbau neuer Kraft, zur politisch wirksamen Rekonstruktion von solidarisch-gewerkschaftlichem Bewußtsein und Verhalten erforderlich ist, das eben nicht naturwüchsig entsteht.

Autonome Gewerkschaften sind ohne eigenständige kritisch-sozialphilosophische Deutung der geschichtlichen Lage undenkbar. Es sind die praktischen Erfordernisse gewerkschaftlicher Interessen- und Organisationspolitik, die gerade heute nach dem Zerfall der großen Zukunftsvisionen verlangen, daß die Gewerkschaften neue Entwicklungsmodelle erarbeiten und zur Diskussion stellen. Den verselbständigten, mehr und mehr lebensfeindlich gewordenen Produktivitäts- und Wachstumsimperativen müßten überhaupt erst wieder soziale Wohlfahrtsziele gegenübergestellt werden. Mit der Zuspitzung der Überlebenszwänge ist doch die Frage danach, wie wir künftig leben und arbeiten wollen, verwaist. Der Grundwiderspruch zwischen dem vorhandenen Übermaß an menschlichen und sachlichen Produktionsmöglichkeiten auf der einen, der ökosozialen Verarmung, Verelendung und Verheerung auf der anderen Seite, der ja doch alltäglich erfahrbar ist, muß ausgetragen werden, wenn das allgemeine Bewußtsein nicht in Irrationalität versinken soll. Die zwanghafte Übersteigerung traditioneller Arbeits- und Leistungsmoral, wie sie in den Forderungen nach Arbeitszeitverlängerungen - auch der zur Finanzierung der Pflegeversicherung - zum Ausdruck kommt, ist ja doch ein Symptom für den Zerfall gesellschaftlicher Rationalität. Aufklärende, auf die Stärkung gewerkschaftlichen Bewußtseins gerichtete Politik muß bewußt darauf angelegt sein, die Ursachen und Mechanismen für die Verkehrung von Reichtum in Armut offenzulegen. So gesehen kann die Leistung der Tarifpolitik nicht allein nach ihren materiellen Inhalten, sie muß auch nach ihrem Beitrag zur gesellschaftlichen Vernunft beurteilt werden. Ihre Durchsetzungsfähigkeit hängt letztlich davon ab, wieweit ihr die Verbindung beider Aufgaben gelingt.

Zweitens: Notwendig ist eine neue gewerkschaftliche Verteilungspolitik. »Keynesianische« Tarifpolitik verstand sich als »Primärverteilung zwischen Kapital und Arbeit«, auf der dann die Sekundärverteilung durch die staatliche Steuerpolitik aufbaute. Tatsächlich hat die Tarifpolitik aber immer schon lediglich zwei Faktoren der Primärverteilung – Gewinne und Löhne –, nicht aber den dritten Faktor – die Zinseinkommen – erfaßt. Das mochte irrelevant scheinen, solange alle Kapitaleinkommen an den produktiven Kreislauf gebunden blieben. Inzwischen ist aber diese »Lücke« durch die Verselbständigung und Internationalisierung des Finanz- und Kreditkapitals zu einer der Ursachen für die Aushöhlung der Tarifpolitik geworden.

Es ist eine nur allzu offenkundige Tatsache, daß sich die säkulare Abschwächung des Produktionswachstums schlecht mit der Abschöpfung von Werten und Kaufkraft verträgt, die uns das Finanzkapital mit seinen Zinsansprüchen nach wie vor aufzwingt. Auch für Keynes war klar, daß die Zinsen fallen müßten. Aber heute ist ja, vom Standpunkt des Kapitals gesehen, Geld fast nur noch mit Geld, aber kaum noch mit produktiver Anlage zu verdienen. Der Komplex ist monströs: Wie der Adler dem Prometheus fortwährend an der Leber frißt, so saugt das aufgeblähte internationale Finanzkapital am Kreislauf der produktiven Wirtschaft, so entzieht ihr ein parasitärer Kasino-Kapitalismus die Lebenskraft. Dieser Moloch hat seinen Anteil immer schon gesichert, ehe sich die beiden arbeitsgebundenen »Faktoren« der Primärverteilung, Unternehmer und Arbeitnehmer, zur Tarifverhandlung an den Tisch setzen.

Eine ernsthafte, auf sinnvolle gesamtwirtschaftliche Verteilung gerichtete Politik ist schwerlich noch möglich, wenn dieser Komplex nicht angegangen wird, der eine der Ursachen für die Ungleichgewichte ist, die den Wirtschaftsprozeß destruieren. Dazu gehört auch, daß der merkwürdige Frieden aufgekündigt wird, der sich über die extrem ungleiche und ungerechte Vermögensverteilung gelegt hat. Sicherlich hat sich der Lebensstandard der Arbeitnehmer in den Prosperitätsjahren nicht nur enorm verbessert, darüber hinaus konnte sich eine Schicht mit durchaus beachtlichem Vermögen in der Arbeitnehmerschaft herausbilden. Gleichwohl haben sich jedoch auf der Seite der wirklich Reichen gigantische Vermögen aufgehäuft, hat sich eine mehr denn je extrem ungleiche und ungerechte Vermögensverteilung entwickelt, die eben eine der strukturellen Voraussetzungen für die Aufblähung des Finanzkapitals und für die Verarmung der Völker und der staatlichen Gemeinwesen sind.

Natürlich greifen diese Fragen weit über die Tarifpolitik hinaus, betreffen vor allem auch die Steuer-, Vermögens- und Außenwirtschaftspolitik. Aber die Auszehrung der Staatsfinanzen begrenzt eben auch die Möglichkeiten der Tarifpolitik. Um nur ein aktuelles Beispiel zu nennen: Die Tarifpolitik wird nur in geringem Umfang in der Lage sein, die Ansprüche auf besondere Sicherung und Besserstellung niedriger Arbeitnehmereinkommen durchzusetzen, die bei stagnierenden und sinkenden Einkommen zu Recht an Gewicht gewinnen. Der Konkurrenzdruck auf die Produktionssektoren mit Niedriglohn-Schwerpunkten hat sich besonders verschärft. Tarifpolitik hat eben keinen gesamtwirtschaftlichen Lohnfonds zu verteilen. Hier wären, übrigens auch zur Unterstützung weitergehender Arbeitszeitverkürzungen, staatliche Umverteilungs-Maßnahmen erforderlich.

Natürlich sind das alles nur Andeutungen, stehen wir in der Frage einer neuen, zeitgerechten Verteilungspolitik sehr am Anfang. Aber die Zeiten sind auch vorbei, in denen Arbeitnehmer und Gewerkschaften einfach ihren Anteil an der Entwicklung des Kapitals einfordern konnten. Die Zukunft der Gewerkschaften und ihrer Tarifpolitik dürfte sich letztlich daran entscheiden, ob sie zur Erneuerung ihrer ökonomischen Kritik und Politik, und d. h. dazu in der Lage sind, die erforderlichen strukturellen Eingriffe in den Mechanismus der kapitalistischen Ökonomie zu entwerfen und darauf konkrete Perspektiven zu begründen.

Drittens: Notwendig ist die Europäisierung und Internationalisierung der Tarifpolitik. So wie eine gesamtwirtschaftlich wirksame Verteilungspolitik nur noch möglich ist, wenn diese den nationalen Rahmen überschreitet, so verlangt die Repolitisierung der Tarifpolitik, daß diese die Verflechtungsfalle aufsprengt, in die sie durch die Internationalisierung des Kapitals und der Märkte gerät. Der Souveränitätsverlust nationaler Tarifpolitik trifft alle Länder, und die der Europäischen Union bei wachsender wirtschaftlicher Verflechtung in besonderem Maße. Der »europäischen Wirtschaft« stehen hier nun auf dem Gemeinsamen Markt nur locker koordinierte, nationale

Gewerkschaften mit ihrer Tarifpolitik gegenüber. Und bei allen fortbestehenden länderspezifischen Unterschieden ist ihre Schwächung eben auch ein europaweites Phänomen. So ist auch die Lohnquote, also der Anteil der Arbeitnehmer am Sozialprodukt in der EG der zwölf Länder seit Beginn der achtziger Jahre um nahezu fünf Prozent auf einen Tiefstand gefallen. Sie fällt auch jetzt weiter, obwohl sie nach der Weisheit der ökonomischen Lehrbücher in der Phase der Rezession, der Absatzstockung und der Ertragsschwäche steigen müßte. Das trägt gewiß nicht zur Stärkung, sondern zur Schwächung der Nachfrage bei, und es wäre wohl zu fragen, inwiefern schon die Absenkung der Lohnquote in den achtziger Jahren zur gegenwärtigen Absatzkrise in Europa beigetragen hat.

Vor allem verfällt jetzt auch das bisherige Muster europäischer Tarifpolitik, für das die hochentwickelten Industrieländer vorgreifend den Takt angegeben haben. So hat die Initiative der IG Metall für die 35-Stunden-Woche mehr Impulse für Arbeitszeitverkürzungen in den anderen westeuropäischen Ländern ausgelöst als in der deutschen Öffentlichkeit zur Kenntnis genommen wurde. Sicherlich hatte die deutsche Tarifpolitik kraft des Gewichts und der Exportstärke der bundesdeutschen Wirtschaft noch die meisten Handlungs- und Erfolgschancen. Kommt jetzt das Lohn- und Sozialniveau in Deutschland unter Druck, dann werden die kleineren und schwächeren Länder unweigerlich nachziehen müssen, dann kommt eine Abwärtsspirale in Gang, der sich niemand entziehen kann. Das zeichnet sich für 1993/94 bereits mit der Senkung der Realeinkommen in einer ganzen Reihe westeuropäischer Länder ab. Dabei geht es selbst in Ländern mit so unterschiedlichen Ausgangsbedingungen und Lohnniveaus wie Spanien auf der einen und Deutschland auf der anderen Seite keineswegs nur um einen kurzzeitigen rezessionsbedingten Einschnitt. In Spanien ist es das erklärte Ziel der Regierung, das Lohnniveau über mehrere Jahre hinweg weiter abzusenken, in Deutschland verfolgen die Arbeitgeber dasselbe Ziel – und machen sich daher schon heute darüber Gedanken, wie sie dieses auch im nächsten Jahr und selbst bei konjunkturellen Verbesserungen weiter durchsetzen könnten.

Unter dem zunehmenden Konkurrenzdruck wird jede nationale Tarifpolitik immer schon getrennt für sich geschlagen. So ließe sich sarkastisch sagen: Die Einheit der europäischen Tarifpolitik kommt negativ durch den gemeinsamen Niedergang der nationalen Tarifpolitik zustande. Dabei weiß ein Großteil der europäischen Arbeitnehmer, daß der Anstieg der Arbeitslosigkeit und der Druck auf ihre Existenzbedingungen ebensowenig nationale Fragen sind wie ihre Ursachen. Ich sehe keinen anderen Weg als die energische Europäisierung der Tarifpolitik. Selbstverständlich muß dieses Basisbewegung bleiben, ja als solche gestärkt werden. Selbstverständlich kann Schwäche vor Ort - im Betrieb, in der Region, im Land - nicht durch europäische Aktivitäten ersetzt werden. Not tut der Aufbau einer wirksamen, europäischen Tariföffentlichkeit, die vor Ort in den Köpfen und Kämpfen der Arbeitnehmer spürbar wird. Die Verteidigung der erreichten Standards und die Entwicklung einer neuen Perspektive in einem Land ist unmöglich. Aber die europäische Wirtschaft hat das Eigengewicht, die angebotspolitische Einschnürung zu durchbrechen. In dem Maße, in dem es den Gewerkschaften gelingt, eine gemeinsame tarifpolitische Abwehrfront aufzubauen, wird auch ihre Kraft dafür wachsen, die europäische Wirtschaftspolitik, die trotz der Delorsschen Weißbuch- und Beschäftigungsinitiative, nach wie vor einseitig auf den verschärften Konkurrenzkampf in der japanisch-amerikanisch-europäischen Triade, und damit auf die weitere Absenkung der Lohn- und Staatsquote ausgerichtet ist, auf den Weg zu einer Politik der sozial ausgleichenden weltwirtschaftlichen Regulation zu drängen.

Das sind alles komplexe und schwierige Fragen. Aber viel Zeit bleibt nicht, um Antworten zu finden. Schon bald nach den Wahlen wird sich zeigen müssen, ob Minderung der Realeinkommen ein *kurzzeitiger,* rezessionsbedingter Akt bleibt oder ob sich die Arbeitgeber mit ihrer Strategie der dauerhaften Absenkung des Lohnniveaus durchsetzen. Dies dürfte zu einer der Schlüsselfragen werden, mit deren Beantwortung - weit über die Tarifpolitik hinaus - die politischen Koordinaten für Reform und Gegenreform in der nächsten Zeit definiert werden. Setzen sich die Arbeitgeber durch, dann wird schon durch die finanziellen Folgen weiterer Einkommenskürzung für die Sozial- und Staatshaushalte, erst recht mit dem damit unweigerlich verbundenen weiteren Verfall sozialer Gegenmacht auch der Weg zur Gegenreform ein Stück geebnet.

Diese Bedrohung betrifft alle Gewerkschaften, die gesamte Tarifpolitik gleichermaßen. Ihre Abwehr ist mit den Mitteln und Regeln branchenbegrenzter Tarifpolitik allein nicht möglich. Sie kann nur als gemeinsame Gegenreaktion der gesamten Gewerkschaften und damit für die Rückgewinnung und Stärkung des politischen Mandats der Tarifautonomie wirksam geführt werden. Das ist der nächste Schritt, das sind die deutschen Hausaufgaben, die für eine europäische Tarifpolitik erledigt werden müssen.

Rainer Zoll

Staatsbürgereinkommen für Sozialdienste. Vorschläge zur Schaffung eines zweiten, nicht marktförmig organisierten Sektors der Gesellschaft

für André Gorz

»deliberate and purposeful efforts can result in institution building which would promote the development and the exercise of such moral consciousness« (Morris Janowitz 1980/22)

Ich werde wenig Zeit darauf verwenden, um Argumente für die These zu sammeln, daß selbst eine Politik der radikalen Arbeitszeitverkürzung, die ich auf jeden Fall für notwendig halte, nicht mehr genügt, um die Arbeitslosigkeit zu beseitigen. Noch weniger Zeit werde ich der alten Behauptung widmen, mit einer anderen, vielleicht erneuerten Keynesianischen Wirtschaftspolitik oder mit der immer wieder beschworenen Strukturpolitik könne das Problem der Unterbeschäftigung gelöst werden. Es gibt wohl kaum noch jemanden, der an die erste oder gar die zweite Lösung ernsthaft glaubt. Vielmehr will ich einen Vorschlag in die Diskussion einbringen, der viele ältere Ideen aufnimmt, sie verbindet und knapp und unzulänglich als eine Kombination von Bürgergeld und sozialen, ökologischen oder kulturellen Diensten bezeichnet werden könnte. Dafür werde ich kurz auf

- die Ausgangspunkte Arbeitszeitpolitik, Rationalisierung und Spaltung der Gesellschaft eingehen;
- einige bereits existierende Lösungsansätze wie Grundeinkommen, 2. Arbeitsmarkt, workfare, Revenue minimum d'insertion erwähnen;
- dann einen grundsätzlichen, keineswegs neuen Gedanken zur Problematik sozialer Dienste wiederholen;
- auf einige gute Erfahrungen im Bereich der sozialen Dienste hinweisen;
- die Diskussion über die Wechselseitigkeit des Verhältnisses von Individuum und Gesellschaft aufnehmen und schließlich

- den Vorschlag der Schaffung eines zweiten, nicht marktförmig organisierten Sektors der Gesellschaft etwas präzisieren – sicher unzureichend, aber vielleicht gerade deswegen fruchtbarer für eine Diskussion.

Ob die Arbeitsgesellschaft tot ist, darüber läßt sich streiten. Kaum zu bestreiten ist, daß der Reichtum der sogenannten westlichen Gesellschaften weiterhin durch Lohnarbeit produziert wird. Doch es ist immer weniger Lohnarbeit erforderlich, um diesen Reichtum zu schaffen. Einerseits ist der Anteil der Lohnabhängigen an den Erwerbstätigen überall – zum Beispiel in Deutschland auf über 90 % – gestiegen, und auch die sogenannten neuen Selbständigen sind eigentlich, so die meisten Analysen, verschleierte Lohnabhängige; andererseits bleibt trotz imponierender Arbeitszeitverkürzungen eine hohe Arbeitslosigkeit. Selbst Klaus Zwickel, der Erste Vorsitzende der IG Metall, die als Pionier der Arbeitszeitpolitik in Europa gelten kann, konstatiert illusionslos: »Schon heute läßt sich sagen, daß mit dem bisherigen Tempo allgemeiner Arbeitszeitverkürzungen Vollbeschäftigung nie wieder erreicht werden kann.« (Zwickel 1994)

Abhilfe durch sehr viel radikalere Arbeitszeitverkürzungen halte ich heute nur noch für möglich, wenn über die bisherigen Formen und Inhalte der Arbeitszeitverkürzung so weit hinausgegangen wird, daß eigentlich von Arbeitszeitverkürzung nicht mehr gesprochen werden kann. Auch eine Radikalisierung der bisherigen Form der Arbeitszeitverkürzung reicht allenfalls aus, um Beschäftigung zu erhalten. Das zeigt der berühmte Tarifvertrag der IG Metall mit dem VW-Werk, der für zwei Jahre eine radikale Arbeitszeitverkürzung auf 28,8 Stunden pro Woche vorsieht. Wie auch immer die damit verbundene, offenbar von der Belegschaft akzeptierte »unterproportionale« (Zwickel) Einkommensminderung gewertet werden mag, diese radikale Arbeitszeitverkürzung schafft Arbeitsplatzsicherheit – allerdings nur für zwei Jahre und nur für die Beschäftigten der VW-Werke. »Hierbei muß zugestanden werden, daß es zweifellos um Beschäftigungssicherung geht, obwohl zusätzliche Beschäftigung dringend erforderlich wäre« (Peters u. a. 1994/170), so der zuständige Bezirksleiter der IG Metall, der Gesamtbetriebsratsvorsitzende von VW und zwei weitere Autoren. Schon für die Beschäftigten der vielen Zulieferbetriebe dürfte sich der Absatzrückgang als Stellenabbau auswirken. Von einer Schaffung neuer Arbeitsplätze kann keine Rede sein.

Die gewerkschaftliche Tarifpolitk stößt in der Frage der Arbeitsplatzsicherung immer wieder an Grenzen, und Gewerkschaftsfunktionäre kommen erneut zu der Schlußfolgerung, daß es zur »Bekämpfung der katastrophalen Massenarbeitslosigkeit ... einer beschäftigungsorientierten Wirtschafts- und Sozialpolitik« bedarf (Peters u. a. 1994/170). Doch gibt es in der derzeitigen wirtschaftlichen Situation zwar Ideen, wie eine solche Wirtschafts- und Sozialpolitik aussehen könnte, aber keine überzeugenden Beispiele praktischer Verwirklichung. Der Ruf nach einer beschäftigungsorientierten Wirtschaftspolitik übersieht, daß die mikroelektronische Revolution die Ausgangsbedingungen radikal verändert hat; die Rationalisierung des Produktionsprozesses und die damit einhergehende Produktivitätssteigerung haben gegenüber den früheren technologischen Umwälzungen ein unvergleichlich höheres Tempo. Dazu kommt die logistische Reorganisation des Produktionsprozesses. Beide eröffnen enorme weitere Rationalisierungs-, und das heißt Arbeitsplatzvernichtungsmöglichkeiten. André Gorz zitiert eine Berechnung von Lothar Späth und Henzler, einem McKinsey-Experten: »Wenn der höchste Stand der heute verfügbaren Technik überall dort angewendet würde, wo er anwendbar ist, würden von den 33 Millionen noch bestehenden Arbeitsplätzen in Deutschland gleich neun Millionen wegfallen. Die Arbeitslosigkeit würde auf 38 Prozent ansteigen.« (Gorz 1994). Selbst wenn diese Zahlen angezweifelt würden, so machen sie doch die Dimension klar, um die es sich dreht: zehn bis dreizehn Millionen Arbeitslose allein in Deutschland - und die sind mit keiner noch so beschäftigungsorientierten Wirtschaftspolitik zu bewältigen.

Die Zunahme der Arbeitslosigkeit kann nicht allein auf die nunmehr vor zwei Jahrzehnten begonnene Wirtschaftskrise zurückgeführt werden, denn zum einen hat das Kapital in diesen zwei Jahrzehnten nicht nur Krisenzeiten erlebt, im Gegenteil, zum anderen ist eine Krise in aller Regel etwas zeitlich Befristetes, Vorübergehendes. Doch das kann für die Arbeitslosigkeit überhaupt nicht gelten; sie droht vielmehr, weiter drastisch zuzunehmen.

Auch ein neuer Wirtschaftsaufschwung kann die Lage nicht entscheidend verbessern. So sieht zum Beispiel der deutsche

Werkzeugmaschinenbau die wirtschaftlichen Perspektiven für 1994, vor allem für 1995 eher positiv, erwartet sogar ein Wachstum, aber bei allenfalls gleichbleibenden, wenn nicht sinkenden Beschäftigtenzahlen. Auf die Wirtschaftskrise reagieren die Unternehmen vor allem, indem sie versuchen, die Ertragslage zu verbessern: Da die vorhandenen Märkte meist nicht wesentlich oder nur zu Lasten anderer Unternehmen und ihrer Beschäftigten auszudehnen sind, werden über technische Innovationen und neue Formen der Arbeits- und Produktionsorganisation Einsparungen von Arbeitskräften vorgenommen. Die augenblickliche dominierende Art des Wirtschaftswachstums schafft Arbeitsplätze ab: jobless growth. Eine französische Arbeitsgruppe kommt daher zu dem Schluß: »Es ist folglich absurd, auf Wirtschaftswachstum zu setzen, um die Beschäftigungskrise zu lösen.« (Groupe du Chêne 1993/8).

Folge der Beschäftigungskrise ist die Spaltung der Gesellschaft: Die Zahl der Sozialhilfeempfänger stieg in der Bundesrepublik von 2,1 Millionen in 1981 auf 4,9 Millionen in 1993, die Netto-Sozialhilfe von 11,4 auf 33,2 Milliarden DM (Wyler 1994); die sogenannte Armutsrate liegt nach dem aktuellen Armutsbericht (DGB und Wohlfahrtsverbände) bei 10,1% (Arndt 1994). Auch die Einkommenstatistik zeigt diese Spaltung: »Das obere Drittel der privaten Haushalte konnte sich 1988 einen Anteil von 57 Prozent des gesamten verfügbaren Haushaltseinkommens sichern; das mittlere Drittel kam auf 27 Prozent. Dagegen mußte sich das untere Drittel mit 16 Prozent abfinden« (O. v. Nell-Breuning-Institut 1994). Das Wort Spaltung bezeichnet zwar eindrucksvoll die Brutalität des Auseinandertreibens der Lebenslagen, suggeriert aber eine starre Zweiteilung der Gesellschaft, was unbedingt präzisiert werden muß: Es gibt keine undurchlässigen Grenzen zwischen den Einkommensgruppen, vor allem nicht auf dem Weg nach unten. »Das Armutsrisiko hat dabei längst alle Bevölkerungsgruppen erfaßt: zwischen 1984 und 1992 war jeder Fünfte mindestens einmal arm.« (Arndt 1994) Diese Dynamik ändert jedoch nichts an der »zunehmenden Polarisierung« der »Lebensbedingungen und Lebenslagen« (O. v. Nell-Breuning-Institut 1994).

Lösungsansätze

Die Mehrzahl der bisher diskutierten oder zum Teil auch schon praktizierten Lösungsansätze geht von den Folgen, also der Armut aus und will sie durch die Garantie eines Grundeinkommens lindern. Wie das Kind nun genannt wird (Bürgergeld, Grundeinkommen, Mindesteinkommen, allocation universelle, citizens income, negative Einkommenssteuer etc.), ist für diesen Beitrag und seinen Argumentationszusammenhang nebensächlich. Wenn sich allerdings hinter der Benennung nur ein anderer Name für eine verbesserte Sozialhilfe verbirgt, dann stellt dieser Ansatz angesichts der Radikalität der Problematik keine Lösung dar. Wichtig erscheint mir dagegen der Gedanke, das Recht auf ein Grundeinkommen an die Staatsbürgerschaft zu koppeln, was von vielen Autoren in neueren Beiträgen getan wird (u.a. Mückenberger, Offe, Ostner 1989, Jordan 1992, Standing 1992). Während ein Mindesteinkommen der mit der Spaltung der Gesellschaft einhergehenden Marginalisierung kaum entgegenwirkt, ist mit dem Bürgereinkommen, auf das jeder Bürger unter bestimmten Bedingungen Anspruch hat, von vornherein die Idee der Gleichheit aller Bürger verbunden. Offe hebt daher auch hervor, daß sich der Vorschlag eines auf der Staatsbürgerschaft beruhenden Rechts auf Grundeinkommen von anderen Optionen dadurch unterscheidet, daß keine anderen Eigenschaften (wie etwa Beschäftigung o.ä.) die Grundlage dieses Rechts darstellen, daß »nützliche Tätigkeiten« außerhalb der Lohnarbeit seine moralische Rechtfertigung darstellen und daß das Gerechtigkeitskriterium die Deckung grundlegender Bedürfnisse ist (Offe 1993/224). Damit der Marginalisierung energisch und effektiv entgegengewirkt wird, muß der aus der Gleichheit der Bürger abgeleitete Anspruch insoweit substantiell sein, daß das Bürgereinkommen wirklich ausreichend ist.

Alle diese Ansätze berücksichtigen jedoch noch nicht genügend das Problem der sozialen Integration: Immer noch ist »Arbeit, insbesondere Lohnarbeit, nicht nur in sich selbst eine wichtige Form der sozialen Beteiligung, sondern ist auch eine Voraussetzung für die volle Partizipation an der Gesellschaft, was durch die Rechte der sozialen Sicherung in ihrer augenblicklichen Struktur nicht geleistet wird« (Coenen, Leisink 1992/11). Auch Arbeit in Form von »Eigenarbeit«, »autonomen Tätigkeiten« (Gorz 1989) oder community work erfüllt diese

Funktion nicht, weshalb Gorz im weiteren über ihre »öffentliche Anerkennung« nachdenkt (Gorz 1992/183).

Deshalb will ein Teil der Befürworter eines Grundeinkommens seine Gewährung an die Leistung von Arbeit binden, die letztlich zur Wiedereingliederung in das System der ›normalen‹ Lohnarbeit führen soll. Hier gibt es praktische Beispiele, die von Dienstverpflichtungen (»Arbeitsdienst«) bis hin zu freiwilligen und meist nur recht eingeschränkt erfolgreichen Wiedereingliederungsprogrammen reichen: Eines ist das französische Programm des RMI (revenue minimum d'insertion, das Eingliederungs-Mindesteinkommen), ein anderes sind die meisten der zahlreichen Varianten von workfare in den U.S.A. (für eine empirische Bilanz in den U.S.A. s. Gueron, Pauly 1991). Ihr Ziel faßt der Titel eines Artikels von Bradley R. Schiller prägnant zusammen: »Moving from welfare to workfare« (B. Schiller 1973), statt Wohlfahrt Eingliederungsmaßnahmen. Dahinter steht allerdings die irrige Annahme, daß in dem ›normalen‹ Arbeitsmarkt letztlich genug Jobs zu finden oder zu schaffen sind: »Programmatisch bedeutet das, daß ... Bemühungen unternommen werden, um freie Arbeitsplätze im privaten Bereich zu finden oder zu schaffen und daß ... Wohlfahrtsempfänger Arbeitsplätze im öffentlichen Bereich erhalten, wenn sie im privaten fehlen.« (B. Schiller 1973/131).

Daß solche Programme trotzdem einen gewissen, sehr relativen Erfolg haben, hängt damit zusammen, daß in einer so komplexen und dynamischen Wirtschaft naturgemäß immer wieder freie Stellen entstehen (was nicht bedeutet, daß die Beschäftigung insgesamt zunimmt) und daß diese Maßnahmen sich auch als Lohnzuschüsse für die Unternehmer erweisen. Für die frei werdenden Stellen Arbeitnehmer mit der richtigen Qualifikation zu finden, ist oft ein Problem, das heißt, die Arbeitgeber haben durch Umschulungs- und Qualifizierungsprogramme bei uns wie durch RMI in Frankreich, workfare (trainingfare) in den U.S.A. und Großbritannien usw. die Möglichkeit, die notwendigen Ausbildungskosten auf die öffentliche Hand abzuwälzen.

Grundsätzliche Kritiken an diesen Programmen sind:

- Sie bleiben im Grunde Wohlfahrtsleistungen, denn sie sind *eine Hilfe*, die von der Entscheidung der Sozialverwaltung abhängt (Valentin 1991/25).

- Es handelt sich um *Mindest*einkommen, das heißt, sie sind nicht ausreichend.
- Sie stigmatisieren die Betroffenen (Valentin 1991/25); je mehr ABM-Stellen ein Jugendlicher in der Bundesrepublik gehabt hat, um so schwieriger wird es für ihn, einen Arbeitsplatz zu finden.
- Sie zielen nicht nur auf die berufliche, sondern auch auf die soziale Integration der Betroffenen. Aber es ist nicht nur ungewiß, ob solche Programme ihr Ziel erreichen, es ist auch fragwürdig, ob der Staat wirklich durch den offenen oder verdeckten Zwang zu bestimmten Aktivitäten aus Individuen »funktionierende Staatsbürger« machen sollte (Standing 1990/681).
- Diese Maßnahmen sollen auch die Abhängigkeit mindern, die durch die Institutionen der sozialen Sicherung geschaffen wird. Aber – wie Standing schreibt – »nicht-institutionalisierte Solidarität«, die an die Stelle der Abhängigkeit von dem System der sozialen Sicherung treten könnte, »wird durch workfare in keiner Weise geschaffen« (1990/682).
- Standing hat eine ganze Reihe weiterer Kritikpunkte zusammengetragen, die hier nur zum Teil erwähnt werden können: keine substantielle Minderung von Armut, keine Schaffung von wirklich neuen Arbeitsplätzen, keine Verhinderung von Schwarzarbeit, keine Kostenreduzierung in der Sozialpolitik usw.

Nicht sehr weit vom revenue minimum d'insertion und von workfare liegen auch die Vorschläge, einen zweiten Arbeitsmarkt zu schaffen oder besser, da er längst existiert, ihn zu regulieren. Die Begründung stimmt weitgehend mit den in Abschnitt 2) vorgetragenen Argumenten überein. Im Kern soll der zweite Arbeitsmarkt aus den durch ABM, Beschäftigungs- und Qualifizierungsgesellschaften usw. geschaffenen Arbeitsplätzen bestehen. Im Unterschied zu workfare und RMI werden im zweiten Arbeitsmarkt Löhne und Gehälter tendenziell in der gleichen Höhe wie im ersten gezahlt; darauf besteht auch die vorherrschende gewerkschaftliche Argumentation, abweichende Stimmen plädieren für eine Absenkung auf bis zu 80 % der Tarifeinkommen (z. B. Schütte 1993). Es handelt sich also im wesentlichen um öffentlich geförderte, zeitlich befristete und vom ersten Arbeitsmarkt abgegrenzte Arbeitsverhältnisse. Der zweite Arbeitsmarkt soll Brücken zum ersten schlagen (WSI 1993).

Wenn der zweite Arbeitsmarkt tatsächlich – wie oft bei den Beschäftigungs- und Qualifizierungsgesellschaften in Ostdeutschland – eine Brücke zum ersten ist, dann erfüllt er eine wichtige Funktion, löst aber damit nicht das grundsätzliche Problem. Der DGB fordert, daß die Arbeitsplätze des zweiten Arbeitsmarktes zusätzlich und »vom privaten Marktwettbewerb sowie von den Aufgaben des öffentlichen Dienstes« abgrenzbar sind, »um vorhandene Arbeitsplätze nicht zu gefährden« (DGB-ISA 1993). Durch diese verständliche, wahrscheinlich aber unrealistische Abgrenzungsforderung wird deutlich, daß dem zweiten Arbeitsmarkt zwei verschiedene Aufgaben zugesprochen werden, zum einen die der Übergangshilfe in den ersten und zum anderen die der Lösung des grundsätzlichen Problems, daß weder genügend Arbeitsplätze vorhanden noch zu erwarten sind.

In der Verfolgung dieses zweiten Ziels schlägt Christa Müller die Einrichtung eines öko-sozial-kulturellen Dienstes vor, der – mit der Grundsicherung verbunden – für eine »längere Übergangszeit (mindestens bis zum Jahre 2000) ... eine normale Alternative zum ersten Arbeitsmarkt« sein soll (Müller 1993). Zwar ist die zeitliche Begrenzung kaum einzusehen, zwar ist die Abgrenzung vom ersten Arbeitsmarkt begrifflich und institutionell nicht trennscharf genug, aber den Grundgedanken – öko-sozial-kulturelle Dienste gegen Grundsicherung – will ich weiter verfolgen.

»Eigentlich kann das gar nicht bezahlt werden!«

Die in diesem gar nicht so fiktiven Zitat angesprochene Grundproblematik geht weit hinaus über die Finanznot der öffentlichen Hand und immer höhere Ansprüche an institutionell zu leistende soziale Dienste, zumal die Familie als soziale Instanz tendenziell verschwindet. Denn Sozialarbeit, Pflege und viele andere soziale Dienstleistungen bestehen im Kern aus persönlicher Zuwendung, aus »caring«, auch aus sogenannter Beziehungsarbeit. Ich will hier nur pointiert wiederholen, was schon oft gesagt wurde und was viele, die es nicht sagen, dennoch wissen: Soziale Dienste sind nicht meßbar wie die in der übrigen

Lohnarbeit übliche Verausgabung von Arbeitskraft. Sie sind nicht quantifizierbar. Diejenigen, die Erfahrung mit solcher Arbeit – von der Kranken-, Kinder- und Altenpflege über Sozialarbeit bis hin zur Psychotherapie – haben, wissen genau, daß oft das, was sie manchmal in fünf Minuten »geleistet« haben, mehr »wert« ist als anderes, wofür sie Stunden, Wochen, vielleicht Monate benötigen, was aber auch unerläßlich ist. Sicher gibt es Übergänge zwischen der ›normalen‹ Lohnarbeit und der Tätigkeit der sozialen Dienste, sicher wurden letztere trotz allem immer wieder quantifiziert und notwendigerweise auch bezahlt. Aber, wie wir wissen, überwiegend viel zu gering bei meist sehr hohen Anforderungen. Viele Menschen wechseln daher entweder nach einigen Jahren von Lohnarbeit im Bereich sozialer Dienste zermürbt den Beruf oder gehen auf die Dauer innerlich vor die Hunde, verhärten und werden sogar unfähig zu der menschlichen Zuwendung, die ihre Aufgabe an sich verlangt. Die Schlußfolgerung kann nur lauten: Soziale Dienste eignen sich nicht dafür, Ware zu sein. Die Tendenz der kapitalistischen Organisation des Lebens, alles zur Ware zu machen, trifft hier auf Barrieren.

»Eine großartige Erfindung der alten Bundesrepublik«

Harald Weinrich meint mit diesem Satz den Zivildienst, in dessen Rahmen »tatsächlich ein hohes Maß an Gemeinsinn, an Solidarsinn entstanden« ist (Weinrich 1993/71). Viele Hochschullehrer können das wahrscheinlich ebenso wie ich anhand ihrer Erfahrungen mit Studenten, die Ersatzdienst oder Militärdienst geleistet haben, nur bestätigen. Eine andere Organisation der sozialen Dienste hätte unter anderem genau das zur Voraussetzung: »ein hohes Maß an Gemeinsinn, an Solidarsinn«.

Nun behaupten viele Deutungen unserer gesellschaftlichen Situation, daß Individualisierung die Menschen gewissermaßen verdirbt, daß sie immer ich-bezogener, egoistischer und hedonistischer werden und daher zu Solidarsinn unfähig sind. Gegen diese Deutung sprechen jedoch nicht nur die Erfahrungen des Zivildienstes in Deutschland, sondern auch die des Friedenskorps in den U.S.A., die des volontariato in Italien, des Entwicklungsdienstes, der »coopération« in Frankreich und so weiter. Zu denken ist auch an die wahrscheinlich individualistischste Gesellschaft der Welt, an die U.S.A., in der es viel Solidarsinn in der Form von »Nachbarschaftlichkeit«, von informellen und formellen Netzwerken gibt. In ihrer Ich-Bezogenheit haben viele der sogenannten Neuen Individualisten entdeckt, daß soziale Dienste oder andere Akte des Solidarsinns durchaus innere Gratifikationen mit sich bringen. Wenn auch die Rede vom gänzlichen Verlust des Gemeinsinns verfehlt ist, so sind doch gesellschaftlich neue Formen nötig, damit er sich entfalten kann.

In diesem Sinne haben Antje Vollmer und Hildegard Hamm-Brücher die Einführung von ökologisch-sozialen Diensten, letztere sogar in der Form eines sozialen Jahres vorgeschlagen; beide haben sich dabei – ebenso wie Weinrich und Hirschmann in derselben Diskussion – eindeutig vom nationalsozialistischen Arbeitsdienst abgegrenzt, den Hamm-Brücher und Weinrich selbst noch erlebt hatten (Bergedorfer Gesprächskreis 1993). Selbst gewerkschaftliche Stimmen sprechen für die »Einführung eines ökologisch-sozialen Dienstes« zur »Entlastung des Arbeitskräfteangebots« (IG Chemie VB Sozialpolitik-Frauen 1993).

Rechte und Pflichten

Wenn in den U.S.A. in einer Zeit wirtschaftlicher und gesellschaftlicher Krise eine Debatte über »entitlements and obligations«, über berechtigte Ansprüche und Verpflichtungen, über »rights and duties« ausbricht, dann liegt der Verdacht nahe, daß es jetzt um die Reduzierung der Ansprüche und das Hochschrauben der Verpflichtungen geht – und wahrscheinlich ist genau dies das Ziel mancher Politiker. Andere hoffen, so die Sache des Gemeinsinns zu stärken. Doch die Debatte hat einen wichtigen Kern: Das Verhältnis von Individuum und Gesellschaft bzw. Individuum und Staat als externalisiertem Repräsentanten der Gesellschaft ist – gemessen an den partizipatorischen Ansprüchen der Demokratie – gestört. Augenfälligstes Symptom ist in den U.S.A. die geringe Wahlbeteiligung von etwa der Hälfte der Wähler. Die auch in Europa weithin zu beobachtende Politikverdrossenheit wurde in den U.S.A. ferner am Phänomen Ross Perot deutlich, dem Außenseiter, der als erfolgreicher Geschäftsmann - ähnlich wie jetzt Berlusconi in Italien - vielen vertrauenswürdiger erschien als der gesamte Politiker-Club. Wenn die Demokratie jedoch funktionieren soll, dann bedarf es einer Wechselseitigkeit, einer Reziprozität im Verhältnis von Individuum und Gesellschaft. Schon Aristoteles hatte - worauf Morris Janowitz, der mich durch diesen Abschnitt führt, hinweist - diese Wechselseitigkeit als den Wechsel von Regieren und Regiertwerden thematisiert: »Ein Bürger ist jemand, der sich ständig an der Verwaltung des Rechts und dem Innehaben eines Amtes beteiligt«, »Bürger sind im allgemeinen Verständnis alle, die sich am bürgerlichen Leben des Regierens und Regiert-Werdens beteiligen« (Janowitz 1980/2+3). Beteiligung ist ein Grundprinzip der Demokratie, das durch die Marginalisierung, durch den Ausschluß aus der Gesellschaft entscheidend eingeschränkt wird. Es geht also darum, »allen Mitgliedern der politischen Gemeinschaft das zu geben, was ihnen als Bürgern zusteht«, also auch die Möglichkeiten zur politischen Beteiligung, und zugleich »Aktivitäten zu fördern, die die Qualität der sozialen Beziehungen verbessern« (Jordan 1992/166).

Auch für T.H. Marshall gehört in seinem Essay über »Citizenship and Social Class« (1949) die Reziprozität zur Staatsbürgerlichkeit - so übersetze ich hier citizenship, denn Staatsbürgerschaft meint in unserem Sprachgebrauch zu sehr den Besitz des Passes eines Landes und nicht genug die Eigenschaften des Staatsbürgers, den Bürgersinn. Der bürgerliche Gleichheitsgrundsatz findet in der normativen Gleichheit der Staatsbürger trotz aller sozialen Ungleichheit seine »Wahrheit«. »Die in dem Begriff der Staatsbürgerlichkeit implizite Gleichheit, obwohl dem Inhalt nach begrenzt, unterminierte die Ungleichheit des Klassensystems, das im Prinzip eine totale Ungleichheit war« (Marshall nach Janowitz 1980/3). Nach Marshall hat die Ausdehnung der bürgerlichen auf politische und weiter auf soziale Rechte zu einer »industriellen Staatsbürgerschaft« geführt, für die die Gewerkschaften zentrale Institutionen sind. Tarifpolitik ist das wichtigste Aktionsfeld dieser Staatsbürgerlichkeit, die genauso wie auf anderen Gebieten Rechte und Pflichten beinhaltet (Janowitz 1980/7).

»Wenn Staatsbürgerlichkeit bei der Verteidigung von Rechten angerufen wird, dann können die entsprechenden Pflichten der Staatsbürgerlichkeit nicht ignoriert werden. Diese verlangen nicht von einem Menschen, seine individuelle Freiheit zu opfern oder fraglos jeder Forderung der Regierung nachzukommen. Aber sie verlangen in der Tat, daß sein Handeln von einem wachen Sinn der Verantwortlichkeit für das Wohlergehen der Gemeinschaft inspiriert ist« (Marshall nach Janowitz 1980/4). Es geht Marshall und Janowitz also um ein lebendiges Staatsbürgerbewußtsein und ein entsprechendes Handeln. Während Marshall die Liste seiner Verpflichtungen noch recht allgemein hält (»Steuern zahlen, Familie erziehen, Militärdienst und die Förderung des Wohlergehens der Gemeinschaft«), präsentiert Janowitz eine längere Liste und insistiert vor allem auf der Beteiligung an freiwilligen Vereinigungen und dem Wahlprozeß.

Im Kern geht es beiden um Partizipation in einem emphatischen Sinn, wie sie durch freiwillige Assoziationen, u.a. auch die Gewerkschaften, verwirklicht werden kann. »Es gibt eine soziale Ökologie der Staatsbürgerlichkeit, die erst noch herausgearbeitet und institutionalisiert werden muß. In der fortgeschrittenen Industriegesellschaft zeigen die Verpflichtungen des Bürgers gegenüber seiner community, seiner Gemeinschaft, die durch informelle Netzwerke und durch direkte zwischenmenschliche Einflüsse ausgedrückt und erhalten werden können, eine beträchtliche Vitalität.« (Janowitz 1980/17)

Daß ein solches Potential an staatsbürgerlichem Bewußtsein, mehr noch, sogar an Solidarsinn in unseren Gesellschaften vorhanden ist, das scheinen mir die Erfahrungen der neuen sozialen Bewegungen und von Zivildienst, volontariato und peace corps – um nur einige herauszugreifen – zu belegen. Ich denke sogar, daß dieses Potential weitaus größer ist, als das, was davon sichtbar wird. Und die Individualisierung und ihre Auswirkungen – diese Deutung teile ich mit dem spanischen Philosophen Fernando Savater (1993) – werden es noch steigern.

Doch die formellen und informellen Strukturen der Gesellschaft fördern dieses Potential nicht, sie entmutigen es sogar (s.a. Gorz 1992). Selbst dort, wo sie früher eher an Partizipation orientiert waren wie etwa in der Kommunalpolitik oder in der Gewerkschaftsarbeit, sind sie heute zum Geschäft von Spezialisten geworden, was die Laien abschreckt. Letztlich wird sich dieser Zustand wohl nur durch soziale Bewegungen der Bürger ändern, doch ist auch eine Wechselwirkung von institutionellen Veränderungen und sozialen Bewegungen vorstellbar. Zeiten der Krise sind bekanntlich immer auch Zeiten der Freiheit – und erzwingen manchmal institutionelle Veränderungen, die in »normalen« Zeiten kaum denkbar sind.

Kein zweiter Arbeitsmarkt, kein workfare, sondern:

Lawrence Mead sah in »Beyond Entitlement« (1986) die Arbeit als eine der grundlegenden Verpflichtungen des Bürgers an, was noch von der auch heute verbreiteten irrigen Annahme ausging, daß ›genug Arbeit vorhanden‹ ist; Dahrendorf hält dagegen, daß »Staatsbürgerschaft ein gesellschaftlicher Vertrag, ein Sozialkontrakt ist, der allgemein für alle Mitglieder (der Gesellschaft) gültig ist; Arbeit dagegen ist ein privater Vertrag« (1988/33). Zugleich räumt er ein, daß »es wohl Sinn machen könnte, von den Bürgern zu verlangen, eine gewisse Zeit ihres Lebens der Gemeinschaft zur Verfügung zu stellen« (1988/33). Coenen und Leisink sprechen sich für eine »Aufteilung der Lohnarbeit (aus), so daß jeder Bürger sowohl einen Arbeitsplatz haben« wie auch sich an sozialen Diensten und »community work« beteiligen kann. »Solange dies jedoch noch nicht verwirklicht ist, denken wir, daß jeder Bürger, der keinen Arbeitsplatz finden kann, sich aber in sozialen Diensten engagiert, nicht mit der Verpflichtung belästigt werden sollte, sich aktiv um einen Arbeitsplatz zu bemühen, kurzfristig zur Verfügung zu stehen oder sein Transfereinkommen zu verlieren« (1993/18).

In diesem Sinn will ich einen Vorschlag zur Diskussion stellen, der die skizzierten Motive aufnimmt und verbindet: die Schaffung eines zweiten Sektors der Gesellschaft, der nicht marktförmig organisiert wird, sondern auf der Wechselseitigkeit des Erhalts von – ausreichendem – Bürgereinkommen und der Leistung von sozialen, ökologischen und kulturellen Diensten beruht. Das Grundprinzip dieses Sektors sollte Reziprozität, sollte der Tausch – aber nicht der Warentausch, sondern der Gabentausch sein. Dies beinhaltet, daß die Arbeitskraft in diesem Sektor keine Warenform annimmt, das heißt, Leistung wird nicht gemessen – u. a. weil sie in diesem Bereich sowieso kaum meßbar ist –, sondern flexible Tätigkeitszeiten und Aufgaben werden bestimmt. Während früher die Reproduktion der Arbeitskraft und indirekt der Gesellschaft durch die »sozialen Dienste« der Frauen in der Kleinfamilie gewährleistet wurde, sollten sich künftig alle, Männer wie Frauen, durch soziale, kulturelle und ökologische Dienste im zweiten Sektor während eines Teils ihres Lebens direkt an der Reproduktion der Gesellschaft beteiligen. Wie bisher muß dafür der erste Sektor zahlen, nur sollte dies jetzt gerechter zugehen, nicht nur wie im alten Modell die Frauen »unterhalten« werden vom »Ernährer der Familie«, sondern alle im zweiten Sektor Tätigen ein für den ›normalen‹ Lebensstandard ausreichendes Bürgereinkommen erhalten; dafür garantieren sie im Austausch durch ihre Dienste die soziale, ökologische und kulturelle Reproduktion der Gesellschaft.

Dieser Vorschlag ist vielleicht nicht neu, Delors hat wohl ähnliches Anfang der siebziger Jahre formuliert; wichtig ist mir nur, ihn heute zur Diskussion zu stellen. Ein solcher Diskurs müßte auch die notwendigen Voraussetzungen im Bewußtsein der Bürger für die Einrichtung des zweiten Sektors der Gesellschaft schaffen und selbstverständlich die großen gesellschaftlichen Organisationen (Wohlfahrtsverbände, Gewerkschaften usw.) einbeziehen. Sie hätten dann die Möglichkeit, ja vielleicht auch die Aufgabe, etwa in Form eines umfassenden Sozialvertrages mit dem Staat, den zweiten Sektor durchzusetzen. Sicher gibt es starke Interessen, die diesem Vorschlag Widerstand leisten werden. Meine Hoffnung ist aber – mit Bill Jordan: »Wenn gezeigt werden kann, daß demokratische Prinzipien der gesellschaftlichen Gestaltung ein sinnvoller Weg sind, um die Kontrolle der Individuen über die gemeinsame Umwelt zu erhöhen, dann haben wir alle ein Interesse am Fortschreiten der Demokratisierung der Gesellschaft.« (1992/174)

Eine Diskussion über die Finanzierung des Bürgereinkommens ist hier nicht möglich, aber es gibt bereits viele Vorschläge wie z.B. die negative Einkommenssteuer (Scharpf 1994, s. a. Mückenberger et al. 1989/277), die in diesem Rahmen erneut diskutiert werden müßten. Es kann auch kein Zweifel sein, daß die Finanzierung letztlich durch den ersten Sektor der Gesellschaft aufgebracht werden muß, der dafür von den ›unrentablen‹ sozialen, ökologischen und kulturellen Diensten entlastet wird. Jede Frau und jeder Mann sollte im Idealfall ein Minimum von Jahren in jedem der Sektoren tätig sein. Entsprechend zu entwickelnde Lebenslaufmodelle könnten zum

Beispiel eine Mindestzahl von Jahren Lohnarbeit und eine Mindestzahl von Jahren sozialer Dienste, einige davon am Anfang, vorsehen.

In Italien gibt es eine Diskussion über die Frage, bis zu welchem Lebensalter die Gesellschaft verpflichtet ist, für die Ausbildung der einzelnen Bürger aufzukommen. So könnte im Rahmen einer schrittweisen Einführung des zweiten Sektors diese Grenze auf 19 Jahre festgelegt werden; danach hätten die Individuen die Möglichkeit, durch z.B. zwei, drei Jahre soziale Dienste den Anspruch auf weitere vier, fünf Jahre Bürgergeld zu erwerben und damit ein Studium oder eine andere Ausbildung zu finanzieren. Neben der Abschaffung des Bafög-Systems entfiele durch die Höhe des Bürgergelds auch der Zwang, neben dem Studium zur Deckung des Lebensunterhalts noch etwas hinzuzuverdienen. Der zweite Sektor könnte so auf einem Bonus-System aufbauen: x Jahre sozialer Dienste garantieren y Jahre Bürgereinkommen ohne weitere Verpflichtungen. Eine Senkung der Studienzeiten zur Entlastung der Universitäten wäre ein willkommener Nebeneffekt. Dieses Tauschverhältnis könnte die Form eines individualisierten Sozialvertrages annehmen, etwa wie die Clinton-Regierung in den U.S.A. Medizinstudenten die Finanzierung ihres Studiums anbietet, wenn sie sich dafür verpflichten, eine bestimmte Anzahl von Jahren in peripheren Regionen zu arbeiten, in denen ein Mangel an Ärzten besteht.

Die Sozialdienst-Leistenden könnten Feld und Inhalt ihres Dienstes frei wählen. Die Organisation der Dienste könnte sich am Zivildienstmodell orientieren, das heißt über bestehende oder auch neu zu gründende Verbände und Vereine lokaler, regionaler und nationaler Bedeutung laufen. Eine Stärkung des zivilgesellschaftlichen Bereichs der Gesellschaft wäre eine wünschenswerte Folge. Anstelle von einigen existierenden oder gar neuen Sozialbürokratien würden in diesem Sektor dezentrale und zentrale Vermittlungsstellen zivilgesellschaftlicher Natur treten, ihre Tätigkeit müßten sie etwa über eine Abgabe, eine Art Vermittlungsgebühr vom Bürgergeld der einzelnen Sozialdienstler finanzieren. Die Rolle des Staates wäre – wie auf anderen Felder – die eines Garanten des Verfahrens. Das betrifft nicht nur die individualisierten Sozialverträge, die Tätigkeit der Verbände, sondern etwa auch die Frage der zweifellos notwendigen Professionalisierung einiger Funktionen in diesem Sektor, die eine bestimmte Qualifikation erfordern. Wobei der Erwerb solcher Qualifikationen nach der Altersschwelle (19 Jahre) Sache des Individuums wäre.

Es bleiben im Rahmen des skizzierten Modells viele offene Fragen, was vielleicht eine Chance für einen wirklichen Diskurs darstellt. Einige will ich kurz ansprechen, so die der Freiwilligkeit der sozialen Dienste: Ich tendiere zu dieser Lösung, aber sie hätte den Nachteil, daß sich Wohlhabende freikaufen könnten, weil sie das Bürgereinkommen weder für das Studium noch für etwas anderes benötigten; der Zwang zum sozialen Dienst würde ihn jedoch für einige in die Nähe des nationalsozialistischen Arbeitsdienstes rücken. Eine Lösung könnte in der gesellschaftlichen Aufwertung sozialer Dienste liegen, die professionelle Beobachter dieser Prozesse, wie etwa Michel Taleghani in Paris, ohnehin schon konstatieren.

Eine andere offene Frage ist die Einbeziehung familiärer Kindererziehung in den Bereich der sozialen Dienste: Wird sie vorrangig als eine Leistung für die Gesellschaft oder eher als eine mit starken persönlichen Gratifikationen verbundene Privatsache betrachtet? Weiterhin fragt sich, ob das Rentensystem insofern in den zweiten Sektor einbezogen werden kann, daß das Bürgereinkommen als Grundrente dient? Denkbar wäre, das Alter als eine zweite Phase sozialer Dienste zu konzipieren.

Die Marginalisierung von immer mehr Menschen wird durch private und öffentliche Caritas zementiert. Die Einführung eines zweiten Sektors mit der Wechselseitigkeit des Bürgerrechts auf ein ausreichendes Bürgereinkommen und der Bürgerpflicht zu sozialen Diensten beinhaltet dagegen die Chance, die Spaltung der Gesellschaft abzulösen durch eine völlig andere Art von Dualisierung der individuellen Lebensläufe, in denen möglichst jeder die Erfahrung von Lohnarbeit wie von sozialen Diensten macht. Auch verbinde ich mit der durch individualisierte Sozialverträge verbrieften Reziprozität des Verhältnisses die Hoffnung, daß sich ein stärkerer Bürgersinn entwickelt, eine größere Verantwortlichkeit des Individuums für die Gesellschaft.

Literatur

Arndt, Fritz (1994), Krause Ideen - Angriff auf das Sozialversicherungssystem, in: Der Gewerkschafter 3/94.

Bergedorfer Gesprächskreis (1993), Wieviel Gemeinsinn braucht die liberale Gesellschaft - Protokoll Nr. 100, Hamburg.

Bot, Yves et al. (1991), Repenser la solidarité, Paris.

Castel, Robert; Laé, Jean-François (1992), Le revenu minimum d'insertion - une dette sociale, Paris.

Citizens Income, London, fortlaufend.

Coenen, Harry; Leisink, Peter (Hg.) (1993), Work and Citizenship in the New Europe, Cambridge.

Dahrendorf, Ralf (1988), The Modern Social Conflict: an Essay on the Politics of Liberty, New York.

DBG-ISA (1993), Gewerkschaftliche Positionen zur öffentlich geförderten Beschäftigung, in: ISA - Informationen zur Sozial- und Arbeitsmarktpolitik Dezember 1993 - 7/93, Düsseldorf.

Gorz, André (1989), Kritik der ökonomischen Vernunft, Berlin.

ders. (1992), On the Difference between Society and Community, in: van Parijs.

ders. (1994), Interview: Die Arbeitsgesellschaft ist faktisch tot, in: taz v. 10.03.94.

Groupe du Chêne (1993), Le Travail en Question, Bordeaux.

Gueron, Judith M.; Pauly, Edward (1991), From Welfare to Work, New York.

Hamm-Brücher, Hildegard (1993), in: Bergedorfer Gesprächskreis

IG Chemie-Papier-Keramik - VB Sozialpolitik-Frauen (1993), Sozialpolitik und Arbeit - eine Aufforderung zur Diskussion, Hannover.

Janowitz, Morris (1980), Observations on the Sociology of Citizenship: Obligations and Rights, in: Social forces 59, 1, 1980-81.

Jordan, Bill (1992), Basic Income and the Common Good, in: van Parijs.

Lafontaine, Oskar (1994), Kleine Schritte, langer Weg, in: Frankfurter Rundschau v. 26.02.94.

Mead, Lawrence M. (1986), Beyond Entitlement - The Social Obligations of Citizenship, New York, London.

Müller, Christa (1993), Wenn fünf Millionen Menschen eine Beschäftigung suchen..., in: Frankfurter Rundschau v. 09./10.06.93.

O. v. Nell-Breuning-Institut (1994), Solidarität am Standort Deutschland, Frankfurt/M.

Offe, Claus (1993), A Non-Productivist Design for Social Policies, in: Coenen/Leisink

Otto, Ulrich (1992), Arbeit und Leben – Alternativökonomie und die Krise der Arbeitsgesellschaft, in: Lange/Weth (Hg.), Politik, Neuwied, Kriftel, Berlin.

Peters, Jürgen; Schwitzer, Helga; Volkert, Klaus; Widuckel-Mathias, Werner (1994), Nicht kapitulieren – trotz Krise und Rezession, in: WSI-Mitteilungen 3/94.

Savater, Fernando (1993), L'individualismo ci salverà, in: LA STAMPA v. 28.09.93, Turin.

Scharpf, Fritz (1994), Negative Einkommenssteuer – ein Programm gegen Ausgrenzung, in: DIE MITBESTIMMUNG, März 3/94, Baden-Baden.

Schiller, Bradley R. (1973), Moving from Welfare to Workfare, in: Public Policy 21/1973.

Schütte, Helmut (1993), Wer hat Angst vorm Zweiten Arbeitsmarkt? in: taz v. 06.10.93.

Standing, Guy (1990), The road to workfare: Alternative to welfare or threat to occupation? in: International Labour Review, No. 6/1990.

ders. (1992), The Need for a New Social Consensus, in: van Parijs.

Valentin, Bernard, dit Frère Sylvain (1991), Réflexions sur une expérience de solidarité, in: Bot, Yves et al.

van Parijs, Philippe (1992), Arguing for Basic Income – Ethical Foundations for a Radical Reform, London, New York.

Vollmer, Antje (1993), in: Bergedorfer Gesprächskreis.

Weinrich, Harald (1993), in: Bergedorfer Gesprächskreis.

WSI (1993), Zweiter Arbeitsmarkt – wozu?, Düsseldorf, 13.09.93.

Wyler, Simon (1994), Armes Deutschland, in: Vorwärts Nr. 3, März/1994.

Zwickel, Klaus (1994), »Teilen« bedeutet schließlich auch »abgeben« – Die Vier-Tage-Woche beim Volkswagenwerk, in: Frankfurter Rundschau v. 03.03.94.

Christian Leipert

Kulturelle und politische Voraussetzungen für ein Reformprojekt von Arbeit und Ökologie

Wir brauchen ein Reformprojekt, das das Ziel Arbeit für alle, die arbeiten wollen, und das Ziel einer dauerhaft umweltverträglichen Entwicklung miteinander verbindet. Dies ist wahrhaftig eine historische Herausforderung, der sich zu stellen keine andere Partei von ihrem historischen Selbstverständnis her stärker motiviert sein sollte als die Sozialdemokratische Partei.

Das Ausspielen von Beschäftigungszielen gegen Ökologieziele, wie es vor allem in den 70er und frühen 80er Jahren so beliebt war, trägt nicht mehr weiter. Dazu ist die Ökologiekrise mittlerweile zu weit fortgeschritten. Ein großer Teil der Bevölkerung wartet geradezu auf ein Signal zu einer politischen Richtungsänderung hin zu einer ökologischen Erneuerung von Wirtschaft und Gesellschaft. Politik muß durch die Schaffung eines ökologischen Ordnungsrahmens dafür sorgen, daß sich umweltfeindliche und energie- und materialverschwenderische Produktionsprozesse und Produkte ökonomisch nicht mehr lohnen und daß die ökonomischen Anreize für einen ökologischen Umbau der Wirtschaft und für eine Expansion des Marktes an Umwelt-, Energiespar-, sauberen Technologien etc. erheblich verbessert werden.

Aber was sind die geistig-kulturellen und politischen Voraussetzungen dafür, daß ein derartiges Reformprojekt der Verbindung von Ökologie und Arbeit überhaupt eine Realisierungschance erhält?

Am allerwichtigsten ist aus meiner Sicht vielleicht, daß wir aufhören, uns in die Tasche zu lügen. Durch die Ausblendung enormer sozialer und ökologischer Kosten unserer Wirtschaftsweise rechnen wir uns systematisch reicher, als wir wirklich sind.

Das Bruttosozialprodukt ist weiterhin die Basis der Berechnung des jährlichen Wirtschaftswachstums und damit weiterhin die zentrale Orientierungs- und Zielgröße der Wirtschafts-, Finanz-, Einkommens- und Verteilungspolitik, – obwohl jeder weiß, daß die Wachstumsgröße immer stärker nur noch illusionäres Wachstum ausweist, weil sie ständig steigende ökologische Kosten unserer Wirtschaftsweise unterschlägt. Die Arbeit an der Entwicklung eines Ökosozialproduktes, das im Zeichen ökologischer Kostenwahrheit steht, bzw. die Förderung von Projekten in dieser Richtung scheute die Bundesregierung bisher wie der Teufel das Weihwasser.

Es hat in der Menschheitsgeschichte wohl noch keine Generation gegeben, die ihren kurzfristigen Konsumwohlstand durch die Verlagerung der damit verbundenen ökologischen, sozialen und ökonomischen Folgekosten in die Zukunft derart maximiert hat, wie wir es in den vergangenen Jahrzehnten erlebt haben. Durch die Beschränkung unseres Blicks auf den Erwerbssektor und die bezahlten Arbeitsplätze, auf das Sozialprodukt pro Kopf und die Rate des jährlichen Wirtschaftswachstums, also auf die Tauschwerte, haben wir uns ein völlig schiefes Bild von den Bedingungen der Schaffung eines dauerhaft aufrechterhaltbaren Wohlstands angeeignet. Unser kurzfristiges Denken, das auf möglichst hohe Einkommen und Gewinne und möglichst hohen Konsum aus ist, durchzieht unsere ganze Begrifflichkeit.

Der in der Politik – und gerade auch bei den Sozialdemokraten – vorherrschende Arbeitsbegriff ist einseitig erwerbsbezogen. Die Erziehungs- und Pflegearbeit für Kinder und Alte wird als gegeben vorausgesetzt. Es gibt eine eklatante Strukturähnlichkeit in unserem Verhalten gegenüber den sozialen und ökologischen Ressourcen, auf denen die Erwerbswirtschaft und die Politik aufbauen und von deren Erhaltung sie letztlich abhängig sind.

Es lohnt sich heute ökonomisch, Umwelt-, Energie- und andere Naturressourcen immer noch so billig wie möglich in Anspruch zu nehmen und möglichst wenig für den Umwelt-, Ressourcen- und Naturschutz zu tun. Und es lohnt sich heute ebenfalls ökonomisch, möglichst wenig für die Vorsorge fürs eigene Alter, also für kinder- und familienfreundliche Lebensbedingungen zu tun und sich dagegen auf die anonyme Solidarversicherung zu verlassen.

Unsere gegenwärtigen institutionellen Strukturen, also die des Marktes und die des Sozialstaates, *prämiieren* die Abwälzung gigantischer ökologischer Kosten unseres Wirtschaftens auf Dritte, die Gesamtgesellschaft, auf andere Länder, vor allem die Dritte Welt, und die Zukunft. Und sie prämiieren die Abwälzung sozialer Kosten der Altersvorsorge von kinderlosen, oft gut verdienenden Erwerbstätigen vor allem auf die Mütter, die die Erziehungsarbeit für die nachfolgende Generation nahezu kostenlos verrichten. In beiden Bereichen konstatieren wir eine Privatisierung der Gewinne und eine Sozialisierung von Verlusten, Lasten und Kosten, wobei bestimmte Gruppen und Regionen besonders stark belastet werden.

Die Zeiten des Zugriffs auf Natur und Umwelt zum Nulltarif sollten endgültig vorbei sein. Gleiches gilt für den kostenlosen Zugriff auf die sozialen Ressourcen, die das eigene Alter sichern. Das Verursacher- und das Vorsorgeprinzip müssen zur Leitlinie sowohl in der Umwelt- als auch in der Sozialpolitik werden. Es geht um die Internalisierung der bedrohlich angewachsenen ökologischen und sozialen Folgekosten, die bisher zugunsten der Erzielung eines höheren Gegenwartseinkommens abgewälzt worden sind, in die Kostenrechnung der Verursacher. Umweltschutz und Ressourcenschonung sind dann nicht mehr teurer ökonomischer Luxus, dem man sich weitestgehend durch Abwälzung der ökologischen Kosten auf Dritte entzieht, sondern sie werden auch zu ökonomisch lohnenden Projekten, da man andernfalls für die Kosten der Umweltschädigung aufkommen muß.

Politisch *brisant* ist daran, daß dahinter ein neues Wohlstands- und Lebensqualitätskonzept steckt, in dem zugunsten von wieder intakten Umweltgütern und einer langfristig ökologisch tragfähigen Wirtschaftsstruktur Abstriche am traditionellen Güter- und Dienstleistungskonsum hingenommen werden müssen. Es ist doch klar, daß ökologisch wahrhaftige Preise höher sein müssen, also gleichzeitig das Realeinkommen für traditionellen Güterkonsum sinken muß. Die heutigen Preise sind doch noch weithin umweltignorante Preise. Ökologisch verträgliche Produkte und Konsumstile sind aber immer *teurer,* da sie nicht mehr die Umwelt kostenlos und ohne Rücksicht auf die Konsequenzen ausbeuten.

Ökologisch wahrhaftige Preise schließen den Erhaltungs- und Reproduktionsaufwand von Umwelt und Natur mit ein. Kahlschlagholz ist nun einmal billiger als Holz aus nachhaltiger Waldnutzung. Landwirtschaftliche Produkte aus umweltfeindlicher Intensivproduktion sind logischerweise billiger als Produkte aus dem ökologischen Landbau. Und elektrischer

Strom aus umweltneutralen erneuerbaren Energiequellen ist natürlich teurer als Strom aus fossilen Energiequellen, deren Niedrigpreis von der jahrmillionenlangen Gratisarbeit der Biosphäre profitiert.

Das heißt natürlich nicht – um Mißverständnissen hier vorzubeugen –, daß alles teurer werden wird. Wir haben die Verschwendung von Energie und Umweltressourcen derart weit getrieben, daß durch eine intelligente Umwelt-, Steuer- und Wirtschaftspolitik ein enormes Potential an Energie- und Materialeinsparung aktualisiert werden kann. Dies ist das Thema der vielzitierten Energie- und Ressourceneffizienzrevolution. Also: Selbst wenn das Benzin auf 3 Mark steigt, zahlt der Fahrer in Zukunft bei einem Wagen, der 5 Liter auf 100 km verbraucht, genauso viel wie der Autofahrer heute, der bei einem Treibstoffpreis von einer Mark fünfzig 10 Liter pro 100 km verbraucht. Aber diese Beispiele decken *nicht* das Ökologieproblem *in toto* ab.

Wenn diese Sichtweise akzeptiert wird, dann kann politisch und gesellschaftlich eine Schneise zugunsten des Reformprojektes von Arbeit und Ökologie geschlagen werden. Politisch erwarte ich mir von den Frauen und Männern der Sozialdemokratischen Partei, die in vorderster Linie den Wahlkampf führen werden, daß sie diese Aufklärungsarbeit offensiv vertreten und auf den fortgeschrittenen Bewußtseinsstand eines großen Teils der Bevölkerung und auch einer schnell wachsenden Zahl von Unternehmen und Managern setzen und für dieses neue Wohlstandsmodell werben. Die Wähler honorieren auch Ehrlichkeit und Klarheit. Und die Wirtschaft braucht ein klares Signal, in welche Richtung der Weg aus der tiefen Struktur- und Orientierungskrise, in der wir uns noch befinden, langfristig führen soll. Dies kann doch für jede Einsichtsfähige und jeden Einsichtsfähigen, die den Blick nicht von den schwerwiegenden ökologischen Krisenentwicklungen auf unserem Planeten abwenden, nur ein Weg sein, der zusätzlich zu anderen Qualitätsmerkmalen auf jeden Fall schrittweise die Bedingungen für einen Entwicklungstyp der Industriegesellschaft schafft, der ökologisch tragfähig und dauerhaft aufrechterhaltbar ist.

Wenn klar ist, daß die ökologische Erneuerung der Industriegesellschaft nicht zum Nulltarif zusätzlich zum so lieb gewordenen Einkommens- und Konsumstandard zu haben ist, sondern daß zur Erreichung eines neuen, zeitgemäßen und überlebensnotwendigen Wohlstandsmodells eine Umverteilung von Teilen des Konsumwohlstands auf den Umwelt- und Naturwohlstand und damit in der Folge auch auf den Gesundheitswohlstand nötig ist, dann gewinnt auch eine neue SPD-geführte Regierung die Legitimation für die Organisation eines Arbeits- und Umweltprogramms und einer ökologischen Reform des Steuer- und Subventionswesens, was dann auch im Prinzip inflationsfrei finanziert werden könnte.

Man sollte sich nicht bange machen lassen durch Angriffe von strukturkonservativer und besitzstandsverteidigender Seite, daß die Sozialdemokraten wieder für verstärkte Staatseingriffe, für eine steigende Regulierungsdichte, Steuererhöhungen etc. eintreten, mit anderen Worten: wieder ihre sozialistischen Marterwerkzeuge auspacken. Diese Polemiker wollen nicht begreifen, daß das Ökologieproblem eine rapide Zunahme des kollektiven, des sozialen Charakters von Produktion und Konsumtion, zugespitzt: eine tendenzielle Aufhebung der Marktwirtschaft als Privatrechtsgesellschaft mit sich bringt, was eine verstärkte Verantwortung kollektiver Instanzen, also auf jeden Fall auch des Staates, zur Organisierung der ökologischen Erneuerung der Wirtschaft und der Finanzierung von Sanierungs-, Schutz- und Ausbauprogrammen im Umwelt- und Naturschutzbereich nach sich zieht.

Hier genau ist der Ort für ein staatlich organisiertes und finanziertes ökologisches Zukunftsinvestitionsprogramm.

Sicherlich ist eine ökologische Steuerreform ein Kernbestandteil einer ökologischen Reformpolitik. Dabei sollte jedoch nicht aus dem Auge verloren werden, daß eine weitere, nicht weniger wichtige Aufgabe in dem Abbau von staatlichen Subventionen, die umweltfeindliches Verhalten begünstigen, liegt. Was nützt eine maßvolle Erhöhung der Mineralölsteuer und damit der Treibstoffpreise ökologisch, wenn die heutige Km-Pauschale durch eine Entfernungspauschale (wie im Entwurf zum Regierungsprogramm vorgesehen) ersetzt wird? Die ökologischen Lenkungswirkungen im Sinne des Umstiegs auf andere Verkehrsträger und auf energieeffizientere Autos wären vernachlässigbar. Erhebliche Lenkungswirkungen könnte eine Km-Pauschale entfalten, die nach Einräumung einer Umstellungsfrist von mehreren Jahren nur noch an Inhaber von PKWs, die maximal 4 oder 5 Liter pro 100 km verbrauchen, bezahlt wird.

Die Passagen zur ökologischen Steuerreform im Entwurf zum Regierungsprogramm bleiben seltsam blaß und inkonkret, haben noch keinen Biß. Die Aussagen zur geplanten Erhöhung der Mineralölsteuer bzw. Energiesteuer sollten erheblich konkreter ausfallen, wenn man bedenkt, daß das Ziel der Bundesregierung, die klimawirksamen CO_2-Emissionen bis zum Jahre 2005 um 25–30 % zu reduzieren – und dieses Ziel soll ja wohl von einer SPD-geführten Regierung nicht unterschritten werden –, nur erreichbar sein wird, wenn auch ein klares Signal zu einer Energie- und CO_2-Ökosteuer und damit zu nicht nur marginal steigenden Treibstoffpreisen erkennbar ist.

Viele empirische Studien – die ersten wurden schon Ende der 70er Jahre vorgelegt – zeigen doch die erheblichen Arbeitsplatzeffekte ökologischer Umbaukonzepte, die dann, wenn die entscheidenden ökologischen Preise, wie vor allem der Energiepreis, entsprechend ihrer wahren ökologischen Kosten sukzessive deutlich steigen, wirtschaftlich rentabel und damit implementierbar werden. Ökologische Energiekonzepte sind dezentral, kommunal, verbrauchernah, energieeffizient und erheblich arbeitsintensiver als der Ausbau der heutigen Energieversorgungsstruktur.

Und laßt uns nicht bis ich weiß nicht wann warten, bis eine EG-weite Lösung für den Einstieg in die ökologische Steuerreform gefunden ist. Denn deren Umsetzung wird dann erfahrungsgemäß wiederum an ein gleichgerichtetes Verhalten der Vereinigten Staaten und von Japan gebunden etc. Es stimmt ja nicht, daß es nur um globale Probleme geht. Und im übrigen: Wer sollte denn außer uns von den großen Industrieländern den Anfang machen? Denn kleine Länder wie Schweden, Dänemark und die Niederlande haben ja längst begonnen. Und wir müssen nicht mal Altruisten sein, sondern lediglich schon etwas längerfristig ökonomisch denken und handeln. Wir sind jetzt schon stark in der Umweltschutzindustrie. 40 % unserer umweltschutztechnischen Produktion setzen wir im Ausland ab. Wenn wir jetzt mit der ökologischen Steuerreform beginnen, könnten wir auch bei der jetzt notwendigen Gewichtsverlagerung von den nachsorgenden End-of-the-pipe-Technologien, die heute die Masse des Umweltschutzmarktes ausmachen, zu den prozeßintegrierten Vorsorge-, Vermeidungs- und Spartechnologien hier und auf dem Weltmarkt die Nase vorn haben.

Und zum Schluß: Zentraler Punkt bei der ökologischen Steuerreform ist die steuerliche Entlastung der Arbeitskosten, die durch die verstärkte steuerliche Belastung des Energie-, Material- und Umweltverbrauchs ermöglicht werden soll. Der Vorschlag im vorläufigen Regierungsprogramm sieht dagegen eine Entlastung bei der Lohn- und Einkommenssteuer vor. Dadurch werden jedoch nicht die Arbeitskosten der Unternehmen gesenkt, sondern die verfügbaren Einkommen der Lohn- und Einkommensbezieher angehoben. Hier besteht für mich Aufklärungsbedarf. Die Kompensation müßte doch bei den gesetzlichen Lohnnebenkosten, also bei den Arbeitgeberbeiträgen zur Arbeitslosen-, Kranken- und Rentenversicherung ansetzen. Diese müßte jedoch aus Gerechtigkeitsgründen ergänzt werden durch entsprechende Entlastungen für Arbeitnehmer, Rentner und Sozialhilfebezieher.

Karlheinz A. Geißler

Vom Lebensberuf zur Erwerbskarriere. Erosionen im Bereich der beruflichen Bildung

Der Sozialstaat ist in der Bundesrepublik Deutschland (erwerbs-)arbeitszentriert, und die Arbeit ist - dies unterscheidet diese Republik von anderen Industrienationen - berufsförmig strukturiert. Der Beruf war und ist das zentrale ordnungsstiftende Element in unserer Gesellschaft (nicht nur innerhalb der Arbeitswelt). Er ist Sicherheits-, Stabilitäts- und Integrationsmoment des gesellschaftlichen Systems. Berufsausbildung ist der von der Gesellschaft vorgegebene Weg, über den die Integration der nachwachsenden Generation erfolgt. Auf die Frage: »Was bist Du?« erhält man daher in Deutschland üblicherweise eine Berufsbezeichnung als Antwort (und nicht etwa die Auskunft, man sei evangelisch, man sei Sozialdemokrat oder etwa Rotweinliebhaber). Ja, sogar für die täglichen Verkehrsspitzen in unseren Städten haben wir die Bezeichnung »Berufsverkehr« erfunden. Konsequenterweise hat die Berufsausbildung im deutschen Bildungssystem einen zentralen Aufmerksamkeitswert. Berufserziehung und Berufsbildungspolitik sind daher immer mehr als nur Qualifizierung und Qualifizierungspolitik für Arbeitsprozesse, sie sind - und das häufig mit Schwerpunktsetzung - Bemühungen um die soziale Ordnung und die Integration in diese. Über Berufsausbildung geschah und geschieht Sozialisation in die Gesellschaft, die sich letztlich dadurch stabilisiert, daß mit den Abschlüssen der Berufsausbildung soziale Ungleichheit legitimiert wird. Dies drückt sich u.a. in dem Sachverhalt aus, daß der Begriff des »Berufes« den des »Standes« abgelöst hat. So läßt sich die Historie der Berufsausbildung auch als die Geschichte der Sicherung jeweils bestehender Sozialordnungen bezeichnen. Z.B. ist die Berufsschule am Beginn dieses Jahrhunderts explizit mit der sozialintegrativen Zielsetzung etabliert worden, daß durch sie die Arbeiterjugend von den Ideen des Sozialismus ferngehalten werden solle. Die Rechtsprechung, so Hesse/Filthuth jüngst, »kreist um zentrale Kriterien der Beruflichkeit, wenn sie die Ausbildung, das Entgelt sowie die Einbindung in hierarchische Strukturen in den Mittelpunkt ihrer Erörterungen stellt.«

Andererseits verleiht die Berufsförmigkeit unserer Erwerbsarbeit, als eine der zentralen kulturellen Grundlagen unserer Gesellschaft, den Individuen Souveränität. Das Berufssystem ist ein den Betrieben, die ja auf Arbeit ausgerichtet sind, *vorgeordnetes System;* d. h., es ist betriebsfremd. Die Berufsausbildung vermittelt den Erwerbstätigen eine über den Einzelbetrieb hinausgehende Stabilität, indem sie die Einzelbetriebe nötigt, auf gesellschaftliche und individuelle Vorstrukturierungen einzugehen und ein über pure Arbeit hinausgehendes Prinzip anzuerkennen. Auch die Betriebe wurden damit in soziale und gesellschaftliche Strukturen eingebunden, ohne hierdurch völlig auf eigene Dispositionsspielräume verzichten zu müssen. Beruf und Berufsausbildung sind Elemente der Zivilisierung des betrieblichen Systems. Was heute als der drohende Verlust der Mitte auf parteipolitischer Ebene diskutiert wird, dem entspricht auf gesellschaftspolitischer Ebene der Zerfall jener Orientierungssicherheiten, die sich über das Berufsbildungssystem etabliert haben.

Die Berufsausbildung in der BRD ist bestimmt durch ein komplexes Geflecht staatlicher, betrieblicher und korporatistischer Regulationsinteressen, in das (seit der Verabschiedung des Berufsbildungsgesetzes 1969) auch die Gewerkschaften relativ stark integriert sind. Dieses System, so die einhellige öffentliche Meinung, habe sich bewährt. Zweifelsohne gibt es für diese Einschätzung gute Argumente. Diese richten sich maßgeblich auf die Leistung, die das Berufsbildungssystem beim *Auf- und Wiederaufbau* der Industriegesellschaft beigesteuert hat. Hingegen fehlen die guten Argumente, wenn es um die Frage geht, ob die bei uns etablierte Form der Berufsbildung für die Dynamiken der *Modernisierung* der Industriegesellschaft – und darin befinden wir uns zur Zeit – geeignet ist?

Die Krisensymptome können inzwischen nur mehr unter hartnäckiger Ignoranz übersehen werden. Auch die Regierung gesteht deren Existenz ein. Eher gegen ihre Absicht gerichtet, macht sie auf die Probleme, über die sie lieber hinwegsehen würde, durch sich einander ablösende permanente Attraktivitätsprogramme zugunsten der Berufsausbildung aufmerksam. Mit politischen Schaufensteraktivitäten wird hilflos versucht, ein ehemals sinnvolles und erfolgreiches System zu konservieren, das sowohl für die Unternehmen als auch für die Schulabgänger immer weniger interessant und bedeutsam ist. Mit Marketingaktionen ist jedoch einer Systemkrise, die sich als substantielle Aushöhlung darstellt, nicht beizukommen. Ganz im Gegenteil, sie behindern neue Ideen und jenes kreative Potential, mit dem aus den zerbrechenden Formen produktiv Neues zu entwickeln wäre.

Es sind im wesentlichen drei Entwicklungen, die die Erosion traditioneller Beruflichkeit und traditioneller Berufsausbildung vorantreiben. Der Beruf und die Ausbildung zum Beruf verlieren ihre ehemals dominante Funktion als zentrales Integrationsmedium der Vergesellschaftung. Warum?

1. Von der Meisterschaft zur Qualifikations-Collage

Die kulturellen Bestände, die die Erfolge des dualen Berufsausbildungssystems ehemals garantierten, sind heute verbraucht. Die Modernisierungsdynamiken am Ende dieses Jahrhunderts haben die Idee des Berufes und die Idee der Berufserziehung grundlegend verändert. Mit der flächendeckenden Verbreitung rationaler Lebens- und Arbeitsformen, mit der Zunahme monetärer Verkehrsformen in allen Bereichen, haben sich die ehemals motivierenden und handlungssteuernden Attraktionen des Berufes und der beruflichen Ausbildung für breite Bevölkerungsgruppen massiv reduziert. Konkret: Die Berufsausbildung vermag heute ihren Sinngehalt nicht mehr aus der Idee der Meisterschaft zu gewinnen, wie dies früher - besonders im Handwerk - möglich war. Vielmehr schöpft sie diesen aus den auf Nutzen-Kosten-Kalkülen basierenden Karriereerwartungen jener, die ihren Lebensweg individuell planen und gestalten. Die mit der Entwicklung des Industrialisierungsprozesses einhergehende Verbreitung rationaler Lebensführung hat die Berufsausbildung mit dem Ziel der Meisterschaft entidealisiert. Die vielgehörte Frage eines Schulabgängers: »Was bringt mir diese Berufsausbildung?« zeigt den kalkulatorischen Geist, der für den Erfolg in dieser Gesellschaft immer unverzichtbarer wird. Die Motivation für eine beruflich-betriebliche Ausbildung ist tendenziell nur noch über den Geldwert der Lernanstrengung herzustellen, nicht mehr über das Ideal der Vervollkommnung der individuellen Arbeitskraft, wie dies dem integrierenden Lebensführungskonzept der Meisterschaft entsprach. Die Qualifikation wird in Marktpreisen ausgedrückt. Die Jugendlichen (und deren Eltern, die ihnen Ausbildungsempfehlungen geben) verhalten sich mehrheitlich in diesem rational-kalkulatorischen Sinne – auch wenn Politiker es gern anders hätten. Sie entscheiden sich, ökonomisierter Vernunft entsprechend, für das, was mehr bringt. Und das ist eben nicht die duale Berufsausbildung, das ist zuallererst das Studium an einer Hochschule, denn: »Ein Industriemeister hat weniger in der Lohntüte als ein Angestellter ohne Ausbildungsabschluß. Völlig ins Hintertreffen geraten Facharbeiter im Vergleich zu Hochschulabsolventen, die im Schnitt doppelt so viel netto kassieren« (so die Wirtschaftswoche vom 8.10.1993, S. 40). Die höhere Rationalität liegt eindeutig bei den Entscheidungen der Jugendlichen, und sie liegt nicht bei den Politikern und den Vertretern der Unternehmensverbände, die solche Tendenzen beklagen und die Schulabgänger mit dem realitätsverleugnenden Postulat der Gleichwertigkeit von beruflicher und allgemeiner Bildung (auf die billigen Plätze) umzulenken versuchen.

Der Lehrling, der über und durch systematische Berufsausbildung zur Meisterschaft gelangt und der dadurch in einer gesellschaftlich fest verankerten (Berufs-)Ordnung seinen Platz findet, dieser Lehrling gehört vergangenen Zeiten an. Meisterschaft ist immer weniger ein Konzept der Lebensführung. Der Erwerb des Facharbeiterabschlusses und des Meisterbriefes sind vielmehr die frühzeitige Endstation, im besten Falle eine umwegige Zwischenstation, in der Arbeitskarriere. Ein Meister, der sich in seinem Beruf (meisterlich) verliert, der seine Meisterschaft als das Integrationszentrum für seine Erfahrungen versteht, ein solcher Meister hat in der heutigen industrialisierten Arbeitswelt seinen festen Ort verloren. In solchen Zeiten höchster beruflicher Mobilitätsanforderungen, in denen Flexibilität zum Wunderglauben der Erfolgreichen geworden ist, da stört ein Persönlichkeitsentwicklungskonzept, wie dies den Weg vom Lehrling zum Meister ehemals fundiert hat. Nicht Persönlichkeitsentwicklung ist heute gefragt, Personalentwicklung wird verlangt – ehrlicherweise heißt es ja auch so. Nicht Einzigartigkeit ist gefragt, sondern Austauschbarkeit, nicht Meisterschaft, sondern Gleichgültigkeit gegenüber Lern- und Arbeitsinhalten. Das Funktionieren der modernen Wirtschaft, so Hannah Arendt, verlangt, daß alle Dinge in einem immer beschleunigteren Tempo erscheinen und verschwinden. Die Herrschaft des Marktes erzwingt grenzenlose Mobilität und grenzenlose Austauschbarkeit der Arbeitskräfte und deren Qualifikation. Das Selbstbewußtsein, das der Meisterschaft eingeschrieben ist, wird durch die weltweit operierende kapitalistische Rationalität permanent untergraben.

Die Qualifikations-Collage ist an die Stelle der Meisterschaft getreten. In ihr fließt nichts mehr zu einer bildungsbiographisch zentrierten Lebensführung zusammen. Dafür gibt es bei ihr kurzfristige Ankoppelungen an ökonomische Konjunkturen. Nicht *mehr* Bildung, nicht *größere* Meisterschaft, um die Welt und sich in dieser Welt einzurichten, sind gefragt, sondern rasch erneuerbare Spezialqualifikationen, verbunden mit der Fähigkeit, sich auf die permanenten Veränderungen problemlos einzustellen.

Die Qualifikations-Collage braucht eine systematische Berufsausbildung immer weniger. Sie braucht Weiterbildung – und diese permanent. So ist es auch konsequent, wenn das, was in der beruflich-betrieblichen Ausbildung zu lernen ist, zum Gegenstand von administrativen Aushandlungsprozessen der Sozialpartner wurde. Diese geschehen in immer rascherer Folge, da es ja primär um die permanente Anpassung von Qualifikationsmodulen an die technisch-organisatorische Dynamik geht. Ein diese Qualifikationsbausteine integrierender Horizont steht heute nicht mehr zur Verfügung. Er würde den fortlaufenden Anpassungsprozeß auch nur irritieren. Der Versuch, mit den Schlüsselqualifikationen wenigstens etwas an thematischer Zentrierung zu leisten, dieser Versuch ist gescheitert, da durch ihn die Orientierungsunsicherheit nicht reduziert, sondern, im Gegenteil, gesteigert wurde. Das Schlüsselqualifikationskonzept ist eine leere Tiefe, in der das Bildungskonzept der beruflichen Lehre verschwindet. Die literarischen Vorlagen, von Flaubert: »Bouvard und Pécuchet« und von Musil: »Der Mann ohne Eigenschaften«, werden von der Realität eingeholt.

Mit der Erosion traditioneller Lebens- und Arbeitsformen wird auch die motivationsbildende Differenz von Lehrling und Meister eingeebnet. Wenn nämlich lebenslang gelernt werden muß und gelernt werden soll, wie dies alle einflußreichen Gruppen unserer Gesellschaft unermüdlich verlangen, dann ist der produktive Unterschied von Lehrling und Meister aufgelöst; dann werden wir alle zu Dauerlehrlingen, ohne Aussicht auf Meisterschaft. Insofern konnte sich die heutige Weiterbildungsgesellschaft nur herausbilden, weil sie sich vom traditionellen Leitbild der Meisterschaft »befreit« hat. Nur hierdurch ist es möglich geworden, daß die Legitimation für die Formen und die Inhalte des Lernens und Arbeitens aus der Dynamik (ungehemmter) individueller Karrierevorstellungen gespeist werden. Die Rationalität des Entscheidungskalküls spricht daher in unserer modernisierten Industriegesellschaft eher *gegen* als *für* eine Berufsausbildung im dualen System. Und genau das spiegelt die Entwicklung. Wer heute eine Ausbildung im dualen System wählt, entscheidet sich nicht für einen Beruf, sondern eher dafür, Berufslosigkeit zu vermeiden. Mit solchen Motiven läßt sich ein System nicht langfristig stabilisieren.

2. Die Berufsausbildung als Vorschule der Weiterbildung

Der Lehrabschluß wird immer weniger zum »Abschluß«. Er ist bereits heute die Entlassung ins lebenslängliche Lernen. Wenn die duale Ausbildung, und diese Tendenz ist offensichtlich, immer weniger eine Statuszuweisungsfunktion besitzt und immer stärker nur mehr eine Voraussetzung für Karriereprozesse darstellt, dann gewinnt die berufliche Weiterbildung zu Lasten der beruflichen Ausbildung an Relevanz und Attraktion. Durch eine Berufsausbildung ist man heutzutage nichts mehr – im Gegensatz zu früher, man kann damit »nur« etwas werden. Die Berufsausbildung wird tendenziell zur Vorschule der beruflichen Weiterbildung, mit deren Hilfe das (durch die rasche industrielle Veränderung notwendig werdende) qualifikatorische Recycling besser und effektiver als in einer förmlichen Ausbildung organisiert werden kann. Einem ziellosen Arbeitsprozeß entspricht daher folgerichtig ein endloser Bildungsprozeß. Und ein endloser Bildungsprozeß, im Konzept des »lebenslangen Lernens« verwirklicht, reduziert den Stellenwert einer für Karriere, sozialen Status, Einkommen und Ansehen ehemals zentralen beruflichen Ausbildung deutlich.

Die Attraktivität des Ausbildungsabschlusses verringert sich entscheidend, wenn der Lehrabschluß nicht mehr Abschluß ist, sondern Beginn des für die Karriere entscheidenden Lernprozesses. Das Anwachsen des Umfanges der Weiterbildung entwertet auch immer deutlicher das in der Ausbildung Gelernte.

Durch die Beschleunigung der Veralterungsgeschwindigkeit des Wissens und Könnens wird das in der Ausbildung Angeeignete relativ schnell zu einer Wegwerfqualifikation. Seitdem die Ausbildung keine abschließende Bildungsphase mehr ist, verfällt auch die für's Lernen und Arbeiten äußerst produktive Motivation, daß über Ausbildung ein verläßlicher Platz im gesellschaftlichen Gefüge gewonnen werden könne. Dies reduziert den Stellenwert der Ausbildung im Lebenskonzept der jungen Menschen und verringert ihre Motivation während der Ausbildung und für die Ausbildung entscheidend. Eine zweite Entwicklung fördert dies zusätzlich.

Das Modell der dualen Berufsausbildung ist primär an den traditionellen Tätigkeiten des Handwerks und der Industriearbeit orientiert. Für die heute entstehenden »Berufe«, speziell jene in den Dienstleistungs- und Informationsbereichen, ist es nur in geringem Maße geeignet. Zwar ändert sich die Berufelandschaft immer rascher, die Menge der beruflichen Tätigkeitsfelder vergrößert sich, die Zahl der Ausbildungsberufe bleibt dagegen relativ konstant. Dies ist einer der zentralen Gründe für die wachsende Brüchigkeit des Übergangs von der beruflichen Ausbildung zu der daran anschließenden beruflichen Tätigkeit. Zunehmend mehr Auszubildende verlassen ihren Ausbildungsberuf. Bereits 1985 arbeiteten rd. 40 Prozent der im Handel ausgebildeten Verkäuferinnen, 53 Prozent der Einzelhandelskaufleute und 69 Prozent der Warenkaufleute nicht mehr in diesem Bereich; sie waren in anderen Wirtschaftszweigen tätig. Belegt ist außerdem, daß durch die Arbeitsmarktentwicklung und den beschleunigten wirtschaftlichen Strukturwandel die Chancen für eine Kontinuität zwischen Ausbildung und anschließender Beschäftigung im gleichen Beruf geschwunden sind (vgl. die Übergangsforschungen des Sonderforschungsbereiches 186 »Statuspassagen und Risikolagen im Lebenslauf« der Universität Bremen). Im Handwerk wird zwar fleißig ausgebildet – aber nur etwa die Hälfte findet nach der Ausbildung dort eine adäquate Tätigkeit. Ebenso steigen die Abbrecherquoten. Jedes vierte Ausbildungsverhältnis endet vorzeitig (1991 waren es 134 000).

Es ist inzwischen zu einer Fiktion geworden (eine Fiktion, die von den Auszubildenden auch als solche erkannt wird), daß die Berufsausbildung nahtlos in ein ganz bestimmtes Tätigkeitsfeld einmündet. Berufswechsel ist zum Normalfall geworden, und damit sind die Bildungs- und Berufsentscheidungen von permanenter Unsicherheit gekennzeichnet. Der Normalfall ist die Destabilisierung der Bildungs- und Berufswege von Facharbeitern, Meistern und Technikern. Dieser Trend wird sich verschärfen. Die berufliche Erstausbildung verliert ihre, dem Lebenslauf Stabilität verleihende Funktion. Ihr Abschluß ist nicht mehr – wie früher – die Freisprechung – weil es immer weniger »freizusprechen« gibt. Die ehemals stabile Zuordnung von Lebenssituation (Lernen, Arbeiten) und Altersstufung und deren Veränderung durch normierte Statuspassagen werden destandardisiert und entstabilisiert. Die lebenslaufbezogenen Statuszuweisungen – dies hat Vor- und Nachteile – haben immer weniger gesellschaftliche Gültigkeit. Der Übergang von einem Lebensabschnitt zum anderen geschieht nicht mehr als Statuspassage, er geschieht permanent als Alltagsereignis. Der Beruf – und die Ausbildung für diesen – wird damit zum Kriterium, um jemanden innerhalb oder außerhalb der Gesellschaft zu lokalisieren (daher ist die Berufsausbildung auch nötiger denn je), aber er wird immer weniger zum Ordnungsprinzip in der Gesellschaft. Der Weg zur europäischen Einigung beschleunigt diesen Prozeß zusätzlich erheblich.

3. Grenzenlose Weiterbildung

Das sozialstaatliche Gefüge, das in besonderem Maße durch die Berufsordnung und die Ausbildung zu berufsförmiger Arbeit stabilisiert wurde, gerät durch die Entfesselung des Wettbewerbs im Rahmen des Weltmarktes, speziell aber durch die Fortschritte zur Europäischen Union, ins Wanken. So, wie bei anderen wichtigen Errungenschaften des Sozialstaates, beschränkt sich die Regierung auch im Bereich der beruflichen Ausbildung darauf, ein Maximum an nationalen Besonderheiten zu verteidigen. Diese Defensivstrategie beschleunigt nur den Prozeß der Entwertung der deutschen Form der dualen Berufsausbildung. Nicht so sehr über eine explizite bildungspolitische Kompetenz wird das deutsche Ausbildungssystem durch Brüssel bedroht, viel mehr durch die wachsende Prägekraft transnationaler wirtschaftspolitischer Dynamiken, durch die Flexibilisierung und die Internationalisierung der ökonomischen Beziehungen. Die Liberalisierung des Kapital-, des

Waren- und des Dienstleistungsverkehrs unterwirft die nationalen Politiken immer direkter den Welthandelsstrategien. Optimale Kapitalverwertungsbedingungen werden daher fürs Überleben in der Konkurrenz immer wichtiger. Dazu gehört schließlich auch die Frage nach der möglichst raschen Rentabilität betrieblich-beruflicher Ausbildung. Für den europäischen Markt haben die Maastrichter Verträge den Rahmen abgesteckt. Insbesondere der § 127 des Maastrichter Vertrages (EGV) macht berufliche Bildung zum Mittel der Ökonomie. Wenn dort im ersten Spiegelstrich steht, daß die Gemeinschaft eine Politik der beruflichen Bildung »zur Erleichterung der Anpassung an industrielle Wandlungsprozesse durch berufliche Bildung und Umschulung« durchführt, dann ist dies eine Bildung, die ihren Namen nicht mehr verdient. Sie ist mehr oder weniger blinde Anpassung an die sich immer rascher ändernde vorgefundene Welt. Individuelle Bildungsansprüche der im Betrieb Tätigen finden nur dann Anerkennung, wenn sie im Interesse des Unternehmenszieles sind und wenn die Vorgesetzten diese stützen. Die ökonomische Ordnung verallgemeinert Personen und deren Handlungen zu Instrumenten ihres Zwecks, alles davon Abweichende fällt ihr zum Opfer. »Bildung« wird Mittel zur Durchrationalisierung der Arbeitnehmer mit dem Ziel forcierter Anpassung an den Takt des technologisch-organisatorischen Wandels.

In diesem § 127 steht nichts darüber, daß Bildung zuallererst das Ziel hat, die berufstätigen Menschen fähig zu machen, die Welt und ihre spezifische Umwelt zu verstehen und sie sozial verantwortlich bzw. mitzuentwickeln. Anpassung ist das Ziel, nicht die Entwicklung individueller Urteilsfähigkeit. Das hat zur Folge, daß den meisten Betriebsangehörigen jenes ›Überschußpotential‹ vorenthalten wird, das zu Veränderungen von Strukturen, von Traditionen und Marktverhältnissen führen könnte. Der Großteil der Arbeiter und Angestellten wird so zum schlichten ›Hinterherlaufen‹ verurteilt. Anstelle der Entwicklung von humanem Potential geht es nur mehr um die von Humankapital.

Der Zwang zur Weiterbildung – wie z.Zt. in den neuen Bundesländern deutlich zu sehen – verstärkt sich. Weiterbildung wird zum Druckmittel, die Individuen in einen technologisch-ökonomischen Veränderungsprozeß so zu integrieren, daß

Widerstand gegen diesen kaum mehr möglich ist. Bildung verhindert damit jene Souveränität der Subjekte, die sie zu erhöhen ehemals versprach. Bildung als Teil von Kultur, so ein Wort von Hermann Nohl, »subjektive Seinsweise der Kultur«, wird ersetzt durch Qualifikation als Mittel der Ökonomie. Die Frage nach dem Sinn wird auf die nach der Nützlichkeit reduziert. Die im § 127 implizierte Aufforderung: Der Mensch soll sich verändern, weil sich die Umstände verändern, muß jeden bewußten Staatsbürger, will er sich nicht völlig von seinen Denkmöglichkeiten suspendieren, zur kritischen Gegenfrage verleiten: »Warum aber soll er nicht die Umstände ändern, damit er bleiben kann, was er ist?« Nur so wäre Bildung, und über Berufsbildung dann auch Arbeit, nicht ausschließlich ökonomisch erfaßbar, sondern eingebunden in soziale und kulturelle Orientierungen.

Der § 127 ist das Ergebnis einer ungenutzten Chance. Er läßt Zweifel an der Europafähigkeit jener aufkommen, die für die Formulierungen dort verantwortlich sind. Die Deutschen tragen dafür maßgeblich Verantwortung, zumal sie ja auch den Sachverhalt, daß sich durch diesen Paragraphen letztlich nichts an ihrer nationalen Bildungspolitik ändert, als Errungenschaft feiern. Keine Neugier auf das, was andere machen, kein Interesse an Experimenten, am Entwickeln neuer Möglichkeiten, ist zu sehen. Dafür die spießige Pflege der Attitüde eines Klassenprimus: »Wir haben das beste Bildungssystem, das durch die anderen nur schlechter gemacht werden kann.« Eine verpaßte Chance, Europa durch ein gemeinsames, über die Besonderheiten der Einzelkonzepte hinausgehendes, allgemeines Bildungskonzept zu forcieren, und auch eine verpaßte Chance für nationale bildungspolitische Konzepte. Wie soll sich das Besondere eigentlich definieren und profilieren, wenn das Allgemeine nicht existiert bzw. verhindert wird? Die »Eurosekretärin« kann's doch nicht sein. Sie ist vielmehr die Persiflage auf eine europäische Bildungspolitik und deutliches Zeichen der Flucht aus der Verantwortung für eine wirklich europäische Perspektive, die Teil einer europäischen Kultur sein könnte. Pascal Bruckner hat es auf den Punkt gebracht: »Europa krankt daran, bloß ein ökonomischer Markt und ein kultureller Raum zu sein, der über keinerlei politische Existenz verfügt: Es hat keinen gemeinsamen Willen« (in: Lettre international, Sommer 1993, S. 96).

Nun aber ändert, und das klingt paradox, diese Nichtveränderung doch etwas. Die berufliche Weiterbildung, die ja bei uns weitgehend expliziter politischer Steuerung entzogen ist, wird durch den §127 des Maastrichter Vertrages nur mehr sehr schwer eine Umorientierung erfahren können. Eine Stärkung der Arbeitnehmeransprüche, die überfällig ist, läßt sich mit dieser Regelung nicht rechtfertigen. Diese behindert vielmehr eine solche Veränderung hin zu einem Gleichgewicht zwischen dem Bedarf der Wirtschaft und den Bedürfnissen der Subjekte. Kurz gesagt: Wer sich für Arbeitnehmerinteressen engagiert, hat's durch die Maastrichter Vertragsregelung schwerer als zuvor.

Und für die berufliche Erstausbildung in der Bundesrepublik sieht es ganz düster aus. Die Zeichen sind inzwischen mehr als deutlich. Die Ausbildungsetats der im europäischen Wettbewerb stehenden Betriebe stagnieren bzw. sind häufig rückläufig. Äußerst eklatant ist der Rückgang an Ausbildungsstellen in den letzten Monaten, und zwar so, daß sich sogar der Präsident des Deutschen Industrie- und Handelstages (Hans-Peter Stihl) und der Hauptgeschäftsführer der Bundesvereinigung der Deutschen Arbeitgeberverbände (Fritz-Heinz Himmelreich) aufgefordert sahen, in zwei getrennten Schreiben an die deutschen Unternehmen zu appellieren, ihr Lehrstellenangebot aufrechtzuerhalten.

Der §127, der die Politik der beruflichen Bildung formuliert, ist ein *Weiterbildungs*paragraph, d. h., die berufliche Erstausbildung wird weitgehend ignoriert. Darunter leidet nicht nur die Attraktivität der Erstausbildung, sondern auch die Relation zwischen Erstausbildung und Weiterbildung. Unter Wettbewerbsgesichtspunkten – und diese dominieren die Dynamik der europäischen Einigung – produziert die gründliche und relativ langfristig angelegte deutsche berufliche Erstausbildung eindeutige Konkurrenzhemmnisse. Die kostenintensive Erstausbildung im dualen System bringt den deutschen Betrieben Nachteile gegenüber den Betrieben aus jenen Ländern, die die benötigten Qualifikationen durch Weiterbildung und nicht zusätzlich durch eine systematische Erstausbildung entwikkeln. Das deutsche System – »berufliche Weiterbildung auf der Basis identitätsfördernder Erstausbildung« – gerät unter Kostendruck und damit ins Wanken. Damit aber wird sich auch die Weiterbildung ändern, weil sie tendenziell nicht mehr auf einer vorab entwickelten Berufsidentität der Arbeitenden aufbauen kann. Und – wie bereits deutlich gemacht – gibt es keine Impulse im § 127 des Maastrichter Vertrages, die berufliche Weiterbildung zur Entwicklung und Stabilisierung von Berufsidentitäten (hält man daran gegen den generellen Trend fest) auszugestalten. Der qualifizierte Angelernte – und dies scheint die EU-Perspektive zu sein – ist ein Rückschritt, der als Fortschritt verkauft wird. Er signalisiert die zunehmende Landnahme des Individuums durch die Betriebe. Die von den Maastrichter Verträgen ausgehende Prägekraft läßt sich prägnant als Weg von der »Verberuflichung zur Verbetrieblichung der Individuen« und als Schritt »vom Lebensberuf hin zur Erwerbskarriere« beschreiben. Unter dem Gesichtspunkt der Weiterentwicklung eines demokratisch strukturierten Ordnungsprinzips der Teilhabe an der Arbeit und am Sozialsystem ist dies ein skandalöser Rückschritt. Denn mit der von der Wettbewerbsdynamik produzierten Erosion der etablierten Berufsordnung sowie der Ausbildung für diese, ver- und entfällt auch eine wichtige Nahtstelle der Transformation von individueller Arbeitsleistung in dauerhafte und sinnvolle gesellschaftliche Ordnungs- und Handlungsmuster. Vorstellungen von sozialer Gerechtigkeit, von sozialer Sicherheit, sozialer Verbindlichkeit, ja von Gesellschaft überhaupt, verlieren ihre Orientierungsfunktion und werden durch individualistische und d.h. von Marketingstrategien bestimmten Lebensentwürfen ersetzt. Ein positiver Bezug aufs »Allgemeine« wird so immer weniger möglich. Qualifizieren – wie umfänglich auch immer – ist *nicht* hinreichend; so, wie es auch noch nie hinreichend war, ausschließlich für die Berufsarbeit auszubilden. Eine Welt, die nicht fertig ist, braucht eine auf die Besonderheiten der Subjekte und die Grundlagen der menschlichen Gesellschaft hin gerichtete *integrierte* Bildung.

Es sind die drei aufgezeigten Entwicklungen, die die Frage nach dem Fortbestand des Berufskonzeptes und den Erhalt eines auf dieses Berufskonzept hin angelegten Ausbildungssystems aufwerfen. Gleichzeitig wird damit das System sozialer Absicherung durch Individualqualifikationen zu einem dringenden Thema.

Wir benötigen in der Bundesrepublik dringend jene offene bildungspolitische Diskussion, die in sträflicher Art und Weise im Vorfeld der Verabschiedung der Maastrichter Verträge unterblieben ist. Mit Argumentationen, daß sich ein System bewährt habe - so, wie das der beruflichen Erstausbildung -, lassen sich Reaktionen auf fundamental veränderte Verhältnisse nicht sinnvoll entwickeln und gestalten. Und wir brauchen den Abschied von der Illusion, wir könnten die Berufsausbildung im Rahmen grenzenloser Ökonomie in nationalstaatlicher Weise sichern.

Teil 2

Geschlechterverhältnis, Frauenpolitik

Regina Becker-Schmidt, Irene Dölling

Geschlechterverhältnis und Frauenpolitik

Will sozialwissenschaftliche Forschung einen lebendigen Bezug zur politischen Praxis herstellen - zu sozialen Bewegungen ebenso wie zu staatlich eingebundenen Entscheidungsprozessen -, so muß sie gesellschaftliche Zusammenhänge so transparent machen, daß die Relevanz einzelner Problemfelder deutlich und Handlungsstrategien zur Lösung von sozialen Konflikten sichtbar werden.

Für die Frauenforschung bedeutet das, die Wechselwirkung zwischen Hierarchisierungen in der Gesellschaft als ganzer und der sozialen Organisation des Geschlechterverhältnisses offenzulegen, um so Ursachen der Benachteiligung von Frauen analysieren zu können. Solche Analysen sind notwendig zur Orientierung für eine Frauenpolitik, die nicht nur geschlechtsspezifische Disparitäten beseitigen, sondern darüber hinaus grundsätzlich emanzipatorische Impulse freisetzen will. Wir gehen davon aus, daß sich seit der Vereinigung von DDR und BRD bisher noch kein einheitliches bundesdeutsches Gesellschaftssystem herausgebildet hat. Der Transformationsprozeß nach der Wende brachte vielmehr Ungleichzeitigkeiten und neue Formen der sozialen Ungleichheit zwischen Ost und West hervor. Von diesen strukturellen Veränderungen sind in erster Linie Männer und Frauen in den neuen Bundesländern betroffen. Aber die Frauen im Osten sind einem doppelten Gefälle ausgesetzt: Zum einen stehen sie im Vergleich zu den westdeutschen Frauen in der Regel schlechter da, zum anderen bekommen sie die Auswirkungen des Transformationsprozesses stärker zu spüren als ihre männlichen Landsleute. Darum sprechen wir angesichts der noch ausstehenden sozialen Integration der ehemaligen DDR in die BRD von »Geschlechterverhältnissen« (dem im Westen, dem im Osten).

In einem ersten Schritt wollen wir den Zusammenhang zwischen Veränderungen im gesamtdeutschen Rahmen und Umstrukturierungen im Geschlechterverhältnis für die neuen Bundesländer nachzeichnen. Diese Skizze bildet den Hintergrund für politische Forderungen, die die Gleichstellungspolitik im Einigungsprozeß betreffen.

Wir wissen aus der Geschichte, daß Männer und Frauen von Modernisierungsschüben in den europäischen Ländern in unterschiedlicher Weise erfaßt wurden. Im Zuge der Industrialisierung verwandelte sich außerhäusliche Arbeit in marktvermittelte Lohnarbeit, Hausarbeit dagegen blieb eine unbezahlte private Tätigkeit, die zudem den Frauen auch dann weiterhin zugewiesen wurde, wenn diese einem Beruf nachgingen.

Bürokratisierung und Verrechtlichung versachlichten die gesellschaftlichen Beziehungen - die zwischenmenschlichen wie die zwischen Obrigkeit und Untertanen; Frauen dagegen bekamen weiterhin Gewalt in Form von Sexismus und Bevormundung in Gestalt patriarchaler Macht zu spüren - im Privaten wie in der Öffentlichkeit. In der bürgerlichen Revolution wurden demokratische Freiheiten durchgesetzt - auch Frauen erhielten nach langem Kampf die Bürgerrechte; sie entkamen jedoch bis heute - wie die Geburtenkontrolle zeigt - staatlicher Kontrolle nicht in gleichem Maße wie Angehörige des männlichen Geschlechts. Im gegenwärtigen Transformationsprozeß läßt sich noch einmal nachvollziehen, in welch differenter Weise die Geschlechter in das neue Gesamtdeutschland eingegliedert werden.

Mit dem Sieg des »westlichen Modernisierungsmodells«[1] ist vor allem die soziale Organisation des Geschlechterverhältnisses in der ehemaligen DDR in Turbulenzen geraten. Aber auch im Westen ist die Gleichstellungspolitik mit dem deutlichen Hinweis auf andere Prioritäten angesichts des Einigungsprozesses von einem roll back bedroht. Beides hat die Frauenbewegung so nicht antizipiert. Eine Analyse der Eigenarten und Dynamiken dieser Umstrukturierungen steht noch auf der Tagesordnung. Sie ist notwendig, um zu klären, welche Akzente und welche Optionen in der Frauenpolitik zu setzen sind.

Wir fordern eine Politik, die eine umfassende Demokratisierung des Geschlechterverhältnisses zum Ziel hat. Dabei gehen wir davon aus, daß eine Egalisierung der Geschlechterverhältnisse nicht nur für Frauen (und Männer) eine Befreiung von obsoleten Rollenzwängen und ungerechtfertigten Beschränkungen bedeutet. Dieses Projekt hat darüber hinaus Signalcharakter dafür, wie die ungleiche Behandlung auch anderer Bevölkerungsgruppen in Angriff genommen werden muß.

In den neuen Bundesländern hat der Übergang vom realsozialistischen zum westlichen Modernisierungsmodell erhebliche Konflikte zwischen den Geschlechtern heraufbeschworen:

– Angesichts des massiven Abbaus von Arbeitsplätzen waren nach der Wende in den neuen Bundesländern zunächst einmal Männer und Frauen mit Arbeitsplatzverlust oder drohender Arbeitslosigkeit konfrontiert. Der überproportionale Anteil von Frauen an den Arbeitslosen und die unverhüllte Diskriminierung von Angehörigen des weiblichen Geschlechts auf dem Arbeitsmarkt ist jedoch nicht zu übersehen. Das hat sicherlich - vor allem unter Frauen - Desillusionierungen in Gang gesetzt: Angesichts der Tatsache, daß sie auf dem Arbeitsmarkt als zweitklassige Arbeitskraft gehandelt werden, die je nach Bedarf »gefördert« oder abgewiesen werden kann, beginnen sie, die Demokratisierungseffekte von formalen Gleichstellungserklärungen in Zweifel zu ziehen.

– Der Wegfall der bis dato »selbstverständlichen« staatlichen Fürsorge- und Versorgungsleistungen hat Männern und Frauen sinnfällig gemacht, welcher Einrichtungen und institutionalisierter Absicherungen es bedarf, damit beide Geschlechter berufstätig sein können. Aber was dieser Wegfall konkret und persönlich bedeutet, bekommen in erster Linie die zu spüren, die diese Versorgungsleistungen wieder selbst in die Hand nehmen müssen: die Frauen. Diese Erfahrung lehrt zweierlei: In der aus dem Westen importierten Modernisierung stecken Elemente, die bewirken, daß sich das Geschlechterverhältnis in nichtegalitärer Weise restauriert. Und: Es treten jetzt jene Strukturen im Geschlechterverhältnis zutage, die in der ehemaligen DDR durch sozialpolitische Maßnahmen verdeckt blieben, Maßnahmen, die die Vereinbarkeit von Familie und Beruf vor allem für Mütter erleichterten (staatliche Einrichtungen der Kinderbetreuung u. a.). Den Zerreißproben ausgesetzt, die mit dem Wechsel zwischen Familienarbeit und Erwerbsleben einhergehen, stoßen Frauen jetzt auf die hierarchisierenden Strukturen, in denen die Ungleichheit der Geschlechter auch schon vor der Wende verankert war: geschlechtliche Arbeitsteilung, geschlechtliche Segmentierung des Arbeitsmarktes, patriarchalische Autoritätsstrukturen, ideologische Konstrukte von Weiblichkeit und Männlichkeit.

– Die Einführung der Marktwirtschaft mit ihren auch auf andere Bereiche übergreifenden Kosten-Nutzen-Kalkülen führt zu einer schnell wachsenden sozialen Differenzierung. Im Zuge dieses Differenzierungsprozesses wird deutlich, daß Frauen im Vergleich zu Männern gesellschaftlich schlechtere Ausgangsbedingungen haben, wenn es um Zugänge zu materiellen, kulturellen und politischen Ressourcen geht. In diesen Kämpfen sind Frauen als soziale Gruppe qua Geschlechtszugehörigkeit strukturell benachteiligt - auf der Ebene der faktischen Macht.

– Soziale Ungleichheit trat in der ehemaligen DDR nicht nur wegen mangelnder Differenzierung, sondern auch aus einem anderen Grunde wenig ins Bewußtsein: Differenzen wurden relativiert durch die übergreifende, scheinbar geschlechtsneutrale Erfahrung, daß alle - Frauen wie Männer - vom Staat gleichermaßen bevormundet wurden. Im politischen System des realen Sozialismus waren beide Geschlechter der Macht der Einheitspartei in relativ ähnlicher Weise unterworfen. Neue Konfrontationen mit staatlichen Eingriffen in Sphären der Selbstbestimmung, wie sie bei der Subsumtion der Ostdeutschen durch das westlich geprägte Grundgesetz erfolgten - wir denken hier vor allem an das antiliberale Abtreibungsgesetz, das ein liberales Recht aus DDR-Zeiten ablöste -, färbte die Einstellung zur Demokratie nach westdeutschem Muster ambivalent ein.

– Der Übergang zur bürgerlichen Demokratie produzierte Widersprüche in der ungleichen politischen Verortung beider Geschlechter. Denn: Frauen hatten zu DDR-Zeiten durchaus Zugang zu bestimmten politischen Institutionen und Öffentlichkeiten. Wenn die Aktivitäten auch im Vergleich zur Herrschaft der Funktionäre wenig gesellschaftlichen Einfluß hatten, so waren Frauen doch unterhalb der Schaltstellen der Macht in einer Reihe von Politikfeldern zu finden, wo sie das Gefühl der relativen Gleichstellung haben konnten. Mit der Einführung des Mehrparteiensystems und des Verbändewesens, mit dem Entstehen neuer Öffentlichkeiten ging jedoch eine Marginalisierung von Frauen in der Politik einher. Demokratische Strukturen wurden unter Ausschluß von Frauen etabliert. Sie wurden massiv aus Ämtern, Parteien, Parlamenten und Gremien verdrängt. Einerseits wurde Pluralismus eingeführt, andererseits jedoch gleichzeitig eine männliche Monopolisierung der zentralen Politikfelder betrieben. Im Gegenzug zu diesem Trend eröffneten sich für Frauen jedoch auch neue, bislang weitgehend unbekannte politische Handlungsräume: der Aufbau von Organisationen, Selbsthilfegruppen, Netzwerken. Es entwickelten sich Foren für die Artikulation eigener Interessen. Was die Frauenpolitik in den neuen Bundesländern angeht, so lassen sich – bei allen beträchtlichen Unterschieden von Region zu Region – doch die folgenden gemeinsamen Probleme benennen:

– Das Wegbrechen bisheriger Infrastrukturen im Gefolge der Anpassung an westdeutsche Strukturen.

– Konfliktlagen, die aus dem hohen Anteil von Frauen an der Erwerbslosigkeit und aus einer massiven Entwertung ihrer Qualifikationen resultieren – ganze Branchen, in denen vorrangig weibliche Beschäftigte zu finden waren, wurden und werden wegrationalisiert.

– Viele Kräfte sind abgebunden durch den Zwang, Extremlagen zu mildern, weitere Einbußen an Lebensqualität zu minimieren, sich auf eine »Von-der-Hand-in-den-Mund-Politik« einstellen zu müssen. So sind die augenblicklichen Prioritäten vorgegeben: Strategien für den Erhalt von Frauenarbeitsplätzen zu konzipieren, nach Möglichkeiten zu suchen, ehemals Beschäftigte umzuschulen und wieder in den Arbeitsprozeß einzugliedern, Maßnahmen für die Existenzsicherung von Alleinerziehenden durchzusetzen, um den Erhalt bestehender Kinderbetreuungseinrichtungen zu kämpfen, finanzielle Hilfen bei Schwangerschaftsabbrüchen aufzutun. Hier und da gibt es auch die Forderung nach Quotierung.

In diesem Katalog sind brennende Probleme aufgelistet, die politisch bewältigt werden müssen. Die Betroffenen erwarten Hilfe von politischer Seite. Die Bedrängnis wächst, denn längst haben viele erkannt, daß die »Krise im Osten« keine ist, die nach dem Durchschreiten der Talsohle in einen Aufschwung einmündet, der die Angleichung an den Westen bringt – und sei es im Rahmen der materiellen Sicherheiten, die vor 1989 den Alltag ausmachten. Frauen haben berechtigte Angst, daß sich ihre Verdrängung aus dem Arbeitsmarkt und aus der politischen Öffentlichkeit nicht rückgängig machen läßt. Und dennoch darf Frauenpolitik sich auf diese aktuellen Probleme nicht eingrenzen lassen. Sie kann langfristig nur wirksam sein, wenn sie die komplexen Veränderungen in ihren – das

Geschlechterverhältnis übergreifenden – gesamtgesellschaftlichen Kontexten begreift. Deshalb kommen wir noch einmal auf das eingangs formulierte Wechselverhältnis zurück: Gesellschaftliche Entwicklungen schlagen sich in der Struktur von Geschlechterverhältnissen nieder, die Frauen und Männer zu sozialen Gruppen machen und die den Rahmen für ihre sozialen Positionen in den verschiedenen Teilbereichen der Gesellschaft abstecken. Und umgekehrt: Organsationsprinzipien, die Männern und Frauen qua Geschlechtszugehörigkeit spezifische Verantwortlichkeiten, Machtbefugnisse, Arbeitsfelder zuweisen bzw. sie aus bestimmten Praxisfeldern ausgrenzen, finden sich in der Formation des gesellschaftlichen Ganzen wieder. Deshalb ist es wichtig, Frauenpolitik an diesem Zusammenhang auszurichten. Politiker interpretieren ihn auf ihre Weise, ohne zu reflektieren, daß ihre Optionen nicht geschlechtsneutral sind.[2]

Unsere These, an der wir Politik messen, lautet folgendermaßen: Wenn sich an der Wechselbeziehung zwischen Hierarchien im gesellschaftlichen Gesamtgefüge und Hierarchien in den Geschlechterverhältnissen nichts ändert, wird es nicht nur weiterhin Frauendiskriminierung geben – im Westen und im Osten: die Ungleichbehandlung der Geschlechter wird darüber hinaus auch weiterhin einhergehen mit der sozialen Benachteiligung von sozialen Gruppen, die aufgrund anderer Schichtungskriterien – Klasse, Schicht, Ethnie oder einfach Erwerbslosigkeit – an den Rand der Gesellschaft gedrängt werden. Das sei kurz erläutert.

Moderne Industriegesellschaften sind durch sektorale Differenzierung gekennzeichnet. Das gesellschaftliche Ganze reproduziert sich durch das arbeitsteilige Zusammenwirken von Funktionsbereichen, die zwar voneinander getrennt sind, aber doch in einem interdependenten Zusammenhang zueinander stehen: private Lebenswelten, Bildungswesen, Produktionssphäre, Dienstleistungssektor, Staat.

Das Zusammenwirken der ausdifferenzierten sozialen Sphären vollzieht sich jedoch nicht in einem Abstimmungsprozeß, der den wechselseitigen Abhängigkeiten planvoll Rechnung trägt. Es gibt unter den gesellschaftlichen Teilbereichen Hierarchien: Manche verfügen über große gesellschaftliche Gestaltungsmacht, während andere kaum Einfluß auf die Richtung der gesellschaftlichen Entwicklung nehmen können. In industriell-kapitalistischen Systemen nehmen die ökonomischen und staatlichen Sektoren eine dominante Stellung ein: Interessen, die die Institution Familie oder den Bereich »Kultur« betreffen, können dagegen sehr viel schlechter durchgesetzt werden. Wirtschaft und Staat bestimmen in starkem Maße, wie sich Gesellschaft formiert, welche Gestalt Geburtenregelungen, Arbeit, Technik und Wissenschaft annehmen, welche Bedeutung den verschiedenen menschlichen Lebensäußerungen - z. B. Liebe, Arbeit, Freizeit, Bildung - beigemessen wird, welche Ungleichheitslagen als Ausdruck sozialer Gliederung bestehen, welche Normen und Verhaltensanforderungen für bestimmte Bevölkerungsgruppen Geltung haben.

Angesichts der Hierarchie der gesellschaftlichen Sphären, die trotz der wechselseitigen Abhängigkeit aller sozialen Teilbereiche voneinander besteht, angesichts der Dominanz, die einige beanspruchen, obwohl grundsätzlich alle Sektoren für die Aufrechterhaltung des Ganzen notwendig sind, können wir sagen, daß die Formbestimmtheit der westlichen Industrienationen widersprüchlich ist. Das schlägt sich in den Organisationsprinzipien nieder, mit denen das Ganze - wie krisenhaft auch immer - zusammengehalten wird: Trennung der Sphären, die deren wechselseitige Abhängigkeit unsichtbar macht, geht einher mit Durchlässigkeit, welche Einflußnahmen und Übergriffe auf andere ermöglicht; Hegemonieansprüche einzelner Bereiche, die abhängigen den Stempel aufdrücken, sind verbunden mit deren relativer Selbständigkeit, weil dies für die Einlösung der jeweils bereichsspezifischen sozialen Aufgaben notwendig ist. Am deutlichsten läßt sich diese Gleichzeitigkeit von Trennung und Durchlässigkeit, von Hegemonie und relativer Autonomie am Verhältnis zwischen Erwerbs- und familialer Privatsphäre ablesen: Die private Lebenswelt ist einerseits ein separater Bereich - das erfordert die Eigenlogik von Prokreation, Regeneration, Haushaltung und Kindererziehung; andererseits ist sie in ihren Zeitstrukturen, Verhaltensanforderungen und Disziplinierungen an der marktvermittelten Arbeitswelt ausgerichtet - die Zwänge der Erwerbstätigkeit setzen sich im Privaten fort. Der unmittelbare Lebensprozeß ist in Konkurrenz mit Marktgesetzlichkeit nachrangig.

Diese gesellschaftliche Widersprüchlichkeit läßt sich in der Organisation der Geschlechterverhältnisse wiederfinden.

– Die Hierarchisierung der gesellschaftlichen Sphären – vor allem die Dominanz des Erwerbsbereichs gegenüber der Institution Familie – spiegelt sich in der Hierarchie der Geschlechter wider. Traditionellerweise ist die Erwerbssphäre – wie andere Foren der Öffentlichkeit – eine Domäne, die Männer im Vergleich zu Frauen privilegiert. Nach wie vor hat die Erwerbsarbeit im Leben eines Mannes absolutes Übergewicht vor der Hausarbeit. In erster Linie gilt die männliche Erwerbsarbeit als das Fundament, auf dem die Existenzsicherung der Familie beruht. Der Mann ist aufgrund seiner monetären Leistungen der Familienernährer. Die hohe weibliche Erwerbsbeteiligung und deren Bedeutung für den Unterhalt der Familie haben dieses männliche Selbstverständnis, das bis heute normativ abgestützt ist, kaum verändert.[3] Über die gesellschaftliche Konstruktion, daß die Erwerbsarbeit höher bewertet wird als die Hausarbeit, des weiteren Männerarbeit ausschließlich Erwerbsarbeit bedeutet, Hausarbeit dagegen als Frauenarbeit gilt, verläuft die soziale Verortung der Geschlechter. Der Status des Mannes ist sowohl in der Erwerbssphäre als auch in der Familie dominant, weil in beiden Sphären seine berufliche Arbeit die Verhältnisse und Beziehungen zwischen den Geschlechtern bestimmt. Die Minderbewertung der Hausarbeit gegenüber der professionalisierten Tätigkeit setzt sich fort in der Abwertung auch der marktvermittelten Frauenarbeit – diese wird in der Regel schlechter honoriert, weniger gefördert und gewerkschaftlich weniger geschützt.

– Die Hegemonie der Marktökonomie gegenüber der familialen Haushaltung drückt sich in einer historischen Ungleichzeitigkeit aus: Während im Zuge der Modernisierung der Erwerbsbereich arbeitsrechtlich reguliert wurde, blieb die Familienarbeit weitgehend eine Privatsache innerhalb patriarchalischer Autoritätsstrukturen. Hauswirtschaftliche Arbeit vollzieht sich außerhalb der sonst in der Gesellschaft herrschenden Marktgesetze. Dieses Unrecht bekommen in erster Linie Frauen zu spüren: Doppelbelastung und Vereinbarkeitsproblematik markieren Konflikte im weiblichen Lebenszusammenhang, der heute in der Regel über weite Strecken des weiblichen Lebenslaufes beide Praxisfelder – Familie wie Beruf – umfaßt.

– Frauen sind in zweifacher Hinsicht vergesellschaftet – sie sind Trägerinnen der privaten Reproduktion und partizipieren an den gesellschaftlichen marktvermittelten Sphären. Dieses doppelte gesellschaftliche Engagement bringt ihnen jedoch keine Vorteile ein, sondern im Gegenteil strukturelle Benachteiligungen gegenüber Männern. Da geschlechtliche Hierarchisierungen alle sozialen Bereiche durchziehen, erfahren Frauen auch eine Kumulation von Diskriminierungen - ihre Existenzmöglichkeiten sind insgesamt im Durchschnitt eingeschränkter als die der Männer. Das zeigen z.B. die je nach Geschlecht unterschiedlichen Versorgungsleistungen im Alter. »Geschlecht« ist daher eine Strukturkategorie im Sinne eines Schichtungskriteriums, das soziale Ungleichheit anzeigt.

— Frauen sind angesichts ihrer zweifachen Partizipation an der gesellschaftlichen Reproduktion nicht nur doppelt, sondern grundsätzlich auch anders vergesellschaftet als Männer. Ihre historisch entstandene bilaterale gesellschaftliche Einbindung in die Produktion unmittelbaren Lebens wie in die marktvermittelte Produktion von Lebensmitteln und das professionelle Bereitstellen von Dienstleistungen - fordert Frauen eine andere Lebensplanung, die Verknüpfung gegenläufiger Zielvorstellungen und das Ausbalancieren widersprüchlicher Verhaltensanforderungen im Wechsel zwischen privater Lebenswelt und Berufssphäre ab. Sie sind Grenzgängerinnen zwischen Kulturen - männlich dominanten und weiblich konnotierten. Diese sozialen Konstellationen haben Konsequenzen für Frauenpolitik. Sie muß sich im Spannungsfeld von Gleichheit und Differenz bewegen. Von keinem der beiden Pole kann bei ihrer Konzeptualisierung abstrahiert werden: Es geht ebenso um die Einforderung gleicher sozialer und politischer Partizipationsrechte wie um die Berücksichtigung der Verschiedenheiten, die es aus geschichtlich-kulturellen Gründen zwischen weiblichen und männlichen Lebenszusammenhängen gibt. Das Differenzargument hat in diesem Kontext einen anderen Charakter als die konservative Version, die »Anderssein« zur Beschwörung von Abgrenzung und Unterordnung heranzieht.

Wir denken jedoch, daß die Notwendigkeit, Gleichheit *und* Differenz zum gleichzeitigen Bezugspunkt für politische Emanzipationsprozesse zu machen, nicht nur für Frauenbewegung oder institutionalisierte Frauenpolitik gilt. Diese Forderung hat auch für andere Bevölkerungsgruppen Geltung. Flüchtlinge, MigrantInnen, überhaupt Menschen, die aus anderen Kulturen kommen und in unserer Gesellschaft leben und arbeiten wollen, haben sowohl ein Anrecht auf Gleichbehandlung, auf die Einhaltung der allgemeinen Menschenrechte als auch ein Anrecht darauf, daß wir ihre andersartigen kulturellen Lebensformen achten und respektieren. Kinder, Jugendliche und Alte haben gleiche Rechtsansprüche auf die Berücksichtigung ihrer Bedürfnisse, auch wenn diese als lebensphasenspezifische anders aussehen als die der erwachsenen Erwerbsbevölkerung, die in unserer Gesellschaft favorisiert wird. Gleichheit und Differenz gehören als Prinzipien einer gerechten Interessenpolitik immer da zusammen, wo sich Allgemeines und Besonderes in kontextgebundenen Konstellationen nicht auseinanderdividieren läßt.

Anmerkungen

1 Vgl. Ulrich Beck: Wir leben in einer Phantom-Republik. In: Freitag. Die Ost-West-Wochenzeitung, Nr. 13 vom 25.3.1994, S. 3.

2 Wenn z.B. Oskar Lafontaine in seinem Szenario der »Kulturgesellschaft« konstatiert, daß unter den Bedingungen des »jobless growth« nach Modellen für eine gerechtere Verteilung der Arbeit gesucht werden muß, was eine Umbewertung der Erwerbsarbeit erforderlich macht, so werden Probleme der Geschlechterrivalität im gesellschaftlichen Kampf um diese Umverteilung und Umbewertung nicht bedacht. Lafontaine entwirft zwar Konzepte, wie sich »Erwerbsarbeit und Eigenarbeit« ergänzen könnten, er stellt auch Überlegungen an, wie einer Minderbewertung von Familienarbeit im Vergleich zur Erwerbsarbeit begegnet werden könnte, aber er macht sich keinerlei Gedanken darüber, wie sich verhindern läßt, daß weiterhin Frauen die »aufgewertete« Familienarbeit oder die »bad jobs« übernehmen. Seine Vorstellungen sind begrenzt auf Veränderungsvorschläge, die das Geschlechterverhältnis in seiner hierarchischen Form unangetastet lassen. Ja, seine Formulierungen über den Zusammenhang von Arbeitslosigkeit und Frauenerwerbstätigkeit verraten unverhohlene Vorurteile: Grund für die Zunahme der Arbeitslosigkeit, so meint Lafontaine, sei die Tatsache, »daß sich mehr Menschen, Frauen vor allem, um die Teilhabe an einem gleichbleibenden Arbeitsvolumen beworben haben«, daß »mehr und mehr Frauen ... arbeiten wollen und ... müssen, daß der Zuwanderungsdruck« nicht abnehmen wird. Vgl. Oskar Lafontaine: Kulturgesellschaft als Prinzip. In: Freitag. Die Ost-West-Wochenzeitung, Nr. 18 vom 29.4.94, S. 6.

3 Diese Überlegungen gehen zurück auf Theoriekonzepte und Forschungsergebnisse von Helga Krüger und Claudia Born. Vgl. hierzu Krüger, H./Born, C.: Erwerbsverläufe von Ehepartnern und Modernisierung weiblicher Lebensführung, Weinheim 1993.

Christine Morgenroth

Das Prekäre des Geschlechterverhältnisses in Interessenorganisationen

I.

Erst feministische Theoretikerinnen haben darauf verwiesen, daß mit dem Strukturwandel der politischen Öffentlichkeit und der damit verbundenen Polarisierung der gesellschaftlichen Lebensbereiche in ›öffentliche‹ und ›private‹ eine Zuordnung und Anbindung der Menschen an eine dieser Sphären entlang der Geschlechtergrenze erfolgt. Männer reklamieren die öffentlichen Räume, wohingegen sich Frauen auf die privaten Bereiche verwiesen sehen. Politische Öffentlichkeit ist durch geschlechtshierarchisch verengte Zugänge und eine ausgeprägte androzentrische Struktur ihrer Institutionen und Instrumente charakterisiert. Die systematische Verdrängung von Frauen aus den öffentlichen, den als politisch definierten Räumen, bestimmt entscheidend das Verhältnis, das Frauen zu Institutionen und Organisationen einer politischen Öffentlichkeit entwickelt haben.

Frauen können diese Institutionen ignorieren und sich auf halböffentliche informelle Frauenkreise beschränken, darauf vertrauend, daß die männlichen Stellvertreter die Interessen der Frauen angemessen berücksichtigen; sie können die androzentrischen Regeln, Inhalte und Strukturen übernehmen, um den Preis einer weitreichenden Negation ihrer besonderen Interessen. Sie können sich taktisch in ihnen verhalten oder sie mit Hilfe eigener Organisationen konfrontieren, Alternativen aufzeigen und eigene Formen einer politischen Öffentlichkeit entwickeln; diesen Weg ist die autonome Frauenbewegung erfolgreich gegangen. Fest steht jedoch: Außer Kraft setzen konnte bislang keine dieser Formen die *latenten und manifesten androzentrischen* Organisationsstrukturen. Und Frauen haben sich lange Zeit mit dieser Ausgrenzung aus den Bereichen der politischen Öffentlichkeit abgefunden.

In bezug auf den Lebensentwurf von Frauen verweist eine anhaltende Entwicklung mit großer Deutlichkeit auf die Tatsache, daß Frauen durchaus nicht mehr gewillt sind, sich auf den privaten Bereich der sorgenden und verantwortungsbewußten Beziehungsarbeiterin zu reduzieren. Qualifizierte Ausbildung und praktizierte Erwerbstätigkeit, wachsende Ambitioniertheit in der Verfolgung beruflicher Interessen, das Selbstbewußtsein, mit dem bislang als männlich geltende Karrieremuster und Lebenspläne heute von Frauen verfolgt werden - dies alles sind Ausdrucksformen eines deutlich veränderten Lebenskonzeptes von Frauen. Sie waren faktisch immer doppelt vergesellschaftet, der Bereich der Erwerbsarbeit hatte jedoch in Lebensentwurf und Selbstkonzept lediglich einen nachgeordneten Stellenwert. Das ist heute anders. Sie wollen beides, Beruf und Familie, und sie entscheiden sich auch angesichts von Widerständen bewußt für beide Bereiche.

Dieser mit immer größerer Selbstverständlichkeit formulierte Anspruch wird jedoch durch den Tatbestand enorm behindert, daß die Arbeitsteilung in den Familien zu Lasten von Frauen weiterhin nahezu unangetastet Bestand hat. Frauen finden sich in alleiniger Zuständigkeit für diesen Bereich, und sie stellen diese Zuständigkeit subjektiv nur selten in Frage. Daraus ergibt sich eine anhaltende Doppelbelastung, denn diese asymmetrische Verteilung der Belastungen aus Reproduktionsarbeit im Geschlechterverhältnis verweist auf die beträchtliche zeitliche und energetische Beanspruchung, denen Frauen sich ausgesetzt sehen. Dieses Zeitproblem ist von nicht zu unterschätzender Bedeutung, denn es trägt aufgrund der außerordentlich knappen Ressourcen an verfügbarer Zeit notwendig zu den individuellen Strategien der Problemlösung bei, die im Umgang von Frauen mit patriarchalischen Strukturen so auffällig sind.

Diesem Sachverhalt der veränderten Lebenspläne von Frauen, ihren daraus erwachsenden veränderten Selbstkonzepten, ihrer eigenwillig anderen Vorstellung von Lebensqualität und Interessenpolitik sowie der anhaltenden Asymmetrie in den Belastungen aus Reproduktionsarbeit tragen die Institutionen und Organisationen der politischen Öffentlichkeit bislang nicht in der geringsten Weise Rechnung. Im Gegenteil: Gerade in Parteien und Interessenverbänden finden sich unangetastet die Mechanismen sozialer Schließung, die zur Ausgrenzung von Frauen aus einflußreichen Positionen führen.

Organisationen und Institutionen der politischen Öffentlichkeit sind durch androzentrisches Denken definiert. Die männlichen Repräsentanten verfügen über ein klares Bild vom Verhältnis der Geschlechter und der dementsprechenden Rolle von Männern und Frauen. *Darin sind Männer als das öffentliche, Frauen als das nicht-öffentliche Geschlecht festgeschrieben.* In dieses Bild vom Geschlechterverhältnis sind veränderter Lebensentwurf und Lebenspraxis von Frauen nicht zu integrieren; ihre wachsenden Ansprüche auf angemessene Besetzung der öffentlichen Räume und auf effiziente Vertretung der besonderen Interessenlagen, die aus der Verortung in beiden Bereichen erwachsen, haben in den traditionellen Organisationen kaum im Bereich der *Politikinhalte*, gar nicht in der *Struktur der Organisation* einen Platz. Frauen sind nach wie vor als Randgruppe von Interessenpolitik definiert; so ist der männliche Facharbeiter auf Lebenszeit beispielsweise bis heute die idealtypische Orientierungsfigur von Sozialdemokratie und Gewerkschaften.

In den Organisationen der politischen Öffentlichkeit sind diese Probleme des Geschlechterverhältnisses ausgegrenzt. Die faktische Handlungsmacht, ergänzt um die Definitionsmacht, wird von Männern ausgeübt; die prägen und reproduzieren Themen, Strukturen, Verhältnisse, die androzentrisch gefärbt sind. Selbst programmatische Entwürfe, die sich an einer Gleichstellung orientieren und in denen entsprechenden Fraueninteressen Rechnung getragen werden soll, können auf diese Weise nur ins Leere zielen. Die androzentrischen Strukturen der Organisation, die anhaltende Arbeitsteilung im Reproduktionsbereich sowie die entsprechenden Bilder vom Geschlechterverhältnis in den Köpfen der Beteiligten verhindern die Besetzung der Räume politischer Öffentlichkeit durch Frauen, indem sie die Reproduktion der immergleichen Verhältnisse durch konkrete Interaktion in allen Bereichen gewährleistet.

Ich möchte meine Thesen am Beispiel der Gewerkschaften als einer besonderen Organisation der politischen Öffentlichkeit verdeutlichen. Dies nicht, weil die charakteristischen Strukturen hier besonders augenfällig wären, sondern lediglich, weil mir durch sozialwissenschaftliche Untersuchungstätigkeit diese Organisation – und die Befindlichkeit ihrer Mitglieder – besonders vertraut ist.

II.

Zunächst ist hervorzuheben, daß es androzentrische Orientierungen und offenen Sexismus in den Gewerkschaften in einem erheblichen und erschreckenden Umfang gibt. Funktionsträger in den Gewerkschaften besitzen sehr konventionelle Vorstellungen vom Verhältnis der Geschlechter. Frauen als das *Besondere-Andere* zu betrachten ist noch die geringste Form der *Bedeutungsminderung*. Diese Vorstellungen kreisen um die primäre Zuständigkeit der Frauen für die Reproduktionsarbeit, betonen ihre gefährliche Rolle als Konkurrentin um begehrte Arbeitsplätze und zementieren damit ihre relative Bedeutungslosigkeit als Kollegin, deren Interessen zu vertreten sind. Diese Bilder und Auffassungen in den Köpfen männlicher Gewerkschaftsfunktionäre besitzen überaus scharfe Konturen.

Beispiel 1: eine 22jährige Arbeiterin, Mitglied der IG Metall und alleinerziehende Mutter einer sechsjährigen Tochter, will beim Betriebsrat ihrer Firma, der gleichzeitig Mitglied im Bildungsausschuß ist, die Unterstützung ihrer Bewerbung um eine Lehrstelle erwirken. Sie vermutet lange Zeit, daß der Betriebsrat sich nicht kraftvoll hinter ihr Vorhaben stellt. Nach Ablehnung ihres Antrages bekommt sie auch Beweise für diesen Verdacht und konfrontiert den Betriebsrat damit. Dabei vertraut sie auf die Tragfähigkeit der persönlichen Beziehung, nicht zuletzt, um eine Wiederaufnahme des Verfahrens zu erreichen. Daraufhin muß sie sich belehren lassen, sie solle sich doch lieber einen Mann suchen, statt einem Lehrling die Ausbildungsstelle wegzunehmen.

Es wird deutlich, wie die männliche Definitionsmacht sich auf der Grundlage dezidierter Vorstellungen darüber, wie eine Frau ihr Leben zu gestalten hat und welche Prioritäten demgemäß zu gelten haben, hier als Macht über zentrale Lebensentscheidungen einer Frau zur Geltung bringt. Die stereotypen Auffassungen und konventionellen Bilder zu den Geschlechtsrollen wirken hier als Selektionsmechanismus, die den Mann als Interessenvertreter untauglich werden lassen: Er unterschlägt die legitimen Interessen der Frau, weil sie nicht in sein Konzept zum Geschlechterverhältnis passen.

Neben den alltäglichen Formen von Frauenverachtung imponieren die männerbündischen Zusammenschlüsse, deren Ausschluß- und Ausgrenzungstendenzen Frauen spätestens dann zu spüren bekommen, wenn sie sich gegen einen Mann zur Wehr zu setzen versuchen. Es sind diese latenten und offenen sexistischen Orientierungen, mit denen es gewerkschaftlich organisierte Frauen fortwährend zu tun haben, d.h. sie stoßen als Mitglieder einer Organisation der Interessenvertretung in Gestalt des offenen und latenten Sexismus ständig an die Grenzen der Möglichkeiten, die eigenen Interessen faktisch vertreten zu sehen.

Beispiel 2: In einem Betrieb der Automobilindustrie fühlen sich viele Frauen durch die frauenfeindlichen Sprüche eines gewerkschaftlichen Vertrauensmannes sehr gestört (z. B. ›Die Frau gehört an den Herd, der Herd gehört in den Keller, der Keller unter Wasser‹). Sie beschweren sich, auch beim Betriebsrat, können aber nichts erreichen. Erst als sie sich in einer spontanen Aktion zusammenschließen und das Betriebsratsbüro besetzen, spricht der Betriebsrat hinreichend deutliche Worte, die den Vertrauensmann zwar vorerst zum Schweigen bringen, der jedoch daraufhin jeglichen Kontakt zu den Frauen abbricht.

Dieses Beispiel unterstreicht, wie groß die Anstrengungen sind, die Frauen unternehmen müssen, um frauenverachtende Verhaltensweisen zu unterbinden. Hier gelingt ihnen dies auf dem Wege einer bemerkenswerten Aktion: Sie setzen ungewöhnliche Mittel ein (schließen sich spontan zusammen, setzen sich gemeinsam zur Wehr, stellen Öffentlichkeit im Betrieb her, stellen auch die Unantastbarkeit der gewerkschaftlichen Repräsentanten in Frage), mit deren Hilfe sie erst die Organe der betrieblichen Interessenvertretung auf sich aufmerksam machen müssen, die ohne diese drastischen Mittel sich nicht veranlaßt gesehen hatten, auf die Beschwerden einzelner Frauen überhaupt zu reagieren. Was diese Szene implizit zum Ausdruck bringt, ist die über die offenkundige Verfehlung eines einzelnen Repräsentanten hinausgehende Haltung von allgemeiner, subtiler und latenter Frauenfeindlichkeit, die offenkundig von den anderen Repräsentanten geteilt wird.

Viele engagierte Frauen resignieren angesichts solcher Erfahrungen und ziehen sich entmutigt und wütend aus politischen Zusammenhängen zurück.

Beispiel 3: Eine resolute Arbeiterin, Meinungsführerin aus derselben Abteilung, verfolgt das Geschehen engagiert auf der Seite der Frauen. Es steht zur Entscheidung an, ob sie bei den Vertrauensleute-Wahlen kandidieren wird, da erfährt sie, wie die männlichen Mitglieder des Betriebsrates sich mit dem frauenfeindlichen

Vertrauensmann solidarisieren und sich über die aufständischen Frauen aus dem vorgenannten Beispiel lustig machen. Sie erlebt also dieselben Mechanismen auf seiten der gewählten Interessenvertreter, deretwegen sich ihre Kolleginnen an die Interessenvertretung gewandt hatten. Sie zieht spontan ihre Bereitschaft zur Kandidatur zurück, überwirft sich mit dem Betriebsrat und zieht einen Austritt aus der Gewerkschaft in Erwägung.

Die Form eines *inneren Gewerkschaftsaustrittes,* des enttäuschten Rückzugs aus politischen Zusammenhängen und die wütende Resignation, die in Passivität und weitreichende Blokkierung der politischen Handlungsfähigkeit einmündet, ist auf der Grundlage der geschilderten Strukturen keine Seltenheit. Es sind gerade die engagierten, frauenpolitisch bewußten Frauen, die sich ambitioniert auf die Organisationen der Interessenvertretung einlassen, in der Hoffnung, in ihnen etwas bewegen zu können, die an dem *subtilen Sexismus der Organisation* scheitern.

Organisieren sich Frauen als Arbeitnehmerinnen gleichwohl in einer solchen Institution, dann sehen sie sich gezwungen, zeitweilig und/oder punktuell die »geschlechtsneutralen« Interessen über die geschlechtsgebundenen zu stellen. Das bedeutet jedoch auch, daß sie sich dem Androzentrismus der Organisation faktisch unterwerfen, denn die androzentrischen Strukturen der Organisation und die entsprechenden sexistischen Orientierungen ihrer Repräsentanten machen das Thematisieren dieser Aspekte besonderer Fraueninteressen von vornherein unmöglich.

III.

Auf der Ebene von konkreten Verhaltenskonzepten wurden in den Beispielen verschiedene Varianten deutlich.

Frauen gehen in die Anpassung an bestehende Bilder von weiblichem Verhalten. Sie tun das im Sinne einer List und im vollen Bewußtsein ihres strategischen Einsatzes. Sie rechtfertigen diese List mit anderen Prioritäten; oft handelt es sich um die ambitionierte berufliche Entwicklung, die vor allem anderen rangiert. Frauen setzen frauentypisches, rollenkonformes Verhalten ein, um ein Ziel zu erreichen, das in den stereotypen männlichen Bildern vom Geschlechterverhältnis für Frauen nicht vorgesehen ist. Der wütende Rückzug aus politischen Zusammenhängen imponierte bei der engagierten Gewerkschafterin, die sich enttäuscht und resigniert abwendet und einen inneren Gewerkschaftsaustritt vorgenommen hat. Sie setzt sich nicht mehr offen auseinander. Beide Varianten, die der strategisch eingesetzten Anpassung an konventionelle Bilder sowie der trotzige Rückzug führen jedoch nicht zu einer veränderten Wahrnehmung von Frauen durch die fraglichen Repräsentanten der Organisation. Beide Verhaltenskonzepte tragen eher dazu bei, die Männer - und damit auch weite Teile der Organisation - in ihren alten, frauenverachtenden Bildern und Vorstellungen zu bestätigen und damit das Geschlechterverhältnis in seiner frauenausgrenzenden Form zu stabilisieren.

Möglicherweise sind die beiden geschilderten Verhaltenskonzepte bereits das Resultat eines dritten, das der spontanen Solidarität unter Frauen und der effektiven, »aufständischen« Gegenwehr gegen sexistische Zumutungen. Solche Aufstände sind so selten nicht. Jedoch hängt es von der Qualität der gemachten Erfahrungen ab, inwieweit solche Form der spontanen »Verschwesterung«, der Solidarität unter Frauen, auch erfolgreich ist und - vor allem - geachtet wird und Beachtung findet. Wird sie wie in dem geschilderten Fall lächerlich gemacht und der Aktion von Frauen mit denselben Mitteln sexistischer Entwertung begegnet, gegen die die Gegenwehr sich richtete, dann erscheint die strategische Anpassung das einzige verbleibende Mittel, um legitime Frauen-Interessen zur Geltung zu bringen. Tragisch ist diese Konsequenz insofern, als sie auf der Ebene der konkreten Interaktion keine Veränderung im Verhältnis der Geschlechter bewirken kann, vielmehr die bestehenden Strukturen und Asymmetrien noch durch indirekte Bestätigung verstärkt.

Auf der Ebene des neuen Lebensentwurfes von Frauen wird deutlich, daß sie ihre Prioritätensetzungen sehr selbständig vornehmen, und zwar immer häufiger jenseits der für sie gesellschaftlich und organisationspolitisch vorgesehenen Positionen. Die Realisierung von Berufstätigkeit und ambitionierte Verfolgung entsprechender Ziele steht für Frauen noch vor den Fragen der daraus folgenden Vereinbarkeitsprobleme. Die sexistischen Zumutungen sind in dieser Prioritätensetzung offenbar nur eine von vielen anderen Barrieren, die bewältigt werden müssen.

Das drückt sich ebenfalls in ungewöhnlichen und phantasievollen Vorstellungen von Politik aus. Entgegen der vielfach beschworenen Politikverdrossenheit zeigen und realisieren berufstätige Frauen ein verändertes Interesse an Politik, an Inhalten und an Formen politischer Artikulation. Interesse an neuen Politik-Themen ebenso wie an Politikfeldern und -formen verweisen auf ein schöpferisches Innovationspotential, das im Rahmen der bestehenden Institutionen keinerlei Artikulationschancen besitzt. *Diese Potentiale an Ideen gehen der Organisation verloren, die innovative Kraft dieser Ressourcen wird nicht genutzt.* Sehr viel weitreichender sind jedoch in diesem Zusammenhang die Folgen, die mit der Mißachtung dieser Innovationspotentiale für die Frauen als Mitglieder von Organisationen verknüpft sind. In der genannten Organisationsphantasie drückt sich ja vor allem ein dezidiertes Interesse weiblicher Mitglieder an einer bestimmten Organisationspolitik aus, es kennzeichnet ein charakteristisches eigenes Spektrum von Erwartungen an erweiterter Interessenpolitik. Werden diese Themen mißachtet und langfristig nicht genuiner Bestandteil einer zentralen Interessenpolitik, dann können berufstätige Frauen auch keine Bindung an diese Organisation entwickeln.

IV.

In diesem Zusammenhang sind die Gewerkschaften wie alle anderen Interessenorganisationen dringend aufgefordert, sich mit dem latenten und offenen Sexismus in den eigenen Reihen auseinanderzusetzen, in einem interaktiven, öffentlichen Prozeß »nach Innen«, in dem die Arbeitsteilung zwischen den Geschlechtern, in dem vor allem das Verhältnis der Geschlechter in der Organisation zum Thema gemacht werden muß. Diese Auseinandersetzung muß geführt werden um die Einseitigkeit im jeweiligen Bild voneinander, sie benötigt ein konkretes Bewußtsein von der Asymmetrie im Geschlechterverhältnis. Angesichts der Minderrangigkeit und Mißachtung von Frauen und ihrer Interessen muß die Aufmerksamkeit auf den Zusammenhang zwischen Asymmetrien im Geschlechterverhältnis, konkreten Diskriminierungen als Ereignissen weiblicher Lebenspraxis und einer bestimmten Organisationspolitik gerichtet werden. Es bedarf offensiver Strategien, mit denen neben der Realisierung von Interessengleichheit - d. h. auch Abschaffung aller indirekten Benachteiligungen - ebenso eine angemessene Vertretung der differenten Interessen gewährleistet ist.

Eine Gesellschaftsreform, die sich den Zielen ökologischer Verantwortung verpflichtet, braucht Institutionen, die den engen Diskurs der politischen Öffentlichkeit durchbrechen. Erklärtes Ziel solcher Institutionen muß die *Aufdeckung der Asymmetrien im Geschlechterverhältnis* sein; ihr Bestreben ist notwendig auf die Abschaffung und *Auflösung dieser Asymmetrien* zu richten. Hierzu bedarf es jedoch auch und vorrangig einer Revision der Instrumente; autoritäre, hierarchische Systeme müssen abgelöst werden durch dezentrale, kommunikative Einheiten, ein weitreichender Prozeß der Ent-Institutionalisierung politischer Entscheidungsprozesse ist zu fordern, mit deren Realisierung sich gerade die klassischen Organisationen des Arbeitnehmer-Patriarchats sehr schwer tun. Gerade sie sind jedoch in einer besonderen Verantwortung, zur Herstellung einer Symmetrie im Geschlechterverhältnis beizutragen, da sie als Interessenorganisationen verpflichtet sind, die tatsächlichen Interessen ihrer Mitglieder zu vertreten und gesellschaftspolitisch effektiv wirksam zu werden. Auch nichtfeministische Frauen sind nicht länger bereit, vom Organisationspatriarchat sich definieren zu lassen, was ihre Interessen zu sein haben. Ihre praktische Lebensgestaltung belehrt die Patriarchen in den Organisationen bereits deutlich eines Besseren: Frauen passen sich den geschlechtsstereotypen Auffassungen längst nicht mehr nur an. Die krassen ebenso wie die subtilen Veränderungen benötigen jedoch einen Rahmen, innerhalb dessen sie zur Geltung gelangen können. Diesen Rahmen zu schaffen, liegt nicht allein und ausschließlich in der Verantwortung von Frauen selbst. Sie sind als die eine Hälfte der Menschheit in der Position, eine selbstverständliche Berücksichtigung und Realisierung ihrer Interessen und Vorstellungen erwarten zu können und dies gegebenenfalls einzuklagen.

Dies zu verwirklichen, setzt bereits basisnahe Partizipationsmöglichkeiten voraus, braucht Organisationsformen, die politische Artikulation nicht allein am Prinzip von Delegation und Stellvertretung festmachen, sondern die basisdemokratische Elemente vorsieht.

Die *Thematisierung der Probleme des Geschlechterverhältnisses kann nicht mehr ausschließlich Sache der Frauen sein. Männer sind ebenso gefordert, zu der Herstellung von Symmetrie und Gleichheit im Verhältnis der Geschlechter beizutragen.* Die Auflösung hierarchischer Systeme, die Unterstützung dezentraler Instrumente und eine *Orientierung auf kommunikative Politikformen* schaffen die institutionellen Voraussetzungen, die Gleichheit erst ermöglichen.

Mechthild Rumpf

Wo bleiben die Kinder? Aspekte eines neuen Gesellschaftsvertrages zwischen den Geschlechtern

Die Frage ist in mehrfachem Sinne ernst gemeint. Wo bleiben innerhalb der Diskussion um eine neue Gesellschaftsreform die Konzepte, die auf die veränderten Bedingungen von Kindheit und Jugend reagieren und Handlungsmöglichkeiten gegen problematische und beängstigende Entwicklungen, vor allem die zunehmende Gewaltbereitschaft aufzeigen. Der vorliegende Band ist hier eine Ausnahme.

Selten ist auch die Verknüpfung dieser Frage mit der Anerkennung sich wandelnder Familienstrukturen, der Pluralisierung der Lebensformen, die komplexer sind, als es die Individualisierungsthese nahelegt.

Wenige Überlegungen sind schließlich explizit von der Überzeugung getragen, daß keine politische Option mehr an einem traditionellen arbeitsteiligen Arrangement der Geschlechter anknüpfen oder dieses noch stillschweigend voraussetzen kann. Frauen schienen lange Zeit von ›Natur‹ aus zuständig zu sein für die konkrete Sorge um Ehemann und Kinder und das emotionale und moralische Klima in der Familie. Die unmittelbare Individualität stand – auch wenn es nicht immer gelang – hier im Vordergrund und entsprechende Beziehungsformen, die eine Basis für Vertrauen, Schutz, Verläßlichkeit und emotionale Geborgenheit darstellten. Diese bislang als ›privat‹ bezeichnete, verschwiegene sozio-moralische Grundlage von Gesellschaft ist im Kern unverzichtbar sowohl für die psycho-soziale Entwicklung von Kindern als auch für Erwachsene, die sich nicht nur als Arbeitsmonaden in anonymisierten und versachlichten gesellschaftlichen Beziehungsformen ›zu Hause‹ fühlen wollen. Aber gerade weil die Zukunft einer humaneren Gesellschaft und einer politischen Streit-Kultur auf diese soziomoralischen Grundlagen verwiesen ist, kann eine neue Gesellschaftsreform nicht stillschweigend und blind auf diesen ›privaten‹ Ressourcen aufbauen, wenn diese auf nicht mehr tragfähigen Bedingungen eines ungleichen Geschlechtervertrages beruhen.

Die Frage »Wo bleiben die Kinder?« und die seit über zwanzig Jahren formulierten Forderungen der Frauenbewegung stellen die bisherige geschlechtshierarchische Arbeitsteilung nicht mehr als ›Familienpolitik‹ an den Rand von Gesellschaftspolitik, sondern ins Zentrum notwendiger Transformation. Was wir brauchen, ist ein neuer Gesellschaftsvertrag zwischen den Geschlechtern, der dem Anspruch der Egalität entspricht. Ich werde hier nur *einen* Aspekt berühren können, die Seite, die sich unmittelbar um die Kinder dreht.

Gewalt und Männlichkeit

In beiden Teilen der heutigen Bundesrepublik wird die zunehmende Gewalt von Kindern und Jugendlichen, vor allem die Eskalation rechtsradikaler und fremdenfeindlicher Gewalt, mit großer Sorge, aber auch kontrovers diskutiert. Problematisch ist dabei der Glaube, eine zentrale Erklärung finden zu können. Medienwirksam wird beispielsweise immer wieder behauptet, daß der Verlust von Autorität, die Zersetzung tradierter Werte und der Zerfall von Familie ursächlich wären. Zwischen den Zeilen ist zu lesen, daß die ›Emanzipation‹ von Frauen diese Prozesse teilweise bewirkt habe, daß sie zum Verlust emotionaler Geborgenheit von Kindern und zur »Wohlstandsverwahrlosung« geführt habe. Die Väter hätten seit der 68er antiautoritären Bewegung endgültig ihre tradierte symbolische Bedeutung verloren, und nun seien sie auch konkret abwesend, wenn die Familie sich auflöse. Die mütterzentrierte Lebensform wird zum Problem erklärt, weil überforderte Mütter angeblich Aggressivität bei ihren männlichen Kindern und damit deren Gewaltbereitschaft bewirken würden.

Nichts davon ist *so* wahr. Denn ernstzunehmende empirische Untersuchungen zeigen, daß keines dieser Elemente als Ursache verabsolutiert werden kann. Auffallend ist vielmehr ein Zuviel an autoritärem väterlichen Verhalten in den entsprechenden Familien einerseits und ein Mangel wirklicher Beziehung andererseits. Es gibt keinen direkten Zusammenhang von spezifischer Familien- und Lebensform, Vaterlosigkeit und der Entstehung von Gewaltbereitschaft. Sehr wohl aber einen, der auf die Qualität innerfamilialer Beziehungen verweist. Das aber ist schon lange bekannt: daß die Gewalt zunächst dort entsteht, wo sie durch Identifizierung, Ohnmacht- und angstverstärkende Erfahrungen eingeübt wird. Autoritarismus, nicht hinreichende emotionale Sicherheit, verschiedene Formen subtiler Gewalt in der Familie und im sozialen Umfeld sowie entsprechender Medienkonsum können hier, sich wechselseitig verstärkend, zusammenwirken.

Es geht hier nicht um den Versuch, gesellschaftliche Probleme zu individualisieren, sondern nur um einen wichtigen Zusammenhang. Die gesellschaftspolitischen Erklärungsversuche, die Arbeitslosigkeit und soziale Angst, gesellschaftliche Gewaltverhältnisse überhaupt, Probleme der deutschen Einheit, und vor allem den politischen Rechtsruck und die Fremdenfeindlichkeit in der »Mitte« der Gesellschaft im Blick haben, sind allein noch keine hinreichend verallgemeinerbaren Ansätze für das Verständnis der jeweiligen Einzelfälle.

Auffallend ist eine spezifische Leerstelle in dieser öffentlichen Diskussion: Kein männlicher Autor fragt, weshalb heute gruppenförmige Inszenierungen von Männlichkeit verstärkt an Gewaltausübung gebunden sind?[1] Sollte diese unsägliche Koppelung nicht doch enttabuisiert und aufgebrochen werden können? Die ersten Wege dazu sehe ich in einem überfälligen Reflexionsprozeß von Männern selbst in öffentlichen Kontexten, zentriert um die Frage, weshalb denn überhaupt eine ›Identität‹ von Männlichkeit und Gewalt entstehen kann. Männliche Rollenmuster und Identitätscodes hinterfragen zu können, wäre ein notwendiger Schritt, um das Gewaltthema im Zusammenhang mit den (auch psychosexuellen) Strukturen des Geschlechterverhältnisses sehen zu können. Das reicht auch hinein in notwendige Selbstaufklärungen innerhalb der Parteien und Gewerkschaften im Hinblick auf politische Zielsetzungen, Entscheidungs- und Interaktionsstrukturen.

Kindererziehung und öffentlicher Erfahrungsraum

Wenn es richtig ist, daß Männlichkeit in familialen und sozialen Interaktionsprozessen hergestellt und in bestimmten Konstellationen mit Gewaltbereitschaft verschmolzen wird, weil die Bedingungen von Interaktion entweder gewaltförmige Momente enthalten oder aber der Gewaltbereitschaft nicht entgegenwirken, sie nicht aufzulösen versuchen, dann sollte sich der politische Blick auf solche Konstellationen richten und auf die Frage möglicher Veränderung.

Dies betrifft zunächst die Familien und andere Lebensformen, die mit der privaten Form der Kinderbetreuung überfordert sein können. Hier müßten verstärkt sehr früh präventive, psycho-soziale oder therapeutische Hilfestellungen ansetzen, die nicht wieder auf altbekannte Formen staatlicher Kontrolle, Diskriminierung und Entmündigung von Eltern hinauslaufen. Nur so könnte die Spirale der Gewalt, die in so vielen Einzelfallstudien nachweisbar ist, in ihrer sonst ›naturwüchsigen‹ Dynamik aufgehalten werden.

Ohne Zweifel müssen ausreichende öffentliche Betreuungseinrichtungen als zweiter Lebensraum von Kindern vorhanden sein, die sich verstärkt mit dem Gewaltthema auseinandersetzen und das Problem nicht mit hilfloser Gebärde an die Eltern zurückverweisen oder nur den Medienkonsum der Kinder beklagen. Hier sollten alle Möglichkeiten geschaffen werden, daß die alltäglichen Interaktionsprozesse auf latente und manifeste Momente der Gewaltduldung und impliziten Förderung in all ihren Varianten beobachtbar und transparent gemacht werden können. Das geht nur mit regelmäßiger professioneller Unterstützung durch ›neutrale‹ Supervision und anschließender Diskussion mit den Eltern und ErzieherInnen um die Frage von Veränderungen. Wie sonst könnten Kindergärten u.ä. zu einem alternativen Erfahrungsraum für Kinder werden, der diese auch vor den eigenen Aggressionen schützt und neue Formen der Konfliktregulierung ermöglicht?

Dazu kommt, daß die Öffnungszeiten dieser Einrichtungen nicht mehr primär am Leben einer Hausfrau oder der unendlich flexiblen Teilzeitarbeitskraft orientiert sein können. Eine neue Regierungspolitik kann hier gesetzliche Rahmenbedingungen schaffen, die nicht im Widerspruch zur Kulturhoheit der Länder oder zu kommunalen Kompetenzen stehen müssen, wenn zugleich die finanziellen Mittel bereitgestellt werden. Der Art 3 GG (Männer und Frauen sind gleichberechtigt ...) ist als Gleichstellungsauftrag zu interpretieren; deshalb ist staatliches Handeln verpflichtet, diejenigen Strukturen zu verändern, die direkt oder indirekt zur Ungleichstellung von Frauen beitragen. Daß Väter ihre beruflichen Interessen um die Öffnungszeiten von Kinderbetreuungseinrichtungen herumgruppieren, ist bisher selten bekannt geworden.

Dies betrifft in gleicher Weise die Zeitstrukturen und das veraltete Selbstverständnis des Schulsystems. Hier sehe ich im Prinzip ähnliche Veränderungsmöglichkeiten wie bei den Kinderbetreuungseinrichtungen. Die öffentlich oder in kleineren Kreisen artikulierten Befindlichkeiten von LehrerInnen angesichts von Gewalt zeigen häufig, daß hier ein enormes Defizit an Selbstbeobachtung, Selbstaufklärung und Reflexion der eigenen unbewußten Beteiligung vorliegt. Betriebsblindheit, Generationengefälle und vor allem die Idealisierung vergangener Sozialisationsprozesse tragen nicht zur aktiven Auseinandersetzung mit aktuellen Problemlagen bei. Nur eine grundlegend neue Vorstellung von schulischer Wirklichkeit als sozialem Erfahrungsraum könnte hier verhärtete Prozesse wieder verflüssigen und veränderte Beziehungsstrukturen zwischen Lehrern und Schülern fördern. Alle Erfahrungen in alternativen Schulprojekten verweisen in diese Richtung.

Mein Plädoyer geht dahin, daß Kinderbetreuung primär zur gesellschaftlichen Aufgabe erklärt werden soll. Die Verbindung und Differenz von privater und öffentlicher Verantwortung kann erst zusammen, ergänzend und korrigierend der Vielfalt kindlicher Bedürfnisse und Lernprozesse gerecht werden. Kindheit war zu allen Zeiten sozial konstruiert, kulturell definiert und ist spätestens seit dem 18. Jahrhundert pädagogisch kontrolliert. Das läßt sich nicht nur als ›Verlustgeschichte‹ von unbestimmbarer Unmittelbarkeit lesen, sondern auch kritisch als Chance zum Handeln. Daß Kindheit als Zeitraum heute in hohem Maße organisiert werden muß, bedeutet nicht zwangsläufig, kindliche Ausdrucksmöglichkeiten zu begrenzen, denn diese Grenzen sind in dieser Gesellschaft ja schon ständig präsent. Es könnte auch bedeuten, Erfahrungsräume zu eröffnen für die Möglichkeit von Individualität und gewaltfreiem sozialen Lernen, für die Chance einer weniger stereotyp abgegrenzten Geschlechtsidentität und der Fähigkeit zur Toleranz, zur Besorgnis um die anderen und der Bereitschaft zur Verantwortung für das eigene Handeln.

Kinder im neuen Gesellschaftsvertrag zwischen den Geschlechtern

Die Einzigartigkeit von emotionaler Zuwendung und Sicherheit hängt weitgehend von den Eltern ab. Daß dies nicht in einer konflikt- und ambivalenzfreien Zone stattfindet, ist hinreichend bekannt. Dennoch sind diese Beziehungen unverwechselbar anders als diejenigen zu professionell ausgebildeten Bezugspersonen, die immer nur eine begrenzte Zeit Zuwendung gewähren und eine berufsspezifische Distanz wahren. Aber hier, im ›privaten Raum‹, sind Väter fast nur als Feierabend- und Wochenendgäste präsent. Das prägt die Beziehung zu den Kindern, weil Väter häufig abgekoppelt bleiben von den alltäglichen Prozessen, in gewisser Weise Fremde bleiben, da die nicht gemeinsam geteilten Zeiträume kaum miteinander vermittelbar sind. Hier ist die Gefahr groß, daß Väterlichkeit durch autoritäres Gehabe oder durch regressives Sport- und Spielverhalten allein ausgedrückt wird. In jedem Fall bleibt so die Vater-Kind-Beziehung fragmentiert, erfahrungsarm. Der Vater als mögliches Vorbild für Jungen wird nur schemenhaft deutlich, deshalb findet wirkliche Auseinandersetzung nicht statt; und die kulturell angebotenen Männlichkeitsbilder bis zum ›John-Wayne-Image‹ und brutaleren Varianten füllen die Lücken der erlebten Wirklichkeit. Ich bin mir sicher, daß deshalb die Ausdrucksformen von Männlichkeit in der Adoleszenz um so vieles stereotyper werden als die von Frauen. Väter müssen für Kinder auch in all den Funktionen erlebbar sein, die bisher Frauen zugeschrieben wurden, wenn auch andere Aspekte von Männlichkeit in das Selbstbild integriert werden sollen: die Sorge um den anderen, seine Bedürftigkeit, die Möglichkeit gewaltfreier Streitkultur, die Anerkennung von Schwächen, die nicht durch demonstrative Kälte oder Omnipotenzgehabe überspielt werden muß, die Fähigkeit zu trauern und zu weinen. Nur wenn der eigene Schmerz zugelassen werden kann, weil er eine Antwort findet, kann er auch bei anderen wahrgenommen und antizipiert werden. Gewaltbereitschaft zeigt, daß hier eine grundlegende Beziehungsstörung vorausgegangen ist, daß die eigene Sensibilität mißachtet wurde oder daß sie aus Angst vor dem Alleingelassenwerden nicht mehr zugelassen werden kann.

Die Forderung nach mehr Präsenz von Vätern setzt einen Wandel väterlichen Selbstverständnisses voraus, der in bestimmten sozialen Milieus durchaus zu beobachten ist. Die Grenze für eine stärkere Präsenz von Vätern liegt in den gesellschaftlichen Arbeitszeitstrukturen und Karrieremustern, die aber doch wohl nicht für die Ewigkeit gemacht sind. Festzustellen ist jedoch, daß die seit einiger Zeit einsetzenden Flexibilisierungsprozesse vor allem Frauen in ungeschützten Arbeitsverhältnissen und allen Varianten der Teilzeitarbeit betreffen. Systemimmanente und systemfunktionale Veränderungen von Arbeitszeitstrukturen werden also vor allem von Frauen angenommen, die sich um die Vereinbarkeit von Familie und Beruf zu sorgen haben. Für Männer ist diese Vereinbarkeit in der Regel kein Thema, und sie wird auch keines werden, solange sie nur als ›privates‹ Arrangement verstanden wird.

Erst wenn gesellschaftspolitische Veränderungen die Voraussetzungen schaffen, die eine berufliche Karriere und die existentielle Sicherheit nicht mehr ausschließlich an die Freistellung von familalen Verpflichtungen binden, hat die Aussicht auf Veränderung individuellen Verhaltens Erfolg. Aber diese gesellschaftspolitischen Perspektiven müssen endlich auch von Männern in Parteien, Gewerkschaften und sozialen Bewegungen offensiv vertreten werden! Daß dies bisher kaum geschah, hat nicht nur mit tradierten männlichen Definitionen des Politischen zu tun, sondern auch mit den Privilegien, die damit verbunden sind.

Väter und Mütter müssen in gleicher Weise Zeit für ihre Kinder zur Verfügung haben können, ohne berufliche und materielle Nachteile oder Einschränkungen im System sozialer Sicherung befürchten zu müssen. Staatliches Handeln kann hier Rahmenbedingungen schaffen und bestehende ausbauen, um einerseits ›kind- und elterngerechte‹ Arbeitszeitstrukturen durchzusetzen, um andererseits Regelungen zu treffen, die Diskriminierungen im Beruf oder sozial- und steuerrechtlicher Art entgegenwirken. Wer dagegen heute noch behauptet, solche Strukturveränderungen würden nur den Karrierebedingungen der Kinderlosen zugute kommen, wird konsequenterweise dafür plädieren müssen, daß sich diese Gesellschaft dann keine Kinder mehr leisten kann. Daß Haushalte mit Kindern bereits in der Minderheit sind, kann als entsprechende, durchaus nicht immer ›freie‹ Antwort verstanden werden.

Familien und andere Lebensformen, die sich der Erziehung von Kindern und der Sorge um alte und kranke Menschen widmen, sollten unter dem besonderen Schutz des Staates stehen. So müßte sinngemäß die schon lange in der Frauenbewegung diskutierte neue Fassung des entsprechenden Grundgesetzartikels lauten. Eine solche Regelung auf der Basis eines neuen Geschlechtervertrages könnte auch auf dem Wege der Gesetzgebung umgesetzt werden, die vor allem auf die hier skizzierten Veränderungen von Arbeitszeitstrukturen, der öffentlichen Erziehung und des Systems der sozialen Sicherheit abzielen.

Anmerkungen zu einem deutsch-deutschen Problem

Meine Überlegungen sind zum großen Teil durch die westliche Frauenbewegung und Frauenforschung geprägt. Treffen sie auch die Interessen von Frauen und Männern aus den neuen Bundesländern? Auch in der ehemaligen DDR gab es neben der staatlich verordneten Emanzipation von Frauen eine als »Muttipolitik« bezeichnete besondere Frauenpolitik. Nicht nur hier wurde deutlich, wie wenig gleich das Verhältnis der Geschlechter war – in fast allen staatlich/gesellschaftlichen Machtzentren waren Frauen eine schwindende Minderheit, und der nicht vergesellschaftete Teil der Hausarbeit war nach alter Tradition überwiegend ›Frauensache‹. Nun kehrt aber doch so mancher Blick nostalgisch zurück zu der verlorenen Arbeits- und Kindergartenplatzgarantie. Fühlen sich Frauen nur als »Verliererinnen« der deutschen Einheit? Weshalb wird bei solcher ›Bilanz‹ nicht mitthematisiert, daß die als ›positiv‹ erlebte Tradition ablösbar ist vom Zwangssystem DDR, von Entmündigung, totalitärer Herrschaft und ökonomischem Desaster?

Noch in anderer Weise ist die Tendenz, einzelne »Errungenschaften« der DDR jetzt zu idealisieren, problematisch: Es gerät kaum in den Blick, daß die staatlichen Versorgungsinstitutionen in der alten DDR nicht nur ›bequeme‹ Dienstleistungen zur Kinderbetreuung anboten, sondern meistens die Entmündigung sehr früh eingeleitet, Kreativität und Individualität eingeschränkt und die Einübung von Anpassung, Kollektivität, zwanghafte Körperbeherrschung und Disziplin zum Fetisch gemacht haben. Sie waren funktional für das ökonomische und politische System – waren sie aber auch sinnvoll für die Bedürfnisse von Kindern?

Erst jetzt wird vielen bewußt, daß die Alternative zum autoritären Staat, zur verregelten Gesellschaft und verordneten ›Emanzipation‹ nicht die wirkliche Selbstbestimmung (als Frau, Mutter und Bürgerin), sondern die doppelbödige Freiheit in einer kapitalistischen Gesellschaft war. Hier hatten Frauen schon immer die ›Freiheit‹, die Vereinbarkeit von ›mütterlichen‹ Aufgaben und Bedürfnissen, dem Theater um die Hausarbeit und den beruflichen Interessen und Verpflichtungen weitgehend selbst zu organisieren. Dazu gehörte aber auch, nach Alternativen zu den staatlichen Betreuungseinrichtungen für Kinder zu suchen, sie als Gegenmodelle durch viel Arbeit und Engagement zu realisieren (Kindergruppen, Kinderläden, alternative Schulen). Kinderbetreuung war seit der 68er antiautoritären Bewegung nicht nur ein organisatorisches Problem, sondern eine Frage nach den Möglichkeiten einer weniger repressiven, selbstbestimmten Sozialisation und vielleicht einer glücklicheren Kindheit.

Zu einer neuen Gesellschaftsreform im vereinten Deutschland kann deshalb aus meiner Perspektive nicht nur die teilweise formale Sicherstellung von Kinderbetreuung zählen, sondern auch das Engagement, die Diskussion um die Bedingungen, unter denen Kinder aufwachsen. Die Verständigung darüber, zu der auch die wechselseitigen Mitteilungen von Irritationen gehören würden, hat bisher kaum begonnen. Zwischen ›privater‹ Existenz und politischer Handlungssphäre gibt es Überschneidungen, die uns als gesellschaftliche Wesen in der Interaktion und Zusammenarbeit mit konkreten anderen, nicht abstrakten StaatsbürgerInnen betrifft. Manche meinen, dafür den Begriff Citizenship entdecken zu müssen. Die Einmischung in kleinen überschaubaren Bereichen unserer Existenz und der unserer Kinder war hier ein Beispiel. Verantwortung für Sphären des Gemeinwesens ist staatlicher Regulierung oftmals vorgelagert, teilweise auch entgegengesetzt. Sie zielt auf Verständigungsprozesse über mögliche Veränderungen im gesellschaftlichen Raum und das Einüben gemeinsamen Handelns. Dies bleibt neben allen Forderungen und politischen Handlungsformen, die auf eine neue Gesellschaftsreform und einen neuen Gesellschaftsvertrag zwischen den Geschlechtern abzielen, als nichtaufhebbare Praxis bestehen.

Anmerkungen

1 Der gegenwärtige Krieg im ehemaligen Jugoslawien und die zunehmend gewaltförmiger handelnden fundamentalistischen Bewegungen bestärken vermutlich, daß dies für »legitim« gehalten wird.

Barbara Duden

Beschämend oder empörend? Überlegungen zum Urteilsspruch zu Paragraph 218

Wer der Debatte im Deutschen Bundestag 1992 zur Reform des Paragraphen 218 distanziert und genau zugehört hat, der mußte verblüfft sein über die Naivität, mit der die Volksvertreter über die Sache sprachen, die sie gesetzlich ordnen sollten: den Beginn einer Schwangerschaft. Freilich, in der politischen Orientierung unterscheiden sich die Redebeiträge; unterschiedlich waren die Register, in denen die Sprecher ihre Anteilnahme an der von Schwangerschaft befallenen Bevölkerungsklasse tönen. Für Parlamentarier von Rechts bis Links handelt es sich dabei um eine Sonderklasse von Bürgern, die sich in eine spezifische Konfliktsituation begeben haben. Die Härte, mit der das Recht in diesem Konflikt Partei nehmen soll, wurde je nach Position auf dem politischen Spektrum anders verstanden. In unterschiedlicher Stimmlage wünschten die Redner und Rednerinnen pädagogisches oder strafrechtliches Vorgehen, um der Frau in Zukunft Schwangerschaftsabbrüche zu erschweren. In der Sache aber sprachen die Abgeordneten und nach ihnen die Richter in Karlsruhe, ungeachtet ihrer Parteizugehörigkeit, über den gleich vorgestellten Sachverhalt, den sie, ganz ohne weiteres als »Schwangerschaft« bezeichnen.

So kritiklos wie vom Spiegel-Leser wird auch vom Richter »Schwangerschaft« als ein Zustand verstanden, der mit der Einnistung eines befruchteten Eis in die Gebärmutterschleimhaut einsetzt. Dieser Vorgang konstituiert, in der Musik von Rechts und von Links, das Auftauchen foetaler Existenz und damit den Beginn »eines Lebens«. Mit der Einnistung in ihrem uterinen Gewebe wird aus der Frau ein Doppel-Wesen. Im Bonner Diskurs gibt es jetzt auf einmal ein Doppel-Etwas, das in seinem existentiellen Konflikt der schützenden Hand des Rechts bedarf. SPD-Stimmen im Bundestag haben gefordert, die »singuläre *Symbiose* zwischen Mutter und Kind« rechtlich zu berücksichtigen, und in der Urteilsbegründung haben die Richter es für gut befunden, diese dem Recht formell fremde *substantive Synergie* als juristisches Subjekt ihrer Entscheidung zu einer Rechtssache zu machen. Das Verfassungsgericht spricht von der »Zweiheit in Einheit«, die mit der Einnistung gegeben ist. Die Frau wird gleichsam bio-juristisch in die »Verantwortung« diesem »ungeborenen Leben« gegenüber hineindefiniert.

Meist sprachen die Abgeordneten vom »ungeborenen Leben«; vom Embryo, vom »Fötus« und nicht selten vom »Kind«, sei's schlechthin oder »noch ungeboren«. Merkwürdig ist, wie gleichgültig es bei der Wahl des Wortes ist, ob sein Referent ein Einzeller oder ein Nasciturus ist. Wie immer der symbiotische Partner einer Frau aber auch genannt wird, sei's Blastula oder Mensch, seine diagnostizierte Beziehung zu einer Staatsbürgerin macht diese zur »Mutter«.

So wie die Redner sich in Parlament und Senat stundenlang zu diesem Thema ausließen, gewinnt eine Zuhörerin den Eindruck, daß dieses Subjekt der Sphäre des Naturgegebenen zugehört. Es ist so, als ob es nichts zu reden, geschweige denn zu streiten gäbe, darüber, daß im Moment der biologisch wahrscheinlichen Einnistung einer befruchteten Zelle juristisch Mutterschaft zugeschrieben werden kann. Einnistung wird augenscheinlich als Vorgang besprochen, der keiner weiteren Diskussion bedarf. Seine Faktizität scheint jenseits von Geschichte zu liegen, auch wenn gerade in der Rechtsprechung zum Schwangerschaftsabbruch das Gericht sich laut dem festgelegten Rahmen gar des Allgemeinen Landrechtes von 1794 verpflichtet fühlt.[1] Nicht eine Stimme hat sich gemeldet, die bio-technische Diagnose der Einnistung mit der historischen Wirklichkeit der Schwangerschaft in Deutschland in Beziehung zu setzen.

Wenn die Diskussion zu Paragraph 218 nochmals in Gang kommen soll, dann muß, so denke ich, die vermeintliche Naturhaftigkeit dieser Rechtssache kritisch unter die Lupe genommen werden. Denn das, was die Volksvertreter als »Natur der Sache« voraussetzen, ist bei genauerem Hinsehen das im Alltagsbewußtsein zum Schein der Naturhaftigkeit geronnene Resultat von technischen Verfahren, molekularbiologischen Theorien und populärwissenschaftlichen Mißverständnissen.[2] Ich will versuchen plausibel zu machen, daß eine Debatte über die Unangemessenheit dieser technisch-bio-wissenschaftlichen Definition von Schwangerschaft in Gang gebracht werden muß, um aus dem Patt in Sachen »Paragraph 218« herauszukommen. Vielleicht eröffnete sich damit die Chance, das Karlsruher Urteil prozessuell, also im Hinblick auf eine spätere Korrektur, in Frage zu stellen.

Der Stellungskrieg zum Schwangerschaftsabbruch zwischen den sogenannten »konservativen« Lebens-Schützern, die sich hinter »Tradition« und »Theologie« verschanzen, und den sogenannten »liberalen« Frauen-Rechtlern, die den schwangerschaftsanfälligen Bürgern größere Initiative einräumen, hat sich wie eine Frontlinie ins Bewußtsein eingegraben. So sehr monopolisiert dieser Frontverlauf die Debatte um Paragraph 218, daß die für den Bereich des Frauen-Erlebnisses entscheidende Alternative kaum zur Sprache kommen kann.

Für mich liegt der entscheidende Gegensatz woanders: Er verläuft zwischen einer bio-kratischen und einer historischen Sicht auf die Schwangerschaft. Ich könnte die einander ausschließenden Wirklichkeitsperspektiven auch damit charakterisieren, daß die eine von einem technisch-verwaltenden Verständnis ausgeht, in dem der Schwangeren diagnostische, pädagogische und therapeutische »Bedürfnisse« und entsprechende »Ansprüche« zugeschrieben werden, während die andere vom ethischen Verständnis des »Mensch-Seins« ausgeht und auf das Recht aufbaut, auch als Schwangere auf eigenen Füßen zu stehen und bei Sinnen zu bleiben. Nicht die weltanschaulichen Positionen – also »Lebensschutz oder Frauenfreiheit« – sind in diesem Gegensatz unvergleichbar, sondern die »Körper«, über die im einen oder im anderen Fall gesprochen wird. Das sinnliche apriori der Sprechenden und damit ihre Wahrnehmung somatischer Wirklichkeiten scheidet die Positionen. In der Epistemologie des Körpers (und damit der Person) als Gegenstand des Rechts liegt für mich die neue Bruchlinie, die inhumane, modernisierende, technokratische Politik von einem demokratischen Humanismus trennt. Nur durch die Verlagerung der Diskussionsfront vom biotechnischen Scheingefecht in die Dimension widersprüchlicher Körpererlebnisse kann aus dem juridischen Patt endlich Rechtsprechung werden.

Es scheint zu den Regeln der Schwangerschaftspolitik zu gehören, mit dem »ungeborenen Leben« wie mit einer *Tatsache* zu spielen, die immer dann vorliegt, wenn eine Frau durch einen positiven Schwangerschaftstest stigmatisiert worden ist. Das Karlsruher Gericht töpfert interuterin – zwar nicht aus

Lehm wie Jehova, sondern aus dem Grundgesetz – leibhaftige Menschen. Es bestimmt Schwangerschaft nach dem Strafgesetzbuch: »Vom Abschluß der Einnistung des befruchteten Eis in der Gebärmutter ... bis zum Beginn der Geburt«. Und führt aus: »in der so bestimmten Zeit der Schwangerschaft handelt es sich bei dem Ungeborenen um individuelles, in seiner genetischen Identität und damit in seiner Einmaligkeit und Unverwechselbarkeit bereits festgelegtes, nicht mehr teilbares Leben, das im Prozeß des Wachsens und Sich-Entfaltens sich nicht erst zum Menschen, sondern als Mensch entwickelt.«[3]

Mit normierender Majestät nimmt das Gericht sich heraus, wissenschaftliche Tatsachen aus dem Bereich der Molekularbiologie mit juristischer Theorie zu verschmelzen, um einem neuartigen Wesen Existenz zu verleihen, das »ein Leben« genannt wird. Und dieses so vom Verfassungsgericht gezimmerte hypostatisierte »Leben« wird wie ein Wechselbalg der Frau in den Bauch gelegt. Dieses bio-juridische »Leben« ist noch sehr jung. Seine politische Zeugung fällt mit der zweiten Hälfte meiner akademischen Laufbahn zusammen. Und da ich seit langem danach forsche, wie Frauen früher den Zustand des Schwangergehens erlebt haben, habe ich die kurze Laufbahn dieses neuen »Lebens« mit Verwunderung und Distanz beobachten können.

In westlichen Kulturen ist der Beginn einer Schwangerschaft sehr verschieden vorgestellt und wahrgenommen worden. Nach den Lehren der antiken Ärzte konnte angenommen werden, daß die Empfängnis stattgefunden habe, wenn die Frau von einem Schauer im Beischlaf berichtet. Noch im 18. Jahrhundert sträubten sich Ärzte gegen die Vorstellung, daß eine Frau ohne Lust zu einem Kinde kommen konnte. Frauen meinten, daß sich ihr Leib fest verschloß, wenn sie empfangen hatten. Aus der Vermischung von männlichem und weiblichem Samen konnte nach alter Lehre nur etwas wachsen, wenn die *matrix* den Stoff geborgen hatte. Ob mit der Empfängnis in der *matrix* dann wirklich ein Kind Gestalt annahm, darüber gab es bis in das späte 19. Jahrhundert hinein nur Vermutungen. Pedantische Kasuistik deklinierte fünf Dutzend »Zeichen«, an denen man den Verdacht einer »wahren Schwangerschaft« anknüpfen konnte. Wissen konnte es monatelang niemand, weder die Frau noch der Arzt. Denn die Blutstockung und das Rumoren im Leibe mochten ja auch von einer »falschen« Empfängnis oder einer »öden« oder »windigen« Mutter stammen. Unnützes mochte sich im Leib der Frau ansetzen, falsche Frucht mochte sie tragen, Mißförmiges und Mißwächsiges. Erst nach der Geburt wußten alle, was es denn vorher gewesen war. Das einzige Zeichen, das mit einiger Gewißheit auf das Vorhandensein eines Kindes hindeutete, war die Regung der Frucht. Und im angelsächsischen Recht konnte bis in die Mitte des 19. Jahrhunderts die Anklage der Frucht-Tötung nur aufgestellt werden, wenn entweder die Frau dieses *quickening* erlebt hatte oder das *corpus delicti* einer kindsförmigen Leiche vorlag. Wenn also in alten Texten vom Ungeborenen als »Kind« gesprochen wird, dann bezog sich dieses Wort auf ein gestalt-loses Etwas, das über neun und manchmal noch etliche Monate mehr, unsichtbar und verborgen entstand. Es gab bis in die Zeit meiner Großmutter keine Möglichkeit, den Beginn einer wirklichen und wahren Schwangerschaft zu »verifizieren«.

Heute wird aus einem Hormontest auf die Einnistung eines Eies geschlossen, und aus dieser wiederum auf eine »Schwangerschaft«, auch wenn je nach Klima, Alter, Nahrung und genetischer Anlage nur mit beschränkter Wahrscheinlichkeit die einzelne Befruchtung eine Geburt erwarten läßt. Wenn ich meine galenischen und hippokratischen Quellen wälze, wundere ich mich nicht über den Fortschritt, sondern den rasanten Verlust in der Logik der Heiler. Mit ihrer Denkweise bestätigten die Alten, daß Schwangerschaft gute Hoffnung ist. Der moderne Arzt propagiert das Auftauchen eines Risikos *ab ovo*.

Phänomenologisch ist die erste Vermutung einer Frau, schwanger zu gehen, das Erwachen der Hoffnung auf das Sprossen in ihr, das einmal ein »Du« sein könnte. Historisch vergingen oft viele Monate, bevor aus dem Gespür etwas nur für sie selbst Greifbares unter dem Herzen wurde. Mutterschaft dämmert. Aus der Perspektive ihrer symbolischen Wirkmacht ist die pränatale Vorsorge ein Ritual, das auf die Zerstörung dieses Frauenerlebnisses angelegt ist. Acht Tage nach der Befruchtung bietet sich der Urintest an, und mit ihm der Scheinbeweis eines Zustandes, den der Gerichtshof als »Schwangerschaft« in die Sphäre des Rechtes erhebt. Bald danach zitiert der Vaginalscanner die Frau vor den Schirm, auf dem ihr der Gynäkologe einen vor-kindlichen Umriß als Menschen demonstriert.

Noch im 18. Jahrhundert bestaunten die Medizinprofessoren von Halle die Mutter für ihre Potenz, alles Mögliche hervorzubringen: auch eine nicht-menschliche Frucht, ein Mondkalb oder Mondkind. Diese »falsche Frucht« ließe sich wohl weder durch den Urin-Test noch durch den Ultraschall fassen. Der Test verifiziert ja nicht die Entstehung eines *Menschen,* noch zeigt der Ultraschall einen »menschlich« proportionierten Körper. Würde man dem Biologen Schall-Visualisierungen früher Leibesfrüchte von Frauen und weiblichen Säugetieren vorlegen, könnte auch der gewiefte Interpret von Ultraschall in den ersten Stadien der biologischen Entwicklung den »Menschen« von anderem Getier schwerlich unterscheiden. Das Faktum »Mensch« wird also durch die beiden technischen Verfahren nicht festgestellt, denen heute in der pränatalen Vorsorge Frauen intensiv ausgesetzt sind. Es ist ein technologisch suggeriertes Phantom.

Unter Biologen wird vom Beginn einer Schwangerschaft wohl dann gesprochen, wenn eine Charakteristik im Zellkern des befruchteten Eies aufscheint, die ihresgleichen in keiner anderen Zelle des Frauenkörpers findet. In diesem Denkstil entsteht bei einem Geschlechtsverkehr (oder auch im Labor) ein Genom. Dieser hier bewußt laienhaft formulierten Setzung hat sich das Verfassungsgericht angeschlossen. Die Richterschaft nimmt diese wissenschaftliche Tatsache als zureichenden Grund dafür, diese eine Zelle, den Zygoten, als ein neues »menschliches Leben« auch zur rechtlichen Tatsache zu machen, mit der Berufung auf das »individuelle, in seiner genetischen Identität und damit in seiner Einmaligkeit und Unverwechselbarkeit bereits festgelegten, nicht mehr teilbaren Lebens«. An diese Verwandlung einer fachwissenschaftlichen Tatsache in eine juristische schließen sich dann eine Serie von »Rechten« und Ansprüchen an, die der befruchteten und eingenisteten Zelle den Status des Rechtssubjektes verleihen und es dem Gericht erlauben, in bezug auf diesen Ein- oder Mehrzeller von »Menschen*würde*«, vom »*Recht* auf Leben«, von Schutz-*Anspruch* zu sprechen.

Der nahtlose Übergang von genetischer Heterogenität zu substantivem »Leben« und dann »Mensch«; der Sprung von genetischem Chromosomensatz zu »Identität«; schließlich die Verwandlung einer hormonell diagnostizierten Frau zu einer »Mutter«, entsprechen offenbar so sehr einem (recht plötzlich) verallgemeinerten Denkstil, daß das Monströse in diesen Sinnverschiebungen und Sphärenvermischungen nicht mehr wahrgenommen wird. Die Wortwahl des Gerichtes wird nur noch durch das Schweigen der Betroffenen übertroffen.

Eine südamerikanische Kollegin vergleicht den Prozeß von Karlsruhe 1993 mit dem von Sevilla 1550, in dem es um die menschliche Natur der Indianer ging, deren »wohldokumentierte« sodomitische Neigung und anthrophage Praxis gegen diese Anerkennung zu sprechen schien. Sie besteht auf diesem Vergleich, um zu betonen, daß die An- oder Aberkennung der menschlichen Natur durch Richterspruch in unserer Tradition Präzedenzfälle kennt. Ich nenne sie hier, um auf einen fundamentalen Unterschied aufmerksam zu machen, der nur zu oft übersehen wird: Die Anerkennung der menschlichen Natur bei Zapoteken oder Mayas, für die sich Las Casas gegen Sepulveda eingesetzt hat, betraf in ihren Auswirkungen Erwachsene und Kinder. Das einzige bewußte Subjekt, das durch die Erhebung des Zygoten zum Menschenwesen unmittelbar betroffen wird, ist die Frau.

In dreifacher Hinsicht ist das Karlsruher Urteil ein Skandal, dessen ich mich schäme.

1. Erstens, weil hier das oberste deutsche Gericht ein unübertroffenes Beispiel dafür liefert, wie im kulturellen Klima der neunziger Jahre der deutsche Staat die Zuschreibung der Menschenwürde und des Rechtsschutzes auf biologische Kriterien gegründet hat.

2. Zweitens, weil auch ein Jahr nach dem Urteil und der weiten Veröffentlichung seiner Begründung durch die Mitglieder des 2. Senates kein Protest gegen diese ausdrückliche Biologisierung des im 1. Artikel des Grundgesetzes genannten »Menschen« formuliert worden ist.

3. Drittens, weil die richterlich unterstützte Verwandlung der Schwangerschaft aus einer kulturell-erlebbaren zu einer diagnostizierten unsinnlichen Tatsache eine Verquickung heterogener Wirklichkeitsbereiche nicht nur grundgesetzlich sanktioniert, sondern durch den Beratungszwang das Erlebnis dieser Verquickung zur Pflicht macht.

Nur diesen dritten Punkt will ich hier aufgreifen und von vier Seiten beleuchten.

1. Vom biographisch eingebetteten Erlebnis der Frau zum diagnostizierten »Konflikt« mit dem Fötus.

Frühere Debatten über den Schwangerschaftsabbruch konzentrierten sich im Kern auf *die Frauen*. Wenn in der Vergangenheit von einem »Konflikt« gesprochen wurde, dann lag dieser vor dem Abbruch, lag im »Gewissen« der Frau oder im Streit mit dem Großvater, war eine biographische Krise: Es ging um Lust und Moral, um Geld und Not, um Nachkommenschaft, ja vielleicht Erbschaft, um eine Auseinandersetzung zwischen Frauen und Ärzten, zwischen Frauen und Männern. Man dachte an die Unzumutbarkeit der Wohnung, die Unvereinbarkeit von Lohnarbeit und Kind, die Undenkbarkeit der Liebe. Die Natur eines solchen »Konfliktes« stand in der erlebten Zeit und Zukunft der Frau.

Heute stehen wir vor etwas ganz anderem: extrem ausgedrückt, vor dem Kampf ums Dasein von zwei aneinandergeketteten Immunsystemen, denen hypostatische Substantivität zugeschrieben worden ist: einer »polemischen« Konstruktion zwischen potentiellen Widersachern: der Frau und dem Embryo. Amerikanerinnen sprechen von der »adversarial construction of abortion«. In diesem Interessenkonflikt beansprucht das Gericht Vormundschaft. Die Frau ist nach dem Wortlaut der Urteilsbegründung eine »Dritte«, gegen die der Staat den Mündling schützt.

Die Richter sind darauf aus, Gretchen-Not in einen Streitfall *in foro uteri* zu verwandeln. Die Kritik des Urteils hat sich bisher hauptsächlich mit dem richterlichen Vorurteil zugunsten des Neuen Lebens beschäftigt. Und noch überraschender: Die Kritik am Urteil hat zum Patt auf der Frontlinie zwischen Genomen geführt: sich mit der Gewichtung des Vorurteils eines Partners, nicht mit der Wahl der Front beschäftigt. Kritiker des Urteils erörtern nicht, daß die Konstruktion dieses neuartigen »Konfliktes« zwangsläufig die Frau entkörpert und entwürdigt.

2. Wer macht wen zu was?

Frauen waren »guter Hoffnung«. Wenn sie schwanger gingen, dann *hatten* sie nicht, sondern dann *erwarteten* sie ein Kind. Wenn sie ein Kind geboren hatten, wurden sie zur Mutter. »Mutter« war ein großes starkes Wort: der Funken, an dem für

Dante das »Du« sich entzündet; stark im Guten wie im Bösen. Jetzt soll die »Landung« einer genetisch fremden Zelle in der Schleimhaut des Uterus die »Initialzündung« der Mutterschaft sein. Nicht weil Frau ein »Du« beleben kann, sondern weil sie die qualifizierte Fremdheit des Implantates erkennen und tolerieren kann, wird Frau zur Mutter. Weiter kann es die Frauenfeindlichkeit nicht treiben, als es einem Fremdkörper zu überlassen, sie zur Mutter zu stempeln.

3. Von »Mutter« zu »Lebensproduzent«

Was Frau in den Schatten des Konfliktes stellt und was sie durch eine Immunreaktion umstandslos zur Mutterschaft verpflichtet, wird zunehmend als »ein Neues Leben« bezeichnet. Was ist das? Nichts. DNA, Genom, Basensequenzen, Chromosom – das sind Fachwörter. Ludwig Fleck nennt solche Termini Chiffren für wissenschaftliche Tatsachen. »Ein Leben« hat nichts in dieser Wortkategorie zu tun. Selbst in der um 1800 entstandenen Lebenswissenschaft, der Biologie, hat das Wort seit der Mitte des 19. Jahrhunderts keinen fachlichen Stellenwert. Es kommt in der *developmental biology,* die ehedem Embryologie hieß, nicht vor. Nur in der Öffentlichkeit, als Experte vor dem Bundestag, gelingt es dem Biologen, sich dadurch wichtig zu machen, daß er sich als Fachmann über »Leben« stilisiert. In seinem Fach wird von Strukturen und Funktionen, Systemen und Reaktionen gesprochen, nicht von »einem Leben«. Wissenschaftliche Termini sind Konventionen, die umso brauchbarer sind, je kohärenter sie denotieren und Konnotate ausschließen. Wissenschaftliche Termini sind frei von Sinn und Bedeutung. Das ist genau das Gegenteil von dem, was »Leben« tut: Das Wort denotiert nichts und konnotiert letzten Wert. Nicht ein Volksvertreter hatte den Anstand, Mut oder Verstand, darauf aufmerksam zu machen. Das Stigma des potentiellen Mörders wäre er nicht los geworden.

Das Wort ist von Predigt, Ökologie und Bundestagsdebatte aufgeblasen worden. Über die Talk-Show hat es Prestige gewonnen. Rituelle öffentliche Sprechakte haben ihm den Anschein hinreichender Konkretheit verliehen. Seit dem 28. Mai 1993 hat es der Richterspruch zum Synonym »jedes Menschen« im 1. Absatz des Grundgesetzes gemacht. Durch diese Wortwahl erweisen sich die Verfassungsrichter noch abhängiger von Podium und Mode, als Kirchenmänner es heute sind.

Wie konnte es zu dieser Anfälligkeit des »Gesunden Menschenverstandes« im Richtertalar kommen? Ich stelle die Frage nicht als Juristin, als Sprachwissenschaftlerin oder als Psychiaterin. Ich stelle die Frage als Historikerin, deren Thema das weibliche Körpererlebnis ist. Das Verfassungsgericht ist doch jene Instanz, die beauftragt ist, dem Grundgesetz immer neu seinen jetzt nachvollziehbaren Sinn zu geben. In dieser Mission, nämlich die Verfassung von 1949 im Gegenwartsbezug auszudeuten, spricht hier das Gremium einer wissenschaftlichen Tatsache, einer »Tatsache« ohne Hand und Fuß, ohne Kopf und Schwanz »Menschenwürde« zu. Gerade an dem Zeitpunkt, an dem in Deutschland die volle Menschlichkeit von sichtbaren, greifbaren Einwanderern, Krüppeln und Sterbenden auf dem Spiel steht, fordern die Verfassungsrichter die Anerkennung der Ebenbürtigkeit des Ungeborenen, ja des Zygoten.

Nun wird aber unentwegt gewarnt, daß ohne den Schutz des »ungeborenen Lebens« das Lebensrecht der Alten, Sterbenden und Behinderten auf dem Spiele stünde. Ich habe mich davon überzeugt, daß diese Behauptung auf einem Irrtum beruht. Die verpflichtenden Sprechakte, in denen biologische Organisationsstadien mit konkreten Menschen unter dem Abstraktum des substantiven Lebens gleichgestellt werden, schaffen erst ein öffentliches Klima, in dem dann auch die Großmutter und der Hirntote entpersonalisiert und zu einem »Leben« gemacht werden können. Unsere technotrope Gesellschaft schafft sich mit diesem »Leben«, in dem der »Mensch« ausgelöscht ist, ein Objekt, auf das dann verwaltend zurückgegriffen werden kann.

Wie kommt es dazu, daß diese Inhumanität, die mit der Substantivierung von »Leben« auftritt, nicht ebenso Proteste auslöst, wie ehedem die Substantivierung von »Blut«? Mir scheint dieser bruchlose Übergang von »jedem« und »Menschen« zu »einem Leben«, den das Urteil aus Karlsruhe wieder und wieder aus dem Grundrecht herausliest, dadurch bedingt zu sein, daß es quer durch die Gesellschaft im Laufe dieser letzten Jahrzehnte zu einer vormals undenkbaren Entkörperung des Erlebens gekommen ist. Die entkörperte Wahrnehmung des eigenen Organismus ist zu einer Grundcharakteristik unserer Epoche geworden. So konnte wohl auch für Juristen das Körper-Erlebnis aus einer unmittelbaren sinnlichen Wahrnehmung zu einem instrumentell ablesbaren Faktum werden.

»Wie geht es Ihnen heute?« habe ich kürzlich einen gefragt. Und als Antwort gab der mir zurück: »Das kann ich Ihnen erst morgen sagen, wenn mir das Labor den Befund geschickt hat.« Wem es so »geht«, wer nur weiß, wie er sich selbst fühlt, wenn er seine aus technischen Verfahren ablesbaren Parameter kennt, für den kann auch das *Faktum Mensch* zum Resultat eines Laborergebnisses werden. Nur aus diesem Verlust an Körper-Echo in Alltag, Moral, Ethik und Gesetz kann ich es mir erklären, wie das oberste juristische Gremium die Biologisierung des Grundrechtes nach 45 Jahren seiner Gültigkeit mit solch unwidersprochener Selbstverständlichkeit betreiben konnte. Nur so kann ich es mir erklären, daß das eigentlich Skandalöse, nämlich das technogene Axiom im Zustandekommen dieser Rechtssache, das im Urteil seinen Ausdruck findet, nicht einmal als fragwürdig in die Diskussion gekommen ist. Nur so kann ich mir erklären, daß Frauen, die aus Schwangeren zu Lebensproduzentinnen gemacht werden, sich scheinbar durch die neuen Synonymik haben beeindrucken lassen.

4. Mandat zur Entkörperung

Die meiste Tinte zu Paragraph 218 ist geflossen, um die Beratung rechtlich zu ordnen. Eine optimistische Interpretation der zukünftigen Abbruchpraxis sieht darin eine Erleichterung gegenüber der bisherigen Indikationenregelung. Die Kritik hat die Frauenverachtung, die Wirklichkeitsfremde, die Diskriminierung der ärmeren und die Frechheit gegenüber Frauen in der ehemaligen DDR aufgespießt. Meine Sorge ist noch eine andere. Ich betrachte diese »Beratung zum Leben«, auch wenn sie ergebnisoffen, nicht-protokolliert, anonym geführt werden mag, für etwas Schmachvolles. Denn aus der hier ausgeführten Perspektive ist Beratung die Chiffre für die gesetzliche Verankerung der Entkörperung im Erlebnis der Schwangeren. Und mehr noch: Sie zeugt vom politischen Willen, die Schwangere zum gesellschaftlich wirksamen Symbol des neuen Wirklichkeitsverständnisses zu machen.

Dagegen protestiere ich und setze das, was ich kann, zu diesem Protest ein: die Geschichte des Leibes, des Fleisches, des Körpererlebnisses. Ich protestiere als Frau, die bei ihrem Körper, das heißt bei Sinnen bleiben will. Denn wenn die Sprachregelungen des Karlsruher Urteils wirksam in einem flächendeckenden pädagogischen Zwangsunternehmen eingetrichtert würden, dann wäre ein weiterer Schritt getan, um jenen Körper zu zerstören, der im traditionellen Sinne schwanger werden konnte. Eine Politik zum Schwangerschaftsabbruch, die Frauen ernst nimmt, muß diese Biologisierung des Rechtsverständnisses und die in ihr enthaltene Aufforderung zur Entkörperung zum Thema machen.

Die Bedeutung des Urteils beschränkt sich nicht auf die eine Bevölkerungsklasse, der die neuartige Mutterschaft zugeschrieben werden kann. Unter dem Anschein einer konservativen Regelung des Schwangerschaftsabbruchs erscheint mir das Urteil im Lichte der richterlichen Urteilsbegründungen als ein zutiefst umstülpender Moment in der Gegenwartsgeschichte. Die Berufung auf eine Wissenschaft, und wiederum ist es die Genetik, um menschliches von nichtmenschlichem »Leben« zu unterscheiden, erlebe ich als beschämend, empörend, ja entsetzlich.

Anmerkungen

1 Urteil vom 28. Mai 1993, in: Europäische Grundrechte, Zeitschrift 20. H. 9-10 (4. Juni 1993): 242.

2 Es ist ein modisches, ephemeres, von Wissenschafts-Journalismus vermitteltes Phantom, dessen Einschleusung ins deutsche Rechtsdenken mich beschämt.

3 Urteil, S. 242.

Teil 3

Solidarität, Sicherheit, Menschenrechte

Ernst Gottfried Mahrenholz

Bericht über eine Domäne nebst Hinweisen zur Verbesserung der Erträgnisse derselben; beides kurzgefaßt

Verzeichnet man das Bild, das das Justizministerium des Bundes bietet, wenn man es als Domäne bezeichnet? Jemand hat diese Domäne als Pächter inne und bewirtschaftet sie nach der eigenen Einsicht und nach dem Maße der Aktivität der dort schon bereits seit je amtierenden Gutsinspektoren, Verwalter, Wirtschafterinnen und Oberschweizer. Man ist dort gut aufgehoben.

Domänen haben etwas Idyllisches an sich, etwas Beschauliches. Der Pächter sitzt in einem schönen Gutshaus, beobachtet aus dem Herrenzimmer das Treiben teils gelassen, teils mißmutig (weil seine Erzeugnisse draußen sinkenden Marktwert haben). Hie und da muß er die Bücher prüfen, aber es geschieht ihm nichts, solange keine Unterschleife entdeckt wird und solange er nicht vergißt, sich im Dorf ein wenig zu spreizen, denn das wollen die Leute.

Nicht immer war das Justizministerium eine beschauliche Domäne, zum Beispiel unter Gustav Heinemann nicht und nicht unter Gerhard Jahn. Ich nenne diese beiden Minister, weil sie Sonne, Wind und Regen eines Reformklimas zu nutzen wußten. Das ist ihr ganz persönliches Verdienst; das ist allerdings auch, wie gesagt, die Gunst des Wetters gewesen. Die Nachfolger hatten es schwerer, ich vermute: deswegen, weil gut Wetter, sprich: ein Rückenwind aus der Koalition seltener wurde, weil das öffentliche Interesse an einer Justizreform nachzulassen begann und im Gefolge all dessen die Opposition gleichfalls ihre Munterkeit verlor.

Heinemann und Jahn sind auch aus einem zweiten Grunde zu nennen: Sie gehörten unterschiedlichen Koalitionen an. Reformen sind nur bedingt abhängig von der Art der Koalition; in erster Linie kommt es darauf an, daß dauerhaft die öffentliche Meinung sie für notwendig hält. Erst dann kommt es auf die Reichweite der Reformen an, und hier allerdings können sich Unterschiede bemerkbar machen zwischen einer großen Koalition, einer sozialliberalen und einer unionsliberalen Koalition.

I.

Das heikelste Gebiet von Rechtsreformen ist das Strafrecht im weiten Sinne; es schließt das Strafgesetzbuch samt den sogenannten strafrechtlichen Nebengesetzen, die Strafprozeßordnung und das Strafvollzugsgesetz ein. Es ist besonders heikel, weil uns der Prozeß der Aufklärung die Selbstgewißheit im Strafen gekostet hat. *Was* unter Strafe zu stellen ist, *wie* gestraft werden soll und wieweit die Umstände der Tat und die Persönlichkeit des Täters das Maß der jeweiligen Strafe beeinflussen dürfen, sind Fragen, die nicht dauerhaft zu beantworten sind – wie lange auch die Geltung bestimmter Vorschriften währen mag – und die zumeist Antworten aus Schichten der Persönlichkeit empfangen, in die die Vernunft nur mühsam vordringt.

Die Reformperiode auf dem Strafrechtsgebiet, die von etwa 1967 bis 1977 währte, hat den Rechtsstaatsgedanken, die Menschenwürde und den Grundsatz der Verhältnismäßigkeit in den Mittelpunkt der Reform gestellt. Ich nenne das Strafvollzugsgesetz; den Anspruch der zu lebenslanger Freiheitsstrafe Verurteilten auf gerichtliche Entscheidung über eine Entlassung auf Bewährung nach fünfzehn Jahren Freiheitsentzug; einen rechtsstaatlich genauer durchgeformten und resozialisierungsfreudigeren Abschnitt der sogenannten zweiten Spur des Strafrechts, also der »Maßnahmen der Besserung und Sicherung« (§ 62 ff. StGB). Fast unverzeihlich ist es, weitere wichtige Reformschritte hier nicht aufzuführen.

II.

Aber es gibt offenbar zwei unterschiedliche Reformbegriffe: Beide haben die Überalterung des Rechts als Gegenstand, und zu beiden gehört, zu reformieren, soweit eigene Einsicht und die Kunst des politisch Möglichen reichen. Aber der eine Reformbegriff nimmt die hintergründige Sottise Mephistos »Weh dir, daß du ein Enkel bist« wörtlich: Zwei Generationen braucht man dann an die Sache nicht mehr zu rühren. Dasjenige Rechtsgebiet, auf das eine Reform den größten Einfluß ausgeübt hat, hat es mit Versteinerung zu büßen. Man hat auf längere Sicht die lex perfecta geschaffen, und nun darf man sich wieder Beschaulichkeit leisten und sich auf der Domäne einrichten. Die andere Auffassung geht eher vom Recht als leges semper reformandae aus; nach dem großen Wurf werden Entwicklungen beobachtet, und es wird, nach dem Maße der Erfahrungen mit dem reformierten Recht, nachgebessert. Dazu bedarf es nicht einer neuen umfassenden Konzeption, des großen Designs, sondern nur des Willens, Mängel eines Reformwerkes oder Mängel desjenigen Rechts, das von der Reform unberührt blieb, zu erkennen und solchen Einsichten entsprechend zu handeln.

III.

Es scheint so, als sei in Deutschland der erstgenannte Reformbegriff tonangebend. Das ist noch einmal der Domänen-Stil: Man hat gepflügt, geeggt, gedüngt und gesät, nun muß es wachsen; zu verbessern gibt's da nichts mehr. Einige Hinweise:

(1) § 191 des Strafvollzugsgesetzes sieht vor, daß Gefangene, wenn sie arbeiten, sozialversicherungspflichtig sind. Damals, im Jahre 1976, glaubte der Staat, ihm fehlten die Mittel, diesen Reformschritt auch in die Tat umzusetzen; das Gesetz verschob das Inkrafttreten der Bestimmung auf einen weiteren Gesetzesbeschluß. Bis heute, fast zwei Jahrzehnte später, ist nichts geschehen, obschon mit der genannten Bestimmung der Staat deutlich genug erklärt hatte, daß die Herausnahme arbeitender Gefangener aus der Sozialversicherung ungerecht ist. Verurteilt sind die Gefangenen zum Freiheitsentzug, nicht zu anderen, gleichheitswidrigen Nachteilen. Um die Zeit, die der Gefangene während der Verbüßung seiner Freiheitsstrafe gearbeitet hat, ist er in der Rente verkürzt und kann nach seiner Freilassung gegebenenfalls ganz oder teilweise der kommunalen Fürsorge anheimfallen. Die Witwe, unschuldig an den Straftaten ihres Mannes, bekommt keine oder entsprechend weniger Witwenrente.

Gewiß käme die Erfüllung des Versprechens des genannten Gesetzes den Staat teuer zu stehen. Die Frage ist indessen, ob er gegenüber einer Beachtung des Gleichheitssatzes in seiner sozialstaatlichen Ausprägung überhaupt die Wahl hatte und hat. Inzwischen ist eine Verfassungsbeschwerde beim Bundesverfassungsgericht anhängig. Wie in mehreren anderen, für den Gefangenen einschneidenden Fällen, muß dieses Gericht in die Bresche springen, um die Beachtung der Grundrechte zu erzwingen. Ob die grundrechtliche Position gefestigt genug ist, um auch in diesem Fall staatliche Organe der Gesetzgebung oder der Rechtspflege zu einer Kursänderung zu zwingen, bleibt abzuwarten. Rechtspolitisch verfehlt ist die Untätigkeit des Staates in jedem Falle: Die Sozialversicherung ist das notwendige Äquivalent lohnabhängiger Arbeit. Neben den Kontakten zu den Angehörigen ist geregelte Arbeit innerhalb oder – im Status des Freigängers – außerhalb der Justizvollzugsanstalt die entscheidende Voraussetzung für menschliche Stabilisierung und damit auch für die Wiedereingliederung nach der Entlassung. Das Gesetz selbst, wie eben bereits ausgeführt, führt hier eine deutliche Sprache.

(2) Mir scheint die Prüfung dringlich, ob die Beibehaltung der lebenslangen Freiheitsstrafe wegen Mordes einen Sinn hat. Das Bundesverfassungsgericht hat im Jahre 1977 erklärt, daß diese Strafe »nach Maßgabe der Entscheidungsgründe« mit dem Grundgesetz vereinbar ist. Voraussetzung für seine, wie es selbst sagt, »restriktive Auslegung« des § 211 StGB war die Etablierung einer gerichtlichen Instanz, die zu entscheiden hat, ob der Gefangene nach einer gewissen Mindestverbüßungszeit, nicht zuletzt im Blick auf eine Sozialprognose, bedingt, also auf Bewährung, entlassen werden kann. Der Gesetzgeber hat dies in § 57a StGB so geregelt, daß Voraussetzung für die bedingte Entlassung neben einer Verbüßungszeit von mindestens fünfzehn Jahren und einer günstigen Prognose auch die Antwort auf die Frage ist, ob nicht die besondere Schwere des Verurteilten die weitere Vollstreckung gebietet.

Infolgedessen werden die Täter nach fünfzehn bis dreißig Jahren entlassen, sofern die Sozialprognose für sie günstig ist. Ist aber allein sie der Haftgrund für den lebenslangen Freiheitsentzug, verliert er seinen Charakter als Strafe und verwandelt sich in eine Reaktion auf das Sicherungsbedürfnis der Gesellschaft, gleich einer unbefristeten Sicherungsverwahrung, die über den schuldbedingten Freiheitsentzug hinaus geht. Die lebenslange Freiheitsstrafe ist mithin im Sinne der klassischen Strafzwecke-Lehre nicht mehr Ausdruck von *Vergeltung, Sühne* und *Schuldausgleich* für das geschehene Verbrechen. Die *Abschreckungswirkung* der Strafdrohung einer lebenslangen Freiheitsstrafe stellt das Bundesverfassungsgericht selbst in Zweifel, wenn es den Knastjargon zitiert: »Lebenslänglich ist auch vergänglich.« Offen ist - und bleibt wahrscheinlich auf Dauer - die Frage, ob die lebenslange Freiheitsstrafe, wenn sie angeordnet und verhängt, aber nicht vollstreckt wird, für die *positive Generalprävention* notwendig ist. Mit diesem Begriff ist die Befestigung der rechtstreuen Gesinnung in der Bevölkerung durch die Ahndung der Strafjustiz aufgrund der Gesetze gemeint. Genau besehen kann die Wirkung der positiven Generalprävention aber nicht an der lebenslangen Freiheitsstrafe hängen, wenn sie doch nicht vollstreckt wird; vielmehr dürfte sie von einer raschen Aufklärung und Ergreifung des Täters und, im Falle des Mordes, von einem exemplarisch langen Freiheitsentzug abhängen. Daß die *negative Spezialprävention* durch lebenslängliche Sicherung vor dem einzelnen Täter die lebenslange Freiheitsstrafe nicht rechtfertigt, das sagt das Bundesverfassungsgericht selbst, und der *positiven Spezialprävention,* die die Wiedereingliederung des Täters in die Gesellschaft zum Ziel hat, wird eben gerade durch die bedingte Entlassung bei günstiger Sozialprognose Rechnung getragen.

Gerade die schärfste Sanktion, die das deutsche Recht kennt, bedarf schon wegen ihrer Schärfe am dringendsten der öffentlichen Debatte, in derselben Weise, wie sie vor nahezu dreißig Jahren von Politikern, Wissenschaftlern und Strafrechtspraktikern in der Öffentlichkeit unbefangen geführt worden ist. Das genannte Urteil des Bundesverfassungsgerichts gibt gerade hiervon ein lebendiges Zeugnis.

(3) Befremdlich ist, daß Reformgesetzgebung dort, wo sie in das Einzelthema nicht hinreichend eindringt, zu Rückschritten führt. Jede Zeit, auch die unsrige, läuft offenbar Gefahr, bestimmte rechtsstaatliche Errungenschaften aus praktischen Gründen für eine Münze ohne Nennwert zu halten. § 110 Abs. 1 StPO handelt von der Durchsicht von Papieren des von der Durchsuchung Betroffenen. Die Durchsicht ist das Mittel, die als Beweisgegenstände in Betracht kommenden Papiere inhaltlich darauf zu prüfen, ob die richterliche Beschlagnahme zu beantragen oder die Rückgabe notwendig ist.

Diese Vorschrift hatte in der vom Reichstag im Jahre 1876 beschlossenen Fassung diesen Wortlaut: »Eine Durchsicht der Papiere des von der Durchsuchung Betroffenen steht nur dem Richter (gemeint war: dem Ermittlungsrichter) zu.«

Der Abgeordnete Lasker begründete diese Bestimmung gegenüber den Bestrebungen der Reichsregierung und der

Regierungen der Einzelstaaten, die auch dem Staatsanwalt eine Prüfungsberechtigung zusprechen wollten, so: »Bei einem Punkte, der für den moralisch gebildeten Menschen die allergrößte Wichtigkeit haben sollte, konnte die Kommission nicht untergeordnete Zweckmäßigkeitsrücksichten gelten lassen... Die Durchsicht von Papieren spricht sich ungemein leicht, hat aber in Wahrheit die Bedeutung des Eindringens in die tiefsten Geheimnisse, in das Seelenleben, in den moralischen Inhalt des Menschen. Der ungestattete Eingriff in diese Sphäre des Menschen kränkt u.U. vielleicht mehr als die Verhaftung. Nicht die Papiere wollen wir schützen, in denen eine Strafhandlung begangen ist, oder durch die die Strafhandlung bewiesen wird, sondern die mit dem Strafgegenstand nicht verflochtenen Geheimnisse wollen wir mit dem stärksten Schutz umgeben, der in unserer Möglichkeit liegt.«

Lasker kannte nicht die Grundrechtslage des unantastbaren Kernbereichs, aber er kannte die Unantastbarkeit der Privatsphäre. Er kannte nicht den Grundrechtsschutz durch Verfahren, aber er kannte die Gewährleistung des Rechtsstaates in der kleinen Münze der einzelnen prozeßrechtlichen Regeln. Und so blieb diese Vorschrift bis zur Reformperiode unangefochten. Was die Regierungsstellen indessen schon bei dem Entwurf der Strafprozeßordnung empfunden hatten, empfand man hundert Jahre später erneut: Es ist »praktischer«, den Staatsanwalt die Papiere durchsehen zu lassen. Und so lautet dann die Vorschrift seit dem Jahre 1974: »Die Durchsicht der Papiere des von der Untersuchung Betroffenen steht der Staatsanwaltschaft zu.«

An diesem Beispiel ist die Differenz abzulesen zwischen dem großen Prägestock des Rechtsstaatsprinzips und der kleinen Münze, in der dieses Prinzip allein für den Betroffenen eine Valuta hat. Zugleich zeigt sich, daß Rechtspolitik nicht nur die Gewährleistung der richterlichen Unabhängigkeit zum Inhalt haben muß, sondern auch die Gewährleistung des *dem unabhängigen Richter unter rechtsstaatlichen Gesichtspunkten zukommenden Aufgabenfeldes.*

(4) Unbewegt blieb jedermann auf der Domäne, als die Rechtsprechung begann, zu lebenslanger Freiheitsstrafe Verurteilten den ihnen nach § 13 StVollzG nach zehn Jahren Strafverbüßung zustehenden Urlaub zu versagen, und dies mit dem Hinweis auf die Schwere der Schuld. Solche Gewährung von

Urlaub ist nicht eine Wohltat (sie wird oft genug für die Gefangenen als Belastung empfunden, schon wegen der Trennung von den Angehörigen nach Ablauf des Urlaubs); die Gewährung von Urlaub ist vielmehr notwendig für den Kontakt zu der Familie und damit für die Möglichkeit der Wiedereingliederung des Gefangenen nach seiner bedingten Entlassung; sie gilt auch, wie es in den Beratungen zu dieser Bestimmung hieß, einer einigermaßen menschenwürdigen Lösung des Sexualproblems. Das gegen solche Entscheidungen angerufene Bundesverfassungsgericht hat die Rechtsprechung für mit dem Grundgesetz vereinbar erklärt; die vom Gericht entschiedenen Fälle betrafen allerdings NS-Täter, die im Vernichtungslager Auschwitz bzw. in Ausrottungsaktionen gegen Juden in der Ukraine unvorstellbar schwere Schuld auf sich geladen haben. Gerichtspraxis hat aus dieser Rechtsprechung nunmehr den Grundsatz abgeleitet, man könne bei allen »Lebenslänglichen« so verfahren, und sogar bei solchen, die eine zeitige Freiheitsstrafe zu verbüßen haben. Ich sehe von den rechtsstaatlichen Bedenken ab, die gegen die Entscheidung des Bundesverfassungsgerichts zu erheben sind und die dahin gehen, ob es Justizvollzugsbeamten überlassen werden darf, die besondere Schwere der Schuld zu beurteilen. Aber dem Ministerium hätte auffallen müssen, daß diese Rechtsprechung den Intentionen des Gesetzgebers zuwiderläuft. Hier wäre die klarstellende Ergänzung des Gesetzes notwendig gewesen, die den Gerichten diesen Weg verlegt.

IV.

Auch Justizpolitik orientiert sich an aktuellen Problemen; derzeitige Beispiele sind der Strafrahmen bei Delikten mit ausländerfeindlicher Zielsetzung, die bessere Bekämpfung des organisierten Verbrechertums, die Auschwitzlüge. Es lassen sich weitere Beispiele anführen. Diese Orientierung ist nicht vorwerfbar. Indessen bedarf es der Vorkehrungen gegen eine *Diktatur des Aktuellen in der Rechtspolitik.* Solche Vorkehrungen können nicht moralisch-appellativer Art sein, sondern müssen institutionell verankert werden.

Im Bereich des Strafvollzuges täte eine Erhebung über die Zweckmäßigkeit von Änderungen not, die, ohne daß die Strafzwecke angetastet würden, die praktischen Erfahrungen berücksichtigt, die die Gefängnisverwaltung, die Anstaltsbeiräte und die Gefangenen selbst mit dem gegenwärtigen Instrumentarium machen. Dieser Erfahrungsschatz wäre in einer Strafvollzugskommission aller Länder zu verarbeiten, der allerdings nicht nur Ministerialbeamte, sondern auch Strafvollzugspraktiker, Wissenschaftler und Strafgefangene angehören sollten. Gegenstand der Beratung und der Erhebungen wäre nicht nur das Strafvollzugsgesetz, sondern ebenso die aufgrund des Gesetzes entwickelte Rechtsprechung und die bundesweit zwischen den Ländern vereinbarten Verwaltungsvorschriften, die für die Praxis eine erhebliche Bedeutung haben. Thema wäre schließlich auch die Frage, wieweit es sinnvoll ist, Entscheidungen der Justizvollzugsanstalt an vorgängige Genehmigungen des Ministeriums zu binden und die Rechtsbeschwerde der Staatsanwaltschaft zu Ungunsten des Gefangenen gegen Entscheidungen der Strafvollstreckungskammer einzulegen.

In gleicher Weise wäre bereits vorhandenes Erfahrungswissen in den Justizministerien des Bundes und der Länder fruchtbar zu machen:

Die Ministerien *wissen,* daß die vermeintliche Wohltat für die »Lebenslänglichen«, daß eine Rechtsinstanz und nicht bloß eine Gnadeninstanz der Ministerpräsidenten und des Bundespräsidenten über ihre bedingte Entlassung entscheidet, in ihr Gegenteil umgeschlagen ist: Die Verbüßungsdauer hat sich verlängert. Gleichwohl regt wohl kein Ministerium eine Initiative an, die diese Auswirkung steuert, sei es durch Herabsetzung der Verbüßungszeit auf zwölf Jahre, sei es durch eine Begrenzung der Höchstdauer der Verbüßung im Blick auf die besondere Schwere der Schuld auf zwanzig Jahre.

Ebenso wußten die Ministerien seit langem, daß es keine gesetzliche Regelung gibt, die die mehrjährigen Entlassungsvorbereitungen von Verurteilten dieser Personengruppe mit den Entscheidungen der Gerichte verzahnt, ob der Gefangene überhaupt entlassen wird. Erst das Bundesverfassungsgericht hat in einer Entscheidung vor wenigen Jahren diesem unkoordinierten Nebeneinander ein Ende gesetzt und hat sich zuvor über das Gesamtbild dieses Problems durch umfangreiche Erhebungen bei den einzelnen Justizministerien das für diese Entscheidungen notwendige Bild verschaffen müssen. Präsentes Wissen in den Justizressorts wurde gleichsam nicht zur Kenntnis genommen.

In gleicher Weise ist das Bundesverfassungsgericht vorgegangen, als es die Verfassungsmäßigkeit der Bestimmungen des Strafgesetzbuches nachprüfte, die die Anrechnung oder Nichtanrechnung von Freiheitsentzug in einer Entziehungsanstalt auf die nachfolgende Strafhaft regeln. Erst die Beantwortung eines detaillierten Fragenkatalogs, den das Gericht an eine große Anzahl von Suchtkliniken geschickt hatte, setzte es zu seiner den bisherigen Rechtszustand korrigierenden Entscheidung instand. Hier ging es um die Ermittlung von Erfahrungswissen vor Ort, auf dessen Kenntnis der Gesetzgeber von vornherein verzichtet hatte, als er die Bestimmungen schuf, die Gegenstand des Verfahrens vor dem Bundesverfassungsgericht gewesen sind. Auf die Idee, die praktischen Probleme durch eine solche Befragung kennenzulernen, ist weder ein Abgeordneter im Rechtsausschuß noch das Bundesjustizministerium gekommen, noch haben die Vertreter der Landesjustizbehörden im Bundesrat ein solches Erfahrungswissen ausgebreitet.

Dies sind keine Einzelfälle. Aber schon sie machen deutlich, daß verantwortliche Justizpolitik tatsachenhungrig sein muß, neugierig, sowohl im Blick auf die praktischen Auswirkungen von Gesetzen als auch auf die Realitäten, auf die eine gesetzliche Neuregelung trifft. Tatsachen befördern Reformen, können sie gar unwiderstehlich machen. Man muß sie nur kennen und nutzen, dann steigen die Erträgnisse der Domäne.

Erich Wulff

Politik einer menschlichen Psychiatrie – in welcher Gesellschaft?

Ja, eine zweite, gesamtdeutsche Gesellschaftsform, die brauchen wir tatsächlich. Eine zweite? Richtiger wäre es vielleicht zu sagen, eine dritte. Denn die zweite war der Staatssozialismus sowjetischer Prägung, und den gibt es nicht mehr. Man kann darüber streiten, warum. War es allein die bürokratische Erstarrung? Oder hat zu seinem Ende auch beigetragen, daß er seinem eigenen Weg nicht treu geblieben ist, sondern vergeblich dem Wohlstand nachhechelte, den der Kapitalismus uns, seinen Privilegierten in den Metropolen, zu bieten schien? Manches Bedenkens- und Erhaltenswerte ist bei diesem Zusammenbruch mit den Bach heruntergegangen, was, wenn auch nur keimhaft, entwickelt war: ein Bewußtsein gemeinschaftlicher Verantwortung für Betrieb und Wohnbereich, so lästig und einengend das manchmal auch sein konnte, vor allem aber, daß es im Sozialismus noch vieles umsonst gab, was nicht in verkäufliche Ware umgemünzt worden war: Liebreiz, Anmut, Naturschönheit, Freundlichkeit, Hilfsbereitschaft. Demgegenüber standen bürokratische Wucherungen und hilflose Versuche, der Kritik an den daraus erwachsenden Mißerfolgen und Sackgassen durch ein System totaler Kontrolle begegnen zu können. Oskar Negt hat mir immer wieder gesagt, ich solle diesem untergegangenen System nicht nachweinen. Aber ich muß einräumen, die Versuchung zum Weinen wäre für mich geringer gewesen, wenn statt dessen der Kapitalismus untergegangen wäre.

Über dessen Untergang ist so lange und so oft schon geunkt worden, daß ich mich gar nicht mehr traue, zu sagen, ja auch nur zu denken, erste Vorzeichen eines solchen Unterganges begännen jetzt wirklich sichtbar zu werden. Rezession, Massenarbeitslosigkeit in einem seit der Weltwirtschaftskrise 1929 unbekannt gewesenen Ausmaß, eine merkwürdige Gleichzeitigkeit von Anomie und Verrechtlichung, nicht nur Metropolen, auch Kleinstädte, in denen die Gewalt explodiert, aber auch die fühlbar gewordene Gewißheit, daß die Erde endlich ist und nicht nur ihre ökologischen, sondern auch ihre Vermarktungsressourcen in absehbarer Zeit erschöpft sein dürften. Und schließlich: Kriege in unserer unmittelbaren Nähe, der Verdacht, daß der Systemlogik am Ende gar nichts anderes mehr bleibt als ein Recycling durch Vernichtung.

Wir brauchen also eine neue, dritte Gesellschaftsform. Sie wird nicht vom Himmel fallen, sondern sich in einem langwierigen, sich über Jahrzehnte erstreckenden Wachstumsprozeß entfalten müssen. Wir müssen wohl ganz klein damit anfangen. Ansetzen an dem, was die christliberale Demontage vom Sozialstaat noch übrig gelassen hat; aber auch an den noch lebendigen Vorstellungen von sozialem Zusammenhalt, Solidarität, gegenseitiger Hilfe und Anteilnahme, die die Ossis, unsere ostdeutschen Mitbürger, einbringen können. Ihre etwas hölzerne Antiquiertheit werden wir brauchen, wenn wir zu dieser dritten, gesamtdeutschen Gesellschaftsform finden wollen. Das muß auch in den politischen Raum übersetzt werden können. Unabdingbar dafür ist zunächst eine nicht zu übergehende Opposition, die solche Erinnerungen mitbringt: Neben dem Bündnis 90, das, einschließlich seiner eigenen neoliberalen Versuchungen, in den immer stromlinienförmiger werdenden Grünen versickert, brauchen wir also auch die PDS im neuen Bundestag.

Und natürlich auch einen Regierungswechsel. Aber nicht jeden. Eine Große Koalition würde den westdeutschen Kapitalismus nur wenig sozialverträglicher, die SPD hingegen bedingungslos unternehmerfreundlich und sicherheitsbesessen machen. Ähnliches gälte für ein erneuertes sozialliberales Bündnis. So bleibt, wenn man realistisch bleiben will, nur noch Rot-Grün, wenn die Einheitsfront der Kurdenabschieber und Lohnsenker in ihre Schranken gewiesen werden soll. Ein Duett Scharping/Fischer also? Wohl kaum der Motor für eine gesellschaftsverändernde Politik – es sei denn, ihre eigenen linken Flügelfrauen und -männer brächten es fertig, ihnen Feuer unter dem Hintern zu machen. Und trotzdem: Wir brauchen einen Regierungswechsel, wir brauchen Rot-Grün, schon dazu, daß uns wenigstens die wichtigsten Errungenschaften der Erhardschen sozialen Marktwirtschaft erhalten bleiben.

Wird auch die Psychiatrie von einem solchen Regierungswechsel profitieren? Es ist vielleicht kein Zufall, daß ihre Reformierung weg vom Asyl und hin zu gemeindenahen Betreuungsangeboten in demjenigen Bundesland am weitesten vorangekommen ist, das auch am längsten sozialdemokratisch regiert wird: in Nordrhein-Westfalen. Aber mit solchen institutionellen Reformen: Verkleinerung der Krankenhäuser, Schaffung von Institutsambulanzen, Wohnheimen und Behindertenwerkstätten, ist es nicht getan. Um den psychisch Kranken und Behinderten die »Rückkehr ins Territorium« (Franco Basaglia), in selbstbestimmte Lebensverhältnisse zu ermöglichen, bedarf es billiger Wohnungen und einer bundesweiten, gesetzlich garantierten Finanzierbarkeit der häuslichen Betreuung und Behandlung. Und es bedarf dazu auch der Schaffung von gestuften Arbeitsangeboten, von Zuverdienst- und Selbsthilfefirmen bis zu betreuten Arbeitsplätzen in der »freien Wirtschaft«. Das alles ist ohne Geld – zumindest ohne Bürgschaften – nicht zu haben. Weshalb keine Hermes-Bürgschaften für Firmen, die psychisch Kranken Beschäftigungs- und Wohnmöglichkeiten geben? Ich sehe niemanden außer einer Rot-Grünen Koalition, der sich dafür stark machen kann. Denn ohne öffentliche Förderung könnten Zuverdienst- und Selbsthilfefirmen für Behinderte nur auf dem Boden von Selbstausbeutung – der Behinderten oder der »gesunden« Mitarbeiter – funktionieren, und sie würden zugleich auch die Eintrittspforte für eine Legitimierung der Unterbezahlung aller Arbeitnehmer. Subventioniert werden müßten auch Zahlungen für Renten- und Arbeitslosenversicherungen, die sich aus den Teilzeitarbeitsverhältnissen ergeben: Sie müßten so aufgestockt werden, daß am Ende eine Rente herauskommt, die den Lebensunterhalt auch ohne Sozialhilfe ermöglicht. – Und die Flexibilisierung der Arbeitszeit – ja, aber nicht angebots-, sondern nachfrageorientiert müßte sie sein: den Wünschen und Fähigkeiten der Behinderten, aber auch der alten Menschen angemessen. Meine Tante Wilma, die als Empfangsdame in einer Poliklinik in Riga, damals noch Sowjetunion, tätig war, konnte von ihrem 60. Lebensjahr bis zu ihrem Tode, mit 81, allwöchentlich die Zahl der Stunden selber festsetzen, die sie noch arbeiten wollte: auf einer Skala von 0 bis 40! Wir brauchen viel Phantasie, um solche Regelungen in unser Gesellschaftssystem zu übertragen. Aber man sollte dabei auch nicht zu ängstlich sein. Wenn wir tatsächlich eine »dritte Gesellschaftsform« wollen, müssen wir auch marktwirtschaftliche Tabus angehen und offensiv dafür eintreten, daß es Gemeinschaftsaufgaben gibt, die nicht nach dem Rentabilitätsprinzip allein beurteilt werden dürfen. Wenn wir lediglich in der Defensive bleiben, dann sind wir eines Tages – mit Ausnahme der Verwaltungsbürokratien – alle öffentlichen Dienste, einschließlich der Schulen, los.

Eine neue Regierung garantiert noch keine neue Mentalität, noch keinen Respekt kulturell oder psychisch Andersartigen gegenüber. Von der Haltung der CSU und CDU in dieser Frage will ich gar nicht reden: obwohl in der letzteren, um Heiner Geißler, auch Kräfte wirksam sind, die mir in dieser Hinsicht gar nicht so fern stehen. Die alte FDP – bevor sie in die Hände eines ehemaligen Geheimdienstchefbürokraten geriet – hatte sich noch für Minderheiten-, Menschen- und Bürgerrechte eingesetzt; heute erscheint Burkhard Hirsch wie ein Rufer in der Wüste. Und Scharping hat leider in der Asyldebatte gezeigt, daß er wahltaktischen populistischen Versuchungen nur allzu leicht nachzugeben geneigt ist. Ob auch die PDS auf fremdenfeindliche Emotionen in ihrer Klientel Rücksicht nehmen muß, wird sich bald herausstellen – spätestens dann, wenn sie in einigen großen Kommunen politische Mitverantwortung trägt. Für die psychisch Kranken – und die ausländischen Mitbürger – sind die Grünen heute jedenfalls die aktivsten und alleine völlig verantwortungswürdigen Anwälte.

Wie wohl alle, die an diesem Buch mitschreiben, weiß ich also, was ich 1994 mit Sicherheit nicht wählen werde: außer den rechtsradikalen Parteien die CDU nicht und auch nicht die FDP. Die Chancen, die ich der SPD eingeräumt hatte, sind durch ihr Umfallen in der Asylfrage und die demnächst auch von den Innenministern angeordneten Kurdenabschiebungen, sind durch ihre Anbiederei bei dem Heer der Vorurteilsbesitzer in Sachen »großer Lauschangriff« kritisch abgefallen. Nur der viel zu spät von der Mehrzahl der sozialdemokratisch regierten Länder schließlich doch verfügte Abschiebungsstop für kurdische Flüchtlinge reicht nicht aus, das alles vergessen zu lassen – und auch Schröders Mut nicht, diese Entscheidung u. a. durch die Ankündigung der türkischen Regierungschefin über eine bevorstehende »Endlösung der Kurdenfrage« zu begründen – eine angesichts der immerhin zur Hälfte gelungenen »Endlösung der Armenierfrage« durch die Türken 1917/18 eine nicht ernst genug zu nehmende Drohung.

Was für mich zur Wahl steht, sind also die Grünen – um in einer Rot-Grün-Koalition Druck zu machen – und die PDS als starke, linke Opposition. Eine schwierige Entscheidung, die ich vielleicht erst in der Wahlkabine treffen werde.

Hermann Klenner
Der innere Frieden und die Menschenrechte

Als Ostdeutscher spürt man es: Die realexistierende Demokratie von heute ist ebensoviel/ebensowenig Prozent demokratisch, wie der realexistierende Sozialismus von ehedem sozialistisch war. Keine tröstende Erkenntnis, weder für einen Demokraten noch für einen Sozialisten.

Und ruft den Juristen auf den Plan. Denn zu den Ursachen für das gewesene Eine und das seiende Andere zählt eine den Anforderungen genuiner Demokratie (auf die wir uns im Gegenwartsinteresse beschränken wollen) unangemessene Rechtsordnung. Auch wenn uns die offiziell Regierenden wie die offiziell Opponierenden weismachen wollen: Wir leben nicht in der besten aller Rechtswelten. Freilich wird das Verfassungsprovisorium für die Bundesrepublik Deutschland, also deren Grundgesetz in seiner seit 1949 nicht weniger als 37mal geänderten Fassung, von den in Macht und Wohlstand Sitzenden, die Herrschaft Ausübenden und das Gewaltmonopol Beanspruchenden, mit einem Wort: der politischen Klasse (samt den von dieser engagierten Professoren), als ein »Glücksfall der deutschen Geschichte« bezeichnet. Glück für wen? Das wird man wohl noch fragen dürfen. Versagt hat dieses Verfassungsprovisorium jedenfalls, als seine bisher einzige wirkliche Bewährungsprobe kam: Wenn sich, wie repräsentative Umfragen unter allen Schichten der Ostdeutschen ergaben, nur 19,5 % der Bevölkerung als Bürger der Bundesrepublik Deutschland fühlen, hingegen 72,9 % der Bevölkerung eine neue Verfassung wünschen, dann hat eben auch das Grundgesetz in seiner Anwendung die Prüfung durch die Geschichte nicht bestanden. Von seiner identitätsstiftenden Funktion ist zumindest seit dem Zeitpunkt nichts zu merken, da der »Vertrag zwischen der BRD und der DDR über die Herstellung der Einheit Deutschlands« vom 31. August 1990 sie auf ganz neue Weise erforderlich gemacht hat.

In der Erfahrung der vorangegangenen 4 Jahre hat sich dieses euphorisch – Betrug und Selbstbetrug vereinigend – als Einigungsvertrag bezeichnete Gesetzeswerk als Einverleibungsdiktat entpuppt. Die in Deutschland vorherrschende Politik setzt den bis 1989 geführten zwischenstaatlichen Kalten Krieg nunmehr als innerstaatlichen, als Kalten Bürgerkrieg, fort, zwischen Siegern und Besiegten, versteht sich, und gnadenlos dazu. Das Feindbild ist nicht etwa abhanden gekommen und mit ihm die eigene Identität, wie man immer wieder hört und liest. Im Gegenteil. Nun braucht man sich im Freund/Feind-Verhältnis nicht mehr um Diplomatie und Genfer Konvention zu scheren.

Unter solchen Voraussetzungen droht das Grundgesetz zur bloßen Legitimationsfassade zu verkommen. Über das weitgehende Versagen der durch das Grundgesetz konstituierten und auf seiner Basis agierenden Bundesorgane (Bundestag, -rat, -präsident, -regierung, -gerichte) zu lamentieren, macht wenig Sinn. Von »*Wir* sind das Volk!« über »Wir sind *ein* Volk!« zu »Wir sind *das* Volk!« waren die Übergänge fließend. Der Illusionsdemokratismus landete im Realchauvinismus. Durch den Mob in Brand gesteckte Ausländerheime und die Nahezu-Eliminierung des Asylrechts durch Regierung plus Opposition in gemeinsamer Xenophobie gehörten zu den Folgen.

Wie gesagt, es lohnt sich nicht, darüber zu lamentieren, daß die sich selbst als mit einer »freiheitlich-demokratischen Grundordnung« (so Artikel 21 II des Grundgesetzes) bzw. einem »rechtsstaatlich geordneten demokratischen und sozialen Bundesstaat« (so die Präambel des Einigungsvertrages) gesegnet preisende BRD sich bisher als unfähig erwiesen hat, die Minimalanforderungen an einen inneren Frieden zu gewährleisten. Der ist von der sogenannten politischen Klasse gar nicht gewollt. Interessenhomogenität wird nur vorgetäuscht, um die tatsächliche Interessenpolarität zu kaschieren. Aber den Vorgang zu problematisieren, ist schon erforderlich. In juristischen Kategorien erfaßt, handelt es sich nämlich einerseits um flächendeckende Verletzungen des Grundgesetzes und andererseits um dessen Geburtsfehler.

Zum Einerseits: Wer nicht infolge seiner interessierten Vorurteile mit Blindheit und Taubheit dazu geschlagen ist, kann nicht daran vorbei, daß im Ergebnis gewollter Verletzungen des Gleichheitsgebotes (Art. 3 und 33 Grundgesetz) und des Eigentumsschutzes (Art. 14 Grundgesetz) das Gesicht zumindest der ostdeutschen Gesellschaft geprägt ist von Massenarbeitslosigkeit, Obdachlosigkeit, Grundstücksenteignungen, Bauernlegen,

Abwicklungen in Wissenschaft und Kultur, Kriminalitätsexplosion, Rentenstrafrecht, Berufsverboten, Frauen- und Fremdendiskriminierungen. Von einer sich wie zum Hohn auch noch Treuhand nennenden bundesunmittelbaren Anstalt des öffentlichen Rechts mit Tausenden hochhonorierter Angestellten werden Hunderttausende ins soziale Abseits gejagt und ganze Regionen deindustrialisiert, alles rechtsstaatlich, versteht sich. Das grundgesetzlich normierte (Art. 103 II) Rückwirkungsverbot von Strafgesetzen wird durch Strafgerichte ausgehebelt. Ganze Bevölkerungsgruppen werden vergauckt, d.h. in einer Form geoutet, daß der für viele seit der Reformation aus der Mode gekommene Beichtstuhl in einen Pranger verwandelt und auf die Straße gestellt wird dazu. Vergangenheitsbewältigung wird als Vergangenheitsvergewaltigung betrieben. Auf Kosten von Gegenwärtigen. Charakterwäsche als Unterdrückungsinstrument, Recht als Rache. Man sage nicht, diese Unfrieden und Ungerechtigkeit stiftenden Vorgänge seien von lediglich ostdeutschem Interesse. Wenn die Expropriation der Armen des Ostens durch die Reichen des Westens unter der Vormundschaft von deren oft auch noch korrupten Beamten mit zynisch bezeichneter Buschzulage erfolgt, dann sind beide Seiten, West *und* Ost, deformiert.

Zum Andererseits: Es geht aber nicht nur darum, Grundgesetz- und Grundrechtsverletzungen zu denunzieren. Es geht um die Gebrechen des Grundgesetzes selbst. Dabei handelt es sich im Kern um ein Demokratie- und um ein Menschenrechtsdefizit. Zum letzteren zuerst: Gemäß Absatz II von Grundgesetzartikel 1 bekennt sich das Deutsche Volk zu *Menschen*rechten, während gemäß Absatz III des gleichen Grundgesetzartikels 1 der deutsche Staat nur an die *Grund*rechte gebunden zu sein beansprucht. Bei dem Differential zwischen Menschen- und Grundrechten handelt es sich um einen zugleich brisanten wie produktiven Bereich. Was ihren Geltungsbereich anlangt, so ist für die Menschenrechte ihre Universalität charakteristisch, für die Grundrechte limitierte Territorialität. Die Menschenrechte verpflichten alle Staaten, die Grundrechte binden nur die deutschen Gesetzgebungs-, Regierungs- und Rechtsprechungsorgane. So weit, so gut. Was aber ihren Regelungsinhalt angeht, so sind die Menschenrechte in ihrer Einheit von bürgerlichen, politischen, wirtschaftlichen, sozialen und kulturellen Rechten »unteilbar, bedingen einander und bilden einen Sinnzusammenhang« (wie es im Art. 5 des Schlußdokuments der zweiten UNO-Weltkonferenz über die Menschenrechte vom 25. Juni 1993 heißt), während die Grundrechte des bundesdeutschen Grundgesetzes nur einen Teilbereich abdecken, indem sie sich auf die politischen und Bürgerrechte beschränken. In Deutschland negiert also der Grundrechtsstandard partiell den Menschenrechtsstandard. Auf den letzteren wird das Volk verpflichtet, mit dem ersteren begnügt sich der Staat.

Als dieser Staat, eben die Bundesrepublik Deutschland, sich das Grundgesetz gab, war er zu solch einer gegenüber den Menschenrechten gegenständlichen Limitierung völkerrechtlich berechtigt. Zwar zählte die von der Generalversammlung der Vereinten Nationen am 10. Dezember 1948 angenommene Universal Declaration of Human Rights auch the right of social security (Art. 22), the right to work (Art. 23), the right to education (Art. 26) und the right freely to participate in the cultural life of the community (Art. 27) zu den Menschenrechten, freilich bloß als von allen Völkern zu erreichendes gemeinsames Ideal, also mit lediglich moralischer Verbindlichkeit ausgestattet. Inzwischen haben aber die Vereinten Nationen im Dezember 1966 die beiden »International Covenants on Civil and Political« und »on Economic, Social and Cultural Rights« angenommen, ein Menschenrechtskodifikat, das für die Bundesrepublik Deutschland durch eigene Entscheidung seit Januar bzw. März 1976 (gemäß Art. 59 II Grundgesetz) völkerrechtlich verbindlich ist.

Seit nunmehr also fast zwanzig Jahren widerspricht die Grundrechtsordnung der Bundesrepublik der Menschenrechtsordnung der Vereinten Nationen, deren Mitglied sie aber ist. Es stünde der Bundesrepublik aber gut an, ihr internationales Ansehen weniger durch ein militärisches Afrikakorps oder durch Waffenlieferungen in internationale Krisengebiete als vielmehr dadurch zu mehren, daß sie das Recht jedes Menschen auf Bildung, auf Arbeit, auf soziale Sicherheit, auf eine angemessene Wohnung grundgesetzlich schützte, so wie es der Verfassungsentwurf des Kuratoriums für einen demokratisch verfaßten Bund deutscher Länder vom 29. Juni 1991 in differenzierter Weise getan hat. Mit dem laissez faire, laissez passer der Marktwirtschaft allein ist jedenfalls eine menschenwürdige Gesellschaft nicht herzustellen.

Die gegenwärtige Diskrepanz zwischen dem Menschenrechtskatalog der Vereinten Nationen und dem Grundrechtskatalog der BRD widerspiegelt sich übrigens auch im Ungleichgewicht zwischen den rechtsstaatlichen und den sozialstaatlichen Elementen des Grundgesetzes. Wer also dessen Menschenrechtserwähnung im Art. 1, Abs. II nicht zu einer bloßen Verschönerungs- und Verschleierungsvokabel degenerieren lassen will, dem bleibt keine andere Wahl, als in ihr eine Auftragsnorm, einen Kampfbegriff zu sehen. Der grundgesetzgebotene (Art. 1, Abs. I) Schutz der Würde des Menschen ist ohne einen Schutz der Bedingungen dieser Würde gewiß nicht wertlos, aber eben nur die halbe Miete. Das Recht auf freie Wahl des Arbeitsplatzes (Art. 12 Grundgesetz) bedarf der untermauernden Ergänzung durch ein Recht auf Arbeit genauso wie das Recht auf Unverletzlichkeit der Wohnung (Art. 13 Grundgesetz) des Supplementrechts auf Wohnung bedarf. Da ohnehin der Grundwiderspruch der Gesellschaft in der politischen Freiheit des Menschen bei seiner gleichzeitigen ökonomischen Unfreiheit besteht, ist damit eines der wichtigsten Denk- und Handlungsfelder skizziert, auf denen sich der vielberufene mündige Bürger aus der angemaßten Vormundschaft des Staates zu befreien hat, wenn er sich seiner Interessen bewußt wird.

Und damit bin ich gegenständlich bereits beim anderen Defizit des Grundgesetzes, dem limitierten Demokratieverständnis. Auch dieses Ärgernis ist übrigens von menschenrechtlicher Relevanz, da das Selbstbestimmungsrecht des Volkes und das der Individuen einander bedingen. In einer berühmten Passage heißt es im Du contrat social (1762, Teil 3, Kap. 15) des Urdemokraten Jean-Jacques Rousseau, daß das englische Volk, da seine Mitwirkungsrechte sich auf die Wahlen beschränken, sich täuscht, wenn es meint, frei zu sein; nur während der Wahlen zum Parlament sei es frei; sobald dieses gewählt ist, lebe das Volk wieder in Knechtschaft, der Gebrauch, den es in den kurzen Augenblicken seiner Freiheit davon macht, verdiene wahrlich, daß es sie wieder verliert (Le peuple anglais pense être libre; il se trompe fort, il ne l'est que durant l'élection des membres du parlement; sitôt qu'ils sont élus, il est esclave, il n'est rien. Dans les courts moments de sa liberté, l'usage qu'il en fait mérite bien qu'il la perde). Man muß nicht Sympathisant eines solchen Radikaldemokratismus sein (der übrigens immer noch nicht radikal genug ist, da die private Macht der Medien auch das Freiheitsmoment der öffentlichen Stimmabgabe inhaltlich partialdeterminiert), um die ausschließlich parlamentarisch-repräsentative Demokratie als wirklicher Volkssouveränität widersprechend zu begreifen.

Eine Parlamentsmehrheit, eine Regierung oder eine Partei, die dem Volk sein originäres Recht auf Letztentscheidung, ja sogar auf Verfassungsgebung, abstreitet, beginnt den Staat selbst zu unterschlagen, ihn sich als Beute anzueignen. Sie verliert dadurch das Recht, ein staatliches Gewaltmonopol zu beanspruchen. Das Widerstandsrecht des Volkes hat hier seinen Ursprung. Auch Wahlen können Widerstand sein ...

Klaus Dörner (Hrsg.)

Kein psychisch Kranker braucht dauerhaft in einer Klinik zu leben

Die »Gütersloher Denkschrift«, ein Plädoyer für eine Radikalisierung der Psychiatriereform, entstand unter der Federführung von Klaus Dörner. Die Denkschrift war Grundlage der Gütersloher Fortbildungswoche 1993. Unter dem Titel »Aus leeren Kassen Kapital schlagen« erscheint im Jakob van Hoddis-Verlag Gütersloh der Tagungsband zur Fortbildungswoche. Der hier abgedruckte Text folgt der Dokumentation in der Frankfurter Rundschau vom 29. März 1994.

I. Zur Situation

Auf nicht absehbare Zeit haben wir mit einer sozialökonomischen Krise, also mit knapperen Sozialressourcen, zu leben, und das zu einer Zeit, in der die psychiatrische Reformbewegung nach 20 Jahren ihre politisch und öffentlich wirksame Kraft verloren hat, obwohl sie gerade jetzt vor der Alternative steht, nach bisher eher quantitativen Erfolgen qualitative Durchbrüche zu erzielen, auf schmerzhafte Weise Strukturen zu sprengen, ans Eingemachte zu gehen oder den wieder ausgrenzenden Rückzug anzutreten.

In dieser Situation haben wir zu wählen zwischen Resignation, die wir schon spüren, oder einer nüchtern kalkulierten Radikalisierung der Reform, zu der wir mit diesem Text einen Verfahrensvorschlag zur Diskussion stellen. (...)

Aus gleichsinnig wirkenden ökonomischen, ethischen und fachlichen Gründen heißt also das neue Ziel der psychiatrischen Reformbewegung der nächsten 10 Jahre: Im Sinne des Sicherstellungsauftrags der Kommunen wechselt die Federführung für die Reform-Verantwortlichkeit von den Krankenhäusern zu den Kommunen; dadurch strukturelle Auflösung und Flexibilisierung der institutionellen Basis des bisherigen Versorgungssystems und sein Neuaufbau von der Ambulanz und der Selbsthilfe aus, orientiert an den Grundbedürfnissen der psychisch

Kranken nach Arbeiten, Wohnen und Behandlung, dabei von den Schwierigsten und scheinbar Hoffnungslosesten ausgehend; dies wird ermöglicht durch a) massive Einsparungen bei der fälligen dramatischen Umverteilung der Finanzmittel vom institutionellen zum ambulanten Bereich, b) Reduktion des Anspruchsniveaus aller aufgrund der erwähnten Orientierung an den Grundbedürfnissen und c) den progressiven Wechsel der Kostenträgerschaft von der Sozialhilfe auf die Sozialversicherung, was normalisierende Gleichstellung und Integration der psychisch kranken Bürger garantiert und Voraussetzung ihrer Selbsthilfe ist. Damit ist eine so atemberaubende Spannung zwischen Ist und Soll wiederhergestellt, daß mit dem Wissen, daß es hierzu keine Alternative gibt, die neue Reform über soviel öffentlich und politisch wirksame Kraft und Begeisterung verfügt, daß sie erfolgreich sein wird. (...)

II. Die neuen Voraussetzungen

Wenn die neue Reform weniger quantitative Veränderungen zur Aufgabe hat, sondern für qualitative Durchbrüche begeistert, dann qualitativ im doppelten Sinne von Problemlösungen für den je einmaligen Einzelfall (nicht mehr für Gruppen), zum anderen im Sinne einschneidender und schmerzhafter struktureller Veränderungen. Erst jetzt ist das Ziel der neuen Reform wirklich die Kultivierung des kommunalen Miteinanders der Menschen, das immer ein Miteinander von Stärkeren und Schwächeren ist, oder – wie es Ulrich Bach ausdrückt – »eine Gemeinde ohne ihre Behinderten ist eine behinderte Gemeinde«; oder anthropologisch »jeder Mensch will notwendig sein«; oder ökologisch »eine Kommune kann auf kein Mitglied verzichten, um vollständig zu sein«.

Wenn solche Ziele soviel Begeisterung stiften, daß sie als Forderungen politisch durchsetzbar sind, dann ist freilich solche Begeisterung weniger moralisch-karitativ wie vor 20 Jahren, sondern mehr bürgerrechtlich-kommunalpolitisch, unsentimental mit allen Härten rechnend, dafür am Aufbau einer demokratischen Zivilgesellschaft orientiert. Wichtige neue Voraussetzungen sind:

1. Während vor 20 Jahren wir Profis die Fürsprecher der sprachlosen psychisch kranken Bürger waren, besteht jetzt die

wichtigste neue Voraussetzung darin, daß zunächst die Angehörigen psychisch Kranker selbst von der kommunalen bis zur Bundesebene sich zu Selbsthilfeinitiativen zusammengeschlossen und damit begonnen haben, selbst für die Interessen zu kämpfen. Alles muß anders sein, seit die psychiatrische Diskussion somit auf drei zunehmend gleichberechtigten Partnern, auf einem Trialog beruht. (...)

2. Während vor 20 Jahren die an der Versorgung Beteiligten nur quantitativ etwas abzugeben hatten und ihre Großzügigkeit ihnen nicht wehtat, haben jetzt nicht nur wir Profis einen schmerzhaften Rollenverlust zu verarbeiten. Vielmehr sind auch die meisten Träger zum Abgeben von Macht bis an die Schmerzgrenze, ja, bis an die Existenzfrage gezwungen, z. B. Großkrankenhäuser und ihre Träger, Nervenärzte, Wohlfahrtsverbände, soll die umfassende Aufgabenverteilung gelingen.

3. Während vor 20 Jahren die meisten Beteiligten ihre tradierten Interessen weiterhin verfolgen und ausbauen konnten, ist jetzt mit überraschenden Neudefinitionen der Eigen-Interessen der Beteiligten zu rechnen, etwa bei Kommunalverwaltungen, Wirtschaftsbetrieben und Hausbesitzern. Aber auch Krankenkassen und Rehabilitationsträger signalisieren Bereitschaft, der Sozialhilfe Aufgaben abzunehmen, wobei den Kosten der Gewinn von Verantwortlichkeit, Einfluß und Macht gegenübersteht. Kaum etwas aber garantiert die Integration, ja, das Lebensrecht psychisch Kranker besser als die Normalisierung der Kostenträgerschaft. (...)

6. Während wir vor 20 Jahren auf moralischem Wege eine relativ behindertenfreundliche öffentliche Meinung erzeugen konnten, ist es heute auch international wieder erlaubt, in der Öffentlichkeit, in den Medien, auch in der Wissenschaft (»Bioethik«) nach der Existenzberechtigung psychisch Kranker und anderer Behinderter zu fragen. So berechtigt die moralische Empörung darüber ist, ist sie doch allein unwirksam. Wirksamer ist die Feststellung, daß dieses die Rückkehr aus einer moralischen Verwöhnung zur gesellschaftlichen Realität ist, wie sie sich seit 100 Jahren international etabliert hat, wie wir gerade durch unsere Beschäftigung mit der Nazi-Psychiatrie nachgewiesen haben. Daher ist bis auf weiteres jeder in einem sozialen Beruf fehl am Platze, der nicht den Umgang mit Menschen wählen will, die für fragwürdig gehalten werden. Wir können aber wissen, wenn wir wollen, daß wenigstens seit 1945

auch unsere Gesellschaft auf zwei Ethiken gründet, auf der Ausgrenzungsethik und der Integrationsethik. Da zudem die öffentliche Meinung stets von Menschen hergestellt wird, ist sie auch von uns zu beeinflussen und hängt von der Kraft und Aufmerksamkeit ab, die wir für unsere Öffentlichkeitsarbeit aufbringen.

III. Neue Ziele der Reform-Bewegung

Die neuen Voraussetzungen, insbesondere diejenige, wonach Psychiatrie heute auf Selbsthilfeinitiativen gründet, wonach wir eine trialogische Psychiatrie haben, machen es zwingend, utopische Maximalziele zu formulieren, wenn auch die zu ihnen führenden Wege ohne das geduldige und oft trostlose Bohren harter Bretter nicht zu gehen sind. Wenn die meisten uns dafür für verrückt erklären, wissen wir, daß wir richtig liegen. Der Unterschied zwischen Realität und Ziel, zwischen Ist und Soll muß so groß sein, daß eine hinreichende Spannung entsteht, die eine Bewegung erst möglich macht, die einen so weiten Handlungsspielraum eröffnet, daß wir aus leeren Kassen Kapital schlagen. (...)

1. Recht auf Arbeit

Jeder psychisch Kranke will sich - wie jeder andere - durch Arbeiten, also durch gemeinschaftliches Bearbeiten von Sachen zum Nutzen von Dritten als Mensch verwirklichen und hat daher ein Recht auf einen Arbeitsplatz, auf Teilhabe am Arbeitsmarkt. Er braucht dieses sogar dringlicher als andere Bürger, weil er ohne Arbeit sein Kontaktbedürfnis schlechter als andere befriedigen und sein Gleichgewicht zwischen Geben und Nehmen nicht halten kann. Wir wissen aus Erfahrung, daß jeder psychisch Kranke arbeiten kann und will, auch wenn es über längere Zeit nicht so aussieht, wenn er nur die Möglichkeit hat, die nur ihm bekömmlichen Arbeitsbedingungen und die nur ihm bekömmliche Arbeitszeit herauszufinden. Das kann auch mal nur eine Stunde am Tag sein, die dann soviel bedeutet wie für andere acht Stunden.

Damit das in jedem Einzelfall gelingt, muß das ganze Spektrum der Möglichkeiten kommunal verfügbar sein: Arbeitstherapie, freier Arbeitsmarkt, WfB, Reha-Einrichtung für psychisch Kranke (RPK), Selbsthilfe- und Zuverdienstfirma, Berufsförderungswerk. Die Beschäftigungspflicht für Behinderte ist um eine Teilquote für die Beschäftigung psychisch Kranker zu ergänzen. Selbsthilfe- und Zuverdienstformen sind hinsichtlich ihrer Startbedingungen mit der WfB gleichzustellen, damit beide Wege in freier Konkurrenz ermitteln können, welcher für die Selbsterprobung des Arbeitsbedürfnisses der bessere und kostengünstigere ist. Auch hat die WfB über weitere Angleichung an die Selbsthilfefirmen ihre noch zu dicken institutionellen Eierschalen noch mehr als bisher abzustreifen.

2. Recht auf Wohnung

Jeder psychisch Kranke kann und will - wie jeder andere - in einer eigenen Wohnung leben, auch wenn es über längere Zeit nicht so aussieht, vorausgesetzt er hat die Möglichkeit, die nur ihm bekömmlichen Wohnungsbedingungen und die nur ihm bekömmliche Zahl der Mitbewohner herauszufinden. Daher hat er ein Recht auf eine eigene Wohnung. Wir wissen aus Erfahrung, daß die meisten am besten in einer Ein- oder Zwei-Personenwohnung leben, wenn nur die sozial sinnvolle Tagesstrukturierung garantiert ist. Letzteres senkt entscheidend die Kosten für die Wohn-Betreuung. Im übrigen muß die Intensität der Betreuung beim Wohnen flexibel variieren von 1:20 bis 1:1, quer über die künstliche Zuständigkeitsgrenze zwischen örtlichem und überörtlichem Sozialhilfeträger hinweg und ohne finanziellen Beitrag des Betroffenen. Da es sich dabei in Wirklichkeit um Behandlung oder Rehabilitation handelt, ist die Kostenträgerschaft Zug um Zug auf die Sozialversicherungsträger überzuleiten. Je auskömmlicher die Betreuung des Wohnens startet, desto schneller kann sie - kontrolliert - reduziert werden oder auslaufen (...).

3. Materielle Absicherung

Die »Empfehlungen der Expertenkommission« nennen vier Grundbedürfnisse oder Hilfsfunktionen: Arbeiten, Wohnen, Behandlung/Rehabilitation und materielle Absicherung. Da gerade schwere psychische Erkrankungen die Neigung haben, in einer Lebenszeit zu beginnen, in der der Erwerb von Rentenansprüchen noch nicht möglich war, ist in diesen Fällen ein Rentenanspruch zuzusprechen; denn einmal haben Sozialhilfe und (finanzielle) Abhängigkeit von den Angehörigen hier nichts zu suchen, und zum anderen gelingt mit dieser »Mitgift« die Eingliederung in den Arbeitsmarkt leichter, was Chronifizierung kostensparend verhindert.

4. Das Recht auf Behandlung beginnt mit dem Krisendienst

In einer kommunalen Landschaft, die auf der gegenseitigen Selbsthilfe der Betroffenen aufbaut, hat der systematisch erste Beitrag der Profis darin zu bestehen, daß jede Stadt und jeder Landkreis über einen mobilen und flächendeckenden Krisendienst rund um die Uhr verfügt. Eine Krise muß am Ort ihrer Entstehung aufgesucht, gemanagt und genutzt werden. Nur wenn das nicht reicht, sind die regelmäßig teureren und risikoreicheren sonstigen Behandlungsangebote einzusetzen. Daher macht sich hier zusätzlich investiertes Geld bezahlt. Der Krisendienst ist die erste Forderung gerade auch der Angehörigen, der sich heute niemand mehr entziehen kann.

Mit dem Krisendienst beginnt der Sicherstellungsauftrag oder die »gemeindepsychiatrische Pflichtversorgung« der Kommune. Das nächst aufwendigere Angebot besteht in dem Spektrum ambulanter Möglichkeiten, von den Beratungsstellen und niedergelassenen Nervenärzten bis zum sozialpsychiatrischen Dienst und der Institutsambulanz. Über letztere hat ebenfalls jede Kommune zu verfügen, damit gerade für die schwierigsten und scheinbar hoffnungslosesten chronisch psychisch Kranken hinreichend niedrigschwellig ambulante Lebensmöglichkeiten erarbeitet werden können. Erst wo das nicht ausreicht, kommen zunächst teilstationäre, dann stationäre Hilfen in Betracht. Je großzügiger der Krisendienst ausgestattet ist, desto eher kann sich erst das Selbstverständnis zur strikten Einhaltung dieser Reihenfolge entwickeln.

5. Mit den chronisch Kranken beginnen

Mit der Einlösung dieser Forderung hat sich die Psychiatrie als Versorgungssystem und als Wissenschaft erst noch vom Kopf auf die Füße zu stellen; denn für den nur mal akut psychisch Kranken genügt der niedergelassene Arzt und der kurzfristige

Klinikaufenthalt problemlos. Es ist auch unzulässig, den Behindertenbegriff auf chronisch psychisch Kranke zu übertragen. Dieses widerspricht nicht nur dem Selbstverständnis der Betroffenen. Vielmehr liegen auch bei einem chronisch psychisch Kranken fortlaufend Auswirkungen einer Erkrankung im Versicherungssinne vor, mit ständigen Änderungs- und Entwicklungsmöglichkeiten, was die lebenszeitlich unbefristete Zuständigkeit der Sozialversicherungsträger begründet. Dabei haben insbesondere die Rehabilitationsträger erst noch zu lernen, daß ihre Leistungen angemessener und kostengünstiger grundsätzlich ambulant und nur bei besonderer Indikation stationär zu erfolgen haben.

6. Für die ungeliebtesten Menschen das meiste Geld

Dieses neue Ziel ist ebenso provozierend wie von zentraler Bedeutung für das Gelingen der Gesamtreform. Es muß nämlich eigens betont werden, daß alle bisher beschriebenen Rechte und Leistungen auch für verhaltensauffällige Menschen gelten, also für Menschen, die in Kombination mit einer Psychose oder einer meist leichten geistigen Behinderung durch ihr besonders originelles oder systemsprengendes Verhalten jeden zwischenmenschlichen Zusammenhang leicht zur Verzweiflung bringen. Daher wird das Recht auf Förderung für diese kleine Gruppe sowohl individuell als auch systematisch besonders gern vergessen.

Das hat für das Versorgungssystem die Folge, daß Langzeitbereiche oft nur ihretwegen nicht aufgelöst werden können, obwohl sie schon überflüssig wären. Daher ist ihre Förderung nicht nur ihr Recht - das sowieso; vielmehr zahlt es sich außerdem auch volkswirtschaftlich aus, die für sie oft besonders teure ambulante Betreuung zu finanzieren. Es gibt so also viele Gründe, die grundgesetzwidrige, aber dennoch beliebte traditionelle Hemmung zu überwinden, für die ungeliebtesten Menschen das meiste Geld auszugeben.

7. Langzeitbereiche ersatzlos streichen

Wenn die zuletzt erwähnte sehr kleine Gruppe der Verhaltensgestörten (vielleicht 10 pro 100 000 Einwohner) nicht ignoriert wird, ist es kein Problem, die noch vorhandenen Langzeitbereiche der Großkrankenhäuser aufzulösen. Wir wissen aus Erfahrung, daß kein chronisch psychisch Kranker dauerhaft als Langzeitpatient in einer Institution leben muß. Viele Millionen Mark werden immer noch zur fortlaufenden Schädigung dieser Bürger sinnlos ausgegeben. 80 bis 90% von ihnen können sofort oder nach kurzer Zeit in eigenen Wohnungen mit betreutem Wohnen (1:12) leben, wenn nur ihr Grundbedürfnis nach Arbeiten und sozial sinnvoller Tagesstrukturierung (Selbsthilfe-, Zuverdienstfirma, WfB, Tagesstätte) pflichtgemäß berücksichtigt wird. Nur 10 bis 20% benötigen für eine kürzere oder eine längere Zeit die intensivere Betreuung, die heute noch mit Heimstatus verbunden ist.

8. Großkrankenhäuser auflösen

Mit dem Verlust des Langzeitbereichs haben die Großkrankenhäuser ihre Funktion und Existenzberechtigung verloren. Sie haben sich auf die stationäre Versorgung des Landkreises oder der Stadt gesundzuschrumpfen, in der sie sich zufällig befinden, oder sich in psychiatrische Abteilungen von Allgemeinkrankenhäusern umzuwandeln, ein Weg, wie er z. B. in Hessen bewußt gegangen wird. Damit wird der weltweiten Erkenntnis endlich Rechnung getragen, daß eine Institution umso totaler und sozial tödlicher ist, je größer sie ist, selbst wenn die dort tätigen Mitarbeiter Engel wären oder gar Supervision bekämen. Die Größe einer Institution fördert ihren gesetzmäßigen Zwang, ihren Zweck zum Selbstzweck und damit zu struktureller Gewalt und zu Kostentreiberei verkommen zu lassen. Daher befreien wir auf diesem Wege nicht nur Menschen, sondern erübrigen auch die Gelder, die zur Optimierung ambulanter Hilfsstrukturen mehr als ausreichen.

9. Stationäre Behandlung durch psychiatrische Abteilungen

Damit ist auch die Frage abschließend geklärt, daß für die stationäre Behandlung die Abteilung am Allgemeinkrankenhaus der Typ der Zukunft ist. (Um Mißverständnissen zuvorzukommen: Es kann auch eine selbständige psychiatrische Klein-Klinik im Verbund mit einem Allgemeinkrankenhaus sein.) Eine Abteilung und Tagesklinik für ca. 150 000 Einwohner. Die Vorteile der überschaubaren Größenordnung und der gegenseitigen Befruchtung psychiatrischer und somatischer Abteilungen liegen auf der Hand. Weitere Vorteile können die gewaltreduzierende diagnostische Durchmischung und die überstationäre Organisation therapeutischer Angebote im Sinne der therapeutischen Qualitätssicherung sein. (...)

Ziel: Erst wenn – erleichtert durch die neueren Gesetze – der Übergang ambulant-stationär völlig fließend geworden ist, werden wir jedem Patienten in seiner jeweiligen Bedürfnislage gerecht werden können. Hierzu nur drei Beispiele: Auch Akutpatienten können einen Teil ihres stationären Aufenthaltes im Rahmen einer milieutherapeutischen Reise außerhalb der Klinik verweildauer-verkürzend verbringen; Arbeitstherapie kann statt in der Klinik auch in Firmen des freien Arbeitsmarktes stattfinden; ein ambulant intensiv betreuter Patient kann bei stationärer Behandlungsbedürftigkeit die ihn ambulant betreuenden Personen mitbringen, um den stationären Personalbedarf sicherzustellen. Ein derartiges Fließgleichgewicht vermeidet die Gefahr der »Verdoppelung« der Psychiatrie (z. B. Niederlande), nämlich den unsinnig teuren personellen Ausbau sowohl des stationären als auch des ambulanten Bereichs. Letzterer muß so gut ausgestattet sein, daß 0,5 Betten pro 1000 Einwohner als Startlinie für den Prozeß der Unterschreitung dieser Bettenmeßziffer dienen. Bei genauer Einhaltung des Sektorprinzips braucht man z. B. in Genf für 100 000 Einwohner nur noch 26 Betten, weil 70 Personen für die ambulante Betreuung zur Verfügung stehen.

10. Aufbruch der Heime

All dies steht und fällt damit, daß der Funken der neuen Reform auf den Heimbereich überspringt, was bereits begonnen hat. Zunächst erzwingt das Grundbedürfnis des Arbeitens die Umwandlung der Übergangsheime in »Reha-Einrichtungen für psychisch Kranke« (RPK), vorläufig 10 Plätze pro 100 000 Einwohner. Dadurch werden automatisch alle bisherigen »Dauer«-Wohnheimplätze zu »Übergangs«-Heimplätzen für den grundsätzlich befristeteten biographischen Schutzbedarf eines Menschen, auch wenn dieser im Einzelfall lebenslänglich sein kann. Konsequente fachliche Kontrolle jedes Heimaufnahmeantrages hinsichtlich der fachlichen Eignung dieser Maßnahme (§ 3 BSHG) macht ein Drittel oder die Hälfte der bisherigen Heimaufnahmen überflüssig, weil man geeignete ambulante Problemlösungen finden kann – wiederum eine Millionen-Einsparung.

Jede Kommune stellt einen Heimbedarfsplan auf. Jedes Heim entwickelt einen Auflösungsplan, bis es über 10 bis 20 Jahre durch Dezentralisierung nur noch aus einem Bündel normaler Wohnungen besteht – nach dem Vorbild der Schweden und Dänen, wobei letztere dieses Prinzip auch auf Altenheime anwenden. Jedes Heim nimmt nur Menschen aus der eigenen Region auf, ist daher eng verflochten mit der stationären Abteilung und den ambulanten Angeboten des Sektors. Die Heimaufsicht erfolgt unter Kontrolle des kommunalen Parlaments, das auch für Beschwerden der Bewohner zuständig ist. (...)

12. Suchthilfe geht von den Hoffnungslosesten aus

Ausgangspunkt muß die Suchtfachambulanz sein, wo die »hoffnungsvollen« Suchtkranken und die »hoffnungslosen« chronisch Suchtkranken, die bisher regelmäßig durch die Lükken des Systems fallen, gleichberechtigt Behandlungs- und Vermittlungschancen finden und von wo aus mobile Hilfe an die oft allein gelassenen Angehörigen, die Heime, die Allgemeinkrankenhäuser, die Allgemeinärzte, die Beratungsstellen, die Selbsthilfegruppen sowie die administrativen und politischen Entscheidungsträger herangetragen wird. Wieder begünstigen es die »Empfehlungen«, die PsychPV und das Gesundheitsstrukturgesetz zumindest, daß über die Aufhebung der starren Trennung von Entzugs- und Entwöhnungsphase ein kommunales und umfassendes Betreuungsangebot organisierbar wird. (...)

14. Kommunale Vernetzung der Arbeits- und Wohnbedürfnisse

Während sich einerseits die Selbsthilfeinitiativen von selbst zu kultivieren haben, andererseits die professionellen Angebote je nach dem Grad ihrer Institutionalisierung – kontra-ökonomisch – problemloser abgesichert sind, sind diejenigen Hilfen, die wegen ihrer Niedrigschwelligkeit den Grundbedürfnissen gerade der chronisch psychisch Kranken besonders nahe sind, auch besonders labil und ungesichert. Dies ist für das Wohnbedürfnis das »betreute Wohnen« und für das Arbeitsbedürfnis die Zuverdienstfirma. Diese »Billigangebote« bedürfen daher der besonders aufmerksamen und liebevollen kommunalen Vernetzung. Dieses nicht nur, weil mit der zeitlich noch so eingeschränkten Teilhabe am Arbeitsmarkt der erlebte soziale Sinn der Tagesstrukturierung den Bedarf an betreutem Wohnen reduziert. Vielmehr ist insbesondere für das betreute Wohnen eine verläßliche Regelung erforderlich, die mit dem Grundbedarf 1:12 auskommt, aber je nach dem Einzelfall von 1:20 bis 1:1 variiert und die die hierfür tätigen Trägervereine nicht dafür mit Existenzangst bestraft, daß sie ein besonders wertvolles, weil besonders wenig institutionalisiertes und kostengünstiges Angebot machen.

Für die Zuverdienstfirma ist bisher noch gar keine finanzielle Regelung in Sicht. Am ehesten ist hierfür, wenn auch immer noch unbefriedigend, die Tagesstättenfunktion brauchbar, zu der sich die Bundesländer allmählich durchringen. Solange das so ist, muß die Zuverdienstmöglichkeit verpflichtender Kern des Angebotes jeder Tagesstätte sein. Denn einmal wird nur dadurch die Tagesstätte so niedrigschwellig, daß sie nicht nur die gesünderen und »verkehrten«, sondern die schwierigsten und kontaktscheuesten chronisch psychisch Kranken erreicht. Zum anderen ist es erfahrungsgesichert, daß ein chronisch psychisch Kranker über die Zuverdienstmöglichkeit am leichtesten und am erfolgreichsten seine Arbeitsbereitschaft aus sich selbst heraus und ohne Zwang von außen erproben kann, wodurch er häufiger und erfolgreicher als auf jedem anderen Weg allmählich sein Selbstvertrauen so wachsen läßt, daß er sich zutraut, ein versicherungspflichtiges Arbeitsverhältnis einzugehen. (...)

16. Ohne politische Willensbildung läuft nichts

Da die neue Reformbewegung die unbequemen strukturellen Aufgaben lösen muß, sind jetzt mehr als zuvor die Politiker auf allen Ebenen gefordert, wie wir dies auch aus anderen schwierigen und daher gern vermiedenen gesellschaftlichen Aufgabenbereichen kennen. In der Regel wird es zwingender politischer Vorgaben bedürfen, damit die zahlreichen gut verständlichen Widerstände, Gewohnheiten und Trägheiten gegenstandslos werden können. Modell ist etwa die Entscheidung des Bremer Senats, daß das Kloster Blankenburg, das Exil für Bremer chronisch psychisch Kranke, in 10 Jahren aufzulösen sei. Ohne eine solche politische Vorgabe wäre jedes Bemühen darum erfolglos geblieben. Hilfreich ist hierfür z. B. auf Bundesebene ein Gleichstellungs-/Antidiskriminierungsgesetz und seine verfassungsmäßige Verankerung. Dann erst nämlich müßte sich jede integrationshinderliche Praxis begründen und rechtfertigen. Auf der Ebene der Bundesländer ist zu erreichen, daß möglichst viele der hier formulierten neuen Ziele in den zu novellierenden PsychKG's verankert werden.

Auf der kommunalen Ebene besteht das Ziel in der Aufstellung eines Gesamt-Budgets, in dem alle psychiatrie-relevanten Einnahmen und Ausgaben erfaßt sind, wie bereits im Oberbergischen Kreis ansatzweise erprobt. In einem hierfür geschaffenen Aufsichtsrat sitzen nicht nur die Kostenträger, sondern auch die Nutzer, also Vertreter der Psychiatrie-Erfahrenen und der Angehörigen. Auch unabhängig von der Frage, ob ein ambulantes, entinstitutionalisiertes Versorgungssystem gegenüber dem jetzigen System kostengünstiger oder nur kostenneutral ist, würde ein solches kommunales Psychiatrie-Budget, selbst wenn es gedeckelt wäre, bei relativer Freizügigkeit der Schwerpunktsetzung für die Ausgaben zahlreiche menschlich, fachlich und ökonomisch unsinnige starre Grenzen aufheben, ungeahnte Handlungsspielräume eröffnen und uns den hier formulierten Zielen wesentlich näherbringen. Haben wir in der vergangenen alten Psychiatrie-Reform pragmatisch nach dem Prinzip des Spatzes in der Hand gehandelt und uns damit ausgereizt, so lautet das Motto der notwendigen Radikalität der jetzt anstehenden neuen Psychiatrie-Reform bei grundsätzlicher Gleichsinnigkeit ökonomischer, menschlicher und fachlicher Sichtweisen: Wie kommt die Taube in die Hand?

(nach der Dokumentation in der Frankfurter Rundschau Nr. 74 vom 29. März 1994)

Jürgen Seifert

Keine öffentliche Sicherheit ohne Gesellschaftspolitik

Zu den Wahlkämpfen im Jahre 1994 gehört ein Propagandakrieg zwischen der Union und der Bonner SPD. Beide Parteien versuchen sich zu übertrumpfen im Versprechen auf »Innere Sicherheit«. Dieses Wortungetüm wird gar nicht mehr in Frage gestellt. Es wäre schon viel, wenn in Deutschland »öffentliche« Sicherheit gewährleistet werden könnte. Wir sollten deshalb mißtrauisch sein, wenn Parteien von sich sagen, sie könnten »innere« Sicherheit schaffen. Wer kann so etwas überhaupt garantieren?

Jeder von uns wünscht sich Sicherheit. Wir wollen auf dem Rückweg von einer Veranstaltung nicht überfallen werden, feststellen müssen, das Auto ist gestohlen oder in die Wohnung ist eingebrochen worden. Niemand kann leugnen, daß solch böse Überraschungen uns heute mehr als früher bedrohen.

Die großen Bonner Parteien sind bereit, für »Innere Sicherheit« wichtige Freiheitsrechte zu opfern. Doch ein Sicherheitsstaat ohne Freiheit wäre ebenso eine bloße Räuberbande wie ein freies Gemeinwesen, das nicht in der Lage ist, öffentliche Sicherheit herzustellen. Die Gegner der »Sicherheitspolitik« haben beide Seiten mit der Frage konfrontiert: Können Sie garantieren, daß – wenn alle angestrebten Befugnisse realisiert würden – wir in etwa fünf Jahren weniger Kriminalität haben als heute? Auf diese Frage hört man nur Schweigen.

Jede Regierung muß sich messen lassen an ihren konkreten Gestaltungsakten und Gesetzen zur Bewältigung von Kriminalität. Wer es nötig hat, in einem wichtigen Wahljahr »Sicherheitspakete« vorzulegen, gibt damit zu, daß er seine Aufgaben in den vergangenen Jahren der Regierung nicht richtig wahrgenommen hat.

Das alles macht deutlich, daß es sich bei dem Gerede über »Innere Sicherheit« um Kampagnen handelt, bei denen es primär darum geht, Wahlen zu gewinnen. Ich will an dieser Stelle weder die Kampagnen in Sachen »Innere Sicherheit« untersuchen noch die dabei verwendeten Feindbilder (»die« Mafia, die

»organisierte Kriminalität«). Gegenwärtig sieht es so aus, als ob die beiden Kampagnen sich gegenseitig neutralisieren. Das Thema Sicherheit rückte in den Medien aus den Schlagzeilen; über die gegenseitigen Vorwürfe wird kaum noch berichtet; inhaltliche Kritik fehlte fast völlig. Es hängt vom taktischen Geschick der Länder ab, welche Kompetenzen sie durchgehen lassen und welche nicht. Vorübergehend scheint es, als habe sich die SPD-Taktik wahltaktisch ausgezahlt, sogar noch mehr Eingriffsrechte zu fordern als die Regierungskoalition. Doch die Frage bleibt: Geht diese Neutralisierung nicht langfristig auf Kosten der Menschenrechte und der Glaubwürdigkeit von Politik? Warum wagt keiner zu sagen: Es gibt keine Patentrezepte!

Der Glaube an die »starke Hand«

Viele Menschen in aller Welt fühlen sich in ihren Sicherheitsängsten allein gelassen. Viele mißtrauen auch der Perspektive einer multikulturellen Gesellschaft und hoffen darauf, daß sich das erfüllt, was man »Kriminalitätsbekämpfung« nennt. Das Wort »Kriminalitätsbekämpfung« verbirgt eine gefährliche Schmuggelware, die von vielen Liberalen und Sozialdemokraten nicht wahrgenommen wird. Es wird damit suggeriert, man könne Kriminalität »bekämpfen« im Sinne von ausrotten – wie beispielsweise Ungeziefer oder eine Seuche. Dabei wird angeknüpft an eine geheime Sehnsucht von uns Menschen nach Sicherheit. Es geht um die (»rechte«) Utopie einer »heilen Welt«, einer kriminalitätsfreien Gesellschaft. Dazu gehört die Vorstellung, alles Böse dieser Welt ließe sich durch Ordnung, durch eine »nicht zimperliche« Polizei und durch harte Strafen beseitigen. Die realen Ursachen von Kriminalität und die einfache Überlegung, daß zum Verbot die Übertretung gehört, wollen nicht anerkannt werden. Es herrscht ein unbeirrbarer Glaube an die Kraft von Moral und eine »starke Hand«.

Man muß diese Auffassungen ernst nehmen. Ob in Neapel oder New York, in Rom oder München: Es gibt viele Menschen, die sich eine Lösung ihrer Probleme nur noch durch Härte und Repression erhoffen. Vermutlich ist dies die Antwort auf eine Gesellschaft, die bloßes Gewährenlassen und »laissez faire« mit Freiheit und Selbstbestimmung verwechselt?

Diejenigen, die gegenwärtig für eine strafende Gesellschaft plädieren, finden heute mehr Gehör als noch vor Jahren. Es kommt zu einer Kettenreaktion des Unterdrückens. Es geht wieder um Prinzipien, und zwar um des Prinzips willen. Es soll gestraft werden, um der Strafe willen. Ein solch heilloses Strafen setzt das in Gang, was der Psychoanalytiker Horst-Eberhard Richter sehr anschaulich als eine »Spirale sich selbst verstärkender Destruktivität« bezeichnet hat.

Strafen UND Heilen

Der Glaube an Sanktionen ist eine Antwort darauf, daß es kaum noch Gesellschaftspolitik gibt und daß die realen Probleme vieler Menschen nicht gelöst wurden. Gegenüber der Kriminalitätsfurcht vieler Menschen hilft jedoch nicht das Reden von mehr Zivilgesellschaft oder die Vorstellung von einer Gesellschaft ohne Strafe. Auch wer meint, staatliche Sanktionen allein durch Gesellschaftspolitik ersetzen zu können, muß notwendig scheitern. Es kommt vielmehr darauf an, unvermeidliche Sanktionen mit Gesellschaftspolitik zu verbinden. Sanktionen sind so einzusetzen, daß sie nicht Selbstzweck werden, sondern Gesellschaftspolitik begleitend unterstützen. Das lateinische Wort »sanctio«, das nicht nur Strafen, sondern auch Heilen bedeutet, weist auf einen wichtigen Zusammenhang hin.

Strafen müssen das letzte Mittel sein. Strafen allein bringt niemals die Lösung eines Problems. Strafen erhält vielmehr nur dadurch Sinn, wenn im Zusammenhang einer unvermeidbaren Sanktion gegen die gesellschaftlichen Bedingungen der Straftat vorgegangen wird.

Die beste Polizei kann demoralisiert werden, wenn sie für die Politik die Kastanien aus dem Feuer holen muß oder wenn politische Konflikte auf ihrem Rücken ausgetragen werden. Polizei wird demotiviert (und bricht am Ende wie der Hase bei dem bekannten Wettlauf zusammen), wenn Politik versagt, weil sie keine gesellschaftspolitischen Lösungen mehr sucht.

Einige sozialdemokratisch geführte Länder haben einer solchen Politik ein Gegenmodell entgegengestellt, ein Konzept, das von der Mehrheit der Bonner SPD-Spitze (fixiert auf Wählerumfragen) allerdings als illusionär und wahlkampfschädigend abgewehrt wird. Niedersachsen hat - wie auch Hessen - eine Kommission eingesetzt, um auf Bundesebene eine Reform des Strafrechts durchzusetzen. Dabei ging es vor allem um eine Entlastung der Polizei im Bereich der einfachen Massenkriminalität. Die niedersächsische Kommission (ebenso die niedersächsische »Reformkommission Polizei«) griff das Problem auf, daß Strafverfolgungsbehörden und Polizei zum Teil gelähmt werden durch die bürokratische Aufarbeitung von Konfliktfällen vor allem in den Bereichen: Straßenverkehrsdelikte, Ladendiebstahl, Schwarzfahren und Drogenbesitz. Fachleute weisen nach, daß Handtaschenraub und Wohnungseinbrüche nur durch eine veränderte Drogenpolitik vermindert werden können.

Die vorgelegten Vorschläge versuchen, das rechtlich zu fassen, was in Ansätzen bereits in der Realität existiert: Polizei und Strafverfolgungsbehörden sollen dann nicht mehr eingeschaltet werden müssen, wenn ein Konflikt unterhalb der Ebene des Strafrechts zu lösen ist. Das heißt konkret:

- Die Angehörigen der Polizei müssen (wie in anderen Staaten) selbst darüber entscheiden können, ob eine strafrechtliche Verfolgung geboten ist (Opportunitätsprinzip statt Legalitätsprinzip);
- Polizei soll - soweit möglich - nicht weiterhin als unbezahltes Instrument der Versicherungsgesellschaften und Ladenbesitzer ausgenutzt werden können;
- bestimmte, bisher unter Strafe gestellte Handlungen (beispielsweise der Genuß bestimmter Drogen) sollen in Zukunft nicht mehr mit Strafe bedroht werden (Entkriminalisierung);
- vielfach wurden Modellversuche durchgeführt, um Drogenabhängigen mittels Ersatzdrogen (Methadon) und Therapie zu helfen; nach dem Prinzip »Hilfe statt Strafe« wurden den aufgrund ihrer Drogenabhängigkeit straffällig Gewordenen Therapieplätze vermittelt, um den Betroffenen ohne Strafvollzug eine Integration in das »normale« Leben zu ermöglichen.

Solche Vorschläge und Versuche sind eine Absage an den gescheiterten, mit Mitteln des Strafrechts betriebenen »Anti-Drogenkrieg«. Diese Ansätze verletzen nicht nur Sonderinteressen der großen »Sicherheitsapparate«, sondern auch die

Moralvorstellungen vieler Menschen, die das Strafrecht brauchen, um abzuschrecken und sich selbst zu versichern. Deshalb ist diese Gesellschaftspolitik (noch) nicht populär. Populistische Politik versucht, solche Interessenlagen auszunutzen. Deshalb schreckt die Bonner SPD davor zurück, diese Alternativen aufzugreifen, die auf dem »Alternativen Juristentag« in Hannover 1992 viel Resonanz gefunden haben. Dabei sind die Fachleute vor Ort sich darüber einig, daß das Drogenproblem nicht durch zusätzliche Befugnisse, sondern nur durch gesellschaftspolitische Maßnahmen entschärft werden kann.

Solche Versuche knüpfen an Erfahrungen an, die in den Niederlanden gemacht wurden. Wenn ein Land wie die Bundesrepublik die dort gemachten Erfahrungen umsetzen würde, könnte das weltweit eine neue Drogenpolitik einleiten. Es geht nicht ohne Experimente und Wagnisse. Solche Schritte – in dieser oder jener Form – versprechen mehr öffentliche Sicherheit als die primär auf zusätzliche Eingriffsbefugnisse zielende Kampagnenpolitik.

»Sicherheitsapparate« oder »bürgernahe« Polizei

Es würde die gegenwärtigen Sicherheitskampagnen nicht in dieser Form geben, wenn nicht auch Sonderinteressen bürokratischer Großapparate berührt wären, die vielfach als »Sicherheitsapparate« bezeichnet werden. Das gilt insbesondere für drei, in der Bundesrepublik im »Kalten Krieg« und in der Auseinandersetzung mit dem Terrorismus fast übermächtig gewordene Institutionen: das Bundeskriminalamt (BKA), den Bundesnachrichtendienst (BND) und das Bundesamt für Verfassungsschutz.

Es wäre konsequent, wenn diese drei Apparate (nach dem Ende des »Kalten Krieges« und des unbestreitbaren Scheitern des Terrorismus) ihre Aufgaben und ihr Personal reduzieren müßten. Doch alle drei Institutionen haben es mit Hilfe gezielter Einflußnahmen auf Medien verstanden, sich als unentbehrlich darzustellen. zudem gibt es eine von der Öffentlichkeit kaum wahrgenommene Konkurrenz untereinander, beispielsweise zwischen Bundeskriminalamt und Verfassungsschutz über die vom Verfassungsschutz angestrebte Zuständigkeit für »Organisierte Kriminalität«.

Ein Instrument, um Ausbau statt Abbau zu erreichen, ist das Feindbild »Organisierte Kriminalität«. Es gibt angesichts eines offenen Weltmarktes unbestreitbar neue Formen von Schwerstkriminalität; doch es bringt für die Bewältigung dieser gefährlichen Kriminalität nichts, wenn man dafür einen juristisch unscharfen Begriff erfindet und »Organisierte Kriminalität« (OK) zu einem Feindbild macht. Die Menschen im Lande sorgen sich um die Zunahme der Massenkriminalität. Im Feindbild »OK« wird ein Teil der Massenkriminalität mit neuartigen Formen von Schwerstkriminalität vermengt. Gerade das schafft das Problem, daß den spezifischen Besonderheiten der einzelnen Delikte nicht Rechnung getragen werden kann.

Das Feindbild »Organisierte Kriminalität« ist nützlich:

- Das BKA versucht damit die Befugnis zu erlangen, »große Lauschangriffe« durchführen zu dürfen und (quasi als Geheimdienst) im »Vorfeld von strafbaren Handlungen« zu ermitteln.
- Der Verfassungsschutz meint, so den sonst unvermeidlichen Stellenabbau durch die Kompetenz vermeiden zu können, auch im Bereich des »Vorfeldes« der Strafverfolgung von schwerer Kriminalität zu ermitteln.
- Der BND will auf diese Weise (mit den milliardenteuren elektronischen Großtechnologien) Telefongespräche im Ausland und zwischen der Bundesrepublik und dem Ausland unabhängig von einer wirksamen Kontrolle erfassen und auswerten dürfen.

In allen drei Fällen geht es um den Wesensgehalt von Menschenrechten. Zugleich ist höchst zweifelhaft, ob diese Großapparate und solche Befugnisse überhaupt dazu taugen, Massenkriminalität zurückzudrängen oder einzudämmen.

- Es existiert keine Kosten-Nutzen-Analyse: Was kostet ein »Lauschangriff«? Was hätten die Milliarden für die elektronische Aufklärung des BND für die Länderpolizeien bedeutet?
- Es fehlt jeder Nachweis, daß die geforderten Befugnisse tatsächlich in der Lage sind, Kriminalität in der Bundesrepublik besser zu bewältigen.
- Es gibt keine breite Auseinandersetzung über die Frage, was die geforderten Eingriffsbefugnisse für das Verfassungsge-

füge der Bundesrepublik und die Rolle der Menschenrechte in Deutschland bedeuten.

Bürgerrechtler und kritische Wissenschaftler haben verfassungsrechtliche Bedenken erhoben und insbesondere auf das viereinhalb Jahrzehnte lang praktizierte Trennungsgebot zwischen Polizei und Geheimdiensten hingewiesen. Das Bundeskriminalamt hat wichtige praktische Probleme bei einer Kompetenzerweiterung des Verfassungsschutzes auch für »Organisierte Kriminalität« vorgetragen. Der Bayerische Datenschutzbeauftragte Sebastian Oberhauser sagt, die erweiterte Zuständigkeit des Verfassungsschutzes bedeute eine »fast unbegrenzte Eröffnung des Großen Lauschangriffs gegen völlig Unverdächtige«. Der Bundesbeauftragte für Datenschutz, Joachim Jacob, hat in der Anhörung im Rechts- und Innenausschuß am 11.4.94 gefordert, die weitreichende Beschränkung des Fernmeldegeheimnisses durch den BND »noch einmal insgesamt unter Verhältnismäßigkeitserwägungen zu überdenken« und daß die angestrebte Fernmeldeaufklärung »durch frei erwerbliche und leicht einzusetzende Verschlüsselungsverfahren akut in Frage gestellt« werden könnte: »Wenn im wesentlichen nur Erkenntnisse über Alltagskriminalität zu erwarten sind, steht der umfassende Eingriff in das Fernmeldegeheimnis hierzu außer Verhältnis.«

Gegenüber dem Ansatz der Stärkung zentraler Einrichtungen des Bundes kommt es – im Blick auf das Eindämmen von Massenkriminalität – darauf an, die Polizei vor Ort in den Ländern zu stärken und zu verbessern. Eine sozial und ökologisch orientierte Landesregierung hat in Niedersachsen im Bereich der Innenpolitik in dieser Richtung eine Perspektive gezeigt. Sie hat den Trend zu bloßer Repressionspolitik gestoppt und eine Polizeireform in Gang gesetzt.

Aufgrund der Vorschläge der »Reformkommission Polizei« wurde in Niedersachsen eine grundlegende Veränderung der Polizei eingeleitet. Eine solche Reform war überfällig. Die Polizei war einseitig (durch den »Kalten Krieg« und die Großeinsätze der vergangenen Jahrzehnte) auf das Bewältigen von »Sicherheits-Lagen« ausgerichtet worden. Vielfach galt eine friedliche Konfliktbewältigung als »Schwäche des Staates«.

Demgegenüber wurde das Bild einer »bürgernahen Polizei« entwickelt. Diese Polizei orientiert sich nicht an einem abstrakten Staatswohl, sondern an den Grundrechten der Verfassung, wird nicht mehr in Kasernen der Bereitschaftspolizei geprägt, sondern an Fachhochschulen für einen schwierigen Beruf ausgebildet. Bei dieser erst eingeleiteten Reform geht es vor allem um die Stärkung der Polizei vor Ort und eine bessere Verzahnung von Schutz- und Kriminalpolizei bei der Spurenaufnahme sowie um eine bessere Motivierung der Polizeibeamtinnen und -beamten für ihre schwierige Aufgabe. Angesichts der Staatskassen kann niemand mit einer ins Gewicht fallenden Erhöhung der Planstellen rechnen. Deshalb kommt es darauf an, daß in Zukunft tatsächlich mehr Polizeibeamte für den Einzeldienst zur Verfügung stehen und daß die Angehörigen der Polizei die Reform zu ihrer eigenen Sache machen. Eine erfolgreiche Reform kann nicht von außen durchgesetzt werden. In Niedersachsen wäre die Reform gescheitert, wenn nicht viele Angehörige der Polizei selbst der Überzeugung wären, daß viele überfällig gewordenen Strukturen verändert werden müssen.

Erneuerungen IM »System«

Dieses Beispiel zeigt, daß eine im Anschluß an Jürgen Habermas vorgenommene Gegenüberstellung überprüft werden muß. Es ist vielfach üblich geworden, »Lebenswelt« den Institutionen des »Systems« in Staat und Gesellschaft entgegenzusetzen. Wenn diese kategoriale Unterscheidung dazu führt, daß wichtige Einrichtungen in Staat und Gesellschaft gleichsam abgeschrieben werden, dann ist ein Zusammenbruch »des Systems« wie in Osteuropa vorprogrammiert. Das würde nicht ohne Konsequenzen für die »Lebenswelt« bleiben.

Wie Strafen ohne Heilen heillos wird, werden auch Einrichtungen des »Systems« nicht nur brüchig, sondern auch unfähig, ihren gesellschaftlichen Aufgaben zu entsprechen, wenn Menschen in diesen Einrichtungen nicht immer wieder auf Innovationen drängen und dafür sorgen, daß in diesen Einrichtungen produktive Kooperation und die Entfaltung von Phantasie möglich bleibt. Es kommt in der Bundesrepublik darauf an, den an vielen Orten (oft erst in Ansätzen) entwickelten Modellen zur gesellschaftspolitischen Veränderung Chancen zu verschaffen, dabei jedoch nicht zu vergessen, daß solche Gesellschaftspolitik der Absicherung durch Sanktionen bedarf.

Einige Veröffentlichungen des Verfassers zum Thema:

Vom Lauschangriff zum »Großen Lauschangriff«. Darf es eine totale Überwachung der Wohnung geben?, in: Kritische Justiz, Jg. 25, 1992, H. 3, S. 355–363.

Am Beispiel »Lauschangriff«. Technik und Funktion rechter Kampagnen in Sachen »Innere Sicherheit«, in: Eva Kampmeyer u. Jürgen Neumeyer, Hrg., Innere Sicherheit. Eine Kritische Bestandsaufnahme, München 1993, S. 161–174.

Entscheidet der BND über das Fernmeldegeheimnis, in: Till Müller-Heidelberg, Hrg., »Innere Sicherheit«. Ja - aber wie?, Humanistische Union, Schriften 20, München 1994, S. 73–102.

Verfassungswidrigkeit des Einsatzes des Verfassungsschutzes zur Bekämpfung der sog. Organisierten Kriminalität, in: Till Müller-Heidelberg, ebd., S. 103–110.

Öffentliche Sicherheit zwischen Repression und Heilen, in: Gewerkschaftliche Monatshefte, Jg. 45, 1994, H. 4, S. 193-200.

Teil 4

Erinnerungsarbeit, Kultur, Bewußtsein

Joachim Perels

Verteidigung vergessener Utopien. Zum Beitrag oppositioneller DDR-Theoretiker

I. Ausgrenzung antistalinistischer Intellektueller der DDR

Nach dem Zusammenbruch der DDR und des gesamten realen »Sozialismus« hat sich in der Kultur und in der Wissenschaft eine nahezu umfassende Affirmation der kapitalistischen Ordnung durchgesetzt. Das Aufgehen der DDR in der Bundesrepublik erscheint als Ausdruck der zivilisatorischen und ökonomischen Überlegenheit der bürgerlichen Gesellschaft, die rational nicht mehr transzendiert werden kann und daher als soziale Ewigkeitsform zu betrachten ist.

Dies hat Folgen für den Umgang mit der intellektuellen DDR-Opposition. Während den Vertretern der Bürgerrechtsbewegung bis heute ein gewisser Tribut gezollt wird, sind jene kritischen Intellektuellen, die sich seit den 50er Jahren dem parteibürokratischen Regiment entgegengestellt haben, im öffentlichen Bewußtsein, anders als in Zeiten kompakter SED-Staatlichkeit, kaum mehr positiv präsent. Ja diejenigen, die die Entfremdungs- und Repressionsstrukturen ihres Herrschaftssystems wissenschaftlich oder künstlerisch ins Visier nahmen, um den realen zum wirklichen Sozialismus gesellschaftlicher Demokratie werden zu lassen, fungieren als kaum unterscheidbarer Teil des spätstalinistischen Regimes. Ihr kritisch utopischer Geist verschwindet, als wäre den Feuilleton-Autoren der FAZ und der ZEIT, die seit 1989 die Entlegitimierung der intellektuellen Ketzer der DDR als ihre Aufgabe ansehen, bewußt, daß das geistige Potential der nichtkonformistischen Intelligenz des SED-Regimes für eine Kritik der bürgerlichen Gesellschaft bedeutsam werden könnte.

An der bekannten Debatte um Christa Wolf und an der Auseinandersetzung mit Ernst Bloch, die der Herausgeber der FAZ, Joachim Fest, führte, läßt sich der Mechanismus einer Umdeutung der Negation des Stalinismus verfolgen. In dem Streit um Christa Wolf ging es weniger um Literatur als um eine bestimmte politische Position. Frank Schirrmacher von der

FAZ attestiert Christa Wolf – obwohl sie etwa in »Kassandra« die Überwachungspraktiken der Stasi bedrückend verarbeitet – »Blindheit gegenüber einem verbrecherischen Gesellschaftsmodell«. Er hält ihr die Unterschrift unter den Aufruf »Für unser Land« vom November 1989 vor, den auch die Bürgerrechtler Konrad Weiß, Ulrike Poppe und Friedrich Schorlemmer unterzeichnet haben. Der Aufruf ist für Schirrmacher eines der »traurigsten Dokumente«, der nur der »Erhaltung der Macht« diene. Die Schlüsselsätze des Aufrufs, in dem sich ein Sozialismus der Freiheit artikulierte, lauten jedoch: »Die Führung einer Partei hatte sich die Herrschaft über das Volk und seine Vertretungen angemaßt, vom Stalinismus geprägte Strukturen hatten alle Lebensbereiche durchdrungen ... Durch Massendemonstrationen hat das Volk den Prozeß revolutionärer Erneuerung erzwungen.«

Bei Ulrich Greiner von der ZEIT zielt der Angriff auf Christa Wolf ebenfalls auf die Vertreterin eines humanen Sozialismus, die sich in die bürgerliche Homogenisierung des neuen Deutschland nicht einfügt. Greiner behauptet, in leicht abgesicherter Frageform, der Zusammenbruch des Realsozialismus habe erwiesen, daß die »sozialistische Theorie« »in zentralen Punkten falsch« sei. In dieser Formel wird eine theoretische Blickrichtung, die eine umfassende Selbstbestimmung der Menschen intendiert, mit den Machtverhältnissen der DDR gleichgesetzt und damit auch Christa Wolf zum Teil des geistigen Herrschaftsapparates gemacht. Dabei stellt sich die Lage vollkommen anders dar – so, wie Heiner Müller in seinen Erinnerungen pointiert beschrieben hat: Die einzigen Marxisten in der DDR bestanden aus der intellektuellen Opposition, während die SED-Führung einem kleinbürgerlich-autoritären Weltbild folgte.

Die ausgrenzende Verzerrung der intellektuellen Kritiker der SED-Herrschaft findet ihren Höhepunkt zunächst in Joachim Fests – zunächst in der FAZ publizierten und anschließend in seinen Essay »Der zerstörte Traum – Vom Ende des utopischen Zeitalters« aufgenommenen – Auseinandersetzung mit Ernst Bloch, dem einst bedeutendsten, bis zu seiner Kaltstellung 1957 wirkungsmächtigsten Philosophen der DDR. Ernst Bloch steht für eine Version des Marxismus, die sich von einer dogmatisierten Legitimationsideologie für administrative Willkür des Parteiapparates grundlegend unterscheidet.

Joachim Fest aber, gewiß kein unkundiger, gar lesefauler Autor, spricht, ohne Blochs Werk in seiner Komplexität wahrzunehmen, ohne sein antistalinistisches Schlüsselbuch »Naturrecht und menschliche Würde« auch nur aufzuschlagen, »vom totalitären Gestus im Denken Ernst Blochs«, von der »totalitären Beschaffenheit von Blochs Sprachgestus«, von der Negierung bürgerlicher Demokratie durch Bloch. Diese Charakterisierung von Bloch, die sich darauf zu gründen sucht, daß in dessen Werk die Herstellung von Heimat als individueller Selbstbegegnung erscheint, in der die entfremdeten Lebensverhältnisse den Menschen nicht mehr über den Kopf wachsen, spitzt Fest auf die Behauptung zu, daß durch Bloch - und nicht etwa durch die Renaissance Carl Schmitts, des wichtigsten Theoretikers des unbegrenzten Ausnahmezustands bürgerlicher Provenienz - »das Totalitäre in das deutsche Denken zurückgekehrt« sei.

In diesen Zuschreibungen diskutiert Fest nicht mit Bloch, er definiert ihn als geistigen Verfassungsfeind aus dem öffentlichen Diskurs heraus. Die Elemente seines Denkens, die nicht zum Bild des eschatologisch gerichteten »Hoffnungsphilosophen« passen, blendet Fest aus. Bloch selber ist es, der die Gegen-Utopien, ja das »Widersacherische« eingehend analysiert, das dem Gelingen des Geschichtsprozesses entgegenwirkt. Und selbst dann, wenn eine Gesellschaft ohne Armut hergestellt ist, gibt es, heißt es bei Bloch ohne endzeitlichen Überschwang, »Zufall, Sorgen, Geschick genug und kein Kraut gegen den Tod«.

So sehr Blochs Rechtfertigung der Moskauer Prozesse, seine zeitweilige Unterstützung der SED-Diktatur selbst noch im Zuge seiner Disziplinierung 1957 einen höchst fragwürdigen Aspekt seiner intellektuellen Produktion bezeichnet, ist damit sein gesamtes Werk, das er gegen die Anmaßungen der Parteizensoren ohne jeden Kompromiß verteidigt hat, nicht etwa durch derartige Optionen geprägt. Es enthält, wovon Fest systematisch absieht, gänzlich untotalitär, gerade Elemente einer kritischen Reflexion der anti-emanzipatorischen Schranken im überkommenen Marxismus: vor allem auf rechts- und naturtheoretischem Gebiet.

II. Recht als Grundlage einer künftigen demokratischen Gesellschaft

Der über die bürgerliche Gesellschaft hinausreichende Blick kritischer Rechtsphilosophen der DDR stellt die gängige verfassungstheoretische Verewigung unserer Sozialordnung in Frage. Im verfassungsrechtlichen Denken der Bundesrepublik aber dominiert seit Anbeginn die These, daß eine rechtsstaatlich-demokratische Verfassung und ein System, das die privaten ökonomischen Entscheidungsprozesse in den großindustriellen Bereichen demokratisiert, unvereinbar seien, da die Geltung der Volkssouveränität im gesellschaftlichen Leben, die staatsfreie, durch Grundrechte gesicherte Sphäre zum Verschwinden bringe und damit notwendig eine totalitäre Zwangsordnung erzeuge.

Dieser These, die schon von den Vätern und Müttern des Grundgesetzes nicht geteilt wurde, da sie mit der Sozialisierungsermächtigung des Artikels 15 von der Voraussetzung ausgingen, daß eine Gemeinwirtschaft integraler Bestandteil einer liberaldemokratischen Verfassung sein werde, stellen sich aus der Erfahrung mit einer verstaatlichten Gesellschaft auch die frühen Kritiker des stalinistischen Rechtsverständnisses in der DDR entgegen.

Es sind vor allem Hermann Klenner und Ernst Bloch, die 1956 in der Phase der sowjetischen Entstalinisierung die Anweisungsmacht der politbürokratischen Diktatur verfassungstheoretisch unter dem Blickwinkel kritisierten, mit Hilfe des rechtsstaatlich-demokratischen Instrumentariums die Bestimmung über die öffentlichen Angelegenheiten in Gang zu setzen. Hermann Klenner, der sich von seiner früheren Fixierung auf das stalinistische Rechtsdenken gelöst hatte, spricht 1956 davon, daß Gesetzlichkeit nicht auf die Verpflichtung der Staatsbürger reduziert werden dürfe, die vom Staat erlassenen Gesetze einzuhalten; ungesetzlich handele derjenige Staat selbst, dessen Organe das geltende Recht nicht achten, aber auch dann, »wenn er wichtige gesellschaftliche Verhältnisse ohne rechtliche Regelung läßt und den an diesen Beteiligten den rechtlichen Schutz versagt ...«

In die gleiche Richtung argumentiert Ernst Bloch im März 1956 auf der gegen die Ideologie des politbürokratischen Absolutismus gerichteten Konferenz »Das Problem der Freiheit im

Licht des wissenschaftlichen Sozialismus«, deren Protokoll im gleichen Jahr auf Anweisung der Ideologiezaren eingestampft wird. In seinem programmatischen Eröffnungsvortrag knüpfte Bloch an die luxemburgianische Losung der konstitutiven Bedeutung der Freiheitsrechte für eine demokratische Gesellschaft an: »... (D)ie bürgerliche Revolution (hat) zu ihrer Zeit ... höchst positive öffentliche Rechte ... gebracht ... Hierher gehören das Streikrecht, die Versammlungsfreiheit, Koalitionsfreiheit und Pressefreiheit ... Solche subjektiv öffentlichen Rechte sind im Sozialismus nicht zu Unrechten geworden.«

Wenn man diese emanzipatorischen Rechtspositionen, weil sie nicht lediglich als Abwehrrechte gegenüber dem Staat konzipiert werden, sondern die gesellschaftliche Gesamtordnung konstituieren sollen, verwirft, setzt man unwillkürlich die SED-Diktatur erneut ins Recht, die Ernst Bloch 1957 zwangsemeritierte und zur revisionistischen Unperson erklärte und Hermann Klenner fast zur gleichen Zeit aus seinem Professorenamt entfernte und auf der Babelsberger Konferenz von 1958 wegen seines sog. abstrakt-normativistischen Rechtsstandpunktes auf die Anklagebank setzte.

Angesichts dieser politbürokratischen Denunziationen eines universellen Rechts bekommt Blochs heute schon fast in Vergessenheit geratenes Naturrechtsbuch, das in der DDR entstanden und 1961 in der Bundesrepublik erschienen ist, ein besonderes, unverändert gegenwartsnahes Gewicht. Auf der Basis einer grundlegenden Kritik am wichtigsten, einst in der DDR kanonisierten Rechtstheoretiker des totalitären Staatssozialismus, Andrei Wyschinski, in dessen Rechtskonzeption »keinerlei humanistisches Vorkommen« existiert, entfaltet Bloch systematisch den, für eine künftige demokratische Gesellschaft zentralen Gedanken, daß am revolutionären bürgerlichen Naturrecht persönlicher und politischer Freiheitsrechte ein umfassendes sozialistisches Erbe anzutreten ist, das eine »neue Kontrollosigkeit der Macht« ausschließt.

Bloch und Klenner gehen aber noch einen Schritt weiter. Sie zielen, um die geschichtliche Realisierbarkeit einer selbstbestimmten Sozialordnung theoretisch nicht länger zu verschließen, auf eine Revision anti-emanzipatorischer Blindstellen bei Marx selber, durch die seine frühe Intention, »alle Verhältnisse umzuwerfen, in denen der Mensch ein erniedrigtes, ein geknechtetes ... Wesen« ist, erst Wirklichkeit werden kann.

Klenner verweist auf die Unterbelichtung des Problems der rechtlichen Organisation einer freien Gesellschaft bei Marx: »... (D)a ... (Marx) den Ordnungsmechanismus der sozialistischen Zukunftsgesellschaft eher negatorisch als einen nichtrechtlichen charakterisierte, hat er der Unterschätzung von subjektiven Rechten, von politischen Bürgerrechten ... Vorschub geleistet. Es hat sich als ein folgenschwerer Irrtum herausgestellt, die formalen Prinzipien bürgerlicher Demokratie könnten auf dem Wege von Konfliktreduktionen durch größere soziale Gleichheit überflüssig werden. Es gibt keine realen Rechte ohne auch formale Rechte.« Und Ernst Bloch zieht, wiederum mit dem Ziel, Blockaden für gesellschaftliche Selbstregierung abzubauen, die überkommene Vorstellung über die Ausübung politischer Macht grundsätzlich in Zweifel: »... (I)n der politischen Theorie (ist ein) nicht zu Ende Durchdachtes von so wichtigen Kategorien wie der Diktatur des Proletariats; woher dann gerade hier der mangelnde Einbau von Sicherungen stammt.«

Die Positionen der rechtstheroetischen Kritiker des SED-Marxismus sind für uns unmittelbar relevant. Die umfassende Frage, wie die selbstdestruktive Dynamik privat organisierter Produktivkräfte, aus der die Arbeitslosigkeit als Naturgesetz ebenso hervorgeht wie die Erzeugung eines blinden Warenreichtums in der Ersten Welt und einer Pauperisierung der Dritten Welt, gebremst und am Ende überwunden werden kann, läßt sich im Rahmen einer Gesellschaft erst wirklich angehen, in der die wichtigsten Produktionsziele nicht länger privater Dispositionsmacht unterliegen, sondern wie immer vermittelt demokratischen Entscheidungsprozessen unterliegen. Für die Konzeption einer demokratischen Rechtsordnung, die Regelungsmechanismen für eine derartige Gesellschaft sozialer Selbstbestimmung enthält, haben Ernst Bloch und Hermann Klenner Vorarbeiten geleistet. Sie widerlegen den Totalitarismus-Vorwurf, als müsse jede humane Gesellschaft jenseits der bürgerlichen hinter deren Stufe politischer Freiheit zurückfallen.

III. Überwindung des Ausbeuterstandpunkts gegenüber der Natur

Die Perspektive einer Überwindung gesellschaftlicher Destruktionsprozesse hat Folgen für den Umgang mit der Natur. Die kritische naturphilosophische Theorietradition, die vor allem Ernst Bloch vor vierzig Jahren in den ersten Bänden des »Prinzip Hoffnung« in der DDR entwickelte, ist heute überwiegend verschüttet. Während das Problem der Erhaltung und Wiederherstellung der ersten Natur an den Rand öffentlicher Interessen zu rücken scheint – nur ein Beispiel hierfür ist, daß die neue SPD-Führung ihre ökologisch begründeten Positionen für eine Geschwindigkeitsbegrenzung aufgegeben hat –, betrachtet Ernst Bloch die Frage des Verhältnisses zur Natur nicht als technisch zu lösende Detail-Angelegenheit, sondern als ein bestimmendes Element der gesellschaftlichen Gesamtverfassung. Der »Raubtier- und Ausbeuterstandpunkt« (Bloch) gegenüber der Natur ist das unmittelbare Äquivalent einer nach dem Wolfsgesetz organisierten Gesellschaft, die gezwungen ist, die Natur unter dem Gesichtspunkt der Gewinnmaximierung zu betrachten und mit ihr nur als Objekt umzugehen. Gegenüber diesem Naturverständnis, das in den Ländern des bürokratischen Sozialismus »organisierter Verantwortungslosigkeit« (Hegedüs) wegen des Fehlens demokratischer Gegenkräfte in noch stärkerem Maße als in den kapitalistischen Ländern existierte, entwickelt Bloch anknüpfend an Marx' frühes Postulat der »Resurrektion der Natur« den realutopischen Gedanken einer strukturellen Umkehrung des bisherigen Verhältnisses zur Natur, das nur auf der Basis einer veränderten Gesellschaft möglich ist, die den Umgang mit der Natur blinden Zwangsgesetzen entzieht und rationaler demokratischer Willensbildung unterwirft.

Um die Differenz zwischen dem herrschenden und einem künftigen Naturbegriff zu verdeutlichen, interpretiert Bloch einen Schlüsselsatz von Schiller und von Goethe. Bei Schiller heißt es: »Wohltätig ist des Feuers Macht, wenn sie der Mensch bezähmt, bewacht.« Und bei Goethe liest man diese Rede an das Feuer: »Erhabener Geist, du gabst mir, gabst mir alles worum ich bat. Du hast mir nicht umsonst dein Angesicht im Feuer zugewendet.« Bloch kommentiert: »Die Goethesche Wendung ist die eines aufschlagenden Naturvertrauens, am

Ende den Busen eines Freundes erwartend; die Schillersche Wendung ist nicht ohne jede Gewaltsamkeit, welche aus der Natur, gleich einer gezähmten, bewachten Kolonie, nur unter den Bedingungen der Herrschaft Wohltat zieht.«

Bloch bleibt nicht auf der Ebene der Negativanalyse des bisherigen Umgangs mit der Natur stehen. Wenn er – über die Marxsche Theorietradition hinausgehend – Schlüsselbegriffe für ein neues Naturverhältnis in Form der Konstruktion eines »hypothetischen Natursubjekts«, das als Chiffre für die unverfügbaren Eigenstrukturen der Natur dient, und einer »Allianztechnik« entwickelt, die ihren Gegenstand in der äußeren Welt nicht zerstört, sondern mit ihm kooperiert, können antizipatorische Richtpunkte entstehen, in denen die punktuelle Reparaturperspektive, in der die Gesamtbeziehung zur Natur nicht in Erscheinung tritt, überwunden ist. In dem Maße, in dem die Möglichkeit zur bewußten Festlegung gesellschaftlicher Zwecke gegeben ist, kann der »Humanismus der Natur« (Marx) umfassend freigelegt werden.

IV. Gegendiskurs

Wenn die realen Utopien der intellektuellen Gegner der politbürokratischen Diktatur in die öffentliche Diskussion einbezogen werden, besitzt ein gesellschaftliches Reformprojekt eine zusätzliche Grundlage, durch die das herrschende technokratische Bewußtsein, das die Ziele des sozialen Lebensprozesses politischer Gestaltung – z.B. durch die den Gesetzen der Zwei-Drittel-Gesellschaft folgende Sicherung des Wirtschaftsstandorts Deutschland – entzieht, systematisch in Frage gestellt werden kann.

Die Definitionsmacht über die wichtigsten Problem- und Antizipationsbegriffe – Volkssouveränität und »Wesenseinheit des Menschen mit der Natur« (Marx) – ist selbst eine politische Frage. Ein Gegendiskurs gesellschaftlichen Denkens steht an.

Stephan Lohr

Pausenzeichen. Notizen zu einer demokratischen Rundfunkkultur

Auch das Rundfunksystem ist weitgreifenden Modernisierungen unterworfen. Technische Funktionsweisen haben sich verändert, sie machen eine Vervielfachung der Programme möglich. Für die Bundesrepublik Deutschland gibt es die überwiegend aus Gebühreneinnahmen finanzierten öffentlich-rechtlichen Sender ARD und ZDF und - seit 1984 - ausschließlich privatwirtschaftlich betriebene Radio- und Fernsehsender.

Dieses »duale« System hat bei ARD und ZDF zu einer Legitimations- und Finanzkrise geführt.

In Anlehnung an das Rundfunkurteil des Bundesverfassungsgerichts vom 22.2.1994 (Gebührenurteil) plädiere ich für eine politische Anerkennung des besonderen Auftrags der öffentlich-rechtlichen Anstalten. Diese ist die Voraussetzung für eine gebotene Reform von ARD und ZDF, vor allem aber für ein problembewußtes, verantwortungsvolles und medienangemessenes Arbeiten in diesen und für diese Programme, deren enorme Leistungen für die Geschichte der Bundesrepublik in einer auf kurzfristige ökonomische Berechenbarkeit zielenden Politik vergessen zu werden drohen.

Gesellschaftliches Volksvermögen

Das öffentlich-rechtliche Rundfunksystem der Bundesrepublik Deutschland bereichert das gesellschaftliche Volksvermögen in erheblichen Maßen. Daß die Bundesrepublik nach dem Ende des Zweiten Weltkrieges Maßstäbe für politische Information und Bewertung gefunden hat, daß Musik höchster Qualität preiswert verfügbar war, Hörspiele für Spannung sorgten und die literarische Prominenz authentisch gehört werden konnte, all dies verdanken die Menschen den Programmen des Radios und später des Fernsehens. Diese Rundfunkmedien haben Standards gesetzt, die so selbstverständlich geworden sind, daß nur wenige sich ihres Wertes bewußt sind: Der Grad an

Kenntnissen über Fakten des Weltgeschehens war und ist in Deutschland – gewährleistet durch Rundfunk – hoch. Das Radio sorgte für den akustischen Anschluß an die Welt: Es bediente die unterschiedlichen Musikgeschmäcker, es pflegte und schuf einen eigenen, seinem Medium spezifischen Ausdruck: das Hörspiel und das Feature: mit Stimmen, Geräuschen, Originaltondokumenten und fiktiven Klängen gab es eine Form, die in vielfältiger Weise künstlerisch genutzt wurde bzw. die Möglichkeit eröffnete, auch schwierige Sachverhalte collagenhaft zu entfalten. Nicht nur den Erfolg der Aufbauleistungen in Westdeutschland dokumentierten die Rundfunkprogramme, sie schufen auch breite Öffentlichkeit über solche Ereignisse, die den Wandel dieser Gesellschaft signalisierten: die politischen Skandale der 50er und 60er Jahre.

Übers Fernsehen gab es Bilder der aufbegehrenden Oppositionsbewegungen, und Bilder, mit denen sie ihren Protest, etwa gegen den Krieg in Vietnam oder gegen den Einmarsch der Warschauer Pakt-Truppen in Prag, legitimierten. Kommunen und Wohngemeinschaften, die Enttabuisierung der Sexualität, neue Formen der Kindererziehung, exzeptionelle Theaterinszenierungen, Einblick in die sich rasant verändernden Funktionsweisen der Technik, Bilder zu einem schließlich ökologischen Verständnis der Natur, all das erhielt eine Konventionen begründende Öffentlichkeit durch das Fernsehen. Ebenso wirksam entfaltete dieses jüngere Medium seine dramaturgischen Möglichkeiten zur entlastenden Unterhaltung der Menschen ... Der Siegeszug des Fernsehens löste das Radio als Leitmedium ab: Noch bis zum Beginn der 60er Jahre waren es die Nachrichten aus dem Radio, auf die sich die Menschen in ihren Gesprächen über das Neue bezogen, waren es Kommentare und Gespräche, die die öffentliche Meinung wesentlich beeinflußten, sorgten Hörspiele für »Straßenfeger«-Effekte.

Doch das Fernsehen hat das Radio nicht verdrängt, sondern ihm eine andere Funktion zugewiesen: Das Radio wurde zum Tagesbegleitmedium, zur musikalischen Hörkulisse, es blieb das nach wie vor schnellste Nachrichtenmedium ...

Die Radiofunktionen der 50er Jahre sind randständig geworden: die Literatur- und Musikvermittlung, Hörspiel, Feature, Gespräche. Indes: Die »Randständigkeit« erreicht allemal eine Zahl von Hörerinnen und Hörern, die die der das Feuilleton einer Tageszeitung Lesenden erreicht und übertrifft ...

Große Hörerzahlen erreichen Radioprogramme, die, definiert über populäre Musikfarben, Hörkulissen mit knappen Wortinformationen bilden.

Für »Minderheiten«, deren Publikumszahlen sich auch im Bereich der Zehntausende bewegen, liefern die öffentlich-rechtlichen Radioprogramme ein differenziertes und anspruchsvolles Programm von Dokumentationen, Informationen, Kommentaren aus allen Ressorts, die vergleichbaren Beiträgen in der überregionalen Presse mindestens ebenbürtig sind.

Verwirrungen

Technische Innovationen erlaubten seit den 70er Jahren eine Vervielfältigung der Frequenzausnutzung.

Die zusätzlichen privatwirtschaftlichen Rundfunksender neben den öffentlich-rechtlichen Systemen von ARD und ZDF verdanken ihre Zulassung (seit 1984) einer vorwiegend von CDU und CSU geführten Kampagne. Die konservativen Parteien hatten - aufmerksam geworden durch eine höchst fragwürdige Studie des Allensbacher Demoskopie-Instituts von Frau Noelle-Neumann - 1972 zunächst begonnen, die Rundfunkanstalten als besonders herausgehobenes politisches Feld zu beackern: sowohl mit personalpolitischen Interventionen wie durch die ständige Wiederholung des linksliberalen Tendenzvorwurfs. Begriff und Prinzip der »Ausgewogenheit« stammt aus eben jener Zeit, in der der innergesellschaftliche Diskurs die Strukturen vor allem des öffentlichen Dienstes überbeanspruchte: Auch Begriff und Verfahrensweisen des Berufsverbots haben in diesen Jahren ihren Anfang genommen.

Das durch Staats- und Rundfunkverträge sowie durch einschlägige Urteile des Bundesverfassungsgerichts in der Tat ohnehin sehr »ausgewogene« Beteiligungsverhältnis der Gremien innerhalb der öffentlich-rechtlichen Rundfunkverfassung bremste den konservativen Vorstoß. Die, die sich ihres vermeintlich zu geringen Einflusses auf Programme und Programmverantwortliche grämten, glaubten zu erkennen, nur außerhalb des plötzlich »monopolistisch« genannten öffentlich-rechtlichen Systems den Einfluß gewinnen zu können, der ihnen innerhalb dessen verwahrt zu bleiben schien. Und das, obwohl die personalpolitische Wende der späten 70er Jahre den parteipolitischen Einfluß in den Funkhäusern enorm verstärkt hat. Am Ausmessen und Zuwiegen ihrer Machtsphären unterschieden sich die im Bonner Bundestag vertretenen Parteien SPD, CDU/CSU und FDP dabei kaum. Über neue Mehrheiten in den Bundesländern setzten CDU und CSU das duale Rundfunksystem durch: Aus der medienpolitischen Konzept- und Ratlosigkeit der SPD entwickelte sich eine kaum noch widerstrebende Zustimmung.

Zumal gesellschaftliche Gruppen wie Gewerkschaften, Kirchen und Sportverbände sich dazu verführen ließen, anzunehmen, ihre spezifischen Partikularinteressen via privater, teils auch selbst betriebener Sender besser durchsetzen zu können...

Inzwischen hat die deutsche Gesellschaft Erfahrungen mit 10 Jahren kommerziellen Rundfunks neben den öffentlich-rechtlichen Sendern. Die neuen Konkurrenten verzeichnen einen großen Erfolg insoweit, als sie große Mengen von Zuschauern und Zuhörern gewonnen haben: sei es als regional betriebener Radiosender, sei es als bundesweit ausgestrahltes Fernsehprogramm à la RTL oder SAT 1. Überdies verbuchen die privaten Medienbetreiber enorme wirtschaftliche Gewinne. Beide Faktoren verursachten bei ARD und ZDF eine Legitimations- und Finanzkrise.

Der Erfolg der neuen Anbieter verdankt sich anderen Kriterien als dem publizistisch orientierten Konzept der öffentlich-rechtlichen. Wirtschaftliche Grundlage der kommerziellen Sender sind Werbeeinnahmen. Also kommt es auf optimale Quoten für die Werbeblöcke an; so daß das Programmumfeld primär diesem Ziel zu dienen hat. Vermeintliche Ausnahmen dieser kommerzorientierten Programmphilosophie erfüllen Alibifunktion und sind durch Auflagen bei der Lizenzvergabe begründet.

Mit ihrer Orientierung auf Zuschauerbedürfnisse haben die neuen Anbieter durchaus neue Präsentationsformen entwikkelt, die einem veränderten Rezeptionsverhalten der Mediennutzer stärkere Aufmerksamkeit widmeten. Freilich für den Preis, auch solche Bedürfnisse (Sex und Gewalt) zu bedienen, deren undifferenzierte öffentliche Verbreitung möglicherweise fragwürdige Entwicklungen verursacht. So daß – sieht man von formalen Innovationen ab – die Privaten in keiner Sparte der klassischen Rundfunkfunktionen den öffentlich-rechtlichen Standard erreichen. Von daher vergleicht die tägliche Quotenübersicht im Prinzip Unvergleichbares: die gewinnerpichte Produktion der privaten mit der non-profit-Botschaft der öffentlich-rechtlichen Sender.

Der private Gewinn läßt sich in DM ausdrücken, eine Einheit zur Bewertung verantwortungsvoll redaktionell geplanter, journalistisch aufwendig recherchierter und in Ton und Bild intelligent umgesetzter Sendungen gibt es nicht.

Opportunität aus Verunsicherung

Von den Privaten auf einen so vorher nicht vorhandenen Markt gezwungen, erleben ARD und ZDF Niederlagen. Als die bei ARD (auf 20% des Gesamthaushaltes) und ZDF (40%) kalkulierten Werbeeinnahmen bedrohlich sinken, beginnen die etablierten Systeme, sich auf dem ungewohnten Markt zu bewegen: Da das Prinzip gilt: Zuschauerakzeptanz bedingt die Werbeeinnahmen, lassen auch ARD und ZDF kaum einen Versuch aus, Zuschauer zurückzugewinnen: nicht nur mit einer »in Einzelfällen« zugestandenen Verflachung der TV-Programme, sondern mit einer durchgreifenden Neuorganisation des Radioangebots. Die ARD probiert den Spagat, um durch die Summierung von Verpflichtungen und erfolgverheißenden Rezepten einerseits den selbstgesetzten Qualitätsstandards treu zu bleiben, andererseits durch massenattraktive Hör- und Sehangebote eine Quantität zu erreichen, die die Attraktivität für Werbekunden, vor allem aber das politische Gewicht erhöhen. Dieser Prozeß der Programmprofilierung entspricht den veränderten Nutzungsgewohnheiten der Medien durch Zuschauer und Zuhörer, er zielt zudem auf die durch die Satellitentechnik absehbare erneute Programmvermehrung, aber er hat das Renommé der öffentlich-rechtlichen Anstalten auch beschädigt.

Daß ausgerechnet die, die Standards gesetzt haben, diese selbst unterlaufen und etwa durch die rigide Verkürzung der Zeiten für Beiträge die Möglichkeiten des Mediums zur Darstellung in Bild und Ton in Einzelfällen reduzierten, hat nicht nur jenen ja immer noch millionengroßen Publikumsanteil von ARD und ZDF verunsichert, diese eher defensive Strategie lieferte zudem noch einigen unangemessen populistisch argumentierenden Politikern den Vorwand, die Berechtigung öffentlich-rechtlichen Rundfunks auf der Basis der Gebührenfinanzierung überhaupt in Frage zu stellen.

Inzwischen hat das sogenannte Gebühren-Urteil des Bundesverfassungsgerichts vom 22. Februar 1994 klargestellt: Die Sicherung des öffentlich-rechtlichen Rundfunks über Gebühren muß ihm die Mittel gewähren, die er zur Erfüllung seiner Aufgaben im dualen System braucht. Diese höchstrichterliche Bestandssicherung löst zwar nicht alle absehbaren, z.B. technischen (etwa Vervielfachung der Programme, die via Satellit und z.T. von Gebieten außerhalb der Zuständigkeit des Bundesverfassungsgerichts kommen werden) Probleme, doch das Urteil weist den Programmen von ARD und ZDF eben jene gesellschaftliche Bedeutung zu, deren Erfüllung erst die Voraussetzung für die Zulassung der programmlich sehr viel niedriger bewerteten kommerziellen Sender schafft.

Programmverantwortung und Demokratie

Angesichts der Erfahrung, daß im Verhältnis von Medien, Gesellschaft und Politik den Medien ein enormer Einfluß zukommt, dessen sich die Politik gern und massiv zu bedienen versucht, bedarf es im Interesse einer lebendigen Demokratie politischer Rahmenbedingungen, die den (Medien insgesamt und insbesondere den) öffentlich-rechtlichen Systemen die Möglichkeit eröffnet, verantwortungsvoll und problemangemessen zu arbeiten.

Das Karlsruher Urteil vom 22.2.94 hat dazu eine wichtige Voraussetzung geschaffen, weil es die Programmerfüllung nicht von Markterfolgen abhängig macht, sondern von der Erfüllung gesellschaftlicher Aufgaben, der allseitigen Information, Meinungsbildung und Unterhaltung. Mehr noch: Das Urteil bewertet die Erfahrung von 10 Jahren dualen Systems außerordentlich kritisch: »Die Gefahren für die Rundfunkfreiheit haben sich (...) mit der Begründung und Entfaltung des dualen Systems erhöht.«

Nach dem zitierten Urteil ist die falsche Konkurrenz im dualen System wenigstens teilweise aufgehoben. Wenn nun politische Rahmenbedingungen dazu kommen, die nicht primär auf die Widerspiegelung eigener Parteipositionen und auch nicht auf die Versorgung politisch verdienter Mitglieder in Gremien und Funktionen des öffentlich-rechtlichen Rundfunks beharren, sondern die sich die Erfahrung und den Auftrag des gesellschaftlichen Vermögens zu eigen machen, dann können ARD und ZDF – befreit von Existenzängsten – tun, was auch not tut: ihre Organisationsformen reformieren und etwa auch in den regionalen Landes- und Fensterprogrammen journalistische Gesichtspunkte wieder ausschlaggebender werden lassen als opportunistisch auf Publikumszustimmung schielende Unterhaltungsdramaturgien.

Radio und Fernsehen sind Medien, die Zeit brauchen: Die Wiedergabe einer Sinfonie läßt sich nicht verkürzen, die Entfaltung eines Arguments braucht manchmal mehr als 2½ Minuten, und auch das Erzählen von Geschichten und das Dokumentieren komplexer Sachverhalte braucht andere Darstellungssequenzen als die allein auf kurzfristige Reizbefriedigung zielende rasche Schnittfolge der Videoclips.

Diese Vorschläge meinen keinen Medienpurismus: Auch in der TV-Unterhaltung wie in Konzepten der Tagesbegleitung durch das Radio können die Öffentlich-Rechtlichen intelligente Standards und sollen auf quantitative Erfolge setzen.

Die Zukunft der Medien wird unüberschaubarer werden, Programme ganz unterschiedlicher Anbieter werden sich vervielfältigen. Um so mehr bedarf es eines Angebots, das die Medien nicht nur als Markt, sondern als Informations- und Unterhaltungsmöglichkeit außerhalb wirtschaftlicher Interessen sichert: sowohl für die Interessen der verschiedenen gesellschaftlichen Milieus wie auch als Standard einer demokratieangemessenen Information und Meinungsbildung der Publikumsmehrheit.

Klaus Staeck
Politik einer Kultur der verständigen Sinne

Zum Besuchsprogramm meiner ersten gemeinsamen Amerika-Reise mit Joseph Beuys 1974 gehörte auch die Besichtigung mehrerer Kunstakademien. Als schließlich der Direktor in Minneapolis voller Stolz die mit allen technischen Innovationen ausgestatteten Werkstätten und das perfekte Video-Studio vorgestellt hatte, meinte Beuys beim Anblick der studentischen Arbeiten lakonisch: »Ich würde erst einmal allen jungen Leuten ein Stück Holz und ein Kartoffelschälmesser in die Hand drücken und abwarten, was dabei herauskommt.«

Auch bei uns, die wir Fortschritt meist als technischen definieren, ist die Situation kaum anders. Die Versuchung, mit bescheidenem kreativen Einsatz das Equipment für sich arbeiten zu lassen, ist groß. Die Computeranimation soll in diesem Zusammenhang nur als Stichwort erwähnt werden. An die Stelle des großen Gedankens tritt oft genug die auf die Spitze getriebene Raffinesse. Maschinen treten gegeneinander an, wer keinen Zugang zu den neuesten Apparaten hat, scheint schon verloren zu haben.

Parallel zu dieser Entwicklung trifft man auf immer mehr Menschen, die ihr neuerworbenes Video-Gerät nicht bedienen können. Zwar reicht es – bei richtiger Installierung durch den Händler – gerade noch, den AN- und AUS-Knopf in eigener Regie zu betätigen. Die immer raffinierter werdenden Programmier-Möglichkeiten bleiben ihnen dagegen meist verborgen. Auch die in einer Expertensprache geschriebenen Gebrauchsanweisungen helfen dem Normal-Nutzer in aller Regel nicht weiter. Bei Störungen oder Defekten gar haben nur noch Spezialisten eine Eingriffschance. Neben der traditionellen Selbsthilfe, das Gerät mit ein paar Faustschlägen aufs Gehäuse zu traktieren, gibt es keine Möglichkeit der individuellen Abhilfe.

In Anbetracht dieser Entwicklung bedarf es besonderer künstlerischer und politischer Eingriffe und Provokationen, um die im technischen Geschwindigkeitsrausch seltsam versteinerten Verhältnisse aufzubrechen. Sand gilt es in jenen Teil des Getriebes zu plazieren, der bei einer so veranlaßten Betriebsstörung eine Reflexion über die Richtigkeit des eingeschlagenen Weges erlaubt. Selbst eine kurzfristige Verwirrung kann Anlässe zum Nachdenken schaffen. Die Flugobjekte des Belgiers Panamarenko, die bestenfalls archaische Flugbewegungen vollziehen können, provozieren eine intensivere Beschäftigung mit dem Sinn des Fliegens als die neuesten Streckenrekorde der Düsenriesen. Wer immer schneller an einen entlegenen Ort kommen will, sollte erklären können, was er dort eigentlich will.

Die Möglichkeiten der Kunst, aktiv in gesellschaftliche Prozesse einzugreifen, sind gering, aber nicht völlig bedeutungslos. Trotzdem erwarten nicht wenige über der Enttäuschung der Politik das Heil aus der Kunst. Diese Überschätzung, mit künstlerischen Mitteln verändernd wirken zu können, führt oft genug zu neuer Frustration. Es geht darum, was die Kunst kann, nicht, was sie tun soll. Hat man sich darauf geeinigt, bleiben dann doch erstaunliche Möglichkeiten der Einmischung.

Voraussetzung ist die Trennung der Bereiche Kunst und Politik, nicht die beliebige Vermischung. Beide unterliegen anderen Gesetzen und Maßstäben. Gesellschaftlicher Nutzen ist nur zu erwarten, wenn Politik und Kunst aneinander reiben, bei wechselseitiger Respektierung der Autonomie. Ein Staatsmann ist nicht schon deshalb ein besserer Politiker, weil er häufig ins Theater geht, Gedichte liest oder gar selbst welche schreibt. Es geht um die Nutzung gänzlich unterschiedlicher Erfahrungen und den verschiedenen Umgang mit Material und Ideen. Oft ist es die Reibung zwischen beiden Feldern, die Erkenntnis möglich macht, nicht die Vermanschung.

Dieser selbstverständliche, spielerische Umgang zwischen Politik und Kunst wird in Deutschland durch die traditionelle kulturelle Trennung von Verstand und den Sinnen erschwert. Das läuft in der Konsequenz meist auf den Gegensatz Verstand versus Sinne hinaus, die nach Belieben gegeneinander ausgespielt werden. Bald wird mehr Bauch bald mehr Kopf erwartet, als wäre ein Mensch sowohl ohne Bauch als ohne Kopf lebensfähig. Von der »kalten« Aufklärung ist häufig die Rede, Entscheidungen aus dem Bauch heraus seien angeblich menschlicher. Schon angesichts des meist eingeschränkten Geistes- und Körperzustandes zivilisierter Menschen äußerst zweifelhafte Kriterien.

Es geht nach meiner Überzeugung darum, in der Kunst sinnliches Material anzubieten, das in der Lage ist, die Urteilsfähigkeit des Verstandes und der Sinne gleichzeitig zu vergrößern und miteinander zu verknüpfen. Jede Trennung ist in ihrer Konsequenz geeignet, neuer Barbarei oder selbstgewählter Versklavung Vorschub zu leisten. Es geht darum, eine ästhetische Konzeption zu finden, die zwischen Verstand und den Sinnen vermittelt und damit auch eine politische Dimension bekommt. Politisch in dem Sinne, daß andere verwickelt werden, sich an der angebotenen Urteilsfähigkeit zu beteiligen, durch Zustimmung oder Widerspruch kraft eigener autonomer Entscheidung. Der jeweilige Partner eines künstlerischen Dialoges wird zunächst durch sinnliche Ansprache verwickelt, aber es ist nach meiner Auffassung nicht Sinn und Zweck eines Kunstwerkes, es auf dieser rein ästhetischen Ebene zu belassen.

So sind meine Arbeiten immer gleichzeitig Appelle an die Wahrnehmungs- und Urteilsfähigkeit. Sie sind an ästhetischen Kategorien meßbar, ohne der Diktatur des Ästhetischen zu unterliegen. Besonders meine Plakate zu Problemen, die nicht nur meine eigenen sind, setzen sich ab von bloßer politischer Gebrauchskunst und funktionalisierter Kunst auf der einen Seite und der von jeglicher Politik völlig abgesetzten innerästhetischen Sphäre. Dabei geht es um ein zentrales strukturelles Problem. Meine Arbeiten erheben den Anspruch, ästhetisch zu sein, ohne daß die Entschlüsselung der Bilder eine spezielle ästhetische Schulung voraussetzt, die nur wenigen zugänglich ist.

Ein Beispiel aus eigener Praxis. Mit der Veröffentlichung der ersten Waldschadensberichte, die ein dramatisches Waldsterben prognostizierten, schuf ich ein Plakat mit der Textzeile »Deutscher Mischwald (regenfest)«. Die bildnerische Darstellung bestand aus einer bereits entwaldeten Landschaft, in die an Stelle der Bäume wie eine konstruktivistische Chiffre jener Strichcode montiert war, den inzwischen fast alle Konsumprodukte tragen, um deren schnellere Erfassung an den Ladenkassen zu ermöglichen. Technik- und Natursprache wurden so zu einer bildnerischen Einheit verknüpft, deren Entschlüsselung die Aktivierung des Verstandes und der Sinne gleichermaßen bewirkt. Die nächste Stufe war die Ausstellung dieser Plakate an einem Wanderweg im Schwarzwald in der Nähe des Ruhesteines. Zahlreiche Wandersleute empörten sich ob derlei

Zumutungen. Nicht die sterbenden Riesen im Blickfeld erregten ihren Zorn, sondern die Bilder mit den toten Bäumen. Die Naturzerstörung empfanden sie als unabänderlich. *Die Darstellung der Zerstörung störte sie mehr als die Zerstörung selbst.* Erst die vermittelte Wirklichkeit schärfte den Blick auf die verdrängte Wirklichkeit.

Auch direkte Eingriffe in die Sehgewohnheiten durch künstlerische Einmischungen ermöglichen gesellschaftliche Einflußnahme. *Es geht um die Kultivierung der Sinne, um die Urteilsfähigkeit zu stärken.* Die Entwicklung des Fernsehens - einer jener Hauptlieferanten von Bildwelten, mit denen sich die Jetzt-Menschen hierzulande beschäftigen - hat sich unter einem selbst gesetzten Konkurrenzdruck mehr und mehr dem Angriff auf die Sinne verschrieben denn ihrer Weiterentwicklung. Ohne wirkliche Not wurde so eine Verblödungsspirale in Gang gesetzt, der bald auch die Reste politischer Kultur zum Opfer fallen werden. *Indem nicht einmal mehr die Unterhaltung, sondern das Maß an Zerstreuung als Maßstab für Erfolg oder Mißerfolg einer Sendung gilt, ist eine Entwicklung in Gang gesetzt, die auf eine dramatische Verkümmerung der Sinne hinausläuft und einen Verlust an Urteilskraft beschleunigt.*

Walter Boehlich
Mehr Macht und weniger Kultur

In seinen Überlegungen über »Die Cultur in ihrer Bedingtheit durch den Staat« bemerkt Jacob Burckhardt, daß die Nation scheinbar oder wirklich in erster Linie vor allem Macht wolle, das kleinstaatliche Dasein wie eine Schande perhorresziere. Er sagt dann, »man will nur zu etwas Grossem gehören und verräth damit deutlich, das die Macht das erste, die Cultur höchstens ein ganz secundäres Ziel ist«. Die Macht hielt er für böse an sich, wer immer sie ausübe. »Sie ist eine Gier und eo ipso unerfüllbar, daher in sich unglücklich und muß Andere unglücklich machen.«

Darüber, daß Kultur notwendig glücklich mache, weiß man nichts, aber man weiß, daß sie wenigstens nicht schädlich ist. Man kennt ihren Wert, und man kennt ihren Preis, der vielen zu hoch erscheint, vor allem in Zeiten, in denen es tatsächlich oder angeblich an Geld mangelt oder das verfügbare Geld nicht mehr für alle Bedürfnisse, echte wie scheinhafte, reicht. Es sind ganze Nationalwirtschaften zusammengebrochen, andere werden zusammenbrechen. Und da das vor allem die sozialistischen sind, fühlt sich der Kapitalismus als Sieger, ohne zuzugeben, daß auch seine Theorie, die vor allem Wirtschaftstheorie ist, ebenfalls versagt hat.

Auf dem Papier haben die westlichen Ökonomen immer gewußt, was nicht mehr passieren könne und wie man mit Krisen umzugehen habe, und sie hatten schöne Worte dafür, vom antizyklischen Verhalten bis zum deficit spending. Trotzdem haben wir die Krise, wenn auch nicht den Zusammenbruch und keineswegs die allgemeine Armut, aber doch für viel zu viele keine Arbeit, mit allen destruktiven Folgen. In Deutschland ist jeder zehnte Arbeitnehmer ohne Arbeit, und selbst wenn etwas dafür spricht, daß die Produktivität wieder steigen wird, so spricht alles dafür, daß die Arbeitslosigkeit nicht abnehmen wird.

Der »Fortschritt« schafft keine Arbeitsplätze, er vernichtet welche. Wir haben weiter eine Zweidrittelgesellschaft, in der wegen mangelnder Steuergerechtigkeit und Steuerehrlichkeit die Armen ärmer, die Reichen reicher werden. Während auf der einen Seite in zuvor unbekannter Weise privates Kapital akkumuliert und geflüchtet wird, erscheinen auf der anderen Seite die öffentlichen Kassen als leer. Die Tätigkeit des Finanzministers besteht vor allem darin, Löcher zu stopfen, indem er andere aufreißt. Und indem er unermüdlich verkündet, es müsse gespart werden.

Es herrscht relative Einigkeit darüber, daß gespart werden muß, da man den einen kaum noch etwas nehmen kann, den anderen aber nicht nehmen will und den Dritten weiterhin gibt, ohne Rücksicht auf die Vernünftigkeit dieses Gebens. Vernünftig nämlich wäre es, am Unproduktiven und am nicht Zukunftsentscheidenden zu sparen, an der ins Ungemessene gewucherten Verwaltung zum Beispiel oder an der Subventionierung veraltender Wirtschaftszweige. Beides geschieht nicht, dieses nicht, weil wir uns noch immer nicht vom alten Autarkiedenken gelöst haben, jenes nicht, weil die Verwaltung im weitesten Sinne im Bundestag zu stark vertreten ist, und beides nicht, weil Wirtschaft und Verwaltung über eine sinnlos mächtige Lobby verfügen, auch weil fast alle Parteien fürchten, durch Sparen in und an diesen Sektoren potentielle Wähler zu verlieren. Also spart man gegen jede Vernunft dort, wo der geringste Widerstand zu erwarten ist, wo die Lobby allenfalls aus vier oder fünf Abgeordneten besteht, an dem, was Regierung und Parlament am fremdesten ist: an der Kultur.

An der Kultur wird überall gespart, im Bund, in den Ländern, in den Kommunen - einerseits weil man keine neuen Prioritäten setzen will, andererseits weil auch dort in fetten Jahren verschwendet worden ist, vor allem in Ländern und Kommunen, deren Einnahmen durch sinkendes Steueraufkommen nicht mehr für alle Verpflichtungen reichen. Durch lange Jahre hat sich die Vorstellung verfestigt, daß Etats keine Verbindlichkeiten haben, daß vor allem Theater weit über ihre keineswegs dürftigen Verhältnisse leben dürfen, in der Gewißheit, daß ihnen nachbewilligt werden werde, was sie über ihren Etat hinaus ausgäben. Sie hatten das der Praxis des Nachtragshaushaltes abgesehen, und da sie sich einem Wettbewerb um die jeweils »besten« Intendanten, Regisseure, Dirigenten, Bühnenbildner, Verwaltungsdirektoren ausgesetzt sahen, gaben sie bedenklich oder unbedenklich deren Forderungen nach, mit der Folge, daß auch die, die gewiß nicht zu den Besten gehörten, die Kosten in die Höhe zu treiben vermochten.

Längst schon geht es nicht mehr darum, ob künstlerischer Erfolg die hohen Subventionen rechtfertigt, sondern nur noch um eingegangene Verpflichtungen und erst seit kurzem um die Zerbrechung unsinniger Strukturen. Die Statistik zeigt, daß in der Spielzeit 1990/91 an den Städtischen Bühnen in Frankfurt jeder Besucher mit 411 Mark subventioniert worden ist, während es in München nur 120 Mark waren. Dafür hat sich München einen Chefdirigenten mit einem Jahresgehalt von 3 Millionen geleistet. Die Leitenden sind behandelt worden, als seien sie unersetzlich, die Apparate sind aufgebläht worden, als seien sie das Wichtigste. Ergebnis: Nur 10% des Theateretats sind noch disponibel, 90% entfallen auf »Fixe Kosten«. Ein Unverhältnis in der verwalteten Welt, das dem Machen von Kunst kaum zu dienen vermag.

Und die Orchester? Auch sie kosten hohe Zuschüsse, wogegen wenig zu sagen wäre, wenn diese Kosten nicht über Steuern sozialisiert würden, während die Orchester die Gewinne, die sie außerhalb ihres Instituts erwirtschaften und die sie nicht erwirtschaften könnten, wenn die öffentliche Hand ihre Existenz nicht erst ermöglichte, voll und ganz privatisieren dürfen.

Kultur freilich findet nicht nur an Bühnen und in Konzertsälen statt. Die fallen nur deswegen besonders auf, weil sie gleichzeitig Wirtschaftsbetriebe sind. Museen sind das nur beschränkt, Archive gar nicht, auch Schulen nicht und Universitäten nicht und Bibliotheken nicht. An ihnen, ohne die es Kultur heute nicht mehr geben kann, wird seit jeher gespart. Ihnen wird gleichzeitig ein Etat bewilligt und eine Aufgabe gestellt, die mit diesem Etat nicht gelöst werden kann. Vernünftig wäre, daß die einen das Geld gäben und die andern sagen könnten: Für dieses Geld können wir die und die Leistung erbringen. Mehr Leistung kostet mehr Geld. Aber gerade so wird nicht gehandelt, sondern der Geber befiehlt, und der Nehmer muß gehorchen, was immer daraus folge.

Was folgt, ist: Die Verhältnisse an den Universitäten und an den Universitätsbibliotheken sind unerträglich geworden, weil die Relation zwischen dem, was sie leisten sollen, und den Mitteln, die sie dafür erhalten, verzerrt ist. Die Museen etwa haben sich durch große Ausstellungen mit Leihgaben aus aller Welt ein Ansehen geben dürfen, das der Mehrung ihrer

Bestände überhaupt nicht gedient und den ausgestellten Kunstwerken eher geschadet hat. Sie haben dafür die nötigen Gelder erhalten. Da es an Geld fehlt, können sie ruhig ein paar Jahre lang darauf verzichten und auf ihre eigenen Bestände zurückgreifen. Dagegen ist es absurd, die Ankaufsetats der Bibliotheken zu beschneiden. Die Lücken, die in ihren Beständen entstehen, werden nie mehr aufgefüllt werden können, zum Schaden der Forschung, ohne die uns der beste »Wirtschaftsstandort« nichts nützt.

Da jede Investition in Bildung und Kultur eine Zukunftsinvestition ist, darf an ihnen zu allerletzt gespart werden, wenn die Bundesrepublik nicht auf den Stand eines Entwicklungslandes herabsinken will. Wenn wir Kultur abbauen, bauen wir auch unsere Zukunft ab. Unser Unglück ist, daß im Bund, der über die größten Mittel verfügt, niemand ausschließlich für die Kultur zuständig ist und den Kulturetat so beharrlich verteidigte wie der Sozialminister den Sozialetat. Kultur ist eben Ländersache, und die Länder wachen eifersüchtig darüber, daß es im Bund keinen heimlichen Kultusminister gibt, ein Unikum in der EG und bei den Brüsseler Verhandlungen von größtem Nachteil. Trotzdem hat der Bund allerlei Kulturaufgaben übernommen, im Außenministerium, im Innenministerium und im Forschungsministerium, in denen zwar bisweilen treffliche Ministeriale sitzen, die aber wenig gegen den mangelnden Sachverstand und das mangelnde Interesse der Minister vermögen und vor allem keine politische Macht haben. In mageren Zeiten und bei knappen Kassen macht sich das zu Ungunsten der Kultur bemerkbar.

Die eigentliche Macht versucht deswegen der Finanzminister auszuüben, der den entsprechenden Ministerien nicht bloß den Etat kürzt, sondern ihnen auch verfassungswidrig vorzuschreiben versucht, für welche Zwecke sie Mittel nicht mehr auszugeben hätten. Durch keine Kenntnis und keine Urteilsfähigkeit getrübt, hat er den Kulturetat des Bundes rund gerechnet halbiert und da, wo es ihm tunlich erschien – meist außerhalb von Bayern –, k.w. neben den alten Etatposten geschrieben, was heißen soll: kann wegfallen. Nun muß man wissen, daß der Kulturetat des Bundes 0,3 % des Gesamthaushaltes ausmacht, damit also nicht mehr und nicht weniger als 0,15 % eingespart würden. Das scheint er für einen Ausweg aus seiner und der öffentlichen Misere zu halten, und da er nicht einmal das Parlament befragt, sondern eigenmächtig gehandelt hat, muß er damit gerechnet haben, daß sich wenigstens in Bonn kein Verteidiger der Kultur finden werde, sein Strangulierungswerk also glücken müsse.

Was hat er einsparen wollen, was kann nach seiner Meinung wegfallen? Institute, deren Bedeutung von keinem verständigen Menschen bezweifelt wird: die Deutsche Schillergesellschaft, zu der das Literaturarchiv in Marburg gehört, das Freie Deutsche Hochstift in Frankfurt nebst Goethemuseum, die Stiftung Weimarer Klassik, deren wichtigster Besitz das Archiv ist, die Deutsche Akademie für Sprache und Dichtung in Darmstadt und vieles andere mehr. Damit soll eine dreiviertel Milliarde eingespart werden. Eine Menge Geld für die Kultur, aber dann doch wieder peanuts. Etwa genausoviel hat der Schürmann-Bau in Bonn gekostet, der vielleicht nie einen Nutzen bringen wird, weil er beim letzten Hochwasser abgesoffen ist; ein Drittel davon hat die Berliner Olympia-Werbung gekostet, ebenfalls rausgeworfenes Geld, und wenn man alles zusammenrechnete, was unsere Politiker sich am Rande der Legalität oder jenseits der Legalität zuschanzen, dann brauchte die Kultur nicht zu darben.

Sie brauchte auch nicht zu darben, wenn ihr Wert nicht so viel geringer eingeschätzt würde als der Wert der bewaffneten Macht, die ein Vierfaches dessen kostet, was bundesweit für die Kultur ausgegeben wird. So vieles, das geringeren Nutzen bringt, erscheint der Politik wichtiger. Beim Umzug nach Berlin scheint es auf keine Milliarde anzukommen, aber Achtung außerhalb unserer Grenzen werden wir nicht mit einem triumphalen Einzug in die alte Reichshauptstadt mit ihrer unerquicklichen Geschichte und ihren niederdrückenden Erinnerungen, auch nicht durch unsere Militärmacht erwerben, sondern vielleicht durch geduldige Vermittlung unserer Sprache und unserer Kultur.

Das ist bisher die Aufgabe der Goethe-Institute gewesen, die uns mehr Freunde geschaffen haben als die viel kostspieligeren und nicht immer nützlichen diplomatischen Vertretungen. Vergleichbaren Gewinn hat uns die Arbeit des Deutschen Akademischen Austauschdienstes gebracht, dessen Humboldtstipendiaten in ihre Heimat ein Bild von Deutschland mitgebracht haben, das nicht martialisch und nicht hinterwäldlerisch ausschaute. Der Dank des Finanzministers für diese Leistung besteht darin, daß er die Mittel der Goethe-Institute um 10% kürzen will, 28 Bibliotheken schließen wollte (von denen einige durch private Spenden gerettet werden konnten) und das Personal in einem Augenblick verringern will, in dem die Aufgaben vor allem in den ehemaligen Ostblockländern gewachsen sind. Dem Deutschen Akademischen Austauschdienst scheint Ähnliches zu drohen. Es ist möglich, daß nicht alles so heiß gegessen wird, wie der Minister es gekocht hat, und es ist nicht jeder Sparwille zu verurteilen; was unerträglich ist, ist die Bedenkenlosigkeit und Barbarei des ersten Plans, aus der mehr Verzweiflung und böser Wille spricht als Sachverstand und Einsicht. Es wird alle Kultur für alle und alle Bildung für alle vorerst nicht mehr geben können, weil es keinen politischen Willen dafür gibt, was aber politischer Wille möglich macht, kann ein historisches Beispiel zeigen:

Napoleon war Herr über halb Europa, Preußens veraltetes Heer war bei Jena und Auerstädt vernichtend geschlagen – keine deutsche, aber für viele eine preußische Tragödie. Der Militärstaat in der Mitte Deutschlands hatte die Hälfte seines Territoriums verloren und mußte 25 Millionen Taler als Kriegssteuer aufbringen, für den Sieger, der wenig später noch einmal 20 Millionen Taler für das Großherzogtum Warschau forderte. Preußen war gedemütigt und nun wirklich arm, hatte keine erkennbaren fiskalischen Mittel mehr, wenn man von der Kasse der Preußischen Seehandlung (der Staatsbank also) absieht, die deren umsichtiger Direktor, der später so ängstliche wie damals entschlossene Barthold Georg Niebuhr, nach Ostpreußen gerettet hatte, wo die Franzosen nicht waren.

Und was tat Preußen? Es leitete unter dem Eindruck des so viel fortschrittlicheren Napoleon einen Modernisierungsschub ein und ermächtigte eine Handvoll hochtalentierter Minister, die bald abgehalftert wurden, zu Reformen, die nach dem endlichen Sieg über den »Korsen« nicht alle wieder rückgängig gemacht werden konnten. Es sparte vor allem an seiner überdimensionierten Verwaltung, aber es sparte nicht bloß, es gab auch Geld aus, wirklich knappes Geld, für die Heeresreform und für die Bildungsreform. In seiner schlechtesten Zeit beschloß es, drei neue Universitäten zu gründen, die bald hochberühmten Friedrich-Wilhelms-Universitäten in Berlin, Breslau und Bonn, von denen die beiden ersten noch vor der Schlacht von Leipzig den Lehrbetrieb aufnehmen konnten.

Es war klug angelegtes Geld, denn in den folgenden Jahrzehnten verbreitete sich der Ruhm der deutschen Wissenschaft über die ganze gebildete Welt. Deutsch wurde zur Wissenschaftssprache und wäre das wohl noch länger geblieben, wenn der große Konkurrent von Gelehrsamkeit und Kultur, das Militär, nicht seit 1870 wieder zerstört hätte, was Bildung und Wissenschaft aufgebaut hatten. Heute dagegen scheint die Bundesrepublik gesonnen, sich als Kulturnation in Raten zu verabschieden, um wieder einmal schrittweise auf die Weltbühne zurückzukehren, erst im Golfkrieg, dann am Horn von Afrika und möglichst bald möglichst überall. Mit welchen Folgen?

Friedrich Dieckmann

Meditation über ein Faxgerät. Statt eines Beitrags

Lieber Oskar Negt,

die Zeit drängt, ich kann auf Ihren Brief, der die Situation umfassend skizziert, nur mit einem Brief antworten und weiß nicht, ob er für einen Beitrag einstehen kann; er ist dies nur in einem ganz mittelbaren Sinn. Das Feld der Probleme, in denen wir alle und also auch die Bundestagswahl im Herbst 1994 steht, erhellt an der Übermittlung dieses Textes, die mir durch den Erwerb eines Faxgerätes erleichtert ist. Faxen – dieses absurde Wort hat sich in die deutsche Sprache eingenistet, als wäre es ihr eigen; es steht schon im Duden und bezeichnet eine Fazilität, der schwer zu entrinnen ist. Denn es gibt Weltgegenden, die eigentlich nur noch auf diese Weise zu erreichen sind, Brasilien etwa, wohin selbst Luftpostbriefe nur nach Wochen gelangen; per Fax ist man binnen Minuten am Ziel. Widerstrebend habe ich nach langen Anläufen einen solchen Apparat in seiner kleinstmöglichen Gestalt erworben; ich stelle ihn auf und bemerke erschrocken: Ich habe nicht nach dem Energieverbrauch gesehen. Der ist schwer festzustellen; er steht – es ist ein Produkt der Firma Siemens – nicht im Prospekt und auch nicht in der Gebrauchsanweisung; man muß den Apparat auf den Kopf stellen, um auf der Unterseite die Angabe »1 A« zu entdecken. 1 Ampere bei 220 V – das heißt: Das Ding, das über keinen Knopf zum Abschalten verfügt, verbraucht 220 W, das sind in 24 Stunden 5,28 Kilowattstunden, weit mehr als ein großer Kühlschrank mit mehreren Tiefkühlfächern. Auf einmal begreife ich: In dem Bemühen, Termine einzuhalten, Wege zu vermeiden, Zeit zu sparen, habe ich wieder einmal der Entropie in die Hände gearbeitet, dem ruinösen Verzehr jener potentiellen Energie, die die Erde in Millionen sonnenbeschienener, sonnenverarbeitender Jahre angesammelt hat; ich habe ihre Verwandlung in thermische, in Chaos-Energie vorangetrieben. Außerdem habe ich der grassierenden Arbeitslosigkeit zugearbeitet, denn es liegt zutage: Je mehr Faxe gefaxt werden, um so weniger Postboten werden benötigt. Die Post selbst befördert diesen Prozeß; durch Propaganda ebenso wie durch säumige Zustellung und immer neue Gebührenerhöhungen privilegiert sie das Telefonieren und Telefaxen gegenüber der Briefbeförderung; das wiederum hat mit der Höhe der gewerkschaftlich erkämpften Tariflöhne zu tun. Auch dieser Betrieb muß Arbeitsplätze abbauen, um rentabel zu werden; er muß automatisieren (und seine Kunden zur Automatisierung drängen), um die Lohnkosten zu senken.

Wie könnte, wie sollte eine neue Regierung hier Einhalt gebieten? Kann sie den Strompreis in einer Weise erhöhen, daß ein Energiefresser wie dieser unrentabel würde? Kann sie die Tariflöhne in einer Weise herabsetzen, daß es für die Post ökonomisch sinnvoll würde, mehr Leute einzustellen und die Briefgebühren zu senken? Kann sie Einfluß auf technische Erfindungen nehmen und sie vor ihrer Einführung unter Berücksichtigung aller Faktoren auf ihren ökonomischen und gesellschaftlichen Nutzen prüfen? Dies alles kann sie nicht, und wenn sie es könnte, würde es nichts helfen; es gibt Hunderte von Beispielen.

Ein höchst vernünftiger Vorschlag der praktisch bedachten Wissenschaft liegt auf den Tischen der Politik; er verlangt eine stufenweise Erhöhung der Energie- und Benzinpreise innerhalb der nächsten zehn Jahre, in kleinen, aber zwingend festgelegten, für Industrie und Verbraucher langfristig vorhersehbaren Schritten. Wagt die SPD mit einer solchen Politik in den Wahlkampf zu gehen ? Täte sie es, würde sie vermutlich ins Visier der Wahlkampfdemagogie geraten, unabhängig davon, ob die Gegenseite eine solche Maßnahme unter der Hand vielleicht für ebenso sinnreich hält. So wird dieser Wahlkampf ein Scheinwahlkampf sein; jede Seite wird den Wähler, um ihm nicht weh zu tun, über die wahre Lage und deren Anforderungen zu betrügen suchen, da er sicher sein kann, daß der Versuch, diese Anforderungen sichtbar zu machen, von dem Konkurrenten mißbraucht würde. Eben das hat die SPD im Dezember 1990 erlebt.

Das Fatale ist, daß beide Seiten dieses Spiels, die rivalisierenden Parteien und die umworbenen Wähler, diesen Zwiespalt erkennen. Sie schieben ihn auf den jeweils anderen ab: der Wähler in Gestalt der vielberufenen Verdrossenheit auf Staat und Parteien und die Parteien auf den Wähler als den unmündigen Souverän, der sie zur Lüge zwingt. Die politischen Kräfte verhalten sich just wie der Siemenskonzern bei dem Faxgerät: Die Unkosten werden, unkenntlich von außen, auf die Rück-, die Unterseite geschrieben. Der abstimmende Wähler aber verhält sich, wie es mir im Laden erging; er vergißt zu fragen und öffnet zu spät die Verpackung.

So bekunden alle ihre Verstricktheit in eine Lage, die man den Status quo nicht nennen darf, denn sie ist nicht statisch, sondern befindet sich im reißenden Fluß der dritten industriellen Revolution. Angestoßen von nordamerikanischen, vorangetrieben von fernöstlichen Industrien, entfaltet sich ihre Dynamik in einem globalen Rahmen, und Europa muß (und sollte) sich nicht vorwerfen, ihr nicht vorangeschritten zu sein; es hinkt hinterdrein. Um auf dem weltökonomischen Feld nicht weiter zurückzufallen, trifft die europäische Politik Anstalten, den eigenen, schon weitgehend verbundenen Wirtschaftsraum vollends zu vereinheitlichen; Verflechtung und Konzentration der ökonomischen Potenzen sollen forciert werden. Die Problematik dieses Prozesses wird vielerorts von einer Ideologisierung übertönt, die die Kategorie des Transnationalen ähnlich fetischisiert, wie es im 19. Jahrhundert mit der des Nationalen geschah; es geschieht zu dem gleichen Zweck: um den vergrößerten Wirtschaftsraum durch emotionale Überhöhung vor Einwänden sicherzustellen.

Wie man in dem Deutschland von 1870 die Kategorie des Nationalen für einen Wert an sich erklärte, unabhängig von dem Gewinn an Demokratie, an Rechten und Pflichten des einzelnen, der sich mit ihr verband, so gilt heute ein Europa, das Westeuropa meint, vielen als Wert an sich, den man auf seine mehr als wirtschaftlichen Voraussetzungen nicht ernstlich befragen kann, ohne in den Geruch zu kommen, ein »schlechter Europäer« zu sein. Wie einst Bismarck den machtlosen Deutschen Reichstag seiner Reichsgründung als eine demokratische Fassade vorhängte, hinter der das alte absolutistische Preußen weiterging, weiter herrschte wie zuvor (an diesem politischen Geniestreich ist nachmals ganz Europa entzweigegangen), verbreitet nun das Straßburger Parlament, dieser Reichstag des vereinten Westeuropas, einen Anschein von Volks- und Bürgerkontrolle, verbergend, daß riesige Bürokratien ganz unabhängig von Abgeordneten und Wählervoten ein Werk tun, das durchaus zwanghaft, im Bann globaler Entwicklungen, auf dem Weg fortschreitet, für den mein Faxgerät gleichnishaft steht: weniger Arbeitsplätze, mehr Energieverbrauch.

Wenn man liest, daß in Leuna (es ist das größte Investitionsvorhaben im Bereich der östlichen Bundesländer) in einer staatsgestützten Kooperation von deutschen, französischen und russischen Firmen 4,3 Milliarden DM aufgebracht werden, um »langfristig 2250 Arbeitsplätze« zu schaffen (Leipziger Volkszeitung vom 26.5.1994), so bekommt man eine Vorstellung von den Zwängen der Situation; ein konkurrenzfähiger industrieller Arbeitsplatz kostet heute zwischen einer und zwei Millionen Mark. Da die vorhandenen Produktionskapazitäten eigentlich ausreichen, können die beteiligten Konzerne nur durch hohe Staatszuschüsse zu solchen Großinvestitionen veranlaßt werden – zu dem Bau menschenleerer Fabriken mit enormem Material- und Energieverbrauch, deren Funktion es ist, Fabriken mit vielen Arbeitern unrentabel zu machen. Hat eine neue Regierung die Chance, daran etwas zu ändern? Dazu müßte sie Weltregierung sein, was nicht in Sicht ist und nicht zu wünschen wäre, es sei denn, man fände Formen und Mittel, die dem Zweck genauso angemessen wären – eine völlig utopische und zugleich den Anforderungen der Wirklichkeit genau entsprechende Vorstellung.

Sie existiert nur in vagen Gedanken-Umrissen; allgemein erscheint Supranationalität als reine Markt- und Kapitalangelegenheit, hilflos gegenüber einem furchtbaren Krieg an der Südostflanke des Kontinents, bewußtlos gegenüber den vitalen Problemen der modernen Welt. Es gibt nicht einmal den Ansatz eines politischen Konzeptes, das darauf zielt, die Realität eines Weltmarkts, der immer gigantischere Investitionen fordert, um in aller Welt immer mehr Menschen arbeitslos zu machen, durch globale politisch-soziale Institutionen zu balancieren. Bei solcher Ratlosigkeit muß die Idee des engeren Raums als eines beherrschbaren Schutzraums vor katastrophischen Weiterungen einer labilen Lage an Anziehungskraft gewinnen. Nur in ihm, scheint es manchen, ist sozialer Schutz für die vielen gewährt, die im eigenen Land unter die Räder der Weltmarkt-Effizienz kommen; ökologischer Fortschritt, so scheint es andern, ist nur innerhalb des eigenen Landes noch möglich. Solchen Tendenzen wird nur entgegnen können, wer ihren realen Grund begreift und darauf verzichtet, reflexhaft-abstrakt Positionen zu verteidigen, die die Wirklichkeit selbst in Frage stellt, gerade unter humanen und sozialen Aspekten. Nur wer begreift, daß der jugoslawische Krieg der Extremfall, das Menetekel gleichsam, einer allgemeinen Situation ist, in der unter dem Druck materieller und geistiger Verarmung, eines technisch-ökonomischen Nicht-mehr-mithalten-Könnens, sich blutig-katastrophale Entzweiung begibt als das jähe Nachaußen-Treten einer der herrschenden Welt- und Produktionsordnung inhärenten Aggressivität, wird in der Lage sein, Vorstellungen zu entwickeln, die der Zukunft standhalten.

Wie brisant die Situation ihrem Wesen nach ist, zeigt sich, wenn man heute einen Text liest, den Ludwig Klages 1930 unter dem Titel »Mensch und Erde« der Münchner Rupprecht-Presse anvertraut hat, einen luxuriösen Samisdat-Druck in hundertfünfzig Exemplaren. Die Zeit hat diesen Text eingeholt; was Klages damals im bibliophilen Winkel sagte, kann heute weitgehend für Gemeingut gelten. Mir ist dieser Text unlängst erstmals zu Gesicht gekommen, und er hat mich erschreckt - nicht, weil ich darin etwas Neues gefunden hätte, sondern weil ich nichts Veraltetes darin fand. Die Diagnose von 1930 - eine prinzipielle Diagnose fernab den politischen Fronten - ist die Diagnose von 1994; alle Rechts-Links-Etikettierungen werden an ihr ebenso zuschanden wie an den Texten von Karl Kraus oder etwa an Thomas Manns Schillerrede von 1955, die, wie Klages, Schiller-Verse berief, um nach einem Bund »des Menschen mit der Erde, seinem mütterlichen Grund« zu rufen. Klages' Text ist ein »linker« Text, indem er die Partei der geschädigten, unterdrückten, ausgerotteten, bedrohten Natur nimmt, aber die Linke hat ihn, als Industriepartei der anderen Seite, damals vermutlich als »rechts« klassifiziert, weil er jenseits aller Strategien stand, die auf die Stärkung der Gewerkschaften oder auf die Machtergreifung der Arbeiterklasse zielten. Eine solche Einstufung funktioniert heute nicht mehr; liegt darin das Neue der Situation, ihre rot-grüne Latenz? Man wird sehen, wie weit sie praktisch-politisch trägt. Fürs erste schrumpft die politische Notwendigkeit eines Regierungswechsels auf den Umstand, daß nach zwölfjähriger Regierungszeit Ablösung not tut, weil die Wahrnehmungsfähigkeit einer so lange amtierenden Regierungsmacht sich notwendig verschließt. Ich sehe ein: Das ist, unter dem Aspekt Ihrer Fragen, eine schmale Antwort.

Mit den besten Grüßen
Ihr Friedrich Dieckmann

Teil 5

Bildung, Wissenschaft, Lernen

Christina Krause
Schule in den neuen Bundesländern

Um die Situation der Schule in den neuen Bundesländern verstehen zu können, muß man etwas über die Schule der DDR wissen, und man muß außerdem berücksichtigen, daß globale Einschätzungen nur mit Vorbehalt möglich sind. Es gab und gibt nicht *die Schule.* Bis 1989 gab es ein Schulsystem in der DDR, danach eines in Sachsen, in Mecklenburg-Vorpommern, in Sachsen-Anhalt, in Thüringen und in Brandenburg. Gemeinsam ist ihnen, daß sie sich nach 1989 grundsätzlich geändert haben und daß eine mehr oder weniger abbildgetreue Kopie eines westdeutschen Schulsystems hergestellt wurde.

Ich will in meinem Beitrag versuchen, den Übergang von der Schule der DDR – der »allgemeinbildenden polytechnischen Oberschule« in die Schule eines neuen Bundeslandes – die Grund-, Real- und Hauptschule sowie das Gymnasium – aufzuzeigen. Was hat sich für die Schülerinnen und Schüler verändert? Was für die Lehrerinnen und Lehrer? Und was für die Eltern?

Die Unzufriedenheit mit dem gegenwärtigen Bildungssystem in Deutschland, von der Grundschule bis zur Universität, ist ein aktuelles Thema.

Wilfried *Schley* kennzeichnete die »Schulmisere« auf der 10. Bundeskonferenz der Schulpsychologen 1992 in Heidelberg so: »Es gibt kaum eine so struktur-konservative Einrichtung wie die Schule in unserer Gesellschaft. Von allen Veränderungen, die gesellschaftlich gelaufen sind, ... ist die Schule vollkommen unberührt geblieben: Da steht der Lehrer den Schülern gegenüber, ... er ist Vermittler, die Schüler sind die Lernenden. Schule ist weitgehend lehrende Institution, statt eine selbst lernende und Lernen ermöglichende zu sein. Dieses Grundmuster des Vermittlungsdenkens ist etwas so prägendes, daß selbst diejenigen, die etwas anderes wollen, immer wieder in die Misere hineinrutschen« (Schley 1994, S. 7).

Hartmut von *Hentig* hat 1990 in seinem Vortrag auf dem 12. Kongreß der Deutschen Gesellschaft für Erziehungswissenschaft eine »Bilanz der Bildungsreform« gehalten und u. a. festgestellt, daß die vom Deutschen Bildungsrat 1970 eingeleitete Schulreform nur zum Teil wirklich etwas verändert habe. Die Veränderungen

- seien gesellschaftspolitischen Interessen geopfert worden und hätten ihren pädagogischen Anlaß aus dem Auge verloren: die Korrektur der an falschen Zielen ausgerichteten, ineffizienten, langweiligen Unterrichtsanstalt.
- seien zentral verordnet worden. Deshalb seien unpädagogische, nämlich verwaltbare, auf einheitliche Mittelbewilligung und Überprüfbarkeit angelegte Maßnahmen herausgekommen anstatt eines zur Erziehung notwendigen Klimas: eines Klimas der Eigenverantwortung, der Beobachtung, der Geduld, Phantasie, der Bereitschaft zu Umkehr und Neuanfang.
- hätten keine Entsprechung in der Ausbildung und Auswahl der Lehrer gefunden. Diese hätten zu Erforschern ihrer eigenen Sache, nicht zu gläubigen Funktionären erziehungswissenschaftlicher Theorien ausgebildet werden müssen.

In seinem Offenen Brief an die Kultusministerkonferenz kommt Klaus *Hurrelmann* zu dem Schluß, die deutsche Vereinigung habe das Schul-Chaos perfekt gemacht, die Gefahr, daß Gymnasien überlaufen, werde immer größer, eine neue einheitliche Schulstruktur müsse her (»Die ZEIT« vom 1.11.1991).

Die neuen Bundesländer hatten die einmalige Chance, eine Schulreform einzuleiten, die die schon 1970 formulierten Ziele erreichbar machen könnte. Ich denke dabei vor allem an Ziele, die die Demokratisierung und Humanisierung des pädagogischen Umgangs betreffen. Aber man ließ sich keine Zeit zum Nachdenken, sondern griff sofort nach Mustern aus den alten Bundesländern und begann sie zu kopieren. Schon zwei Jahre nach der »Wende« war die sog. Reformierung vollzogen.

Die Frage, ob es nicht auch etwas Gutes hatte, dieses so verschmähte Schul- und Bildungssystem der DDR, wurde gar nicht erst gestellt. Hinzu kam, daß allen, die in der DDR professionell mit Erziehung zu tun gehabt hatten, »Staatstreue« vorgeworfen wurde und damit eine Vorverurteilung perfekt war. Sie wirkt sich noch heute aus. Hätte es genügend Lehrer und Lehrerinnen in den alten Bundesländern gegeben, die in den Osten gehen wollten, dann wäre in den Schulen vielleicht ähnliches geschehen wie an den Universitäten und Hochschulen.

Der Begriff »Erziehung« beinhaltet immer das Moment des Absichtlichen und Geplanten. Die geplanten erzieherischen Einflüsse werden zumeist durch allgemeine Erziehungsziele definiert. Das gilt nicht nur für Erziehung im Sozialismus, sondern kennzeichnet Erziehung in jeder Gesellschaft, wo Kinder in Institutionen wie z.B. Schule und Kindergarten gebildet und erzogen werden.

Die jeweiligen Erziehungs- und Bildungsziele sind logischerweise immer auch von Zielen der Gesellschaft, die ihre Schulen und Lehrer bezahlt, bestimmt. Das nicht wahrhaben zu wollen, wäre Selbstbetrug. Aber: Schulische Sozialisation ist mehr als »schulische Erziehung« und »Unterricht«. Die Lernumwelt des Kindes wird durch viele Einzelfaktoren geprägt, die immer auch das Merkmal des Ungeplanten, des Unvorhergesehenen, des Subjektiven und Situativen tragen.

Es wäre ein Irrtum anzunehmen, daß alle Lehrer/innen der DDR nur die von Partei und Regierung vorgegebenen Ziele im Auge hatten. Sie hatten – zumindest die meisten von ihnen – sehr wohl das Kind mit seinen Besonderheiten im Auge. Die reale Stundensituation, die tagtägliche Kleinarbeit unterscheidet sich sicher nicht allzusehr von der in westdeutschen Schulen.

Auch in ostdeutschen Schulen lernten Kinder lesen, schreiben und rechnen, lernten sie die Normen, Werte, Symbol- und Interpretationssysteme der Gesellschaft (bzw. der jeweiligen Gruppe) und wurden fähig, sich in die Gesellschaft einzugliedern. Das war so, auch wenn Herr Wutzke, erster Kultusminister von Mecklenburg-Vorpommern, meinte, daß »eigenständig zu denken und zu handeln erst gelernt werden muß« (Interview in der Ostsee-Zeitung im Januar 1991).

Jede Gesellschaft, jede Partei, jede Konfession hat ihr eigenes Erziehungskonzept. Es beinhaltet vor allem jene Aufgaben, die die heranwachsende Generation befähigt, die Interessen dieser Gesellschaft, dieser Konfession usw. zu vertreten, in ihrem Sinne zu handeln, das Begonnene weiterzuführen.

Die Vorzüge und Chancen der Schulentwicklung in der DDR habe ich in der eigenen Biographie erlebt. Aus unserem Dorf war ich 1956 das erste Mädchen, das zur Oberschule gehen und Abitur machen konnte. Mein Vater, dem – aus einer armen Familie kommend – jegliche Bildungschancen und die Förderung seiner außergewöhnlich musikalischen Begabung verwehrt worden waren, erlebte es als langersehnte Gerechtigkeit, daß seine Tochter - ein Arbeiterkind - nun auch alle Bildungschancen hatte. Eine gewisse Dankbarkeit meinem Land DDR gegenüber begleitete mich eine lange Zeit meines Lebens.

Ich meine, es dürfte schwierig sein, nach grundlegenden gesellschaftlichen Veränderungen das vorher Gewesene objektiv einzuschätzen, zumindest wird es eines gewissen Abstandes bedürfen, um ungerechtfertigte Subjektivismen auszuschließen. Ich will es trotzdem versuchen und das, was für die Schule der DDR typisch war, kennzeichnen.

Die Schule der DDR war:

1. Zentralistisch

Das Volksbildungsministerium war die Steuerzentrale der Bildung und Erziehung des Volkes der DDR. Margot Honekker, Gattin des Staatsoberhauptes Erich Honecker, hatte eine Sonderstellung und beherrschte nicht nur die Schule, sondern das gesamte Volksbildungswesen, die Einrichtungen vom Kindergarten bis zur Berufs- und Hochschulbildung. Sie beanspruchte für ihr Ministerium die Hauptverantwortung für die politische Formung sozialistischer Persönlichkeiten.

2. Einheitlich

Die Schule der DDR war eine Einheitsschule, in der alle Kinder des Volkes von der ersten bis zur zehnten Klasse (manchmal vom Kindergarten an gemeinsam) lernten.

Das von den Staatsfunktionären formulierte Ziel war die sozialistische Persönlichkeit, ein junger Mensch mit hoher Allgemeinbildung und sozialistischen Idealen.

Probleme der Differenzierung und Individualisierung waren stets ein ideologisch brisantes Thema und führten in den siebziger Jahren zu mehr interdisziplinärer Erforschung des Kindes und Jugendlichen. Aktiver, problemhafter, entwicklungsfördernder Unterricht - das waren zu Schlagworten gewordene Forschungsziele.

Die Losung »Wissen ist Macht« wurde immer häufiger benutzt und bedeutete in seiner praktischen Umsetzung, daß die Überlegenheit des Sozialismus zunehmend auf ideellem Gebiet bewiesen werden sollte (die wirtschaftliche Überlegenheit war in den siebziger Jahren in weite Ferne gerückt). Im Sport hatte man diesen Beweis bereits erbracht. DDR-Sportler waren weltweit bekannt, besser gesagt: Die Welt kannte die DDR vor allem wegen ihrer sportlichen Erfolge.

Solche Höchstleistungen wurden also auch auf anderen Gebieten angestrebt. Deshalb war Fachunterricht auf hohem wissenschaftlichem Niveau schon in der Grundschule erwünscht.

3. Fachorientiert

Lehrpläne waren im fachlichen Bereich sehr detailliert und waren Gesetz. Obwohl die Einheit von Bildung und Erziehung propagiert wurde, gab es gerade für die Erziehungsaufgabe der Schule kein Konzept, wenn man einmal von den ideologischen Zielstellungen, die alljährlich als Pionier- und FDJ-Auftrag an die Schulen kamen, absieht.

Deshalb – und das ist das paradoxe – verliefen der pädagogische Alltag, die Interaktionen zwischen Lehrer und Schülern, zwischen Schüler und Schüler, die Bewertungs- und Beurteilungsriten, die Umsetzung des »heimlichen Lehrplans« (Zinnecker 1975) so ab, wie es seit eh und je in den deutschen Schulstuben geschieht.

4. Polytechnisch

Eine humanistische und realistische Bildung sollte in der allgemeinbildenden polytechnischen Schule der DDR angeeignet werden. Den Ideen von Marx und Humboldt folgend, sollten Schüler die Realität, die Praxis kennenlernen und die Verbindung zur Arbeiterklasse als herrschende Klasse im Sozialismus so früh als möglich herstellen. So gingen die Mädchen und Jungen ab Klassenstufe 7 einmal pro Woche in die Betriebe, später auch in gut ausgerüstete polytechnische Zentren.

Das bedeutete aber auch, daß sie mit den realen wirtschaftlichen Problemen konfrontiert wurden. Ich kann mich daran erinnern, wie es mich als Schülerin erbost hat, daß die Arbeiter des Betriebes, in dem unser polytechnischer Unterricht stattfand, stundenlang nur herumsaßen, weil kein Material zum Weiterarbeiten da war.

Junge Menschen, die im Unterricht für die Ideale des Sozialismus lernen sollten und dann in der Praxis die Widersprüche wie auf einem Tablett serviert bekamen, zogen natürlich ihre eigenen Schlußfolgerungen. Die gute Absicht verkehrte sich ins Gegenteil: Das Kennenlernen der Praxis stellte die in der Schule vermittelte Theorie in Frage.

5. Idealisiert

Die Idee, die sozialistische Schule schaffe für die Entwicklung aller Kinder optimale Bedingungen, wurde auch dann nicht aufgegeben, als die Diskrepanz zwischen Soll- und Ist-Zustand unübersehbar wurde. Was nicht in das Bild der »großen Errungenschaften« paßte, wurde als Einzelerscheinung abgetan. So galt z.B. der Grundsatz: Ein guter Lehrer macht solch guten Unterricht, daß jedes Kind seine Fähigkeiten und Begabungen entwickeln kann und Fehlentwicklungen a priori nicht vorkommen können. Damit wurde den Lehrern die Verantwortung übertragen, und es wurde ihnen die Schuld gegeben, wenn es nicht funktionierte. Den Lehrern oblag es somit auch, sich um erziehungsschwierige Kinder zu kümmern, die Eltern zu beraten, Fördermaßnahmen einzuleiten usw.

Das Gute daran war, daß tatsächlich viel für das einzelne Kind getan wurde und daß die Schule sich auch um die Freizeitgestaltung ihrer Schüler bemühen mußten.

6. Leistungsorientiert

Zu den sozialistischen Selbstverständlichkeiten gehörten: soziale Sicherheit, garantierter Arbeitsplatz, beträchtlicher staatlicher Aufwand für gesellschaftliche Betreuung der Kinder, Freizeiteinrichtungen, Förderung junger Ehen und Familien.

Es ist kurzschlüssig, daraus abzuleiten, daß die Sicherheit, nach Schulabschluß einen Ausbildungsplatz und später einen Arbeitsplatz zu bekommen, zu Mittelmäßigkeit geführt habe. Im Lernprozeß ist die Motivation immer aktuell, der Vergleich mit den anderen immer gegenwärtig. Das Leistungsprinzip galt auch in der DDR-Schule. Schließlich hatten nur die Allerbesten die Chance, zur Oberschule und später zum Studium zu kommen. Im Schulalltag zählt die momentan erbrachte Leistung und die dafür erhaltene Zensur.

In unseren Längsschnittuntersuchungen, die wir zur Entwicklung des Selbstbildes von Schülern seit 1980 durchführen, läßt sich die dominante Rolle von Schule, Lernen und Lernerfolgen für die Entwicklung des Selbstbildes und des Selbstwertgefühles nachweisen (Krause 1993, 1994).

7. Lebensfremd

Lebensnaher Unterricht war ein Hauptziel der DDR-Pädagogik. Die Jugend sollte auf das Leben im Sozialismus vorbereitet werden, für ihn »kämpfen« und ihn »verteidigen«.

In den Reden von Margot Honecker auf Pädagogischen Kongressen und anderen Propagandaveranstaltungen wurden immanent die Erfolge der Schule verkündet und die Jugend entsprechend den Zielstellungen charakterisiert.

Das war lebensfremd und wurde zunehmend als Lüge erkannt. Wissenschaftliche Untersuchungen machten auf Probleme aufmerksam, mahnten zum Nachdenken, boten Lösungen – umsonst. Sie wurden nicht erhört oder sogar mit Restriktionen belegt.

Ich muß aber betonen: Nicht die Schule an sich war lebensfremd. Denn hier fand all das statt, was zum Schulalltag gehört - gewollt oder ungewollt. Junge Menschen haben das Bedürfnis, sich ihr eigenes Urteil zu bilden, und sie tun es. Können sie das nicht in offener Auseinandersetzung im Unterricht, dann tun sie es anderswo und erleben den Unterricht als lebensfremd. Das führt auch zu Konflikten zwischen Schülern und Lehrern. Glücklicherweise gab es genügend Lehrerinnen und Lehrer, die ihren Schülern Rede und Antwort standen und den Fragen nicht ausgewichen sind.

8. Psychologiefeindlich

Die Psychologiefeindlichkeit des Volksbildungsministeriums war allgemein bekannt und wirkte sich verhängnisvoll aus.

Ich will es an einem Beispiel verdeutlichen:

Nach dem Zweiten Weltkrieg entstanden in Westdeutschland – aber auch in Westeuropa insgesamt – viele Erziehungsberatungsstellen. Das heißt, es wurden Institutionen eingerichtet, wo sich Familien Hilfe bei Entwicklungs- und Erziehungsproblemen holen konnten. Das war ein Ergebnis der anerkannten Tatsache, daß die Entwicklungen von Kindern aufgrund ihrer individuellen Lebensbedingungen zu psychischen Störungen führen kann, so daß zusätzliche Interventionen notwendig werden.

Anders in Ostdeutschland. Zunächst ging man davon aus, daß die umfassende Betreuung der Kinder durch staatlich organisierte und kontrollierte Einrichtungen Fehlentwicklungen verhindern konnte. Als sich später zeigte, daß dieses Konzept nicht aufging und trotz aller »Fürsorge« Entwicklungsprobleme mit all ihren Äußerungsformen auftraten, führte das noch lange nicht zu einer Meinungsänderung bzgl. psychologischer Beratung und Therapie.

In Westdeutschland gab es in den achtziger Jahren über 800 Erziehungsberatungsstellen, in Ostdeutschland fünf. Sie waren an Hochschuleinrichtungen durch Initiative einzelner Hochschullehrer entstanden. Eine dieser Raritäten existierte seit 1964 in Greifswald, sie konnte all die Jahre kontinuierlich arbeiten, vor allem dank ihrer Anbindung an die Universität.

Die Psychologiefeindlichkeit zeigte sich auch deutlich in der Lehrerausbildung, in der Psychologie nur eine Nebenrolle spielte. Dahinter stand die Annahme, daß guter Fachunterricht auch die Erziehungsziele verwirklichen kann (und das so nebenbei). Das was aber kein DDR-spezifisches Problem.

Wenn ich mir die Ausbildungsinhalte der Lehramtsanwärter in den alten Bundesländern anschaue, dann verstärkt sich die Meinung, daß es weder Lehrern noch Erziehungswissenschaftlern gelungen ist, die verhärteten Positionen – Leistungsseite hier, Erziehungsseite da – aufzuweichen. Alle machen weiter wie bisher. Schule bleibt, was sie immer war: ein Ort des Schreckens für Schwache (z. B. für Kinder mit Lernschwierigkeiten oder Anpassungsproblemen) und ein Ort des Triumphes für Starke (selbstbewußte, begabte und sozial sichere Kinder).

Was ist nach der »Wende« gewonnen worden?

Lehrerinnen und Lehrer hatten es nach der »Wende« besonders schwer. Zum einen wurde ihnen pauschal »Staatstreue« vorgeworfen und eine gewisse Mitschuld daran, daß die DDR 40 Jahre lang bestehen konnte. Sie hätten ja die staatstreuen Mitläufer oder Sozialismus-Bejaher erzogen.

Zum anderen waren es nun gerade sie, die den bohrenden Fragen der Kinder und Jugendlichen standhalten mußten, die auch auf unbequeme Fragen Antworten finden mußten. Viele Schülerinnen und Schüler hatten Schwierigkeiten, die »Wendungen« der Erwachsenen (manchmal auch der eigenen Eltern) zu verstehen.

Hinzu kam, daß die Schule mit völlig neuen Belastungen fertig werden mußte. Lehrpläne waren nun weniger Vorschrift, sondern eher Rahmenprogramm. Das gab mehr Raum für eigene Ideen, bedeutete aber auch mehr Verantwortung, vor allem aber mehr Zeitaufwand für Stundenvorbereitung. In der ersten Zeit nach dem Herbst 1989 herrschte viel schöpferische Unruhe an den Schulen. Es wurden Reformideen entwickelt, Differenzierungskonzepte erprobt, Informationen eingeholt, Fortbildungsseminare besucht usw. Bei den Diskussionen um den Umbau der Schule wurde von den Lehrerinnen und Lehrern eindeutig ein zweigliedriges Schulsystem favorisiert. Das wäre ein Schulsystem gewesen, das den historisch gewachsenen Bedingungen in Ostdeutschland Rechnung getragen hätte: eine zehnklassige Gesamtschule mit gymnasialer Oberstufe und das Gymnasium. Unbedingt gewünscht wurde auch die Entwicklung von alternativen Schulen (Vgl. Fuhrmann 1990).

Die schöpferische Unruhe wurde schon bald gelähmt. Warum? Ich möchte die Gründe in zwei große Gruppen zusammenfassen.

1. Der erste Grund war die große Unsicherheit, in die man die gesamte Lehrerzunft stürzte und sie auch jahrelang beließ. Die alles beherrschende Frage war und ist: Werde ich die Kündigung bekommen?

Rund 300 000 Menschen waren in der DDR beruflich mit der Unterrichtung von Kindern und ihrer Erziehung beschäftigt, über 80 % davon Frauen. Gleich nach dem Beitritt der DDR zur Bundesrepublik wurden Tausende von ihnen in den Altersübergang und in den Vorruhestand geschickt, weitere Tausende aus Lehre und Forschung pädagogischer Einrichtungen entlassen. Ich habe diese Kampagne auch miterleben müssen. Das Institut »Pädagogische Psychologie« der Greifswalder Universität wurde zum 30.9.1991 »abgewickelt«. Alle Wissenschaftler und Mitarbeiter wurden ohne Ansehen ihrer Leistungen in die Arbeitslosigkeit geschickt. Ich hatte zwar das große Glück, zum 1.10.91 eine Vetretungsprofessur am Psychologischen Institut in Münster angeboten zu bekommen, den Bruch in meiner Wissenschaftler- und Hochschullehrerkarriere konnte ich jedoch nicht mehr schließen.

Die Entlassungswelle an Bildungs- und Erziehungseinrichtungen (vom Kindergarten bis zur Hochschule) hält bis heute an.

Nach der »Wende« fielen einige Fächer aus dem Stundenplan der Schulen weg, d. h. bestimmte Fachlehrer waren überflüssig. Dazu zählten nicht nur sog. »ideologierelevante« Fächer wie z.B. Staatsbürgerkunde, sondern auch Russisch, Polytechnik, Kunsterziehung, Sport - Fächer, die keinen oder einen anderen Platz im Schulsystem der Alt-BRD einnehmen. Ein weiteres Problem ist die Frage: Was wird mit der Bezahlung? Bis heute ist der Streit um die Angleichung an die West-Gehälter nicht beigelegt.

Damit eng verbunden ist die Diskussion um die Studienabschlüsse, die - es betrifft ja nicht nur diese Berufsgruppe - den Ostdeutschen recht anschaulich zeigt, wie Sieger mit Verlierern umgehen. Für die Abwicklung der Lehrer und Lehrerinnen wurde eines der üblichen Machtmittel erfolgreich angewandt: Die Abwertung von Qualifikationen bis hin zur Nichtanerkennung von Abschlüssen pädagogischer Lehrstätten. Man kann damit eine ganze Schicht von Intellektuellen ins Aus schicken.

Die Folgen für den Unterricht und die Kinder: Lehrerstunden wurden erhöht (von 23 auf 27 pro Woche), Klassenstärken ebenfalls (in der Regel um 10 Schüler mehr pro Klasse), Kindergärten wurden geschlossen (Frauen wurden zuerst arbeitslos, wurden also »frei« für die Erziehung ihrer Kinder; außerdem hatten die Familien nicht mehr das Geld, um die teuren Kindergartenplätze bezahlen zu können).

2. Ein weiterer Grund für die Resignation der Lehrer ist neben der Angst um den Arbeitsplatz die relativ schnell gewonnene Erkenntnis, daß die Umgestaltung keine demokratische sein wird. Mitreden der Lehrer und Eltern, Mitbestimmen der Beteiligten, z.B. auch der Schüler und Schülerinnen, wie zukünftig die Schule aussehen wird - diese Träume zerrannen, und man hatte sich wieder einmal dem zu fügen, was die »da oben« wollten.

Zum Beispiel wurde und wird die Hauptschule von der Bevölkerung in Mecklenburg-Vorpommern abgelehnt. Präferiert wird sie nur vom Kultusministerium. Und deshalb wird sie auch durchgesetzt. Eltern und Lehrer erleben hautnah die Folgen für die Entwicklung der Kinder. Die Stigmatisierung - es ist eine, auch wenn man es nicht wahrhaben will - führt zu Verhaltensauffälligkeiten, die ein nie gekanntes Ausmaß annehmen (Schuleschwänzen, Aggression und Gewalttaten, Depression und Ängste).

Gesamtschulen waren - mit Ausnahme in dem SPD-regierten Land Brandenburg - in den neuen Ländern nicht erwünscht. Für fast alle diesbezügliche Aktivitäten von Schulleitern, Lehrern und Eltern kam das ministerielle Aus.

»So wurde alles Neue und Reformträchtige, das erdacht, experimentiert und praktiziert wurde, administrativ« beendet und weggeworfen, so wie auch »jeder Lehrer sein früheres Leben in Bausch und Bogen kriminalisieren und verwerfen soll« (Stolz 1992, S. 289).

Was hat die »Wende« den Schülerinnen und Schülern gebracht?

Während die Westdeutschen von den mit der Wiedervereinigung zusammenhängenden Veränderungen kaum persönlich betroffen waren, war sie für die junge Generation in den neuen Bundesländern ein »kritisches Lebensereignis«. Das bedeutet, es gab Ereignisse, die das gewohnte Leben durcheinanderbrachten, psychologischen »Streß« und Identitätskrisen auslösten und eine Neubestimmung verlangten.

So nannte in den Untersuchungen der Shell-Studie »Jugend 92« jeder fünfte junge Ostdeutsche kritische Lebensereignisse, die in den letzten zwei Jahren negativ in seine Lebensgeschichte eingegriffen haben. Zunehmend betroffen macht die jungen Leute das Gefühl, ein Deutscher/eine Deutsche zweiter Klasse zu sein. Als eine Greifswalder zehnte Klasse sich im Jahre 1991 erstmals mit einer Schulklasse in Osnabrück getroffen hatte, waren hinterher folgende Gedanken geäußert worden (Zitate aus einem Schulaufsatz zum Thema »Deutschland – Vergangenheit, Gegenwart, Zukunft – Ich«):

- »Als wir sagten, daß wir aus den neuen Bundesländern kämen, grinsten sie und sagten: ›Ach so.‹«
- »Was ich gar nicht gut finde, daß die Ex-BRD-Bürger sich so herablassend gegenüber den ›Ossis‹ verhalten müssen. Das muß nicht sein. Wir sind genauso Mensch wie sie.«
- »Jetzt gibt es noch große Unterschiede zwischen uns (den Deutschen). Wir sind in Verhalten und Einstellung zu den Dingen unterschiedlich.«
- »Somit könnte man sagen, man ist Bundesbürger 2. Klasse oder Ossi.«
- »Man merkt aber auch jeden Tag, daß wir Ostdeutschen nicht so richtig anerkannt werden.«

- »Wieso könnten sie nicht auch ein paar Regeln von uns akzeptieren und übernehmen?«
- »... hasse es, daß wir als der letzte Dreck Deutschlands behandelt werden«
- »... daß mit der Beseitigung der Mauer Deutschland noch lange nicht zusammengewachsen ist. Im Gegenteil, wir ehemaligen DDR-Bürger werden noch lange die ›Ossis‹ für die Westdeutschen sein.«

Es gibt keinerlei Anzeichen dafür, daß nach den neuen Lehrbüchern und neuen Plänen mehr oder besser gelernt wird. Es gibt auch keine Hinweise auf »bessere« Erziehung.

Aus meiner gegenwärtigen Tätigkeit als Psychologin im Sozialpädiatrischen Zentrum in Greifswald kenne ich die Schulprobleme aus der Sicht der Kinder und Eltern sehr gut. Sie sind von der Art her ähnlich wie vor der »Wende«, nur viel häufiger und irgendwie hoffnungsloser. Schule bringt immer Probleme für jene Kinder, die nicht so mithalten können, nicht so angepaßt sind und mehr Erziehungsaufwand brauchen.

Auch das westdeutsche Schulsystem kennt diese Probleme und hat bisher keine Lösungen parat.

Besonders betroffen macht ostdeutsche Kinder und Jugendliche die Arbeitslosigkeit ihrer Eltern und Großeltern und die Angst, selbst keinen Ausbildungsplatz und später keine Arbeit zu finden. Aufgrund ungünstiger Lebensbedingungen besteht bei einer Reihe von Jugendlichen die Gefahr der Ausgrenzung und Zuwendung zu sozialen Rand- und Problemgruppen. Die drastische Einschränkung ihrer Freitzeitmöglichkeiten (Jugendclubs und Jugendherbergen wurden geschlossen, schulische Arbeits- und Sportgemeinschaften bestehen nicht mehr, die ehemaligen Kinder- und Jugendorganisationen sind aufgelöst, Ersatz ist keiner da) hat tief in ihre Gewohnheiten eingeschnitten. Am offensichtlichsten zeigt sich die Zukunftsunsicherheit im dramatischen Rückgang der Geburtenziffern in Ostdeutschland. Die Zahl der Geburten schrumpfte durchschnittlich um 50%, in einigen Gebieten sogar bis zu 70% (Zwickau und Cottbus z.B. im Jahr 1991). Was ist das für ein Land, wo Kinder nicht erwünscht sind, wo Eltern Angst haben, Kinder in die Welt zu setzen?

Lassen wir abschließend einen Schüler zu Wort kommen. Der Aufsatz wurde geschrieben im Rahmen einer Untersuchung der International Study of Achievement in Written Composition. Die Themenwahl war frei, es sollte aber um ein Problem gehen, das für den Verfasser besonders wichtig ist (Zitiert in Richter 1992).

Warum man in diesem Schulsystem nicht Lehrer werden darf

Da ich in meinem jetzigen Leben schon das zweite Schulsystem erlebe, denke ich, hier eine allgemeingültige Behauptung aufstellen zu können. Jedes Schulsystem ist die konservativste Widerspiegelung des jeweiligen Gesellschaftssystems. Im stalinistischen Schulsystem erlebten wir eine Diktatur der Massenorganisation und der Schulleitung. Die Masse der Schüler fügte sich und funktionierte in diesem System. Im heutigen Schulsystem sehen wir uns einer Scheindemokratie ausgesetzt. Den Schülern wird ein bißchen Macht in Form von Schülerräten gegeben, die sie jedoch kaum zu ihrem Vorteil nutzen können. Dieses Schulsystem beruht auf der Macht des Lehrers. Seine Machtmittel sind die Zensuren. Wenn nun ein Lehrer »alternative« Methoden der Unterrichtsgestaltung einführen will, hat er nur einen geringen Spielraum. Eben jenen Spielraum, der notwendig ist, um eine Scheindemokratie vorzutäuschen. Er ist aber zum Beispiel immer noch gezwungen, Zensuren zu erteilen, Pflichtlektüre zu lehren usw. Durch die Erteilung von Zensuren gerät ein Lehrer aber zwangsläufig in das übliche Lehrer-Schüler-Schema. Der Durchschnittsschüler tut also genau das, was er auch sonst tun würde. Er stellt sich auf den Lehrer ein, merkt, was er will und macht es schließlich auch, um gute Zensuren zu erhalten.

Ein Schüler hat also kaum die Chance, sich selbst zu entwickeln, sondern lernt in dieser Schule nur, wie er die Unterdrückung für sich am leichtesten gestaltet, ja, er nimmt diese Unterdrückung schon gar nicht mehr wahr. So wird dieser Schüler natürlich zu einem funktionierenden Glied dieser Gesellschaft. Wirklich neue Unterrichtsformen kann man nur in einer wirklich neuen Schule in einem wirklich neuen Gesellschaftssystem ausprobieren.

Die Chance, in ganz Deutschland eine dem Kind zugewandte Schule für alle zu initiieren, ist vertan. Die dringend notwendigen Reformen sind zunächst hinausgeschoben worden, und die Schule in den neuen Bundesländern wurde nach altbewährtem (bewährtem?) Muster aufgebaut. Es hat sich als Illusion erwiesen, bildungspolitische und pädagogische Träume im Osten zu verwirklichen. Sind sie auch im Westen ausgeträumt? Sie sind es nicht, dafür gibt es viele Beweise. Sie zu verwirklichen, bedarf eben - wie der Schüler in seinem Aufsatz so schön gesagt hat - einer neuen Gesellschaft oder zumindest einer veränderten mit veränderten Strukturen. Humanisierung der Schule setzt Humanisierung der Gesellschaft voraus.

Literatur

Fuhrmann, E. (1990), Lehrerinnen im Schulalltag der DDR. In: Horstkemper, M. und Wagner-Winterhager, L. (Hrsg.), Mädchen und Jungen - Männer und Frauen in der Schule. Die Deutsche Schule, 1. Beiheft 1990, S. 185–197.

Krause, Ch. (1993), Strukturelle und inhaltliche Veränderungen im Selbstbild vom Kindergarten- bis Jugendalter. In: Hanckel, Ch. & Gangnus, W. (Bd.-Hrsg.), Schulpsychologie heute, Bonn: Dt. Psychologen-Verl. (1. Deutscher Psychologentag), S. 72–83.

Krause, Ch. (1994), Was macht die Schule aus dem Selbst der Machtlosen? In: Hanckel, Ch., Heyse, H. & Kalweit, U. (Bd.-Hrsg.), Psychologie macht Schule: Berichte aus der Schulpsychologie, Kongreßbericht 1992 in Heidelberg, Bonn: Dt. Psychologen-Verl., S. 274–286.

Richter, W. (Hrsg.) (1992), Weißbuch. Unfrieden in Deutschland. Gesellschaft zum Schutz von Bürgerrecht und Menschenwürde.

Schley, W. (1994), Macht Psychologie Schule? Festvortrag zur 10. Bundeskonferenz für Schulpsychologie. In: Hanckel, Ch., Heyse, H. & Kalweit, U. (Bd.-Hrsg.), Psychologie macht Schule: Berichte aus der Schulpsychologie, Kongreßbericht 1992 in Heidelberg, Bonn: Dt. Psychologen-Verl., S. 2–17.

Stolz (1992), Lehrerabstrafung. In: Richter (Hrsg.), Weißbuch. Unfrieden in Deutschland. Gesellschaft zum Schutz von Bürgerrecht und Menschenwürde, S. 288-290.

Zinnecker, J. (Hrsg.) (1975), Der heimliche Lehrplan. Weinheim und Basel: Beltz.

Thomas Ziehe

Jugend, Alltagskultur und Fremdheiten. Zur Reform der Lernkultur

Wir brauchen eine *Zweite* Reform, auch im Bereich der Pädagogik mit Jugendlichen. Das heißt einerseits, die pädagogische Diskussion wieder politikfähig zu machen. Und das heißt andererseits, dabei gleichwohl den Ebenenunterschied von Politik und Lebensformen (J. Habermas) anzuerkennen, über den wir in den letzten Jahren demokratietheoretisch informiert worden sind. Die Rufe nach einem Starkstromanschluß pädagogischer Prozesse an die drängendsten Zivilisationsgefahren sind eher Bestandteil der politischen Rhetorik, als daß sie wirklich in die pädagogischen Felder eingreifen würden. Und auch die immer wieder aufkommenden Debatten über Werte und Ziele in der Erziehung sind im Grunde eher eine Form öffentlicher Selbstvergewisserung und sollten in ihrem pädagogischen Stellenwert nicht überschätzt werden. Erziehungs- und Bildungsprozesse lassen sich nur sehr bedingt finalisieren. Der größte Teil dessen, was Kinder, Jugendliche und junge Erwachsene kulturalisiert, erwächst nicht aus pädagogisch-programmatischen Arbeiten und Zielen, ist also kurz gesagt nicht Erziehung, sondern Sozialisation. Und diese Sozialisation hat sich im Kontext modernisierter Alltagskultur und Lebensformen einschneidend verändert. Das hat meines Erachtens Folgen für unsere Diagnose der Jugendsituation und für eine Zweite Reform auch im Bereich der Pädagogik.

Damit bin ich bei meinem zentralen Gedankengang, den man in paradoxer Formulierung so zusammenfassen könnte: Jugendliche können einerseits länger ›Jugendliche‹ sein als je zuvor, und sie sind andererseits nicht mehr ›jugendlich‹ im klassischen Sinne. Das heißt, die Strebungen der Adoleszenzphase sind auf eigentümliche Weise zum gesellschaftlichen Allgemeingut, zu Normalkomponenten der Alltagskultur geworden. Es läßt sich daher beides zugleich sagen: daß die Alltagskultur heutzutage ›jugendliche‹ Komponenten hat und daß die Jugendlichen früh in die Alltagskultur der Erwachsenen hineinverwickelt werden.

In einem ersten Schritt möchte ich nun ausführen, daß solche frühe Einbezogenheit in die Erwachsenenwelt für die Jugendlichen erhebende und abwertende Seiten hat. Im zweiten Teil werde ich dann für eine Lernkultur plädieren, die demgegenüber gerade Fremdheitserfahrungen einführen und fördern sollte.

Die Potenzierung und Trivialisierung von Jugendlichsein

Erstes Phänomen: Ein Zugang zu den ›großen‹ *Themen* ist kulturell selbstverständlich geworden. Seien es ernste Katastrophen, globale Gefährdungen, aber auch neue Produkte, Moden oder Trends - wenn man will, kann man über alles etwas erfahren. Auch die Arkanbereiche früherer Pubertät, wie Sexualität und Psychisches, liegen heute als Themen offen zutage. Der Zugang zu den großen Themen muß von den Jugendlichen nicht mehr beharrlich erstritten werden. Jeder private Fernsehkanal bietet geradezu eine Dauerberieselung mit Bilderfetzen, deren oft voyeuristische Qualität die alte pubertäre Schlüssellochperspektive medial verallgemeinert. Natürlich ist dies für Jugendliche auch ein partieller Gewinn. Eltern und Lehrer haben die Rolle von Torhütern zum Reich der großen Themen weitgehend aufgegeben, das Tor steht sperrangelweit auf. Aber es gibt auch einen Preis, der hierfür zu zahlen ist. Die Zugangsschwierigkeit ist nicht mehr das Schlüsselproblem; die Schwierigkeit besteht eher darin, sich in gewissem Grade abschirmen zu müssen. Die Bilder-, Themen- und Wissensfetzen müssen von den Jugendlichen so auf Abstand gehalten werden können, daß sie die eigenen Identitätserprobungen nicht zuschütten und erdrücken, daß die kleine Geschichte der je eigenen Bedeutsamkeit erlebt und aufrechterhalten werden kann.

Zweites Phänomen: Das Abschleifen traditioneller *Sozialformen* ist kulturell selbstverständlich geworden. Nicht Jugendliche treiben heute die alltägliche Enttraditionalisierung voran, sondern die mittlere Generation, also ihre eigenen Eltern. Diese Elterngeneration erspart ihren Kindern großenteils den disziplinären Aufwand, der früher Erziehung prägte: vom Gerade-Sitzen bis zur Schönschrift, vom Sonntagskleid bis zum Anstandsbesuch, vom Katechismus bis zum Hausball.

Die Informalisierung hat gesiegt. Die eigenen Eltern fahren in Jogging-Anzügen in den Urlaub, und der Grenzpolizist hat einen Sticker im Ohr. Es hat sich die ehedem jugendliche Informalität in die Alltagskultur hinein verallgemeinert. Auch Informalisierung muß nicht mehr erkämpft werden, sondern ist mittlerweile selbstverständlicher Kontext. Und etliche Jugendlichen äußern schon den gegenläufigen Wunsch nach einer stilvollen Schulabschlußfeier, wo noch die Jeans-Lehrer Sorge haben, sie müßten sich dann eine Krawatte umbinden. Auch dies ist zunächst ein Modernitätsgewinn. Denn diese Jugendlichen können nun auch die Formalität wählen, wenn sie dies situativ möchten. Formalität ist eine Stilvariante unter anderen geworden. Ein Preis ist gleichwohl zu zahlen: Was früher Gebote formeller Sozialnormen und Verhaltensstile waren, muß nun durch eigene Motivation begründet werden. An die Stelle des Drucks der Konventionen tritt die Notwendigkeit auch solcher autonomer Ich-Leistungen, die mit Unbehagen, Aufschub und Umwegen verbunden sind. Der alltagskulturelle Kontext umfassender Informalisierungen bedarf des Gegengewichts hinreichender innerer Motivationen.

Drittens: Die Ortientierung an der eigenen subjektiven *Innenwelt* ist kulturell selbstverständlich geworden. Mit der eigenen Identität zu hadern, in einem Dauerselbstgespräch die Sinnfrage aufzuwerfen – dies ist nicht mehr das ebenso leid- wie geheimnisvolle Vorrecht pubertärer Tagebuchschreiberinnen. Nein, solche Innen-Ergründung ist zur normalen Persönlichkeitsausstattung von Architektinnen, Einkäufern, Workshop-Teilnehmerinnen, Volkshochschule-Interessenten oder Lehrern geworden. Die egozentrierte Reflexivität des Tagebuchs hat sich entgrenzt, sie ist nicht mehr pubertätsgebunden, und sie ist kaum mehr literarisiert. Sie ist zu einer selbstverständlichen Subjektivierung der Selbst- und Weltwahrnehmung geworden. Sarkastisch formuliert: Im Extremfall zündet jemand das Stadttheater an, um »auf seine Lage aufmerksam zu machen«, wie jüngst in Frankfurt. Aber auch ohne Übertreibung: Die eigenen Gefühle, Ängste und Sehnsüchte zu thematisieren, ist Teil der Normalkompetenz geworden. Wem es daran fehlt, dem wird im Grunde eine Therapie nahegelegt. Die Subjektivierung ist nicht mehr eine euphorisch und schaudernd offengelegte Dimension, die Jugendliche gegen eine ›verpanzerte‹ Erwachsenenwelt einzuklagen hätten. Sondern

Subjektivierung ist eine Lebensform-Variante geworden, die man ebenfalls bevorzugen oder auch mißtrauisch beäugen kann, die aber jedenfalls nicht mehr von Jugendlichen biographisch entdeckt und errungen werden muß. Einen Modernitätsgewinn kann ich darin sehen, daß Jugendliche heute von einem hohen Selbstverständlichkeitssockel der Subjektivierung ausgehen können, welcher alltagskulturell schon für sie bereitsteht. Der Preis, so denke ich, besteht darin, daß diese Subjektivierung nicht so sehr Euphoriegefühle freisetzt, da sie keineswegs mehr die Aura des Neuen hat. »Sie hat jetzt zu sich selbst gefunden«, erzählt jemand über eine junge Frau. »Hoffentlich ist sie nicht enttäuscht«, antwortet der andere. Sich selbst zu entdecken, ist oft keine Abenteuerreise mehr, sondern ein semantisches Pauschalangebot. Die Sehnsucht, das eigene Innere zu erfahren, ist für viele Jugendliche zu einer Sehnsucht geworden, die ›runterziehende‹ Wirkung des inneren Films dämpfen zu können.

Ich hoffe, die von mir gewählten drei Phänomene machen deutlich: Jugendphänomene sind längst Teil der Normalkultur geworden, und die neue Normalkultur durchdringt längst die Jugendphase. Jugendliche können pubertäre Gefühlslagen und Wahrnehmungsmodi länger beibehalten – Gefühlslagen und Wahrnehmungsmodi freilich, die so verbreitet sind, daß sie auch aus der Welt der Erwachsenen zurückgespiegelt werden. Diese Tendenz ist viel zu vielschichtig und wird individuell viel zu unterschiedlich verarbeitet, als daß ich sie eindeutig beurteilen könnte. Allenfalls läßt sich festhalten, sie ist äußerst doppeldeutig, denn sie kann für die Jugendlichen sowohl *Selbstermächtigung* bedeuten als auch *Selbsttrivialisierung*.

Eine Selbstermächtigung insoweit, als die frühe Teilhabe an Thematisierung, Informalisierung und Subjektivierung die Grenzlinie zur Welt der Erwachsenen so durchsichtig hat werden lassen wie wohl nie zuvor in den letzten beiden Jahrhunderten der Moderne. Daraus kann mancher Anerkennung, Stärke und Selbstbewußtsein ziehen. Aber ebenso kann diese alltagskulturelle Tendenz eben eine Selbsttrivialisierung bedeuten, denn die Spiegelung durch die Kultur hat auch eine enteignende Seite. Sich selbst in diesem Kontext als originär, neu, zukunftsoffen zu erleben, ist gar nicht so einfach. Ein Hase-und-Igel-Effekt setzt ein. Alles, was eine Jugendliche im Inneren und Äußeren hervorbringt, ist ›im Großen‹ immer schon da. Davon kann manch eine nachhaltig eingeschüchtert, hochgereizt oder depressionsanfällig werden.

Die Gegenerfahrung »wohldosierter Fremdheiten«

Was bedeutet nun eine solche kulturelle Konstellation von Selbstermächtigung und Selbsttrivialisierung für eine Zweite Reformphase im Bereich von Bildung und Jugendpädagogik? Reformvorstellungen kann man auf zwei unterschiedlichen Ebenen konzipieren:

Einmal auf einer *systemischen* Ebene; auf dieser Ebene geht es um Steuerungspolitik. Das heißt es soll für Erziehungs- und Sozialisationsfelder ein Rahmen gesetzt und eine hinreichende materielle und rechtliche Infrastruktur gewährleistet werden.

Zum anderen gibt es aber auch eine *lernkulturelle* Ebene. Hier geht es um einen ›weicheren Stoff‹. Der ist im operativen Sinne nicht steuerbar. Die Lernkultur besteht aus einem verletzlichen Gewebe von innerinstitutionellen Atmosphären, Verhaltensstilen und anregenden Sinnpotentialen. Lernkultur kann man nicht herstellen, sondern allenfalls fördern. Lernkulturen müssen gehegt und gesichert werden, der Alltag inner- und außerhalb der Institutionen stiftet sie mitnichten einfach von selbst. Eine gute Lernkultur unterstützt Jugendliche in folgendem: eigene Bedürfnisse zu entwickeln, zu artikulieren und dafür Formen des Selbstausdrucks zu erproben; Zugehörigkeiten zu erleben, zumal solche, die nicht auf Herkunft basieren, sondern selbstgewählte Zugehörigkeiten darstellen; einen Eigenwert zu erfahren und dies in ein positives Selbstgefühl umwandeln zu können.

Die lernkulturelle Ebene wird in der öffentlichen Diskussion notorisch unterschätzt. Sie ist stets in Gefahr, auch von seiten der Reforminteressierten selbst, zwischen dem Gesichtspunkt ›harter‹ externer Bedingungen und dem Gesichtspunkt ›enger‹ intentionaler Zielbegründungen zu verschwinden. Kurzum: Das Augenmerk für die Qualität der Lernkultur geht zwischen einer funktionalistischen und einer intentionalistischen Sichtweise leicht verloren.

Ich möchte mich hier auf einen einzigen Aspekt, und eben einen lernkulturellen, beschränken. Und ich tue dies in der

Gewißheit, daß andere Reformforderungen, insbesondere auf der systemischen Ebene - wie Ausbildungssicherung, hinreichende Ausstattung jugendbezogener Arbeitsfelder, Verelendungsschutz für Marginalisierte -, ebenso plausibel wie bekannt sind.

Die Programmatik in der Tradition der Ersten Reform reagiert auf die kulturell veränderte Jugendsituation oft nur mit einem Antworttypus - dem der gesteigerten Annäherung an die Horizonte der Jugendlichen. Also: Bildungs- und Lernprozesse sollen sich vermehrt auf die Lebenswelt der Schüler und Schülerinnen beziehen; jugendorientierte Institutionen sollen Gemeinschaftserlebnisse bieten; die beteiligten Erwachsenen sollen einen Vorschuß an persönlicher Nähe und Glaubwürdigkeit geben. Ich will diesen Antworttypus einmal als Semantik der Identität bezeichnen. Ich behaupte nun wohlgemerkt nicht, diese Reformlinie sei rundum verkehrt. Gleichwohl gebe ich zu bedenken, daß sich die Funktion einer solchen Semantik der Identität während der letzten zwanzig Jahre verschoben hat bzw. daß sie ungewollte und einseitige Wirkung zeitigt.

Die Wahrnehmungsperspektive Jugendlicher hat an sich schon einen hohen Gehalt an Egozentrismus, der nun in Gefahr gerät, kulturell verlängert und verfestigt zu werden. Wer eine egozentrierte Wahrnehmung hat, der unterstellt andauernd: »Die Welt ist so, wie ich mich selbst erlebe.« Das Verhältnis von Jugend und Kultur ist heute aber keineswegs schlicht eines der Entfremdung, so daß gesteigerte ›Annäherung‹ das Gebot der Stunde wäre. Nein, die kulturellen Rückspiegelungen - qua Thematisierung, Informalisierung, Subjektivierung - sind ja gerade derart durchschlagend, daß viele Jugendliche ihren eigenen Horizont andauernd bestätigt sehen können und dann immer noch mehr davon haben wollen. Die verkürzte reformerische Grunddiagnose mißdeutet dann auch Situationen als ›entfremdet‹, die erst im Horizont der eingespielten Gewohnheiten und Vorlieben ›fremd‹ wirken. Das heißt, der kategoriale Unterschied zwischen *Entfremdung* und *Fremdheit* verwischt sich. Oder anders gesagt: Das Fremde wird dann von Jugendlichen - im Lichte eingewöhnter Bestätigungserwartungen - eher als befremdlich erlebt. Was Anstoß sein könnte für neue Erfahrungen, wird vor einem solchen Erwartungshorizont als anstößig wahrgenommen.

Ich denke dabei gar nicht in erster Linie an die bestürzenden Varianten offener Fremdenfeindlichkeit. Ich denke mehr an ein ganz anderes Phänomen, nämlich die hohe Unlustanfälligkeit eines Teils der ›identitätsgewohnten‹ Jugendlichen, sobald sie mit ungewohnten Situationen oder Anforderungen konfrontiert sind. Diese affektive Wahrnehmungsform gegenüber situativen Fremdheiten ist subpolitisch verankert. Sie paart sich sogar oft mit einem politischen Diskurs der Fremdenfreundlichkeit. Die hier gemeinte Fremdheitsaversion ist also eher alltagskultureller und nicht ›ideologischer‹ Natur.

Ich will also darauf hinaus, gegen die gewohnte Semantik der Identität das Recht und die *Produktivität der Fremdheiten* im Umgang mit Gegenständen und Situationen, mit anderen und mit sich selbst, einzuklagen. Wer pädagogisch nur die Semantik der Identität im Kopf hat, könnte unwillentlich eine Reprovinzialisierung der Jugendlichen stützen.

Eine Zweite Reform müßte mithin eine Dialektik von Identitätsorientierung und Fremdheitsmomenten ermöglichen und institutionell abstützen. Eine Zweite Reform müßte – um D. Winnicott zu paraphrasieren – einer pädagogischen Leitvorstellung von ›wohldosierter Fremdheit‹ Raum geben. In deren Licht ist dann ›Sinn‹ mehr als das umweglose Anschließen von Themen, Aktivitäten und Situationen an die vorfindlichen Horizonte der Jugendlichen. Der alltagskulturell abgestützte Egozentrismus bedarf eines Gegengewichts von *Dezentrierungen*. Hierin liegt eine andere Akzentsetzung, die meines Erachtens die notwendige Zweite Reform konzeptuell von der Ersten unterscheiden sollte.

Wenn ich von *Dezentrierungen* spreche, so geht das in folgende Richtung:

- Ich denke an kognitive Lernprozesse, die gerade dadurch anregend sind, daß sie erlauben, die Welt im Lichte einer Verfremdung zu sehen. Also statt für einen Didaktischen Realismus, der stets das Nicht-Bekannte dem bereits Bekannten anverwandeln möchte, plädiere ich für eine Entselbstverständlichung im Herangehen an Bildungs- und Lerninhalte. Während in der Sicht der Ersten Reform gerade die Künstlichkeit von Lernarrangement der Kritik unterzogen wurde, plädiere ich für mehr Verkünstlichung, für einen – zumindest hin und wieder – schrägen, verfremdenden, entkonventionalisierenden Zugriff. Man könnte dies mit einem Wort von H. Weinrich eine *irritationsästhetische* Vorgehensweise nennen.

- Ich denke an Regeln des (partiellen) Zusammenlebens, die normativ nicht immer auf vermehrte Nähe, auf Quasi-Familiarität, auf dichte Gemeinschaft zielen, sondern die gerade den geselligen Umgang unter Fremden kultivieren (R. Sennett). Es geht dann um horizontale Anerkennung der Beteiligten in ihrer akzeptierten und beibehaltenen Andersartigkeit. Statt für die allseits beliebte Ganzheitlichkeit plädiere ich also für Differenz-, Distanz- und Enthaltungsrechte. Nicht ganze Menschen sind möglichst ganz füreinander da, sondern differente Individuen gehen partielle Arbeitsbündnisse miteinander ein und finden hierfür akzeptable Regeln. Statt für mehr Personalisierung plädiere ich für mehr *Zivilität:* d. h. für die ›entpersonalisierende‹ Dimension gemeinsam anerkannter Regeln, Prozeduren, Atmosphären und Stile.
- Schließlich denke ich an ein Selbstverhältnis, das ebenfalls dezentrierte Momente beinhaltet. Es wäre das Gegenteil einer frühen Identitätsschließung (E. H. Erikson), nämlich Erfahrungen mit und Freude an eigener Variabilität, an eigenen Perspektivwechseln, an innersubjektiven *Übergangsfähigkeiten.*

Ich bin mir bewußt, daß diese Skizze noch ungenügend ist, aber zumindest gibt sie, so hoffe ich, meine konzeptuelle Aufmerksamkeitsrichtung wieder. Eine Zweite Reform müßte also *gegenüber den Systemplanern* der Ersten Bildungsreform, die ja geradezu Spezialisten für externe Bedingungen von Bildung und Lernen gewesen sind, immer wieder auf dem ebenso wichtigen *internen* Gesichtspunkt der Lernkultur beharren. Und eine Zweite Reform müßte sich *gegenüber den alternativen Projekten* aus der Ersten Reformphase, die ja geradezu Spezialisten für Identitätsorientierung gewesen sind, für den zivilitären Gehalt von Fremdheit und Dezentrierung stark machen.

Erst so, meine ich, sind heute formulierte pädagogische Ideen nicht eine Wiedervorlage der Ersten Reformforderungen, sondern gewinnen die Qualität einer Konzeption, die wir dann zu Recht als Zweite Reform politisch einklagen können und sollen.

Michael Daxner

Wissenschaft und die Reform der Gesellschaft

Als wir vor dreißig Jahren mit einigem Erfolg versuchten, die gesellschaftliche Zukunft auch als Ergebnis von intellektueller Anstrengung und Kritik zu sehen, da war das Ausmaß der Folgen noch gar nicht absehbar. Die emphatische Bindung der Entwicklung von Demokratie und Sozialstaat an wissenschaftliche Aufklärung und Bildung ist wahrscheinlich der am wenigsten beschädigte Kern jener Studentenbewegung von 1968, deren Legende selbst Gegenstand kritischer Aufarbeitung werden muß. Aber es zählt, daß die Öffnung der Hochschulen unwiderruflich ist, daß der Zugang zu einem gebührenfreien Erststudium zu den sozialstaatlichen Grundentscheidungen gehört, die bislang vom Sozialabbau noch nicht betroffen sind, und es zählt als Erfolg, daß die kritische Wissenschaft mit all ihrer Ambivalenz heute mehr Menschen in dieser Gesellschaft erreicht denn je zuvor.

Diese Erfolgsbilanz ist nun keineswegs ein Anlaß, den Wissenschaftsbereich aus dem Umbau der Gesellschaft zu entlassen. Abgesehen davon sind wir mit der sozialen und wirtschaftlichen Organisation dieses Erfolges schon deshalb nicht fertig geworden, weil er völlig außerhalb der alltäglichen politischen Prioritätensetzung ins Abseits gedrängt wurde; nur so konnte es zu den katastrophalen Qualitätseinbrüchen und der dauernden Unterfinanzierung kommen. Aber mein gesellschaftspolitischer Punkt ist ein anderer: Die Zukunft unserer Gesellschaft braucht heute mehr denn je eine erneuerte wissenschaftliche Struktur zu ihrer intellektuellen und pragmatischen Bestimmung: Das bedeutet nicht nur ein neues Ausbildungskonzept und veränderte Forschungsprioritäten, sondern auch eine neue Organisation der Wissenschaft.

Die Rahmenbedingungen haben sich geändert: Das vereinigte Deutschland ist als politisches Staatswesen in ganz andere Koordinaten eingespannt, als es die beiden deutschen Staaten vor der Vereinigung waren; sowohl im wirtschaftlichen als auch im politischen Weltzusammenhang dominieren die Entwicklung von supranationalen und regionalen Zusammenschlüssen, gleichzeitig sind die letzten Stabilisierungsversuche für Nationalstaaten von unerwarteter Aggressivität und Grausamkeit gekennzeichnet. In Deutschland wie auch anderswo haben viele Menschen, vor allem junge, die Lust verloren, ihre Zukunft kennen zu wollen bzw. sie aufgrund von Wissen und Phantasie kompetent zu gestalten. Das ist nun kein moralisches Versagen dieser jungen Generation, sondern ein Aufwachsen in einer Realität, die immer komplexer wird. Weil die politische Klasse so eindrucksvoll ihre Fähigkeit demonstriert, gegen jede Vernunft Strukturen zu erhalten und Veränderungsmöglichkeiten zu blockieren, muß die Unvernünftigkeit der menschlichen Organisation für unsere Kinder und Enkel schon beinahe naturgesetzlich erscheinen. Der bloße Appell und Rückgriff auf die Aufklärung und die Potentiale kritischen Wissens reicht nicht mehr aus, um einen Veränderungswillen und die entsprechenden Instrumente zugleich zu provozieren. Die Verbindung von Politik und Moral, von Ökologie und Wirtschaft, von Ästhetik und Alltagsgestaltung läuft auf eine zugespitzte Perspektive hinaus, die wir akzeptieren müssen, selbst wenn wir aus der Erfahrung nicht mehr daran glaubten: Es gilt, die *Brücke zwischen Überleben und Leben* so vernünftig und gemeinschaftlich wie möglich zu schließen. Vom Beitrag der Wissenschaft zu dieser Forderung handeln die folgenden Abschnitte.

Es ist kein naiver Scientismus und schon gar nicht der eindimensionale Fortschrittsglaube früherer Zeiten, der die Entwicklung von Zukunft an die Wissenschaft bindet. Es wird keine Problemlösungen von einiger Relevanz geben, die nicht unter Beteiligung von Wissenschaft zustande kommen. Viele Bereiche der gesellschaftlichen und individuellen Daseinsplanung werden auf Wissensbasierung beruhen müssen, weil es zu gefährlich und risikoreich wäre, wie in der Vergangenheit große Menschengruppen zunächst den Erfahrungen falscher Entwicklungen auszusetzen, bevor Lernprozesse eintreten. Nun wissen wir seit langem über die Ambivalenz der Wissenschaft, und wir kennen die Bruchstellen, an denen nicht mehr mit letzter Sicherheit zu entscheiden ist, ob Wissenschaft eher die Probleme mit verursacht, die sie mithelfen soll zu lösen, oder ob die wissenschaftliche Lösung tatsächlich den durch die Probleme provozierten Konflikt regeln hilft. Es bedarf eines politischen Konzepts, um die bisher ausgearbeiteten Regeln zur Minderung des Wissenschaftsrisikos auch durchzusetzen, als da sind Folgenabschätzung, Verlangsamung, Reversibilität, Alternativforschung. Ein solches politisches Konzept kann nicht, wie es das bestehende Selbstverständnis vor allem der regierenden und der mächtigen Einflußklassen suggeriert, den Experten zur Handhabung überlassen werden. Der Kreislauf der Fortschreibung unzuträglicher Vergangenheiten in die Zukunft wird ja durch den Ausschluß der betroffenen und beteiligten Menschen beschleunigt. Was aber wäre die Alternative, wenn wir uns nicht auf das gefährliche Spiel einer inkompetenten Laienkultur verlassen möchten?

Als Grundlage eines reformierten Wissenschaftssystems soll gelten, daß *Hochschulen im öffentlichen Eigentum* die Orte sind, an denen die Gesellschaft sich selbst denkt und von denen aus sie ihre Zukunftsentwicklung definiert, überprüft und kritisierbar macht. Diese Definition hat einige Implikationen: Zunächst bedeutet das öffentliche Eigentum einen dritten Weg zwischen Staatsanstalten und privaten Unternehmungen. Das öffentliche Eigentum bedeutet, daß die Bevölkerung eines Gemeinwesens für den Ort, an dem sie zusammengefaßt und konzentriert denken kann, genausoviel Verantwortung trägt, wie die Wissenschaft verantwortungsvoll für diese Gesellschaft handeln muß. Die Verantwortung des öffentlichen Eigentümers besteht nicht nur in Respekt und Anerkennung der Grundbedingungen wissenschaftlichen Arbeitens (Autonomie, Unabhängigkeit, Grundausstattung), sondern auch in materiellen Leistungen. Diese bestehen auch in einer hinreichenden Finanzierung, die nicht Jahr für Jahr in Konkurrenz zu anderen gesellschaftlichen Bereichen in Frage gestellt werden darf. Gesellschaftspolitisch bedeutet Wissenschafts- und Hochschulpolitik ein sehr viel stärkeres Moment der Koordinierung mit wirtschafts- und sozialpolitischen Entwicklungen, als es die bisherige bildungspolitische Konstruktion ersichtlich macht. Wenn tatsächlich die Zukunft mit Hilfe von Wissenschaft vorgedacht umstrukturiert werden soll, dann betrifft das ganz entscheidend die Biographien der künftigen Generationen, somit muß aber auch die Zugänglichkeit der Wissenschaft für diese Generation durch eine neue Form der *Bildungsvorsorge* gewährleistet werden.

Das öffentliche Eigentum an Wissenschaft bedeutet eine notwendige und bestimmbare Staatsferne. Die kompliziert vernetzten Institutionen, die verschiedenen Hochschularten, Studiengänge, langfristige Forschungsstrategien werden sich im Laufe der allernächsten Zeit noch stärker diversifizieren und das homogene Wissenschaftssystem endgültig verabschieden. Dazu bedarf es einer enormen Kompetenz aller Akteure und einer entsprechenden Bereitschaft der Bevölkerung, diese Veränderungen mitzutragen. Diese Bereitschaft kann nur sehr vordergründig und unzureichend bewegt werden, wenn man den Menschen immer nur einredet, das Hochschulsystem müsse billiger, effektiver und den kurzfristigen Trainingserfordernissen der jetzt bestehenden wirtschaftlichen Verflechtungen angemessener werden (obwohl dies ja keine gänzlich unsinnigen Forderungen sind). Gesellschaftlichen Konsens über die Entwicklung unserer wissenschaftlichen Einrichtungen können wir nur erzielen, wenn die Fragen der Entwicklung unserer Gesellschaft und die Perspektiven des Beitrags zu Wissenschaft dazu öffentlich wahrgenommen werden können, wenn sie verstanden und reflektiert werden können und wenn sie in der Lage sind, die differenzierten Bedürfnisse der Bevölkerung zu bestätigen oder kritisch zu korrigieren. Damit ist aber die vornehmste Aufgabe der neuen Bildungs- und Wissenschaftsreform auch schon angedeutet: Die Motivation zur Wissenschaftspolitik kann nur gesteigert werden, wenn die Bevölkerung dieses Landes auch entsprechend kompetent und informiert über die Zusammenhänge sich ihr politisches Urteil bilden kann. Wenn ich dieses als unverzichtbares Moment jeder Wissenschaftspolitik definiere, dann ist es auch unverzichtbar für jede Regierungspolitik und für die Prioritätensetzung der Wissenschaftsorganisationen, der verschiedenen Verbände und Interessengruppen, die in Hochschule und Forschung tätig sind. Innerhalb der daraus erwachsenden Konkurrenz zu anderen gesellschaftlichen Prioritäten würde ich das sozialpolitische Konzept der Kommunitaristen als Ausgangsmodell vorschlagen und die Sphäre der Wissenschaft mit den entsprechenden konsensbildenden gemeinschaftlichen Werten ausstatten.[1]

Ein solcher Aufschwung kann nicht auf einer abstrakten Emphase neuer Wissenschaftsgläubigkeit oder -hoffnung beruhen. Seine materiellen Grundlagen müßten benennbar sein, um daraus ein glaubwürdiges und abgestuftes Konzept von Prioritäten, Handlungsfeldern und Kompetenzbereichen abzuleiten und den Akteuren zu vermitteln. Die Grundsätze habe ich bereits früher so geschrieben: Aufgabe aller Wissenschaften ist es, den Prozeß der menschlichen Selbstvernichtung rückgängig zu machen.[2] Ich würde dem heute praktisch hinzufügen, daß damit die Überbrückung der Überlebensoption zu einem menschenwürdigen Leben angesprochen ist, was angesichts der menschlichen Selbstvernichtungspotentiale und der irreversiblen Schäden im natürlichen Umfeld unserer Lebensmöglichkeiten eine absolut realistische und beschreibbare Angelegenheit ist.

Daraus ziehe ich zwei fundamentale politische Optionen, die zusammenwirken müssen: die ökologische Option und die republikanische Option. Die ökologische bedeutet, im Sinne der gestellten Aufgabe die Wissenschaft aus der bloß analytischen Situation der Gefahrenanalyse und Beschreibung in die Handlungspflicht überzuführen. Ganz konkret heißt das, die Beteiligung der Wissenschaft nicht mehr an der Politikberatung, sondern an politischen Entscheidungen und die Möglichkeit der definierten Intervention, wo immer das wissenschaftliche Urteil Gefahrenabwehr nahelegt, wie sie von bisherigen demokratischen Prozeduren nur ungenügend oder zu langsam bewältigt werden kann.

Die republikanische Option bedeutet, daß die Wahrnehmung der Eigentumsrechte durch die Bevölkerung in einem ständig revidierten Ringen um einen solchen Wertekonsens mit daraus entwickelten Normen besteht, daß die beschriebenen Interventionsrechte der problemlösenden Wissenschaft auch ihre Legitimation und Rückendeckung erfahren und nicht das gefährliche Element einer antidemokratischen Wissenschaftsdiktatur im ökologischen Notstand als Schreckensvision jeder individuellen Lebensperspektive erscheint. »Republikanisch« heißt zunächst und vor allem, Wissenschaft in die res publica, in die öffentliche Angelegenheit, zurückzuführen und sie der Kontrolle und Förderung so teilhaftig werden zu lassen, daß die Wissenschaft selbst in die Lage versetzt wird, nicht nur ihre Problemerkenntnis handlungsrelevant zu vermitteln, sondern auch sensibel auf die berechtigten oder unberechtigten Bedürfnisse eben dieser Bevölkerung zu reagieren und ihre Expertise dann auch voll in Anspruch zu nehmen.

Wie müßte nun eine Hochschulreform auf der Basis dieser Grundsätze aussehen? Ich schicke voraus, daß ich auf dem Prinzip einer grün-roten politischen Handlungskonzeption aufbaue, das nicht identisch ist mit einer bloßen Koalition der beiden Parteien SPD und Die Grünen/B 90. Ein Programmverschnitt müßte im derzeitigen Stand der Meinungs- und Willensbildung beider Parteien weniger leisten als erforderlich ist. Mit »grün-rot« meine ich vielmehr einen Anspruch, der beide Parteien in enger Zusammenarbeit in die Lage versetzt, sozial und wohlfahrtsstaatliche Elemente mit einer entsprechenden ökologischen und nicht etatistischen Option zu verbinden.

***

Die formale Organisation muß zunächst besser koordiniert werden. Die Forschungs- und Technologiepolitik, überwiegend durch das BMFT (Bundesministerium für Forschung und Technologie) repräsentiert, ist in der Schwerpunktbildung, der wirtschaftlichen Orientierung und der Fixierung auf den Wirtschaftsstandort Deutschland sehr weit entfernt vom Bildungs- und Kulturföderalismus, der auf Bundesebene durch das BMBW (Bundesministerium für Bildung und Wissenschaft) und Wissenschaftsorganisationen wie die Hochschulrektorenkonferenz repräsentiert ist. Die Zusammenfassung von fünf Aufgaben, die ich im folgenden nenne, in einer einheitlichen Organisationsstruktur bedeutet nicht notwendig ein durch Zusammenlegung von BMBW und BMFT entstehendes »Superministerium«, vielmehr können bestimmte Aufgaben nach einer Koordinierung an spezielle Agenturen vergeben werden, die nicht in der politischen Routine der Kabinettspolitik kurzfristigen Schwankungen ausgesetzt sind.

Die Forschungsprioritäten, die im nationalen und übernationalen Zusammenhang entwickelt werden, sollen ihre Legitimation nicht nur von den erhofften Wirkungen (Marktsegmente, Innovation, wirtschaftliche Hegemonie) erhalten, sondern auch von ihrer Herstellung her gesehen werden: Das bedeutet eine Abbildung auf die wissenschaftliche Ausbildung in den Hochschulen, auf die langfristig angelegte Ermöglichung von Hochschulforschung für den wissenschaftlichen Nachwuchs und eine damit verbundene kontinuierliche Information der Öffentlichkeit: Die kompetente Öffentlichkeit ist eine der wesentlichen Voraussetzungen für eine effektive Kontrolle von Wissenschaft, wo Reglementierungen und juristische Beschränkungen erfahrungsgemäß nicht greifen können.

Gleichzeitig muß die Dienstleistungsstruktur von Hochschulen und anderen Forschungseinrichtungen möglichst kurze Wege zu den »Auftraggebern« ermöglichen, um die Diffusionslücke zu schließen.[3] Schließlich darf für die Hochschulen nicht vergessen werden, daß sie auch noch eine Aufgabe im Bereich der Tradition und Bewahrung menschlichen Wissens haben, die nicht unmittelbar diesen Forschungsprioritäten und der technologischen Innovation unterzuordnen ist, sondern zum kulturellen Bestandteil dieser Gesellschaft gehört: Sie müssen weiterhin studierbar bleiben, und in ihnen kann auf eine kontinuierliche Forschung nicht verzichtet werden: Das bedeutet natürlich, daß die Finanzierung dieser nicht durch Drittmittel und Auftragsforschung abzusichernden Bereiche ebenfalls gesichert sein muß.

Die stärkere Anbindung an die Kulturpolitik einerseits, die Wirtschafts- und Sozialpolitik andererseits ergeben sich aus diesen Forderungen.

Bei anhaltendem Trend zur Massenausbildung ist des weiteren eine Ausrichtung der Hochschulen nach den Bedürfnissen künftiger Generationen vordringlich: Studentische Biographien sind heute sehr viel weniger auf konkrete Berufsfelder hin orientiert als auf berufsunspezifische Tätigkeitsperspektiven in noch nicht vorherbestimmten Arbeits- und Lernbereichen. Diese biographischen Optionen sind nicht nur für eine Kulturnation legitim, sie sind auch wegen ihres ungeheuren Innovationspotentials wünschbar. Daraus erfolgt eine Diversifizierung nach den Ansprüchen der Studierenden und ein Hochschulsystem mit weniger starren Grenzen zwischen den einzelnen Abschlußebenen als bisher. Auch wenn diese Akademisierung im ökonomischen Sinne einen Privilegienabbau bei Einkommen und sozialem Status mit sich bringen dürfte, ist ein Ansteigen der Wertschätzung und -wirkungen von sozialem und kulturellem Kapital erstrebenswert, was die Nachteile einer Enthomogenisierung eines nationalen Wissenschaftssystems bei weitem aufhebt. Auch soll den Hochschulen und anderen Forschungseinrichtungen eine Erweiterung der Geschäftsfähigkeit dort ermöglicht werden, wo es privatwirtschaftlich organisierte und wirkungsvolle Märkte gar nicht gibt: Dies wird vor allem der Bereich der ökologischen Innovationen im weitesten Sinne und der Auftragsverwaltung im öffentlichen Interesse sein.

Wenn dies als Programm akzeptiert ist, dann können wir es wagen, wissenschaftliche Prioritäten zu formulieren, ohne in die notwendige und umfassend zu garantierende Wissenschaftsfreiheit einzugreifen. Wir verstehen diese Wissenschaftsfreiheit nicht nur als individuelles Recht der einzelnen Wissenschaftlerin oder des einzelnen Lehrenden, sondern sie ist auch ein institutionelles Recht der Hochschule in ihrer jeweiligen Profilierung oder des Forschungsinstituts mit seinem speziellen Auftrag. Da wir davon ausgehen, daß es, bis auf sanktionsbewährte pragmatische Regelungen, keine Forschungsverbote und keine restriktive Methodenverordnung geben kann, setzen wir auf eine informierte und kompetente Öffentlichkeit als wichtigste Kontrollinstanz. Das bedeutet sowohl bei der Setzung von Schwerpunkten als auch ihrer ständigen »republikanischen« Beobachtung den Ersatz staatlicher Aufsicht durch die politische Auseinandersetzung zwischen den Wissenschaftsinstitutionen und der Öffentlichkeit selbst.

Forschungsprioritäten können, diesen Prinzipien entsprechend, nicht negativ bestimmt werden, es ist also unsinnig, bestimmte Forschungszweige oder Verwendungszwecke zu verbieten. Sie können aber durchaus positiv, und hier in großer Nähe zu den Staatszielen, aber nicht deckungsgleich mit ihnen, den Vorrang von Fördermaßnahmen, Profilbildungen und Ausweitungen finanzieller Akquisition dem nationalen System und den gemeinschaftlichen Werten entsprechen. Ich habe die überlebensnotwendigen Prioritäten häufig auf eine sehr plakative Formel gebracht: *Frieden, Frauen, Ökologie, humane Arbeit und demokratische Verkehrsformen.* Das sind nun keine Forschungsthemen, die einfach entfaltet werden können, sondern es sind »Projekte« im Rahmen eines aufgeklärten kritischen Diskurses über die Notwendigkeit von Wissenschaft zur Lösung überlebenswichtiger Probleme. Die besondere Förderung dieser Bereiche setzt langfristige Programme voraus, die in den Disziplinen und zwischen denselben vom Studienprogramm über die Verallgemeinerung von Fachkulturen bis hin zu entwicklungsträchtigen Forschungen reichen. Wenn wir von dem vereinfachten Modell ausgehen, wonach ein Wissenschaftssystem paradigmatische Disziplinen unter der Kontrolle der Scientific Community verbindet, dann könnten diese Projekte die permanente Stimulanz für Paradigmenwechsel bedeuten.

Ich habe dieses Konzept als »rot-grün« bezeichnet. Damit meine ich zunächst, daß sich die soziale Implikation jeder wissenschaftlichen Intervention mit der ökologischen Option in einem demokratischen Gemeinwesen verbinden muß. Die beiden gängigen Formeln »Versöhnung von Ökonomie und Ökologie« beziehungsweise »Antagonismus zwischen Arbeitsplätzen und Ökologie« taugen gerade nicht, um den Kontext zu beschreiben. Die vernetzten Ansprüche der menschlichen Bedürfnisse auf soziale Sicherheit, Freizügigkeit, individuelle Entfaltungsmöglichkeit und die solidarische Gestaltung gemeinsamen Lebens können nur mit Hilfe einer auch breit getragenen und im Konsens entwickelten Wissenschaft verwirklicht werden: An Beispielen wie der Verkehrspolitik, der Wohnungspolitik, der Bekämpfung von AIDS oder der Umstrukturierung von Arbeit nach humanen Leistungsindikatoren kann dies verdeutlicht werden: Die »rote« ohne die »grüne« Option birgt immer nicht-regelbare Konflikte.

Ein künftiges rot-grünes Wissenschaftskonzept wird seinen Verbündeten jenseits aller Parteigrenzen bei all den Wertkonservativen, die den Wohlfahrtsstaat und die naturnahe Gesellschaftsentwicklung betreiben, ebenso suchen müssen, wie sie die einseitig arbeitsplatzorientierten oder naturalistischen Fundamentalismen ablehnen muß.

Das ist natürlich ein sehr allgemeines Programm, konkrete Vorschläge müssen sehr viele Details und bereits eingetretene Bindungen und Einschränkungen von Handlungspielräumen bedenken.[4] Die wichtigste Aufgabe für die nächste Zukunft scheint mir zu sein, den Menschen in dieser Gesellschaft die Angst vor einer konsenssuchenden Debatte zu nehmen. Wir können nicht eine Wissenschaftskonferenz in Form eines »immerwährenden Reichstages« initiieren; aber wir können, mit den Hochschulen als Kristallisationspunkten, parallele Diskussionen um die beschriebenen Ziele inszenieren, bei denen nicht nur die üblichen Diskussionspartner: Politik, Wirtschaft, Gewerkschaften, Interessenverbände beteiligt sind, sondern an denen zum Beispiel die Eltern als Treuhänder für künftige Generationen, die Medien als Multiplikatoren der Gedanken und die ehemaligen Absolventinnen und Absolventen von Hochschulen als kritische Ratgeber von Anfang an beteiligt sind. Wir können diese Diskussionen zusammenfassen und einen »Plan« entwerfen, dessen Verwirklichung dezentral und von den Bürgerinnen und Bürgern mitbestimmt von Anfang der Diskussion an transparent zu verfolgen ist. Beispielsweise könnte an ausgewählten *Hochschulregionen* versucht werden, ein integriertes Konzept zu entwickeln, das die genannten Ziele soweit wie möglich erfüllt: Das kann soweit gehen, daß *Auftragsverwaltung* an Hochschulen bestimmte Problembereiche, für die es *keinen Problemlösungsmarkt* gibt, bearbeitet; das kann auch, mit dem Risiko des Scheiterns, sehr spezialisierte Studiengänge zur Beschaffung von Kleinarbeitsmärkten implizieren, das kann, über eine Ausweitung von Graduiertenkollegs, Forschungsverbände bisher nicht bekannter Transdisziplinarität zur Folge haben. Sicherlich möglich ist es, einen sehr viel stärkeren Austausch zwischen den politischen Planungsagenturen und der Wissenschaft herbeizuführen, was zur beiderseitigen Professionalisierung beiträgt. Und schließlich hat diese menschennahe Planungspolitik den Vorteil, der Öffentlichkeit auch einen Einblick in die Lasten und Opfer abzuverlangen, die eine derartige Wissenschaftspolitik im Rahmen eines ökologischen und republikanischen Generationenvertrags notwendigerweise mit sich bringt.

Unter diesem Aspekt können sowohl Umverteilungen bei den Anteilen der Wissenschaftspolitik einschließlich möglicher Steuern und Zusatzfinanzierungen legitimiert werden, wichtiger aber noch ist es, die Akzeptanz für wissenschaftliche Prioritäten nicht unter Experten allein austragen und herstellen zu lassen.

Anmerkungen

1 Vergl. Michael Walzer, Sphären der Gerechtigkeit, Frankfurt 1992 (1983); sowie die damit verbundenen sozialstaatlichen Reflexionen bei Brumlik und Brunkhorst, Gemeinschaft und Gerechtigkeit, Frankfurt 1993.

2 Michael Daxner, Entstaatlichung und Veröffentlichung, Köln 1991, S. 42.

3 Wolf-Michael Catenhusen, Innovative Technologiepolitik für den Standort Deutschland, Bonn 1992, S. 8 f.

4 Einen Versuch habe ich in dem Buch: Die Wiederherstellung der Hochschule, Köln 1994 (Heinrich-Böll-Stiftung) versucht.

Oskar Negt

Wir brauchen eine zweite, eine gesamtdeutsche Bildungsreform

I.

Wenn Lern- und Bildungsbegriffe, die sich in langen geschichtlichen Zeitläufen entwickelt und bewährt haben, im Zuge großer gesellschaftlicher Umwälzungen in Frage gestellt werden, dann kommen die beunruhigenden Signale für ein Umdenken meist aus den angesammelten Schwierigkeiten, mit denen es die etablierten Institutionen von Bildung und Lernen zu tun haben. Solches Umdenken mit vergrößerter Projektphantasie, mit einem erweiterten Spektrum von *Suchbewegungen,* was und wie anders gelernt werden soll, bricht an ganz verschiedenen Stellen der Gesellschaft auf, in den Volkshochschulen ebenso wie im öffentlichen Schulsystem, in den gewerkschaftlichen Bildungseinrichtungen nicht weniger als in Trainingskursen des Managements.

Diese Suchbewegungen sind unter Bedingungen, da der Krisenzusammenhang nicht mehr auf das einfache Schema von Konjunktur und Rezession zu reduzieren ist, sondern die Subjektausstattungen der Menschen erfaßt hat, ihre Verhaltensweisen, ihr Denken und Handeln, auf einen neuen Begriff des *kulturellen Lernens* gerichtet, für den zwei Merkmale gleichzeitig entscheidende Bedeutung haben: *Orientierung und Kompetenz.*

Bildung, Selbstbildung, Persönlichkeitsbildung, Befreiung durch Bildung – das sind Wortbedeutungen, die immer stärker mit dem Akzent der Orientierung, des individuellen Weltverständnisses versehen waren. *Lernen* dagegen, der sachliche, wissende Umgang mit Dingen und Verhältnissen war verknüpft mit dem, was man unter gesellschaftlichen Schlüsselqualifikationen verstehen kann. Für jenen Typus der Krise, mit dem wir es in der gegenwärtigen Umbruchszeit zu tun haben, einer *kulturellen Erosionskrise* nämlich, in der die Subjekte selber in ihren traditionellen gesellschaftlichen Weltorientierungen, ihren individuellen Selbstdeutungen und den Erwartungen an ihre Alltagsarbeit betroffen sind, verlieren die üblicherweise auseinandergerissenen Momente von Bildung und Lernen jede Eigenbedeutung: Beanspruchte und eingeklagte Selbstverwirklichung und die soziale Anerkennung der eigenen Qualifikationen sind so entscheidend mit Orientierungsmöglichkeiten in dieser Welt verknüpft, daß sie im Sinne produktiver Lernprozesse gar nicht mehr voneinander getrennt werden können.

Die ersten praktisch wirksamen Anstöße für ein Umdenken in Bildungs- und Lernfragen stammen aus den sechziger Jahren, als sich das sozialliberale Reformklima abzeichnete und für die Bildungs- und Wissenschaftseinrichtungen das Programm der Aufhebung von Modernitätsrückständen formuliert wurde. Daran zu erinnern, daran auch anzuknüpfen, ist um so wichtiger, als hier mit einem beispiellosen Mut zur experimentellen Veränderung und mit reichhaltiger Organisationsphantasie Reformprojekte auf den Weg gebracht wurden, die heute, angesichts der bedrohlich sprachlosen Umgliederung des Bildungsystems der ehemaligen DDR und der wachsenden Misere der Bildungs- und Ausbildungseinrichtungen in Westdeutschland, wichtige Beiträge zur Neuorientierung liefern könnten. Denn zu viel dieser *ersten Bildungsreform* ist auf der Strecke geblieben, verborgen, auf pädagogische und verwaltungstechnische Rationalisierungen abgedrängt; es ist nicht wirklich ausgetragen worden, was hier im Sinne veränderter Voraussetzungen für Bildung und Lernen entwickelt wurde.

Die Misere des gegenwärtigen Bildungs- und Ausbildungssystems, der Schulen, der Universitäten, der Berufsausbildung ist nicht, wie aus konservativer und rechter Ecke zu vernehmen ist, Resultat dieser reformerischen Projekte, im Gegenteil, es ist greifbares Ergebnis einer nicht zu Ende geführten, abgebrochenen Reform: *Die Bildungsreform ist ein unvollständiges Projekt.*

II.

Da sich Umdefinitionen des Bildungs- und Lernbegriffs nie ohne praktische Motive vollziehen, ist es nötig, die gesellschaftlichen Bedürfnisse aufzudecken, die auf einen Strukturwandel der Lernprozesse hindrängen. In der ersten Bildungsreform gab es, neben der Beseitigung des Modernisierungsrückstandes der Institutionen, starke politische Impulse der demokratischen Selbstbefreiung des Menschen,, die Bildung als Bürgerrecht einzuklagen begannen, Chancengleichheit forderten, überhaupt darum bemüht waren, Lernen auf das Ziel des mündigen, politisch beteiligten Bürgers zu richten.

Nicht nur die didaktischen Methoden der Wissensvermittlung oder die institutionellen Gliederungen der Lernprozesse waren Gegenstand dieser Reformdiskussion, sondern vor allem Überlegungen, wie Lern- und Bildungsprozesse in dem gesamten Lebenszusammenhang der Menschen verankert werden können, *wie sich autonome Urteilsfähigkeit und der Umkreis demokratischer* Selbstbestimmung vergrößern lassen. So formulieren die großen Bildungsratsgutachten die Forderung einer gleichgewichtigen Entwicklung von kognitiven, intellektuellen Fähigkeiten, sozialen und emotionalen Ausdrucksmöglichkeiten des Menschen. Darunter wurde *Persönlichkeitsbildung* gerade nicht im alten idealistisch-elitären Sinne verstanden. Vielmehr ging es dieser Umorientierung von Lernprozessen um die Wiederherstellung einer engen Bindung von autonomer Persönlichkeitsbildung und Verantwortung für das Gemeinwesen, im alltäglichen Kontakt mit Menschen der Nachbarschaft und den Fremden ebenso wie im Blick auf das Schicksal der Gesamtgesellschaft. Und bei alledem war es wichtig, einen gewissen Spielraum der Selbstregulierung im Lernen zu schaffen, damit das Gelernte wirklich Bestandteil der ganzen Person wird und nicht nur einer spezialisierten abgespaltenen Schicht im Menschen. Ein großer Teil der heute noch gültigen institutionellen Reformprojekte in den Schulen, in der gewerkschaftlichen Bildungsarbeit, in den Volkshochschulen, in der Berufsschule usw. ist geprägt von diesen Anstößen in der *Umdefinition* von Bildung und Lernen, für welche der psychische Aufbau der Person (die emotionale Kultivierung) und die Entwicklung der sozialen Kompetenz mit Sachwissen untrennbar verbunden ist.

Wenn damals vom Lernen des Lernens gesprochen wurde, dann drückte das einen hohen öffentlichen Respekt vor der Kulturbedeutung der lernfähigen und lernbereiten Individuen aus, welche die Entwicklung sozialer Ausdrucksformen der Gemeinschaftsbildung durchaus mit persönlicher Emanzipation und beruflicher Kompetenzerweiterung in Einklang zu bringen versuchten. Nimmt man die gewaltigen gesellschaftlichen Umbruchsmassen, die heute in beschleunigten Zeitmaßen auf die Menschen eindringen und sie zu überwältigen drohen, dann ist der Tatbestand bemerkenswert, wie wenig öffentliche Aufmerksamkeit auf das Problem des Lernens gerichtet ist - obwohl doch mit Händen greifbar ist, daß ohne Freisetzung von kreativen Lernprozessen in nahezu allen gesellschaftlichen Bereichen eine subjektive Verarbeitung des gesellschaftlichen Wandels ausgeschlossen ist und innergesellschaftliche Friedenszustände nicht hergestellt werden können.

Die Erfahrungen mit der Sturzgeburt des wieder vereinten Deutschlands schaffen ein Sonderproblem, das die Strukturkrise von Bildung und Lernen zuspitzt, wenn auch nicht erzeugt. Trotzdem bestünde in Deutschland eine einzigartige Chance, aus den Erfahrungen des Zusammenbruchs eines autoritären Bildungssystems Konsequenzen zu ziehen und eine *zweite Bildungsreform* einzuleiten, die erste gesamtdeutsche, also mit aktiver Beteiligung der ganz verschiedenartigen Bildungsarbeiter des Ostens. Die strukturelle Notwendigkeit der Umdefinition von Bildung und Lernen, die bereits in den sechziger Jahren begonnen wurde, mit den ganz neuen geschichtlichen Herausforderungen zu verknüpfen, die sich aus dem Zusammenbruch der dualistisch konstruierten Welt ergeben, wäre selber Teil der demokratischen Selbstaufarbeitung der gesellschaftlichen Umbrüche. Wenn die Menschen wirklich begreifen sollen, was innerhalb weniger Jahre über sie an Veränderungen hereingebrochen ist, dann wäre es gesellschaftlich eine Existenzfrage der Demokratie, Lernprozesse in allen Bereichen zu ermutigen, in denen das Alte nicht mehr gilt und neue verbindliche Regeln noch nicht erkennbar sind.

Was ich im folgenden vorschlage, ist nur *ein* Ansatzpunkt innerhalb der von mir charakterisierten Suchbewegungen, gewiß nicht der einzige und wahrscheinlich auch nicht vollständig. Es sind Vorschläge.

III.

Zweifellos stellt sich auf jeder kulturellen Entwicklungsstufe einer Gesellschaft die Frage neu, was denn ein als informiert und gebildet zu bezeichnender Mensch wissen müsse, um sich in dieser Welt zu orientieren und auch beruflich zurechtzukommen. Diese Frage wird von keinem einzelnen bewußt gestellt, sie liegt gleichsam in der Luft, und es gibt unter den Menschen, die es mit Wissenschaft und Bildung zu tun haben, ein Einverständnis darüber, welche Kenntnis um Zusammenhänge für eine solche Charakterisierung ausreichend ist.

Ein derartiges Selbst- und Weltverständnis, das sich auf die Kenntnis bestimmter Zusammenhänge und auf die Ausstattung mit bestimmten Kompetenzen stützt, galt für ein Mitglied der bürgerlichen Klasse genauso wie für den Arbeiter, der sich durch individuelle Bildung kampffähig machte oder die Existenzbedingungen der Arbeiterklasse zu überwinden versuchte. Für den Bürger wie für den »klassenbewußten« Arbeiter vermittelt sich Zusammenhang nicht durch bloße Alltagserfahrungen, die unmittelbar aufgerafft und zusammengestellt werden. Situationsunabhängiges Wissen, das begrifflicher Vorarbeit entspringt, ist nötig, um die eigene individuelle Lebensgeschichte mit gesellschaftlichen und geschichtlichen Zusammenhängen zu vermitteln. Kontrovers dabei ist jedoch nicht, daß Bildung und Orientierung nur durch bestimmte Verknüpfungsnetze zwischen Allgemeinem und Besonderem zustande kommen; problematisch ist vielmehr die Art und Weise, wie ein verbindliches Allgemeines zu finden ist.

Denn nicht nur die Traditionsbestände der gebildeten Arbeiter, in denen Verstehenszusammenhänge gestiftet wurden, sind zerbröckelt; auch die übrige Gesellschaft in ihrer geistigen Verfassung ist mit dem Problem konfrontiert, daß jene Verbindlichkeit vorgetaner geistiger Arbeit zersetzt scheint. Es ist unmöglich, auf ein großes Werk der Philosophie, der Literatur, der Naturwissenschaft zu verweisen mit dem Hintergedanken vielleicht, daß die Lektüre gerade dieses Werkes Strukturen der gegenwärtigen Welt zu entschlüsseln vermag. Das Verzweiflungswort von der »neuen Unübersichtlichkeit« drückt etwas von dieser Vergeblichkeit der Mühe um gesicherten Zusammenhang aus. Neu ist die Unübersichtlichkeit, weil sie durch die bloße Ansammlung von Wissen und dadurch, daß man sich Mühe gibt, nicht zu überwinden ist.

Auch die bloße Schärfung der Instrumente des Lernens, die soziale Erleichterung der Lernbedingungen und die Umgewichtung der pädagogischen Absichten reichen an ein Problem nicht heran, das durch die *Gesteinsverschiebungen der modernen Gesellschaft* erzeugt ist. Wenn kein Stein mehr auf dem anderen bleibt, dann befindet sich die Gesellschaft in einem Zustand, der die Menschen mit neuen Herausforderungen des Lernens und der Bildung konfrontiert.

Wir haben es also mit einer Situation zu tun, in der alte Regeln, Gewohnheiten, allgemeine Übersichten und Weltdeutungen, auch alte Moralvorstellungen nicht mehr in der alten Weise gelten, aber neue noch nicht da sind - eine Situation, die der französische Soziologe Durkheim als *anomisch* bezeichnet hat; ein Zustand *ausgesetzter Regeln.* Die Menschen glauben nicht mehr, daß die alte Leistungsmoral Gültigkeit hat, daß technischer Fortschritt Glück verbürgt und die Marktökonomie alle menschlichen Probleme zu lösen vermag.

Wo die Fähigkeit, die Kompetenz, Zusammenhang herzustellen, als oberstes Lernziel formuliert wird, sind zwei Entscheidungen bereits getroffen: Die eine bezieht sich auf eine Trennung, nämlich die von Wesen und Erscheinung. Ohne diese Unterscheidung würde dieses Lernziel auf die alberne Formel hinauslaufen, daß alles mit allem zusammenhängt, und Lernen darin bestünde, die Kombinationsfähigkeit zu erweitern. Die andere bezieht sich auf eine grundlegende Verbindung, nämlich die bewußte Herstellung eines Zusammenhangs zwischen den Interessen und Bedürfnissen des lernenden Subjekts und Objektwelt. Ist dieser Zusammenhang gestört oder aus den Lernprozessen ausgegrenzt, verliert das Lernen, wie ich es hier begreife, den verläßlichen Ausgangspunkt, ja das treibende Motiv, die Näheverhältnisse der eigenen Empfindungen und Wahrnehmungen zu brechen, das Vertraute zu verfremden und damit ein Stück Theorie, als vermittelte, aufbewahrte Erfahrung aufzunehmen.

Heute scheint es unzeitgemäß, das Wort Dialektik in den Mund zu nehmen. Daß sie zu einem klappernden Gerüst, in dem tatsächlich alles mit allem irgendwie verbunden ist, heruntergebracht wurde, bezeichnet eine eigene Tragödie dieser Denkweise. Ist aber »Zusammenhang« eigentümlicher Zweck des Lernens, dann ist *dialektisches Denken,* d.h. die lebendige Bewegung in Widersprüchen, die sich weder aufheben noch umgehen lassen, von äußerster Aktualität.

Die Spannung zwischen dem lernenden Ich und dem Überhang der Objektwelt hat sich in gleichem Maße verschärft, wie das Subjekt den Raum von Autonomie und Freiheit verwirklicht glaubt. Diese Scheinautonomie und die entsprechenden Freiheitsillusionen aufzuheben, ist deshalb der erste und wesentliche Akt der Entwicklung der *Grundlage* jedes Lernprozesses, der wirkliche Autonomie und Freiheit ermöglicht.

Nicht nur die Erosion der objektiven Verhältnisse macht es unmöglich, daß ein Zusammenhang ohne aktive eingreifende Beteiligung der Lernsubjekte zustande kommt; auch die zersprungene Einheit der Erklärungsansätze der großen Theorien legt uns nahe, über neue Verbindlichkeiten in der Herstellung von Zusammenhang nachzudenken.

Nur exemplarische Lösungen des Zusammenhangproblems sind noch möglich. Und dieses exemplarische Erfahrungslernen, das die Nähe der eigenen Interessen und Bedürfnisse nur bricht, um sich ihrer Vermitteltheit und Abhängigkeit bewußt zu werden, hat die reflektierte Entwicklung allgemeiner Zusammenhänge aus besonderen, prägnanten Punkten heraus zum Ziel. Es ist eben das Neue an dieser Lernsituation, daß niemand mehr imstande ist, sich in objektive Sinnzusammenhänge einfach einzuspinnen, ohne gleichzeitig seine individuelle Urteilsfähigkeit und Autonomie zu verlieren; in einer Zeit, da die Gesellschaft mit Informationstechnologien bestückt ist, die bis in die Intimbereiche ragen, ist das uns bekannte Informationsbedürfnis, das Aufklärung und Vorurteilsminderung versprach, antiquiert. Gegenüber der erdrückenden Macht der Einzelinformationen, die technisch beliebig kombiniert werden können, ist die *Verarbeitungsfähigkeit,* das Vermögen der qualifizierten Gewichtung, der Aufdeckung ihrer Kulturbedeutung, ihres konkreten Zusammenhangs zum eigenen Leben zum Hauptproblem des heutigen Bildungs- und Lernbegriffs geworden.

Orientierendes Denken ist konkretes Denken, und konkretes Denken ist Denken in Zusammenhängen. Abstraktes Denken besteht in der Operation mit isolierten Faktoren. Das Abstrakte ist das Isolierte, das vom Zusammenhang Abgezogene. Der ungebildete Mensch denkt abstrakt, der Lernunfähige, nicht der Gebildete.

IV.

Nach allen diesen Erörterungen wird man nun mit Recht fragen können, was denn die Kompetenz »Zusammenhang herzustellen« an eigenen Regeln und Gegenständen enthalten kann, wenn offensichtlich Zusammenhänge doch nur produziert und begriffen werden können, die sich als Sachzusammenhänge erweisen. Ich habe eine Reihe von Kompetenzen unterschieden, die mir als *gesellschaftliche Schlüsselqualifikationen* dringend notwendig erscheinen; sie könnten sich eignen, Wesenszusammenhänge der heutigen Welt zu erkennen und die bestehende Wirklichkeit unter dem Gesichtspunkt ihrer notwendigen Umgestaltung der praktischen Kritik zu unterziehen.

Ich nehme, um in dem erörterten Sinn einen Neuansatz für Lernprozesse zu formulieren, den Begriff der Schlüsselqualifikation auf und versuche, gegenüber seiner dogmatischen Verengung in den meisten der bisher geführten Qualifikationsdebatten, einen erweiterten, gesellschaftlichen Begriff davon zu entwickeln. Qualität, die besondere Beschaffenheit und Eigenschaft eines Dinges oder Verhältnisses, drückt zwar etwas Werthaltiges aus, bestimmt aber keine Stelle in einer Rangordnung. Das symbolträchtige Wort Schlüssel setzt diese Art der Qualifikation sehr weit nach oben und stattet sie zudem mit der Erwartung des Handhabens, eines Technisch-Handwerklichen aus.

Ganz vom pragmatischen Sinngehalt ist dieser Qualifiaktionsbegriff freilich nicht abzulösen; aber die Sache selber, läßt man sich auf diesen Begriff wirklich ein, treibt über solche instrumentellen Verengungen hinaus. Eine Qualifikation, der Schlüsselfunktion zugeschrieben wird, wäre ohne weitertreibende Deutungszusammenhänge, welche die Gesamtheit von angesammelten Fähigkeiten und Informationen überschreiten, überhaupt nicht begreifbar. Wo von Schlüsselqualifikationen geredet wird, ist daher tendenziell eine Aufhebung von Fragmentierung und Arbeitsteilung angelegt, die bewußte Herstellung von Zusammenhang ein wesentliches Ziel.

Fünf solcher Kompetenzen oder gesellschaftlicher Schlüsselqualifikationen möchte ich im folgenden skizzenhaft vorstellen.

1. Den Umgang mit bedrohter und gebrochener Identität lernen (Kompetenz der Selbst- und Fremdwahrnehmung)

Alte Identitätsmuster, darin besteht Einhelligkeit in den kritischen Sozialwissenschaften, sind in Frage gestellt. Die Identitätsbalance verschlingt deshalb immer größere Teile der Denkenergien der Menschen. Es gibt in unserer Gesellschaft eine zweite Realität, in die Massen von Menschen hineingezwungen sind: Hunderttausende von Obdachlosen, Millionen, die ihre Erwerbsarbeit verloren haben, viele Menschen, die Objekte der Sozialfürsorge und der psychiatrischen Betreuung geworden sind. Diese zweite Realität hat sich in den vergangenen zehn Jahren gewaltig ausgeweitet. Aber es wäre falsch zu meinen, man könnte die sozialen Probleme der Gesellschaft auf die Zonen der Marginalisierung reduzieren. Alte Wertorientierungen haben auch in der *ersten* Realität, welche die »wohlgeordnete und anständige« Gesellschaft ausmacht, weitgehend ihre Gültigkeit verloren. Die traditionelle Identität der Menschen, die in den Grundsituationen von Eigentum und Arbeit gebildet war, ist ausgehöhlt. Die Kompetenz einer aufgeklärten Umgangsweise mit bedrohter und gebrochener Identität gehört daher zu den Grundausstattungen der Lernprozesse, die auf Zukunft gerichtet sind.

In einer Welt, in der es in der Tat um so etwas wie Flexibilität geht, aber nicht Flexibilität nur in einem positiven Sinne des größeren Freiheitsspielraums, der Zeitsouveränität usw., sondern Flexibilität auch im genauen Gegenteil: daß die Menschen immer häufiger aus ihren Lebenszusammenhängen herausgestoßen werden, ist Vertreibung zu einem bestimmenden Element unserer Gesellschaft geworden. Vertreibung aus gegebenen Zusammenhängen, Vertreibung aus Situationen, aus Stadtteilen, aus dem Erwerbssystem. Wie kann man die Arbeitslosen anders sehen? Max Weber hat einmal gesagt: 500 Jahre hat es gedauert, bis der Mensch gelernt hat, so etwas wie eine Berufsethik zu entwickeln, das heißt, freiwillig zu arbeiten, sogar mit Genuß zu arbeiten. Und jetzt wird ihm die Möglichkeit entzogen, zu arbeiten. Das ist ein gesellschaftlicher Skandal größten Ausmaßes, mit dem Menschen alltäglich konfrontiert sind, und diese Situation macht Lernprozesse erforderlich, die sich auf das gebrochene Selbst und die bedrohte Identität richten.

2. Gesellschaftliche Wirkungen begreifen und Entscheidungsvermögen entwickeln (Technologische Kompetenz)

Die Kompetenz, von der ich hier spreche, bezieht sich darauf, daß in der bestehende Erwerbsstruktur und in den übrigen Zusammenhängen eine technologische Schlüsselqualifikation entwickelt werden muß. Wir leben in einer durch Technik konstituierten Welt, nicht nur in einer von Technik bestimmten oder beherrschten.

In bezug auf Technik ist die Bildung von Unterscheidungsvermögen ein wichtiger Punkt. Es ist nicht so, daß die technologische Entwicklung von sich aus eine apokalyptische Dimension hätte. Es gibt vielmehr Technologien, die in der Tat des Teufels sind, die abgeschafft werden müssen, weil sie mit unübersehbaren Folgen in die Lebensgrundlagen eingreifen (Atomenergie, Gentechnologie). Und es gibt selbstverständlich Technologien, die sogar dem Menschen immer näher kommen, zum Beispiel die Kleinformatigkeit leistungsfähiger Apparate der Mikroelektronik. Die Leistungen eines Kleincomputers von heute sind unendlich viele. Warum soll das nicht menschlich handhabbar sein? Das ist viel handhabbarer als ein Walzwerk der zwanziger Jahre. Das sind doch Ungetüme! Hier vollziehen sich sehr widersprüchliche Entwicklungen innerhalb der Technologien. Und mit technologischer Kompetenz meine ich eben nicht nur die rein technischen Qualifikationen, sondern das Wissen um die *gesellschaftlichen Wirkungen* von Technologien als eigene Kompetenz, als eigene Fähigkeit, die Einwirkungen zu begreifen, die beabsichtigten, aber auch die unbeabsichtigten Nebenfolgen einzuschätzen: Technik ist als ein gesellschaftliches Projekt zu verstehen.

Jede Berufstätigkeit erfordert einen bestimmten Umkreis technischen Wissens, ob es sich nun um Verwaltungstätigkeit, um die Bedienung von Maschinen und Apparaten oder um Kommunikationsprozesse handelt. Da Technologien heute sehr tief in unseren Lernzusammenhang eingreifen und viele Probleme berühren, die unmittelbar gar nicht als technische erkennbar sind, müssen wir Technik in ein Subjekt-Objekt-Verhältnis rückübersetzen, als ein von Menschen produziertes Verhältnis begreifen.

Die Technik ist nichts Neutrales. Ihre innere Zwiespaltigkeit legt ganz verschiedene politische Optionen nahe. Sie kann als Herrschaftsmittel benutzt werden, und sie kann auch der Befreiung dienen. Wo man sie wertfrei betrachtet, übt sie in der Regel eine für die Betroffenen undurchsichtige Herrschaftsfunktion aus. Als Mittel der Befreiung dagegen bedarf sie des aktiven Eingriffs, der bewußten Gestaltung der Verhältnisse.

3. Der pflegliche Umgang mit Menschen und Dingen (Ökologische Kompetenz)

Notwendig bei allen Lernprozessen, die zu einer Perspektive beitragen könnten, von der Auswege aus der Krise heraus sichtbar sind, ist eine ökologische Kompetenz. Wir wissen genug von dem, was in der Produktion stattfindet, jedenfalls können wir uns leichter darüber informieren; aber die gesellschaftlichen Folgen der kapitalistischen Produktion oder gar der industriellen Produktion allgemein gehören zu Bereichen einer *unterschlagenen* Wirklichkeit, die selbst durch die spektakulären Problematisierungen der Zerstörung der Umwelt nicht öffentlich gemacht ist. Der Zusammenhang zwischen der industriellen Produktionsweise und ihren psychosozialen Folgen ist keineswegs ein öffentliches Thema. Es ist allerdings entscheidend, die ökologische Kompetenz nicht nur im Sinne der Ruinierung der Umwelt, der Umweltverschmutzung zu sehen. Das ist ein relativ traditionelles Problem. Dafür wird es auch Lösungen geben. Und dieselben Leute, die die Naturzerstörung herbeiführen, produzieren ja häufig auch schon die Gegenstrategien und die Hilfsmittel.

Ich meine mit ökologischer Kompetenz vor allem ein Lernziel, das viel weiter gefaßt ist, das eine grundlegende Änderung unserer Welteinstellung beinhaltet: den *pfleglichen Umgang mit Menschen und Dingen*. Wir haben es ja nicht nur mit einer Dingwelt, mit toter Gegenständlichkeit zu tun, sondern mit lebendigen Menschen, die uns fremd erscheinen und denen gegenüber wir eine Umgangsweise benötigen, die unserem Verhältnis zur Natur gar nicht so unähnlich ist. Mit anderen Worten, ökologische Kompetenz bestünde auch darin, sich jene theoretischen und praktischen Mittel anzueignen, die notwendig sind, mit Menschen und Dingen in pfleglicher, d.h. auf *gewaltloser Kommunikation* beruhender Weise umzugehen. Ökologische Kompetenz bezeichnet nicht nur das Verhalten der Menschen zur äußeren Natur, sondern auch sein Verhältnis zur inneren Natur. Wir haben heute einen höheren Grad an psychologischem Wissen, das uns ermöglicht, die internen Strukturen der Subjekte besser zu erkennen und ihr Verhalten menschlicher zu gestalten. Ende der sechziger Jahre hat man das Wort von der neuen Sensibilität geprägt. Dies ist heute nicht mehr eine Zusatzqualifikation, die man erwerben kann oder nicht. Sie zu haben, bedeutet gleichzeitig, über etwas zu verfügen, was die eigene Existenzweise fundamental berührt und ihren Freiheitsspielraum ausmacht.

4. Erinnerungs- und Utopiefähigkeit (Historische Kompetenz)

Die Menschen müssen gerade bei beschleunigtem technologischem Wachstum, bei schneller Entwertung und Umwertung der Dinge den Umgang mit Zeitstrukturen lernen. Darunter ist nicht nur die Aufteilung von Freizeit und Arbeitszeit zu fassen, sondern auch die Entwicklung von Fähigkeiten, die nicht bloßes Fortsetzungsverhalten der Arbeit sind, sondern Mußefähigkeit herstellen. Gerade in einem Zeitalter, in dem immer stärker der Teil der Lebenszeit reduziert wird, der in traditionellem Sinne unmittelbar der Produktion von Gütern dient, wird die Umgangsweise mit dieser Zeit, mit dieser zusätzlichen Lebenszeit, darüber entscheiden, ob dadurch die Zeitsouveränität der Menschen vergrößert wird oder die Masse profitabler entfremdeter Verwertungszeit wächst. Da gibt es viele Anstrengungen in Richtung auf eine lückenlose sekundäre Ausbeutung. Große Medienkonzerne sind dabei, jede Stunde, die frei wird, zu verwerten und die Menschen ja nicht alleinzulassen, weil sie dann vielleicht auf eigene Gedanken kommen könnten. Diese Umgangsweise mit der Zeit ist für mich eine solche eigene Dimension des Lernens, des gesellschaftlichen Lernens.

Die historische Kompetenz bestünde im Wissen von der Geschichte einer Gesellschaftsformation, ihren Klassenstrukturen, ihren politischen Entwicklungsgesetzen und der eigenen Lebensgeschichte. Es gehört zu den bedrohlichsten Symptomen unserer Gegenwart, daß man von einem chronischen Gedächtnisverlust der Menschen sprechen kann. Das gilt nicht nur für die politische Rechte, sondern in demselben Ausmaß auch für die Linke. Der Marxsche Satz »So hat es Geschichte gegeben, aber es gibt keine mehr« ist bestimmend für die Beschreibung aller linken Bewegungen der letzten zwei Jahrzehnte, die in einem Maße durch theoretische wie praktisch-politische Moden bestimmt war, daß hier in der Tat von einem bedrohlichen kollektiven Gedächtnisverlust zu sprechen ist. Die Ideologie der Verabschiedungen spielt dabei eine maßgebliche Rolle. Was ist nicht alles postmodern, postindustriell, posthistorisch genannt worden, um traditionelle Denkweisen zu diskriminieren?

Die *Zerstörung der Erinnerungsfähigkeit* ist jedoch für jede Emanzipationsbewegung absolut ruinös. Da die Linke kein Verhältnis zur Geschichte hat, nimmt sie teil an jenem psychologischen Mechanismus, den Mitscherlich als die Unfähigkeit zu trauern bezeichnete. Wer jedoch über Verluste, die er erlitten hat, nicht trauern kann, hat auch keine Kraft zur Utopie. Soziales Gedächtnis und Utopiefähigkeit nach vorn sind zwei

Seiten derselben Sache. Sich begrifflich mit dem Vergangenen auseinanderzusetzen, bedeutet nicht die Wiederholung alter Tatbestände und Fehler, sondern im Gegenteil: Sie setzt den Blick frei für Konstruktionen nach vorn und für eine politische Gegenwartsbewältigung. Erfahrene eigene Lebensgeschichte in Lernprozessen weiterzuführen, die einen Begriff von allgemeiner Geschichte vermitteln, wäre daher der Weg, sich historische Kompetenz anzueignen.

5. Sensibilität für Enteignungserfahrungen; Wahrnehmungsfähigkeit für Recht und Unrecht, für Gleichheit und Ungleichheit (Gerechtigkeitskompetenz)

Eine Kompetenz, die sich in keinem Lernzielkatalog findet, möchte ich hier nennen, die besonderes Gewicht hat. Bildungsarbeit, welche in die Lebenswelt der Menschen einzudringen bemüht ist, ist in erster Linie eine Bewußtseinserweiterung, die das Spannungsverhältnis zwischen der Vermittlung objektiver Informationen und der Ausarbeitung subjektiver Erfahrungen durchhält. Die Kenntnis der Rechte, die es unter Lohnarbeitsbedingungen stehenden, d. h. abhängigen Menschen ermöglicht, in Solidaraktionen um deren Verwirklichung zu kämpfen, ist als ein Ziel emanzipatorischer Bildungsarbeit unumstritten. In dem Maße jedoch, wie die Menschen von den selbstproduzierten Produkten als bloße Anhängsel mitgeschleift werden, ist es eine Frage der Lebenserhaltung, auch die Enteignungserfahrungen zum Gegenstand des Lernens zu machen. Die Kompetenz, die Aufmerksamkeit auf Erfahrungen des Unrechts und der Enteignungen zu schärfen, für *Enteignungserfahrungen* ein politisches Bewußtsein zu entwickeln, ist von wachsender Bedeutung. Ein Bewußtsein über die alltäglichen Enteignungserfahrungen, die die Menschen machen, zu stärken und in politisches Handeln umzusetzen, wird von immer größerer Bedeutung nicht nur für gewerkschaftliche Kämpfe, sondern überhaupt für die Handlungsorientierungen der Menschen.

Es ist ja nicht so, daß das Rechtswissen der Menschen schlechter geworden wäre. Ganz im Gegenteil! Die Wahrnehmungsfähigkeit der Rechte, also das Messen der eigenen Rechte an der Realität, ist ein Problem, mit dem wir es künftig mehr zu tun haben werden als bisher. Denn diese Enteignungen, von denen ich spreche, liegen häufig *unterhalb* der Ebene einklagbarer und sichtbar verletzter Rechte; der Normgehalt der Gesetze und der subjektiven Rechte mag sogar unberührt bleiben. So verläuft, nimmt man die konservativen Strategien der gesellschaftlichen Transformation, die Umwandlung von Rechten in Realitätsschichten, die nach Maßstäben der Gesetzeskenntnis gar nicht zu erfassen sind. Rechte erfahren eine Umwandlung, die plötzlich dazu führt, daß Menschen ihre Bedürftigkeit anmelden müssen, daß Bitten und Erwartungen an den Staat entstehen, wo es sich früher um einklagbare Rechte handelte.

Vielen Menschen ist in einer Zeit, da wachsende Existenz- und Zukunftsängste ihren Vorstellungshorizont verengt haben, das *natürliche Rechtsbewußtsein* verlorengegangen, die Sensibilität dafür, was ihre Rechte ausmacht, was verteidigungswürdig ist und wofür man sich einsetzen muß, alltäglich und in den kleinsten Angelegenheiten, damit demokratische Verhältnisse nicht in autoritäre umschlagen. Die Erweiterung der Wahrnehmungsfähigkeit für Rechtsverletzungen ist ebenso wichtig wie die Kenntnis der Rechtsnormen, denn es gibt gesellschaftliche Zustände, in denen die Menschen zwar Kenntnis von gewissen Rechten haben, aber unfähig sind, deren Verletzung in der alltäglichen Situation ihres Lebens auch nur wahrzunehmen.

Das wahrzunehmen, bezeichne ich als eine *Fähigkeit zur Enteignungserfahrung*. Es handelt sich hierbei nicht um ein charakterliches Merkmal einzelner Menschen, etwa ihren ausgeprägten Gerechtigkeitssinn oder die Mitleidensfähigkeit für andere Menschen und für die malträtierten Dinge. Wenn ich hier von einer Kompetenz spreche, so meine ich damit vielmehr, daß man solche Wahrnehmungsfähigkeit *lernen* kann, daß man dafür ein bestimmtes Wissen benötigt und daß dieses Wissen für Orientierungen in der heutigen Welt ebenso wichtig ist wie Lesen, Schreiben und Rechnen.

V.

Zum Schluß ein Wort zum Überschüssigen, das in diesen Erörterungen zu veränderten gesellschaftlichen Schlüsselqualifikationen steckt. Es gibt keine Änderung von Bildungssystemen auf der Ebene rational durchkalkulierter Interessen und Abhängigkeiten. Wer das Bildungssystem im Hinblick auf den

Arbeitsmarkt reformiert, auf die Qualifikationen, die heute erforderlich sind, wird mit Sicherheit in die Situation kommen, daß dann, wenn diese Qualifikationen ihre schöpferische Kraft entfalten können, sich das Erwerbssystem geändert hat. Das heißt: Sie liegen brach. Demgegenüber müssen wir einen realitätsgesättigten Begriff von gesellschaftlichen Lernprozessen entwickeln, weil nur der operabel ist. Es geht um die Qualifizierungsprobleme der kommenden Generationen, es geht um die Realisierung eines *Generationsvertrags* mit Blick auf die Umgestaltungsperspektiven unserer in eine tiefe Krise geratenen Arbeitsgesellschaft, und das kann man nur tun, indem man die *Entwurfsphantasie* stärker berücksichtigt als die einzelnen Interessen und Einschränkungen, die sich aus der gegebenen Realität ergeben.

Die von mir angeführten *sechs Kompetenzen* (hinzugerechnet das oberste Lernziel: »Zusammenhang erstellen«), die ein Lernen ausmachen, das der sachbezogenen wirksamen Orientierung in unserer Welt dient, sind aufs engste miteinander verknüpft. Ich weiß, daß es schwierig ist, Lernziele dieser Art in einzelnen Lerngängen in der Schule, in öffentlichen Lernprozessen didaktisch umzusetzen. Ein Mißverständnis wäre es jedoch, wollte man die Forderung, das notwendige Wissen für ein gegenwärtiges Weltverständnis auf die individuellen Erfahrungen zurückbeziehen, als eine Absage an Theorie verstehen. Wir benötigen heute mehr denn je einen Begriff von der Geschichte der objektiven Strukturverhältnisse, um allgemeines Wissen in ein praktisches Handlungswissen umzusetzen. Die Voraussetzung dafür zu schaffen, wäre der demokratische Sinngehalt einer *zweiten,* einer *gesamtdeutschen Bildungsreform,* die im Interesse der Lebensfähigkeit der neuen Generation von größter Dringlichkeit und brennender Aktualität ist. Aus der Spannung von Theorie und Erfahrung kann keine wirkliche Bildung herausspringen. Erst wenn wir einen Begriff von der Vergangenheit haben, gewinnen wir die Utopiefähigkeit zurück, können wir Befreiungsphantasien entwickeln, die aus wissender Hoffnung bestehen.

Teil 6

Gespräch mit Günter Grass

Oskar Negt: Der vorliegende Band ist zwar eigentlich kein Wahlbuch, aber ein Buch in einem Wahljahr, und mit meiner Aufforderung an Autorinnen und Autoren, hieran mitzuarbeiten, habe ich bewußt an eine kleine Schrift mit dem Titel »Die Alternative« angeknüpft, die 1961 von Martin Walser herausgegeben wurde. Unter den zwanzig Autoren jener Schrift (eine einzige Frau gehört dazu) finden sich nur wenige, die wie Du für ein ähnliches Projekt über dreißig Jahre später in Frage kämen, Peter Rühmkorf und Erich Kuby würden mir einfallen, aber andere kaum. Dein Beitrag in diesem Sammelband trägt den merkwürdigen Titel »Wer wird dieses Bändchen kaufen?« – eine Frage, die ich mir natürlich auch stelle. In einem liebevoll-ironischen Ton sprichst Du den Kassierer der Berliner Bank an, die klugen Ursulinen, den katholischen Automechaniker, den starrsinnigen Bundeskanzler, der mit der Aufforderung, SPD zu wählen, sein Lebenswerk krönen soll. Du sagst, skeptisch werbend: »Wählt SPD. Unter diesem Zeichen werdet ihr zwar nicht siegen, aber auch nicht vor die Hunde gehn.«

Im September 1961 fand noch keine Wende statt. Sie zeichnete sich ab, aber es dauerte noch fast ein Jahrzehnt, bis mit einem Regierungswechsel Impulse für gesellschaftliche Reformen auf allen Ebenen so stark wurden, daß Reformkräfte auch in den Regierungszentralen Fuß faßten. Diese erste Gesellschaftsreform, wie ich sie bezeichnen möchte, hat viele Veränderungen bewirkt, nicht nur institutionell, sondern auch im Hinblick auf Neuorientierungen und kulturelle Ausdrucksformen. Aber vieles ist auch umgebogen worden, unerledigt auf der Strecke geblieben. Die geistig-moralische Wende, die mit dem konservativ-liberalen Regierungswechsel 1982 versprochen wurde, hat sich vor allem darauf gerichtet, mit dem fortwirkenden Geist dieser Reformen aufzuräumen. In vielen Punkten ist das gelungen. Nun richten sich manche Hoffnungen darauf, daß die zwölfjährige Phase der Antireformkräfte in diesem großen Wahljahr beendet werden kann.

Die Kritik an der Verschleuderung des gesellschaftlichen Reichtums durch Reformexperimente, an der wachsenden Verschuldung der öffentlichen Haushalte waren Hauptpunkte jenes denkwürdigen Lambsdorff-Papiers, das schließlich 1982 zum Zerbrechen der sozialliberalen Koalition führte; die Sanierung der Haushalte, Sparen, solides gesamtgesellschaftliches Wirtschaften waren Parolen, unter denen die neue Regierung antrat. Was diese politischen Kräfte jedoch mit bewirkt haben, hat die Gesellschaft an den Rand eines Staatsbankrotts gebracht. Mich interessiert, wie Du die gegenwärtige gesamtgesellschaftliche Lage einschätzt und wo Du politische Auswege aus dieser Misere siehst.

Günter Grass: Aller Voraussicht nach wird sich dieser Wahlkampf an den unübersehbaren Beschädigungen der Gesellschaft festhaken, die erkennbar sind durch offene und verdeckte Arbeitslosigkeit, durch Obdachlose und horrenden Wohnungsmangel bei überhöhten Mieten, wie auch an den neuen Ungerechtigkeiten, die sich durch den Einheitsprozeß ergeben hatten. Denn das, was zur Einheit führen sollte, hat eine zweite Teilung, eine soziale Spaltung provoziert. Die Gegenreaktion werden Versprechungen sein: Die Konjunktur ziehe an, doch mit den Arbeitsplätzen, das werde noch ein bißchen dauern. Und wenn diese Versprechungen nicht ausreichen, wird man - dafür gibt es schon Anzeichen - auf die drohende Gefahr aus dem Osten hinweisen. Daß man in einer solchen Gefahr nicht den Kapitän auswechselt etc., wirkt überzeugend und scheint kaum abwendbar.

Ein solcher Wahlkampf läßt nur wenig Raum für die Suche nach den Gründen dieses gesellschaftlichen Desasters. Damit meine ich: Was treibt die politische und wirtschaftliche Elite eines Landes dazu, dessen Gesellschaft in derart verantwortungsloser Weise an den Rand des Ruins zu bringen - die »Elite« eines Landes wohlgemerkt, das aufgrund seiner wirtschaftlich und sozial stabilen Lage bei seinen Nachbarn ein hohes Ansehen genoß. Wir heimsten aus England, aus Frankreich Lob ein, weil es uns gelungen war, den Kapitalismus zu zivilisieren. Ein soziales Netz gab es nicht nur ansatzweise. Der tatsächlich vorhandene soziale Frieden ist leichtfertig gebrochen worden mit im ganzen unabsehbaren Folgen. Konkret ist der Bruch des sozialen Friedens schon jetzt verantwortlich für die deutlich erkennbare Folge, daß sich im rechten bis in den rechtsradikalen und rechtsextremen Bereich hinein zum ersten Mal auf wirklich gefährliche Weise etwas rührt.

Die zweite Frage, die ich mir stelle, ist die: Was hat in Deutschland eine Unternehmerschicht, die teilweise zu Recht gerühmt worden ist für ihr risiko- und investitionsfreudiges Verhalten - wenn ich nur an die fünfziger und sechziger Jahre denke -, dazu gebracht, jegliches Risiko zu scheuen, Gewinne zwar abzuschöpfen, aber sie in deutschen oder ausländischen Banken festzulegen und allenfalls in Billiglohnländern zu investieren? Alle Appelle des Kanzlers, die wiederholten Notschreie: »Investiert, investiert!« sind verhallt. Und die dritte Frage betrifft nicht nur die Regierungskoalition, sondern auch die Sozialdemokraten und die Grünen: Wie konnte es dazu kommen, daß diese politisch-ökonomische Führungsschicht, ich rede ungern von politischer Klasse, im Jahre '89 völlig unvorbereitet mit dem uns gemachten Geschenk umgeht, der greifbaren Möglichkeit einer deutschen Einigung? Gut, auch da war ein Wahljahr. Da hat die Eile mitdiktiert, aber dafür wird noch die nächste Generation bezahlen. All das, was ich genannt habe, und nicht zuletzt dieses Versäumnis, das Ausbleiben eines gestaltenden politischen Gedankens angesichts jener großen Aufgabe, kommt noch der nächsten Generation teuer zu stehen. Dieses Versagen hat uns in eine immense Verschuldung hineingetrieben, in ein Lügengespinst ohnegleichen, und es wird schwerfallen, in einem Wahlkampf diese notwendigen Rückblicke zu plazieren.

Eine Anmerkung ist dem noch hinzuzufügen, die mir erst jetzt einfällt, weil man nach einer gewissen Zeit selbst dem Fehler unterliegt und wichtige Sachen aus dem Blick verliert. Ich habe 1989 gesagt: Während wir hier von Einheit sprechen und dieser Prozeß beginnt, dauert das Waldsterben an. Es kümmert sich nicht darum, was wir für wichtig halten und politisch zu Papier bringen. Die Grenze durch den Harz hindurch ist zwar aufgehoben, aber östlich wie westlich der ehemaligen Grenze stirbt der Harz, und andere Gebirgswälder sterben mit ihm. Dieser ökologische Stau, diese Versäumnisse müßten eigentlich im Wahlkampf Priorität haben. Aus einsehbaren Gründen sind alle ökologischen Fragen verdrängt durch die augenblickliche Not, durch das, was am nächsten ist und Sorgen bereitet: Arbeitslosigkeit, Wohnungsmangel und alles, was damit zusammenhängt. Aber aufgehoben sind diese Fragen dadurch nicht.

O. N.: Nie wieder Faschismus, nie wieder Krieg! waren nach 1945 wirksame Parolen und Selbstvergewisserungen über die absolute Notwendigkeit von demokratischen Auswegen aus der Krise. Es war vielen Menschen aber auch klar, daß - wie Horkheimer es prägnant formuliert hat - über den Faschismus schweigen solle, wer nicht bereit sei, über den Kapitalismus zu reden. Und heute sieht es ja wieder so aus, daß aus diesem Kapitalismus, der seine zivilisierten Schutzschichten verloren hat, an Schrecklichem und Verbrecherischem alles herauskommen kann, was man ihm über Jahrzehnte gar nicht mehr zuzutragen wagte. Du sprichst davon, daß in dem Augenblick, in dem die zwischenstaatlichen Feindkonstruktionen zerbrechen, die übriggebliebenen Systemfragmente (die Sieger des Westens ebenso wie die Verlierer des Ostens) aus sich heraus neue innergesellschaftliche Feinddefinitionen produzieren, um die eigenen Krisen eben nicht auf demokratische Weise lösbar zu machen.

Wie beurteilst Du die gegenwärtigen Tendenzen in so verschiedenen Gesellschaftsordnungen wie Italien und Rußland, in denen sich vieles von dem neu regt, was wir mit dem Faschismus zu verbinden gewohnt waren: antidemokratisches Ressentiment, Neigung zu ethnischen Säuberungen, Fremdenhaß und Antisemitismus?

G. G.: Ich bin sicher, daß der Erosionsprozeß innerhalb der Herrschaftsschichten, zum Beispiel in Italien und auch bei uns in der Bundesrepublik, schon seit geraumer Zeit vonstatten geht. Er ist beschleunigt worden durch den Wegfall der Ost-West-Spannung, durch den Verlust des Feindbildes, und er ist offensichtlich in Italien am weitesten fortgeschritten. Auf die uns bekannte Gefahr eines Faschismus alter Schule zu starren, wäre gefährlich, denn in Italien entwickelt sich ein modernisierter Faschismus. Ich sehe, höre und lese mit Entsetzen, daß die westlichen Gesellschaften - aber nicht nur sie - auf etwas zusteuern, was zu einer Konzentration von Kräften, Bestrebungen und Wünschen führen könnte. Vehement gefördert durch die nicht zu leugnende Gefahr, daß so etwas wie Tschernobyl durchaus im Westen möglich ist, könnte sich herkömmliches faschistisches oder altstalinistisches Potential mit den Folgen von Versäumnissen im ökologischen Bereich zu einer explosiven Mischung verbinden - und das macht mir Alpträume.

Dann hätten wir in kürzester Zeit eine ökofaschistische Diktatur. All das, was jetzt zu Recht als ökologisches Umdenken gefordert ist, was durch umständlich erscheinende demokratische Prozesse eingeleitet werden müßte, wäre sofort und undemokratisch im Dekretverfahren als Notstandsverordnung da und würde auch entsprechende Schichten in die politische Macht hineintragen. Dafür gibt es in Italien erste Anzeichen.

O. N.: Wenn ich das richtig sehe, ist das eine Idee, die Wolfgang Harich, selbst Opfer des Stalinismus, vor 25 oder 20 Jahren im stalinistischen Geist formuliert hat.

G. G.: Er wollte es. Harich ist der Prophet eines Ökostalinismus. Aber na gut, da sind die Grenzen, wie wir wissen, fließend.

O. N.: Interessant ist, daß Du diese Potentiale verbunden siehst. Es scheint ja wirklich so zu sein, daß das Starren auf das Randphänomen eines Faschismus alter Prägung eine Täuschung über die wirklichen Gefahren ist. Die vielfältige Bildung von Potentialen - darunter die Sektenbewegungen auf seiten der ehemaligen Linken -, die sich plötzlich zusammenschließen können, stellt den komplizierten Meinungsbildungsprozeß einer demokratischen Gesellschaft in Frage.

G. G.: In Holland gibt es heute schon - und vor solchen Entwicklungen möchte ich warnen - eine kleine rechtsradikale Partei, die aus ökologischen Gründen gegen Ausländer ist. Die sagen, das *ökologische* Boot ist voll. Natürlich muß man medienwirksames Auftreten im Auge behalten; aber nur und ausschließlich auf die Reichskriegsflagge, auf die erhobene Hand und das hingeschmierte Hakenkreuz hier und dort zu verweisen, das reicht bei weitem nicht mehr aus.

O. N.: Du bist also der Auffassung, daß ein Faschismus in modernisierten Kleidern immer auch eine Frage des Zentrums der Gesellschaft ist, nie nur ein bloßes Problem des randalierenden Randes? Wie immer ein solcher Faschismus aussehen mag, jedenfalls wird er eindeutig zur undemokratischen Veränderung der Gesellschaft tendieren.

G. G.: Und das ist der Preis, der für versäumte Reformen in allen Bereichen, vom sozialen bis zum ökologischen Bereich, erhoben wird. Zwar mußten wir diesen Preis dank mancher noch intakter demokratischer Barrieren bisher nicht zahlen. Doch diese Rechnung wird uns prompt aufgemacht werden, wenn nicht auf demokratische Art und Weise hier in der Bundesrepublik eine Mehrheit zustande kommt, die in der Lage ist, und sei es auch nur im Ansatz, die längst überfälligen Reformen auf den Weg zu bringen. Im Hinblick auf die politischen Kräfte und Parteien, die es in der Bundesrepublik gibt, sehe ich diese Mehrheit nur in einer Koalition zwischen den Sozialdemokraten und den Grünen/Bündnis 90. Dazu gibt es zur Zeit keine Alternative. Die FDP ist weit, weit unter ihrem Niveau, und sogar weit unter ihrem rechtsliberalen Niveau. Es wäre wünschenswert, wenn sie als untauglicher Machtfaktor für eine Zeitlang aus dem Bundestag verschwände.

O. N.: Sie bezieht auch auf dem Feld der Rechtspolitik, das ihr Ansehen und Einfluß verschafft hat, keine unverwechselbare und unverzichtbare Position mehr. Insofern stellt sich die Frage, ob sie im gegenwärtigen Spektrum der parlamentarischen Kräfte überhaupt notwendig ist...

G. G.: In ihrem gegenwärtigen Zustand ganz gewiß nicht. Unbestritten bleibt, daß es Kräfte geben muß, die die Rechtsposition auf liberale Art und Weise vertreten. Nur stellt sich die Frage, ob die Sozialdemokraten in der Lage sind, das zu machen, denn das heißt in manchen Fällen, sich gegen Gewerkschaftsgelüste zu stellen – und sind die Grünen dazu in der Lage? So unnütz die FDP – leider – geworden ist, wäre es dennoch verhängnisvoll, wenn sich keine politische Kraft fände, die diese verwaisten Rechtspositionen wahrnimmt.

O. N.: Wenn nun, wie Du sagst, im Moment das bloße Starren auf die Wahlen verknüpft ist mit der Verdrängung vieler zentraler Probleme, die Du angesprochen hast, mit Unterschlagung von Wirklichkeit, stellt sich für mich die folgende Frage: Wie siehst Du die besondere Verantwortung derjenigen, die in ihren intellektuellen Produktionen als Schriftsteller, Wissenschaftler, Künstler, Ärzte und Ingenieure nicht unter dem

Druck stehen, Wahlen zu gewinnen. Hat nicht diese sogenannte Intelligenz in einer solchen zugespitzten gesellschaftlichen Krisensituation eine ganz besondere Verantwortung für das Wohl und Wehe des Gemeinwesens zu tragen? Sie hat diese Verantwortung in gewisser Weise immer, aber es ist doch eine sehr merkwürdige Erfahrung für mich, gerade auch in den Vorbereitungen dieses Buchprojekts, daß viele Intellektuelle einfach die Berührung mit Wahlen, mit Wahlkämpfen, mit Parteien scheuen. Wie siehst Du das?

G. G.: Dies ist eine lange Geschichte und keine neue Geschichte in Deutschland. So ab Mitte der sechziger Jahre habe ich mich aus meinem eigenen Selbstverständnis heraus in diesem ganz diffizilen und vielschichtigen Bereich öffentlich gemacht: in einer Doppelverantwortung als Schriftsteller, aber auch als Bürger. Denn ich bin beides zugleich. Es gab dabei keine unüberwindlichen Schwierigkeiten, doch es führte, auch was mich persönlich betrifft, zu Spannungen. Es ist eine Zerreißprobe. Das Gedicht kennt keine Kompromisse. Aber unser zivilisiertes Zusammenleben auf diesem Erdball hat Kompromisse zur Voraussetzung, sonst geht es nicht. Das erzeugt eine permanente Spannung, die ich aber auch versucht habe, für mich bis in die Literatur hinein produktiv zu machen, indem ich zum Beispiel im »Tagebuch einer Schnecke« diese gelegentlich schizoide Situation, in die man sich begibt, als eine in unserer Zeit durchaus angemessene darstelle.

Um nun auf Deine Frage zu kommen: Ich kann sie nicht pauschal beantworten. Ich kann nicht für *die* Intellektuellen sprechen, und ich weiß aus Erfahrung – deswegen sprach ich von einer langen und nicht neuen Geschichte in Deutschland –, daß unabhängig davon, ob jemand eine linke oder mehr rechte Position einnimmt, die Scheu im intellektuellen Bereich vor der Wirklichkeit oder vor der Berührung mit Wirklichkeit nach wie vor sehr groß ist. Diese Scheu schien einige wenige Jahre lang überwunden zu sein. Das war die Zeit, in der es nicht nur Willy Brandt, sondern eben auch einen Karl Schiller und einen Gustav Heinemann gab und weitere Leute, die trotz der Belastungen im politischen Alltagsgeschäft die seltene Gabe besaßen (und sie auch nutzten), zuhören zu können. Der Dialog wurde möglich. So kam es wenige Jahre lang zwar nicht zu einer Aufhebung dieses fatalen Widerspruchs von Geist und

Macht, aber doch zu einer Relativierung des ausschließenden Gegensatzes.

Das ist vorbei. Die Situation wird dadurch zusätzlich verschärft, daß bei dem Großaufräumen, als dann die Einheit ins Haus stand, in westlichen Feuilletons und in Leitartikeln, bis in die Seite eins hinein, Rechnungen aufgemacht wurden. Auf einmal war nun Literatur, die sich überhaupt mit Politik befaßt, out. Und das gegen jegliche Kenntnis der Weltliteratur, selbst der deutschsprachigen Literatur. Mich amüsiert es ja, wie in den Feuilletons schreibfähige fixe Jungs, die eine ungebrochene Universitätsausbildung hinter sich haben, in ihren frühen Jahren weit ungehemmter zu Formulierungen kommen, als ich es jemals in dem Alter gekonnt hätte. Wie leichtfertig sie über Tatsachen hinweggehen, zum Beispiel, daß der deutsche Vormärz ohne Herwegh, ohne Freiligrath nicht zu denken ist, daß Fontane etliche Romane parallel zum Zeitgeschehen geschrieben hat, nicht nur »Jenny Treibel«, auch den »Stechlin«, in dem eine Wahl beschrieben wird, in der auch noch ein Sozialdemokrat gegen seinen geliebten Stechlin gewinnt. All das wird, ich muß schon sagen, auf böswillige Art und Weise geleugnet, und es wird so getan, als habe ein Heirnich Mann nie den »Untertan« geschrieben, als gäbe es von Thomas Mann keinen »Doktor Faustus«, als habe Brecht nicht gelebt, als könne man das mit einem Federstrich wegschmeißen. Ja, diese Art von Rigorismus geht sogar soweit, nicht mehr wahrhaben zu wollen, daß die Autoren, die wie zum Beispiel Orwell schon früh mit schärfster Kritik auf den Stalinismus reagiert haben, ohne ihre Reibung an politischer Wirklichkeit überhaupt nicht denkbar und vorstellbar sind. Im Grunde ist alles dazu gesagt worden, von mir auf jeden Fall. Die Bereitschaft zuzuhören ist gleich Null. Es soll nicht sein, es darf nicht sein. Es wird auch das, wiederum aus einem Mißverständnis heraus, als L'art pour l'art verstanden, und dabei wird unterschlagen, daß selbst eine solche Hinwendung, die aus meiner Sicht durchaus erlaubt ist, auch eine politische Entscheidung ist, mit Folgen.

O. N.: Es scheint, daß heute bei vielen mit geistiger Produktion beschäftigten Leuten – Schriftstellern und Künstlern, aber auch Philosophen und Sozialwissenschaftlern – das Gefühl dafür verlorengeht, daß die Autonomie in der eigenen Produktion, die komplette Bewahrung von Wahrheitsansprüchen, eingreifende politische Arbeit nicht ausschließt, ja häufig sogar notwendig macht.

G.G.: All die Autoren, die ich genannt habe, von Herwegh angefangen über Heinrich und Thomas Mann bis in unsere Gegenwart hinein, sind dennoch autonom gewesen.

O.N.: Und sie benutzten die Sprache in ihrer eigenen Logik. Du hast von den fixen Jungs der Feuilletons gesprochen, die alt, gesetzt und ausgrenzend urteilen, bevor sie sich eine zurückhaltende und ausreichende Kenntnis der Tatbestände verschafft haben. Das führt mich zu einer Frage, die den Konkurrenzdruck betrifft, unter dem heute die Medienarbeiter stehen. Die radikale Veränderung der Medienlandschaft, die sich im letzten Jahrzehnt vollzogen hat, ist ja verknüpft mit vielfachen Beschleunigungen, wodurch das, was gestern noch galt, heute schon wieder verschwunden ist. Die ungeheuer rasche Entwertung der Informationen, die Sucht nach dem scheinbar völlig Neuen, Spektakulären, Originellen läßt meines Erachtens immer weniger Raum dafür, dem Denken und Urteilen Ruhe zu verschaffen. Die gnadenlose Geschwätzigkeit in Talkshows, die alles ansprechen, aber nichts austragen und nichts weiterführend bewahren, scheint mir am Ende in einen Zustand hineinzuführen, in dem kollektive Erinnerungsfähigkeit, kollektives Gedächtnis zerstört werden. Als eine Person des öffentlichen Lebens, wie man das zu nennen pflegt, bist Du ja in besonderem Maße von dieser veränderten Medienlandschaft betroffen, die sich immer stärker auch der Buchproduktion annimmt. Was sind Deine Erfahrungen in diesem Zusammenhang?

G. G.: Diese Form der durch die Medien geförderten Schnellebigkeit hat dazu geführt, daß politische Strömungen und Moden – zum Beispiel die 68er-Strömung oder das Postmoderne als Mode der achtziger Jahre – nach modischem Begriff zwar »passé« sind; aber in verflachten, verkürzten und zusammengeschnürten Fragmenten hat sich aus der einen oder anderen Periode manches gehalten, was offenbar in der Gegenwart und angesichts der Medienwelt, die wir haben, praktikabel ist. Das eine, was '68 betrifft, hat dazu geführt, daß die damals virulenten und notwendigen Forderungen nach Gleichberechtigung, nach Gleichheit der Bildungschancen zusammengeschnürt sind auf die Kurzformel der Forderung nach Selbstverwirklichung. So wie diese Selbstverwirklichung heute praktiziert und wie sie dargestellt wird, hat sie mit '68 nichts mehr zu tun, vielmehr ist sie auf fatale Weise in die Nähe eines »liberalen« Selbstverständnisses gerückt, das dem Gebrauch der Ellbogen einen hohen Rang zuweist. Diese Selbstverwirklicher sind präsent. Sie sind fürchterlich gegenwärtig.

Und was die achtziger Periode mit der Zeitströmung des Postmodernen angeht, so ist davon, nachdem alles andere verschwunden ist, einzig die Haltung übriggeblieben: »Alles läuft, alles geht, alles ist austauschbar, alles ist beliebig.« Und beides, die Selbstverwirklicherposition und die Pose des »alles läuft, alles geht«, erweist sich als ausgesprochen telegen. In beiden Fällen, manchmal vereint in einer Person, werden Medientalente virulent, die sich ihre eigene Talkshow formen. Wenn man einen Blick auf die Mattscheibe wirft und diese Unzahl von Talkshows Revue passieren läßt, sieht man, daß sie bevölkert sind von lauter Selbstverwirklichern und Aposteln des »alles geht, alles ist austauschbar«.

Da ist natürlich wenig Platz, wenig Geduld, wenig Willen vorhanden, an die Wurzeln zu gehen, radikal zu sein, nach Ursachen zu fragen, nach Wegen zu suchen, mühsame Reformwege zu eröffnen – für all das, was Voraussetzung ist für Veränderungen in einer Gesellschaft.

O. N.: Diese beiden Prozesse, die du gekennzeichnet hast, haben offenkundig zur Folge, daß die Perspektiven, die Idee eines Gemeinwesens, des Sozialen, des Gesellschaftlichen verbogen und verdreht werden. Aber politische Kultur, die das Wohl und Wehe des Gemeinwesens im Blick hat, ist ohne aufmerksamen und alltäglichen Rückbezug auf das Ganze der Gesellschaft schwer vorstellbar. Wer das Gemeinwesen beschädigt, beschädigt am Ende sich selber.

G. G.: Im Grunde erleben wir auf der einen Seite einen lustigen, unterhaltsamen Tabubrechsalat in den Talkshows. Über alles darf da geredet werden, wunderbar, wunderbar, und andererseits werden ganze gesellschaftliche Verhaltensweisen und mithin auch Wörter und Begriffe tabuisiert, zum Beispiel das Wort Betroffenheit. Es ist nicht mehr chic, wenn es jemals chic gewesen ist. Sicherlich hat es auch unter den Betroffenen, die sich als betroffen bezeichneten, solche gegeben und wird sie immer wieder geben, die das mit einem gewissen Chic vortragen. Aber damit sind die Anlässe für ein Betroffensein ja nicht weg.

Wenn ich Revue passieren lasse – vom Golfkrieg angefangen bis zu den öffentlichen Reaktionen gegen den Synagogenbrand in Lübeck –, mit welcher Frechheit und welchem Zynismus Menschen abgestraft wurden, weil sie damals vor der drohenden Kriegsgefahr des Golfkrieges, über den wir heute mehr wissen, auf die Straße gegangen sind oder weil ihnen in ihrer Ohnmacht und aus ihrer Betroffenheit heraus, als dann die Synagoge in Lübeck brannte, nichts anderes einfiel, als sich einen gelben Judenstern aufzukleben! Gut, man kann fragen, ob das angemessen ist. Ich hätte davon abgeraten. Aber nun an dieser Sache die gesamte Kritik aufzuhängen und diese Gruppen wie Betroffenheitsidioten zu behandeln, das ist schamlos. Das erleben wir in vielen Bereichen. Es ist im Grunde das unausgesprochene Plädoyer für Gleichgültigkeit, Hartherzigkeit, Entsolidarisierung, ich, ich, ich. Einzig die Selbstverwirklichungspose ist da oder die Beliebigkeitspose: Man kann es so sehen, man kann es auch anders sehen, alles läuft.

O. N.: Diese leichtfertige und mit abwertender Gleichgültigkeit arbeitende, im Grunde zynische Vernunft richtet sich auch gegen eine so ernstgemeinte und eindrucksvolle Sache wie die Lichterketten gegen Rassismus und Fremdenfeindlichkeit. Wenn Hunderttausende sich versammeln und Signale setzen, daß sie das menschenverachtende Hantieren mit Brandfackeln nicht stumm hinzunehmen bereit sind, dann wird darin doch etwas sichtbar, was von fundamentaler Bedeutung für die Existenz unserer Demokratie ist. Darüber hinwegzugehen, als wären das Kleinigkeiten oder, wie manche Medien es ausdrükken, bloß »wärmende Selbstberuhigungen der Menschen«, die keine politischen Folgen haben, ist doch ziemlich unerträglich. Bloch hat hier mit Recht von einem »gesellschaftlichen Kältestrom« gesprochen. Auch das ist ein Ergebnis der geistig-moralischen Wende, die dem räuberischen Egoismus und der Ellbogenmentalität förderlich war. In vieler Hinsicht sind heute die Hemmschwellen für das Töten verlorengegangen oder doch in empfindlichem Maße reduziert worden. Wir wissen, daß Krankenhausangestellte Tötungen an ihren Patienten mit dem

Argument vorgenommen haben, ihnen das Leiden zu ersparen, also Formen der Euthanasie praktiziert haben, die wir schon für überholt hielten. Ich sehe Zusammenhänge zwischen dieser extremen Form der Entwertung, der Tötung eines Menschen und der Tendenz, ihn vom Anerkennung und Lebenssicherung verbürgenden Erwerbssystem abzukoppeln, ihn in Dauerarbeitslosigkeit zu stoßen. Es hat sich bei uns eine Art Entwertungsgesellschaft gebildet, in der nur noch an die gedacht wird, die zu Höchstleistungen fähig sind und glückliche Besitzer von Arbeitsplätzen sind. Auch altersmäßig ist dieses System so definiert, daß praktisch nur noch diejenigen in den Genuß von anerkannter Erwerbsarbeit kommen, die im Alter zwischen 30 und 45 Jahren sind. Die Jungen fallen da heraus, aber auch die alten Menschen. Definieren aber hauptsächlich die, die mit Höchstleistungen in der Gesellschaft aufzutreten imstande sind, was lebenswert ist, dann ist damit gleichzeitig gesagt, was unwertes Leben ist, was der Verschrottung anheimfallen kann und am Ende auch vernichtungswürdig ist. Was Du eben über den Zusammenhang zwischen den rücksichtslosen Selbstverwirklichungsansprüchen und den Beliebigkeitsposen gesagt hast, scheint mir auch mit diesen Folgen für eine Veränderung des gesamtgesellschaftlichen Klimas verknüpft zu sein.

G. G.: Und diese Tendenz hat es im Kapitalismus immer gegeben, daß nur zählt, was sich in Produktivkraft umsetzt. Das führt zur Vernachlässigung der Kinder und der Alten, und dem ist gegengesteuert worden. Dieses Gegensteuern ist eine bleibende Aufgabe der europäischen Arbeiterbewegung gewesen, die ständig anwuchs, die im neunzehnten Jahrhundert insbesondere in Deutschland einen Machtfaktor bildete und auf deren Druck Bismarck sich genötigt sah, zur damaligen Zeit beispielhafte Gesetze einzubringen, die dann später weiterwirkten, weil der Druck der Sozialdemokraten und der Gewerkschaften nie nachließ. Diese Aufgabe blieb ja in den fünfziger und sechziger Jahren bis in die CDU hinein ein zentrales Element der Politik, als die Sozialausschüsse noch den Namen verdienten, den sie nach wie vor tragen. Sozialer Frieden, ausgleichende Gerechtigkeit, menschenwürdige Existenzsicherung waren darauf gegründet. Der Mensch war nicht nur Produktionsmittel, er zählte auch vor Beginn seiner Arbeitsfähigkeit, als Kind, er zählte auch danach. Und das ist, seitdem der Westen sich als Sieger wähnt und der Kapitalismus wie entfesselt auftritt, nicht mehr da.

O. N.: Diese wirklich sozialen Errungenschaften, die offenbar für die gegenwärtigen »Siege« des Westens größere Bedeutung haben als die militärische Überlegenheit, werden jetzt mit geschichtsblindem Eifer wieder abgebaut.

G. G.: Man kann es auch so sagen, daß sich die »Fratze des Kapitalismus«, die von den Ideologielehrern aus stalinistischer Schule immer an die Wand gemalt wurde, erst jetzt als relativ realistisch erweist, auf einmal bestätigt wird. Das ist das Schrecklichste, was passieren konnte. Es ist ein grauenhafter Sieg. Manchmal kommt es mir so vor, als wolle man, was nun den Westen betrifft, in aller Leistungfähigkeit, die vorhanden ist, den Untergang des Römischen Reiches als Reader's Digest, gleichsam in Kurzform, durchspielen. Dafür gibt es in vielen Punkten Hinweise und Beispiele. Dazu gehört die von mir anfangs erwähnte Unfähigkeit der Unternehmer, zu investieren, sich auf neue Gegebenheiten einzustellen, bis in den ökologischen Bereich. Dazu gehört die Unfähigkeit verantwortlicher Politiker – bis in die Opposition hinein –, angesichts einer neuen Situation, die durch die aufgehobene Teilung Deutschlands gegeben ist, einen politisch gestaltenden Gedanken zu fassen. Nichts davon, aufs Geld haben sie sich verlassen, und das auch noch auf Pump. All diese Dinge sind Ohnmachtszeichen der Mächtigen, die mich auf dieses Bild bringen: die Kurzfassung »Untergang des Römischen Reiches«.

Und ganz ins Bild passend, gehört dazu das Anschwellen der Unterhaltungsindustrie mit dem Verlachen und Verspotten all derjenigen, die sich, wie zum Beispiel wir beiden, noch umständliche Gedanken machen über den zerrissenen Zustand der Welt und über politische Auswege. Im Interesse menschlicher Existenzweise sind diese Fragen aber nicht zu umgehen. Wie kommen wir raus aus dieser Vielfalt der Krisen? Wie kann man bei gleichzeitig ökologischen und sozialen Problemen dennoch Reformen auf den Weg bringen, die beide Bereiche berücksichtigen? Das ist im Grunde das Erforderliche, und es gehört zur Zeitmode, daß das schon wieder als soziale Betroffenheit oder was auch immer verlacht wird.

O. N.: Beides zusammen zu denken - Ökologie und soziale Sicherheit, die gegenwärtig weitgehend den Gesetzen der Ökonomie folgt -, um darauf praktische Politik zu richten, die langfristig tragfähig ist: Das war für mich ein entscheidendes Motiv, um das Buchprojekt, für das wir dieses Gespräch führen, zustande zu bringen.

Aber ist es in diesem Zusammenhang nicht notwendig, daß wir aufrichtig und auch selbstkritisch eine Bilanz offenlegen, die darüber Auskunft gibt, was an Reformprojekten Ende der sechziger Jahre auf den Weg gebracht worden ist, aber schon in der Zeit der sozialliberalen Koalition liegengeblieben ist oder umgebogen wurde? Läßt sich nicht in fast allen Bereichen feststellen - den Strafrechtsreformvorhaben, in der Bildungsreform, in der Reform der Hochschulen und der psychiatrischen Betreuung -, daß an allen Ecken und Enden der Reformgeist schließlich in bloße ökonomische und verwaltungstechnische Rationalisierungen umgebogen wurde?

G. G.: Ich muß Dir widersprechen. Ich glaube, daß ein Teil der Reformen, die angestrebt wurden, ab 1969 tatsächlich auf den Weg gebracht wurden. Und wie Reformen es nun mal an sich haben, folgen ihnen, wenn sie sich in den Köpfen der Menschen festsetzen, neue Ungerechtigkeiten. Sie bringen Verbesserungen, sie werden verwässert, oder sie bleiben stecken, oder es fehlt die Kraft, wirklich neu anzusetzen. Der Reformgeist hat sich in der Tat dann mehr und mehr verloren. Ganz gewiß ist es richtig und bleibt auch richtig, daß die Deutschlandpolitik, die damals mit der Entspannung und dem Weg nach Helsinki begann - ungeachtet von Durchhängephasen mit Verengungen, auch mit Ängstlichkeiten -, dazu beigetragen hat, daß die Teilung Europas (wir reden immer nur von der Teilung Deutschlands) aufgehoben werden konnte. Spielräume entstanden für Solidarnošć, für alles mögliche, bis hin zu den am Ende offenkundigen Bewegungen in der DDR und der Möglichkeit, dort das System abzulösen. Aber diese Kraft vermisse ich heute, sie ist jedenfalls nicht sichtbar, nicht deutlich genug.

Beide Parteien, die Sozialdemokraten wie die Grünen, haben zwar Programme über Programme, aber insgesamt halten sie leisetreterisch hinterm Berg. Es ist sicher falsch, in einem Wahlkampfjahr den Wähler mit zum Teil auch noch unlesbaren Programmen zu überschütten. Aber es ist jetzt schon deutlich sichtbar, daß die Fehlentscheidung der Sozialdemokraten in Sachen Asyl zu nicht zu verantwortenden Härten geführt hat. Wir haben in der Bundesrepublik eine Abschiebepraxis, die ich nur als unmenschlich bezeichnen kann, und dafür sind die Sozialdemokraten mit verantwortlich. Und ich wünsche mir, daß noch vor der Entscheidung im Oktober sozialdemokratische Stimmen deutlich werden, die das Ziel setzen, hier eine Revision zu betreiben. Klose war ja so frei, bereits im Vorfeld der Asylverhandlungen all die vernünftigen Vorschläge, die auf dem SPD-Parteitag gemacht worden sind, unter den Tisch zu kehren. Man hat sich da ganz der CSU-Linie angepaßt. Diese vernünftigen Rahmenbedingungen müssen wiederbelebt werden, wenn die Partei noch ein Stück Selbstachtung behalten will. Denn auch sie ist übergangen worden, von Engholm und Klose zugleich, und es ist dringend notwendig, daß diese tagtäglich praktizierte Unmenschlichkeit der Abschiebung ein Ende findet.

O. N.: Der Asylartikel des Grundgesetzes ist ja der verwundbarste Artikel der ganzen deutschen Geschichte. Die Zahl der Deutschen, die in die Emigration getrieben wurden und in anderen Ländern Aufnahme gefunden haben – selbst dort, wo die jeweiligen Verfassungen eine solche Aufnahme keineswegs als subjektiven Rechtsanspruch der Hilfesuchenden kannten –, füllt ganze Bände von Lebensgeschichten. Marx und Heine, Freud und Einstein, Horkheimer, Adorno, Thomas Mann, Heinrich Mann – es ist unmöglich, sie alle zu nennen. In Deinem Fernsehgespräch mit Engholm und bei jedem weiteren Anlaß, der sich Dir bot, hast Du unentwegt Deinen Finger auf diese Wunde gesetzt. Wenn ich Dich richtig verstanden habe, spielte die fatale Ausgrenzungsgeschichte von Andersdenkenden und Andersartigen in Deutschland immer eine entscheidende Rolle in Deiner Argumentation. Ich kenne überhaupt keinen deutschen Schriftsteller der Gegenwart, der in vergleichbarer Weise diese spezifisch deutschen Narben der Geschichte wahrgenommen und daraus politische Folgerungen gezogen hätte.

Die Asylproblematik führt mich deshalb zu Fragen, die Deine Stellung als Schriftsteller, aber auch als politischer Intellektueller im Wiedervereinigungsprozeß betreffen. Du hast Vorschläge gemacht, wie sich der Prozeß einer organischen

Wiedervereinigung der über 40 Jahre je nach eigenen geschichtlichen Gesetzen ablaufenden Sonderentwicklungen West- und Ostdeutschlands vollziehen könnte: Du hast gefordert, daß die neue Rolle Deutschlands sich auf jene Traditionen berufen sollte, die der föderativen Kulturnation entscheidendes Gewicht gegenüber der bloßen staatlichen Einheit zusprechen. Auf Herder hast Du Dich dabei berufen, auch auf andere Kritiker des neunzehnten Jahrhunderts, welche die Stärke Deutschlands wesentlich in seiner kulturellen Produktion sahen. Du bist verächtlich gemacht worden und hast selber davon gesprochen, daß man das fatale Wort vom »vaterlandslosen Gesellen« wieder auf Dich anzuwenden geneigt ist. Du hast aber nicht, wie manche andere Mitstreiter, aus dem Sieg der anderen die Konsequenz gezogen, Dich zurückzuziehen und auf politische Intervention zu verzichten. Wie siehst Du heute, fünf Jahre nach einer mit großen Hoffnungen verknüpften Wende der deutschen Geschichte des zwanzigsten Jahrhunderts, diese höchst prekären Ereignisse, mit denen wenige vollständig einverstanden sind, die sich dem größten Teil aber als schicksalhaft unabwendbar darstellen?

G. G.: Zu einem relativ frühen Zeitpunkt, Mitte der achtziger Jahre und auch schon zuvor, habe ich mir allein und zum Beispiel zusammen mit Stefan Heym auf einer Veranstaltung in Brüssel Gedanken darüber gemacht, wie es aussieht, wenn sich eines Tages die Möglichkeit einer deutschen Einigung bietet. Und mir war damals schon deutlich – und vehementer ab '89, als sich der Umbruch abzeichnete –, daß wir eine einzigartige Chance verpassen würden, wenn nicht etwas Neues entstünde. Zumal unser Grundgesetz, der Schlußartikel 146, zwingend vorgeschrieben hat, daß im Falle einer Einheit dem deutschen Volk eine neue Verfassung vorgelegt werden müßte. Das ist ausgeräumt worden. Es findet nicht statt. Man hat den Artikel 23 mißbraucht und keinen Beitritt, sondern einen Anschluß produziert. Meine Vorschläge wollten das Gegenteil. Ich meinte, wenn hier 60 Millionen und dort 17 Millionen 45 Jahre lang – das ist eine große Zeitspanne – unter verschiedenen Bedingungen und Prägungen gelebt haben, kann man sie nicht einfach zusammenschmeißen und sagen, der Markt wird's richten. Man muß einen langsamen Weg einschlagen, ganz entschlossen und mit viel Geduld. Man hätte ohne weiteres mit einer Konföderation beginnen können, einer allmählichen Angleichung der Währungen bis zu dem Punkt hin, wo eine Währungsunion wirtschaftlich tragfähig gewesen wäre. In dieser Konföderation hätten bestimmte Ressorts, wie die Außenpolitik, durchaus gemeinsam gemacht werden können.

Und im Verlauf dieses von den betroffenen Menschen in Ost und West mitgetragenen Verfassungsprozesses, durch Artikel 146 legitimiert, hätte es dann nach meinen Vorstellungen und Wünschen nicht zu einer vergrößerten Bundesrepublik, sondern zu einem »Bund Deutscher Länder« kommen sollen. Denn ich bin der Überzeugung, daß Deutschlands Stärke und Größe, ich sage sogar sein Charme, in der Vielfalt liegt, in den vielen verschiedenen Kulturen, in den Ländern, die selbst in sich noch vielfältig sind. Nur ein so vielfältiges Deutschland könnte von unseren Nachbarn, nach gemachten Erfahrungen mit dem Koloß Deutschland, als erträglich empfunden werden. Von all diesen Vorschlägen, zu denen auch der Lastenausgleich gehörte als Voraussetzung für all das, was gegenwärtig auf Pump finanziert wird, ist nichts übriggeblieben.

O. N.: Als die Diskussionen über den Weg der Einigung noch offen waren und selbst der Außenminister und der Bundespräsident auf Foren in Akademien sich noch frei äußerten, hast Du schon früh die Notwendigkeit eines Lastenausgleichs angesprochen, der den reichen Westen in die Pflicht nimmt. Ich möchte das hier noch einmal hervorheben, weil Ende '89, Anfang '90 die Bereitschaft der deutschen Bevölkerung, für diese Einheit Opfer zu bringen, durchaus gegeben war, wie Untersuchungen zeigen. Und gerade Westdeutschland hat ja einen großen Erfahrungsfundus für die Funktionsweise eines solchen Lastenausgleichs. Millionen von Flüchtlingen – zunächst aus den Gebieten jenseits von Oder und Neiße, dann aber auch aus der DDR – sind in Westdeutschland integriert worden, ohne daß man heute noch sagen könnte, woher jemand kommt. Ich selber habe vom Lastenausgleich, den man Vater bekam, studieren können.

G. G.: Natürlich war das eine beispielhafte Leistung, wie das westliche Deutschland nach dem Krieg über zehn Millionen Flüchtlinge integriert hat. Und daran gemessen ist das, was sich Kohl und andere geleistet haben, ein gottserbärmlicher Pfusch. Ich bin weiß Gott kein Freund von Adenauer gewesen, aber da muß ich Adenauer gegen jeden Vergleich in Schutz nehmen, wenn sich Kohl in dieser Nachfolge begreift.

Gut, von all diesen Vorschlägen, die ich gemacht habe, ist eigentlich nur das eine übriggeblieben, daß man auf eine dämliche und durch Wiederholung nicht klüger werdende Art und Weise versucht, mich auf die Kurzfassung zu bringen, ich hätte Auschwitz instrumentalisiert. In Wahrheit hatte ich gesagt, wer die deutsche Einigung will - und ich wollte diese Einigung -, der muß Auschwitz mitdenken. Ich habe weiterhin gesagt, daß eine Einheit im Sinne einer Bismarckschen Einheit, auf die viele Tendenzen von Anfang an hinausliefen, ausgeschlossen ist, weil es Auschwitz gegeben hat, weil Auschwitz eine Zäsur in der Geschichte des deutschen Einheitsstaates ist. Dabei bleibe ich. Und leider ist in diesem Bereich die Wirklichkeit noch schwärzer gewesen, als ich vorausgesehen habe. Selbst meine schlimmsten Warnungen vor Fehlentwicklungen, als ich 1990 als vaterlandsloser Geselle bezeichnet wurde, sind von der Wirklichkeit übertrumpft worden: Asylheime brannten, Mord und Totschlag griff um sich. Selbst mich hat es überrascht, mit welcher Frechheit und Ungebremstheit heute Dinge gesagt werden können, die zu Recht bis in die achtziger Jahre hinein - übrigens in beiden Staaten Deutschlands - noch nicht gesagt werden durften. Das ist heute bis in verantwortliche Positionen hinein gang und gäbe.

O. N.: Das sogenannte Auschwitz-Urteil, in dem festgelegt wird, daß die bloße Leugnung der Vernichtungskrematorien dieses Lagers keinen hinreichenden Verdacht einer kriminellen Handlung begründe, zeigt ja diese grundlegende Veränderung der kulturellen Hemmschwellen für Vorurteile und Vernichtungsaktionen gegen Andersartige und Fremde. Was immer kritikwürdig an dem von der sozialliberalen Koalition der siebziger Jahre bestimmten kulturellen Klima sein mochte, es scheint nicht gleichgültig zu sein, wie eine Regierung sich gegenüber der veränderten politischen Sprache und den öffentlichen Themen verhält. Was noch Ende der siebziger Jahre gegenüber Juden, Fremden, Behinderten und anderen diskriminierten gesellschaftlichen Gruppen auch in öffentlichen Äußerungen tabuiert war, ist in den achtziger Jahren völlig aufgebrochen und als Freimütigkeit mißverstanden worden - daß öffentlich sich ausdrücken dürfe, was die unverkrampfte Wirklichkeit bezeichnet. Vielleicht ist sogar die Veränderung der öffentlichen Symbole und der Sprache für den Kulturzustand einer Gesellschaft der entscheidende Punkt, für den eine Regierung etwas unternehmen oder unterlassen kann. Die Deutschtümelei und das Gerede über deutschen Stolz und Normalität der deutschen Geschichte sind wohl von jenen Ereignissen, die heute wieder das Niederbrennen der Probleme und der Menschen bezeichnen, nicht zu trennen.

G. G.: Es fängt an mit der Historikerdebatte, in deren Umkreis es die ersten Ansätze dafür gab. Aber das, was damals noch auf Widerspruch stieß, ist heute, wie ich sagte, gang und gäbe, es ist konsensfähig oder droht, konsensfähig zu werden. Ich will nicht übertreiben.

Es kommt noch etwas hinzu: In den sechziger Jahren hat es ja die NPD gegeben. Es war ein überalterter Verein. Ich war damals strikt gegen ein Verbot, weil dies eine Sache war, die offen ausgetragen werden mußte, dieses Selbstbewußtsein mußten wir haben. Und die Anhängerschaft der NPD hat sich ja dann auch, als die Regierung Brandt kam und sich Heinemann gegen seinen Gegenkandidaten Schröder durchsetzen konnte, der die Stimmen der NPD für sich beanspruchte, weitgehend verloren. Aber was heute geschieht, ist natürlich gefährlicher, weil im Gegensatz zur NPD die radikale und extreme Rechte in Deutschland mittlerweile ein intellektuell oder halbintellektuell besetztes Vorfeld hat, bis in führende überregionale Zeitungen wie »Die Welt« hinein.

O. N.: Du hast in den letzten Jahren und gelegentlich auch schon früher den Begriff der Nation in einer spezifischen Prägung benutzt, die im Gegensatz zum Einheitsstaat stand oder doch von ihm verschieden war. Mit Auschwitz ist, wie Walter Jens in der Wiedervereinigungsdebatte noch einmal nachdrücklich formuliert hat, der Bismarcksche deutsche Einheitsstaat unwiderruflich zugrunde gegangen. Die Verantwortung für dieses geschichtlich einzigartige Verbrechen zu übernehmen, ist für Dich wohl wesentlicher Bestandteil einer Neubestimmung des Begriffs der Nation, die das kulturelle Erbe bewußt aufnimmt und fortführt.

G. G.: Ja, wenn ich sage, die Verantwortung für dieses Verbrechen gehört zur Nation, dann meine ich damit, daß Auschwitz als verkürzender Begriff für den Völkermord zu uns gehört, zur nachgeborenen Generation zwar nicht mehr im Sinn von unmittelbarer Schuld, aber doch von anhaltender Verantwortung. Ich weiß, die Linke nimmt den Begriff der Nation ungern in den Mund. Ich habe da keine Scheu. Und ich habe auch - solange ich Mitglied war und auch danach - meiner Partei immer wieder gesagt, schon in den siebziger Jahren und früher: Ihr könnt diesen Begriff nicht tabuisieren. Zur Zeit ist er nicht virulent. Aber es kann Zeiten geben, in denen dieses Vakuum, das entstanden ist, wieder offen zutage tritt. Wenn ihr darauf nicht vorbereitet seid, wenn ihr dieses Thema nicht so annehmt, wie es ein Gustav Heinemann in leider nur einer einzigen Periode als Bundespräsident getan hat, wird es abermals - wie in der deutschen Vergangenheit so oft - von rechts besetzt werden. Und das ist gegenwärtig geschehen. Diese Warnungen wurden nicht gehört, wurden belächelt von meinen Genossen, es sei ja Unsinn, ganz nett, verständlich, aber im übrigen heiße das Ziel Europa, und diese Frage nach der Nation stelle sich nicht mehr.

Nun, die Entwicklung lief anders, und ich bleibe dabei, es muß möglich sein - damit wir überhaupt reif für Europa werden -, uns selbst zu definieren, auch als Nation. Unsere Geschichte, im Guten wie im Bösen, bietet Anlaß genug dafür, mit Ableitungen bis in die Gegenwart hinein. Was wäre aus Preußen ohne die Hugenotten geworden? Wie offen war dieses Land für politische Flüchtlinge, die damals zumeist religiöse Flüchtlinge waren. Wir haben eine zwar traurige und von vielen Niederlagen gezeichnete, aber dennoch vorhandene und nachprüfbare Geschichte eines lang anhaltenden Kampfes für Menschenrechte, für Freiheit, für die Ziele der amerikanischen und der Französischen Revolution, vom Vormärz über die Paulskirche bis hinein in die Weimarer Republik.

Und aus diesen Kämpfen, aus diesen Niederlagen und Teilsiegen heraus läßt sich ein Selbstverständnis entwickeln, das nicht nationalistisch ist, das weltoffen, freiheitlich ist, das Ausländer aufnimmt, das sich nicht vom deutschen Blut her definiert, das erlaubt, deutsch und europäisch zugleich zu sein. Das vermisse ich.

O. N.: Eine solche kritische Besetzung des Nationbegriffs wäre dann wohl auch die Voraussetzung für eine gründliche und vorbehaltlose Aufarbeitung der deutschen Geschichte. Auch hier scheint mir, daß in der Periode der ersten Gesellschaftsreform der deutschen Nachkriegsgeschichte, als die Studentenbewegung und der sozialliberale Reformgeist das dumpfe, auf vielfachen Verdrängungen beruhende Restaurationsklima der Adenauerzeit beendeten, etwas liegengeblieben ist, später nicht fortgeführt wurde. Viele Themen der deutschen Revolutions- und Protestgeschichte wurden damals wieder öffentlich gemacht; der Bundespräsident Heinemann selbst erinnerte an diese Traditionen, in denen immer auch eine staatliche Einheit von unten gefordert, demokratisch eingeklagt wurde, von den Bauernkriegen über den Vormärz bis zur Paulskirchenbewegung. Und auch heute, nach 1989, ist es wieder nicht gelungen, die demokratischen Anfangsimpulse, die im Bestreben nach staatlicher und gesellschaftlicher Einheit ursprünglich vorhanden waren, zum selbstverständlichen Bestandteil einer neuen Nation zu machen.

G. G.: Ich will an einem Beispiel deutlich machen, wie sehr wir in diesem Bereich auf den Hund gekommen sind. Heinemann hat verdienstvollerweise in einer Rede daran erinnert, wer auf dem berühmten Bild von Anton von Werner – die Krönung des Königs von Preußen zum Kaiser der Deutschen im Spiegelsaal von Versailles – alles anwesend ist: Generalität, das Geheimrätliche, das Kommerzienrätliche.

O. N.: Aber nicht das Volk.

G. G.: Das Volk war nicht da, und auch die Vertreter des Volkes nicht, die saßen zu jener Zeit wie Bebel im Gefängnis. Und was passiert heute: Von dem damals gekrönten Kaiser Wilhelm I., einem Militaristen ersten Ranges, einem Feind jeglicher Reformen im Sinne von Liberalisierung, ist jüngst ein Denkmal wieder aufgestellt worden. Wenn das Ausdruck der Nation sein soll, dann will ich mit dieser Nation nichts zu tun haben. Diese Entscheidung muß getroffen werden. Das läßt sich in Talkshows nicht wegschwatzen. Hier gilt kein »sowohl als auch«. Von dieser Entscheidung wird in Deutschland viel abhängen. Wenn das noch vorhandene, noch nicht komplett von rechts besetzte Vakuum ganz und gar in rechte Hand kommt und sich in diesem Sinne radikalisiert – Herr Schäuble gibt ausgesprochen deutschnationale Töne von sich –, dann vollzieht sich eine erneute, sehr bedrohliche Weichenstellung in Deutschland.

O. N.: Er gehört zu den großen Hetzern, die mit sehr subtilen Mitteln arbeiten, aber die nationale Einfärbung der Sachen immer gut treffen.

G. G.: Ich will nicht sagen, daß er ein Hetzer ist, er verkörpert diese Haltung, er ist ein Deutschnationaler.

Wenn diese Entscheidung feststeht und ihr nicht gegengesteuert wird, das heißt also, wenn die Linke und die Mitte - ich schließe den aufgeklärten Konservativen damit ein - diese Rückentwicklung zulassen, dann ist es aus. Dann erleben wir Wiederholungen schlimmster Art.

O. N.: Wie ich mit Verblüffung feststellte, hast Du gerade denselben Aufruf zur Wahl Wolfgang Thierses unterzeichnet, den auch ich unterschrieben habe. Du gehörst sogar zu den Initiatoren einer Wahlunterstützung Thierses. Ich finde das insofern bemerkenswert, als Dein demonstrativer Parteiaustritt, ein Zeichen des öffentlichen Protestes gegen die Asylentscheidung der SPD, von manchen als Hinweis darauf verstanden wurde, daß Du mit dieser Partei nichts mehr zu tun haben willst. So konnte es ja von denjenigen verstanden werden, die unter den Schriftstellern, Wissenschaftlern, Künstlern schon seit langem den Eindruck hatten, sie müßten sich jetzt endgültig von der Verpflichtung auf Wahlen und Parteiaktivitäten lösen. Die letzte Frage, die ich Dir zu stellen habe, betrifft Deine Rolle als schreibender und redender politischer Intellektueller, wenn ich dieses viel zu häufig mißbrauchte Wort in dem von mir sehr positiv gemeinten Sinne hier einmal verwenden darf: Siehst Du Möglichkeiten, Tendenzen, ja vielleicht auch nur die Notwendigkeit eines neuen, eines zweiten Reformanstoßes, der an den ersten der sechziger und siebziger Jahre anknüpft, aber viel verwickelter und grundsätzlicher sein muß? Erscheint es Dir als sinnvoll, in dieser Richtung die Menschen zu ermutigen und ihnen auch Hoffnung darauf zu machen, die Misere dieser Gesellschaft zu überwinden?

Es ist ja ein merkwürdiger Zwiespalt zwischen Erwartungen, Bedürfnissen nach einem Neuanfang und dem immer wieder depressiven Zirkel, dem die Menschen unterliegen, wenn sie schon gar kein Zutrauen mehr haben, überhaupt das zu denken, was über den Tag hinausreicht, sich also Utopien und Organisationsphantasien politischer Auswege zu erlauben.

Viele Intellektuelle in dieser zwiespältigen Lage haben die Mitarbeit an diesem Buchprojekt verweigert, weil sie sagen, ob eine Wahlentscheidung zugunsten von Rot, Grün oder anderen Parteien ausschlage, verändere an der Grundsituation der Menschen in unserer Gesellschaft überhaupt nichts. Was ist Deine Einstellung dazu?

G. G.: Ich bin kein Hoffnungsmacher. Ich mache auch ohne Hoffnung weiter. Das ist eine Haltungsfrage bei mir, die ich vielleicht auch auf Camus zurückführen kann, auf den Mythos von Sisyphus, der, wie man weiß, den mühevoll nach oben gewälzten, aber den Berg wieder herabgerollten Stein nicht einfach liegen läßt, sondern wieder und wieder in Bewegung bringt.

Ich bin auch nicht jemand, der alles hundertprozentig haben möchte. Ich bin aus der Akademie der Künste ausgetreten, weil sich die Akademie aus Bangbüchsigkeit weigerte, in ihren Räumen eine Solidaritätsveranstaltung für Salman Rushdie zuzulassen. In dieser Akademie wollte ich nicht mehr Mitglied sein. Das hindert mich aber nicht, mit ihr dennoch in den Bereichen, mit denen ich ohnehin durch Stiftung verbunden bin, zusammenzuarbeiten und die eine oder andere Veranstaltung mitzutragen. Ich bin aus dem Schriftstellerverband aus guten Gründen ausgetreten, bleibe aber weiterhin Schriftsteller und bin nach wie vor der Meinung, daß ein Schriftsteller sich im Verhältnis zu einem anderen solidarisch verhalten sollte. Ich bin aus der SPD ausgetreten, weil ich den Asylbeschluß nicht mehr mittragen konnte, aber ich bleibe Sozialdemokrat. Das ist meine politische Position. Das ist keine ideologische Position, das ist eine flexible, eine offene Position, aber eine ...

O. N.: Aber es ist eine politische Haltung ...

G. G.: ... die auf gesellschaftliche Solidarität nach wie vor setzt, auf dieses tabuisierte Wort, auf diesen altmodischen Ladenhüter, den Ladenhüter Solidarität.

Ich sehe auf der anderen Seite eine Vielzahl von selbstzerstörerischen Tendenzen und von großen Gefahren der ökologischen Selbstzerstörung, der Verelendung jenes Weltbereiches, den man Dritte Welt nennt, der damit verbundenen Überbevölkerung, wobei diese Probleme mittlerweile völlig miteinander verzahnt und verfilzt, nicht mehr voneinander zu lösen sind. Und es gibt ein nach wie vor ungerechtes, ausbeuterisches Weltwirtschaftssystem, das diese Tendenzen fördert. Aber ich sehe diese selbstzerstörerischen Tendenzen eben auch bis in den nationalen Bereich hinein wirksam. Das, was ich anfangs sagte, daß man ohne Not in einem funktionierenden Sozialstaat den sozialen Frieden aufkündigte, ist ein solches Moment wahnwitziger Selbstzerstörung. Daß eine reiche Gesellschaft, eine intakte Wirtschaft nicht investiert, nicht in die Zukunft investiert, sondern Gelder sicherstellt oder über Billiglohnländer nur weiteren Gewinn im Auge hat, das ist ein Moment der Selbstzerstörung. Daß man ein uns gemachtes Geschenk, wie die Möglichkeit einer deutschen Einigung, so mißhandelt, einen solchen Pfusch herstellt, eine Einheit auf Pump zusammenmogelt und mangels politischer Gedanken auf Untaugliches aus dem neunzehnten Jahrhundert, auf Bismarck und die Folgen zurückgreift, ist ein weiteres Moment der Selbstzerstörung.

Und wenn ich das alles zusammen sehe, wird mir bange, da weiß ich nicht, ob die Kräfte ausreichen. Zumal das, was an Substanz noch da ist, ins »Arme-Sünder-Ecklein« gedrückt ist. Der Begriff Aufklärung wird so behandelt, genau wie das Wort Betroffenheit oder Solidarität. Man schwört der gesamteuropäischen Entwicklung der Aufklärung ab, obgleich man ja weiß oder wissen kann, daß wir alle - ob Linke oder Rechte, Kapitalismus wie Sozialismus - mehr oder weniger geratene und mißratene Kinder der Aufklärung sind. Auch das, das Abschwören des Aufklärungsprozesses, ist ein Moment freiwilliger Selbstzerstörung. Aber das hindert mich natürlich nicht, wenn ich danach gefragt werde wie von Dir, oder auch, wenn ich nicht gefragt werde, meine Meinung dazu zu vertreten.

Und im übrigen, an mein dickes Manuskript zu gehen und meine Arbeit am Stehpult weiterzubetreiben, ohne daß ich mich dabei verrenken muß.

O. N.: Das ist ein gutes Schlußwort. An die Arbeit zu gehen, ist wohl für uns alle, die wir mit Worten und Gedanken umzugehen haben, die einzige sinnvolle Alternative zur Resignation.

Dieses Gespräch mit Günter Grass führte Oskar Negt am 23. April 1994 in Behlendorf.

Biographische Angaben

Elmar Altvater, geb. 1938, Professor am Fachbereich Politische Wissenschaften der FU Berlin und Redaktionsmitglied der Zeitschrift Prokla. Zahlreiche Buch- und Zeitschriftenveröffentlichungen zu Fragen der kapitalistischen Entwicklung, zur Staatstheorie, Entwicklungspolitik, Schuldenkrise und zum Zusammenhang von Ökonomie und Ökologie: *Vom Wirtschaftswunder zur Wirtschaftskrise,* 1979; *Sachzwang Weltmarkt,* 1987; *Die Zukunft des Marktes,* (2. Aufl.) 1992; *Der Preis des Wohlstands,* 1992; *Gewerkschaften vor der europäischen Herausforderung* (mit Birgit Mahnkopf), 1993.

Regina Becker-Schmidt, Prof. Dr. phil, geb. 6.5.37, Hochschullehrerin am Psychologischen Institut der Universität Hannover mit den Arbeitsschwerpunkten: psychoanalytisch orientierte Sozialpsychologie und Kritische Theorie, Frauenforschung.

Walter Boehlich, geb. 1921 in Breslau, lebt als Publizist in Frankfurt/M.

Michael Daxner, geb. 1947, studierte Pädagogik, Anglistik und Philosophie in Wien und Freiburg. Ab 1970 im Ministerium für Wissenschaft und Forschung, Wien, tätig. 1972 Dr. phil., 1974 Prof. für Hochschuldidaktik, Osnabrück, 1986 Präsident der Universität Oldenburg. Schwerpunkte: Hochschulforschung/Wissenschaftssoziologie.

Friedrich Dieckmann, geb. 1937, lebt als Schriftsteller und Publizist in Berlin-Treptow. 1972–1976 Dramaturg am Berliner Ensemble. 1989/90 Fellow am Wissenschaftskolleg zu Berlin. Mitglied des Goethe-Instituts, des Deutschen PEN-Zentrums (Ost) und der Freien Akademie der Künste Leipzig. Neuere Buchveröffentlichungen: *Glockenläuten und offene Fragen,* 1991; *Die Geschichte Don Giovannis,* 1991; *Vom Einbringen/Vaterländische Beiträge,* 1992.

Irene Dölling, Prof. Dr., geb. 1942, studierte Bibliothekswissenschaft und Philosophie, arbeitete als Kulturwissenschaftlerin an der Humboldt-Universität Berlin, seit 1994 an der Universität Potsdam. Forschungs- und Lehrgebiete: Kulturtheorie, Geschlechterverhältnisse, Frauenforschung.

Barbara Duden, Historikerin, beschäftigt sich seit Jahren mit der Geschichte der Körperwahrnehmung von Frauen und ihrer epochenspezifischen Prägung durch klinische Rituale und technische Verfahren. Sie veröffentlichte eine Studie zum Frauenkörper im 18. Jahrhundert: *Geschichte unter der Haut,* Stuttgart 1987, und einen Essay zur Wirkmacht von Visualisierungstechniken in der Debatte um Paragraph 218: *Der Frauenleib als öffentlicher Ort. Vom Mißbrauch des Begriffs Leben,* Hamburg 1991. Demnächst erscheint eine Studie zur grafischen Darstellung des Ungeborenen in anatomischen Atlanten: *Anatomie der guten Hoffnung. Zur Bildgeschichte des Ungeborenen,* Stuttgart 1994.

Karlheinz A. Geißler, Prof. Dr. rer. pol., geb. 1944 in Deuerling/Oberpfalz. Studium der Philosophie, der Ökonomie und der Pädagogik in München. Nach kurzer Zeit als Lehrer an berufsbildenden Schulen Forschungs- und Lehrtätigkeiten an Universitäten in Karlsruhe, Augsburg, München. Seit 1975 Universitätsprofessor für Wirtschafts- und Sozialpädagogik an der Universität der Bundeswehr in München.

Günter Grass, 1927 in Danzig geboren, wurde nach einer Steinmetzlehre und einer Bildhauerausbildung freier Schriftsteller. Heute gehört sein Werk zur Weltliteratur. Mit zahlreichen internationalen Ehrungen ausgezeichnet. Zuletzt erschienen von ihm im Steidl Verlag die Erzählung *Unkenrufe,* 1992, die *Rede vom Verlust,* 1992, die Sonette *Novemberland,* 1993 und die zwölfbändige *Studienausgabe,* 1993/94.

Hermann Klenner, Prof. Dr. jur. habil., geb. 1926; Autor u. a. von: *Marxismus und Menschenrechte,* 1982; *Vom Recht der Natur zur Natur des Rechts,* 1984, *Deutsche Rechtsphilosophie im 19. Jahrhundert,* 1991, Herausgeber rechtsphilosophischer Werke u. a. von Hobbes, Locke, Harrington, Winstanley, Spinoza, Kant, Hegel, Jhering, Paschukaris, Rotteck/Welcker.

Christina Krause, geboren 1942, Diplom-Pädagogin, 1964–1974 Lehrerin, Studium der Pädagogischen Psychologie in Leipzig, Promotion und Habilitation in Pädagogischer Psychologie, bis 1991 Hochschuldozentin an der Greifswalder Universität, nach »Abwicklung« Vertretungsprofessur in Münster und ab 1994 in Göttingen. Psychologische Beratung und Therapie in der Erziehunsgberatungsstelle Greifswald und im Kinderzentrum Mecklenburg-Vorpommern.

Ingrid Kurz-Scherf, lange Zeit als wissenschaftliche Mitarbeiterin des DGB (Wirtschaftswissenschaftliches Institut in Düsseldorf) tätig. Staatssekretärin im Sozialministerium in Saarbrücken. 1994 Habilitation in Politikwissenschaften an der FU Berlin, seitdem Hochschullehrerin.

Rainer Land, Dr. sc. oec., studierte von 1975–1984 in Berlin (DDR) Philosophie und Wirtschaftswissenschaften. Wissenschaftliche Arbeitsgebiete sind die Sozialökonomie und evolutorische Ökonomie. 1984-1989 arbeitete er mit anderen Wissenschaftlern der Humboldt-Universität an Modernisierungstheorien und Reformkonzepten für die damalige DDR. Seit 1989 Forschungen zu Industriesoziologie und zur politischen Soziologie der DDR. Seit 1992 ist Rainer Land Redakteur der sozialwissenschaftlichen Zeitschrift »Berliner Debatte INITIAL«.

Christian Leipert, geb. 1944, Dipl.-Volkswirt (Freie Universität Berlin 1970), von 1971 bis 1982 an der Universität Augsburg in Lehre und Forschung im volkswirtschaftlichen Bereich aktiv, seit 1982 – mit Unterbrechungen – am Wissenschaftszentrum Berlin als ökologischer Ökonom tätig, ausgiebige Forschungs-, Lehr- und Vortragstätigkeit im Bereich der ökologischen Ökonomie sowie der theoretischen und politischen Implikationen einer ökologischen Umorientierung kapitalistisch verfaßter moderner Gesellschaften.

Stephan Lohr, geb. 1950. Studium der Germanistik, Soziologie, Politikwissenschaft und Pädagogik. Erste und zweite Staatsprüfung für das höhere Lehramt. Zeitschriftenredakteur. Seit 1988 Kulturredakteur beim Norddeutschen Rundfunk (NDR).

Ernst Gottfried Mahrenholz, geb. 1929, studierte Rechtswissenschaften und Theologie in Göttingen und Tübingen. Von 1965-1970 Direktor des NDR-Landesfunkhauses Hannover. Später Kultusminister des Landes Niedersachsen. Ab 1981 Richter beim Bundesverfassungsgericht. Bis März 1994 Vizepräsident des Bundesverfassungsgerichts. Zahlreiche Veröffentlichungen zu Verfassungsrechtsproblemen.

Horst Meyer, geb. 1941 in Hamburg, arbeitete nach einer Lehre als Maschinenschlosser bei der Rost & Co., Hamburg, studierte Maschinenbau (Ing. grad.) an der Staatlichen Ingenieurschule Hamburg, Ingenieurwissenschaften (Dipl.-Ing.) und Wirtschaftswissenschaften (Dr. rer. pol.) an der Universität Hannover. Geschäftsführer in mehreren Unternehmen, u. a. bei Sachsenring Automobilbau Zwickau GmbH, seit 1982 geschf. Gesellschafter der Dr. Meyer & Partner Ges. für Unternehmensberatung und Beteiligungsmanagement mbH, Hannover. 1962–1968 international erfolgreicher Leistungssportler, Olympiasieger im Rudern (Achter) 1968.

Christine Morgenroth, geb. 1952, Professorin für Psychologie an der Universität Hannover und Psychotherapeutin; Arbeits- und Forschungsschwerpunkte sind u. a. Sozialpsychologie von marginalisierten Gruppen und Organisationen auch unter der Perspektive des Geschlechterverhältnisses.

Oskar Negt, geb. 1934, studierte Philosophie und Soziologie in Göttingen und Frankfurt/Main. Seit 1970 Professor für Sozialwissenschaften in Hannover. 1972 Gründung der Glocksee-Schule. In den achtziger Jahren verstärkt Untersuchungsarbeit zur Gewerkschaftsreform.

Joachim Perels, geb. 1942, Dr. jur., Professor für Politische Wissenschaft an der Universität Hannover, seit 1968 Redakteur der »Kritischen Justiz«, zahlreiche Veröffentlichungen zu Problemen einer demokratischen Verfassungstheorie und zur Aufarbeitung der NS-Diktatur.

Mechthild Rumpf, Dr. phil., Sozialwissenschaftlerin, lehrte und forschte lange Zeit zum Schwerpunkt Frauenforschung an der Universität Hannover und arbeitet gegenwärtig am Habilitationsvorhaben »Nationalismus, Krieg und Geschlechterverhältnis«. Frühere Veröffentlichungen auch zur Lebens- und Arbeitssituation von Müttern und zur Kritischen Theorie. Mitherausgeberin der Zeitschrift »Feministische Studien«.

Helmut Schauer, geb. 1937 in Stuttgart. 1956–1961 Tätigkeit als Mechaniker und Werkzeugmacher. Studium an der Akademie für Wirtschaft und Politik in Hamburg. Bundesvorsitzender des Sozialistischen Deutschen Studentenbundes (SDS). Verschiedene Tätigkeiten: als Lektor, Dramaturg, Sozialwissenschaftler. 1982 Promotion zum Dr. phil. Seit 1982 Sachbearbeiter in der Abteilung Tarifpolitik beim Vorstand der IG Metall in Frankfurt a.M.

Jürgen Seifert, Dr. jur., geb. 1928, lehrt als emeritierter Professor für Politische Wissenschaft an der Universität Hannover. Veröffentlichungen zur politischen Theorie, zur Verfassungsgeschichte der Bundesrepublik sowie über Geheimdienste und Polizei. Langjährige Tätigkeit im Bundesvorstand der Humanistischen Union (davon 4 Jahre Bundesvorsitzender), Mitglied der »Reformkommission Polizei in Niedersachsen«, Mitherausgeber der Zeitschrift »Kritische Justiz« und Mitredakteur der Zeitschrift »Vorgänge«.

Klaus Staeck, geb. 1938 in Pulsnitz, Kreis Kamenz bei Dresden. Bis 1956 in der Industriestadt Bitterfeld (Halle/Saale) gelebt. Seit 1969 Rechtsanwalt, hauptsächlich jedoch tätig im Bereich politischer Publizistik und sozialkritischer Grafik, lebt heute in Heidelberg.

Erich Wulff, geb. 1926 in Tallin (Estland), Dr. med., Professor für Sozialpsychiatrie an der Medizinischen Hochschule Hannover im Ruhestand. Mitbegründer der Deutschen Gesellschaft für soziale Psychiatrie. 1961 bis 1967 Aufenthalte als Arzt in Hué/Vietnam. Danach aktiv in der europäischen Bewegung gegen den US-Krieg in Vietnam und gegen die Verbrechen der Militärjunta in Chile.

Thomas Ziehe, geb. 1947, lehrte von 1988-1993 Sozialpädagogik an der Universität Frankfurt. Seit 1993 Professor für Pädagogik an der Universität Hannover. Letzte Buchveröffentlichung: *Zeitvergleiche. Jugend in kulturellen Modernisierungen,* 1991.

Rainer Zoll, geb. 1934, war Pressesprecher der IG Metall in Frankfurt und ist seit 1974 Professor für Gewerkschaftssoziologie an der Universität Bremen. Letzte Buchveröffentlichung: *Alltagssolidarität und Individualismus,* Frankfurt 1993 (Suhrkamp).